Les dents de la mort

XAVIER MANIGUET

L'aventure pour l'aventure
Le guide de l'homme d'action
Naufragés. Comment survivre en mer
Survivre. Comment vaincre en milieu hostile
Les dents de la mer | *J'ai lu* 3302/7

Xavier Maniguet

Les dents de la mort

Le plus grand prédateur des mers: terreurs mythiques et dangers réels

Préface de Beulah Davis

Éditions J'ai lu

Je remercie tous ceux qui m'ont aidé à plonger un peu partout dans le monde, et côtoyer ainsi ce magnifique animal qu'est le requin.
Je remercie en particulier mes amis de la République sud-africaine qui m'ont donné accès à leurs études, et autorisé à travailler avec eux sur le terrain : Beulah Davis, directrice du "Natal Shark Board" de Durban.
Pr Leonard J.V. Compagno, de l'Institut d'ichtyologie de Grahamstown.
Dr Malcom Smale, du muséum de Port Elizabeth.

Préface

C'est un honneur et un plaisir d'avoir été invitée, par mon ami Xavier Maniguet, à écrire la préface de son livre sur les requins.

Un survol de la table des matières convaincra à la fois les chercheurs et les dilettantes s'intéressant aux requins qu'il s'agit d'une véritable mine d'informations. Il stimulera la recherche, en même temps qu'il détruira de nombreux mythes et beaucoup de spéculations pseudo-scientifiques.

La visite de Xavier Maniguet au Natal Shark Board en Afrique du Sud, en mars 1989, a été l'un des grands moments du quart de siècle que j'ai passé au sein de cette organisation. Il est rare de rencontrer quelqu'un d'aussi qualifié dans tant de disciplines. Il est aussi bien informé sur tous les champs d'action de l'homme que sur les mœurs des requins. Dans ces conditions, nous avons échangé de longues et fructueuses discussions à propos de ces magnifiques animaux.

Pour l'homme de la rue, le mot « requin » colporte d'horribles visions de formidables machines mangeuses d'hommes. Les médias sont, hélas! largement responsables de cette attitude erronée. Ainsi par exemple, avant la sortie du premier film Les Dents de la mer, *les attaques de squales, fatales ou bénignes, faisaient à peine un écho dans les revues américaines. Depuis, le plus petit incident fait immé-*

diatement la une des journaux, et je ne connais vraiment aucune autre créature qui ait été aussi calomniée.

Mon association (ou plutôt mon histoire d'amour) avec les requins remonte au 1er mars 1966, lorsque je fus chargée du Comité de mesures antirequins du Natal. Ce comité avait été créé par une ordonnance spéciale de 1964, en réponse à une révolte générale de la population suite à une série de sept attaques entre décembre 1957 et l'été 1958. Les attaques firent cinq morts et ruinèrent l'industrie touristique. Une guerre totale était en fait déclarée à tous les requins.

Le Natal Anti-Shark Measure Board était officiellement chargé de mettre en œuvre et de contrôler des mesures pour sauvegarder les baigneurs contre les attaques de requins.

A Durban, à la suite de vingt et une attaques entre 1943 et 1951, les autorités municipales avaient sagement décidé de suivre l'exemple australien, en installant, dès 1952, des filets devant ses plages principales. Il n'y eut plus aucune attaque alors même que le nombre des baigneurs augmentait chaque année. Devant une telle réussite, les autres grandes stations balnéaires demandèrent à bénéficier des mêmes installations. C'est ainsi que j'héritai, lors de ma prise de fonction, de quatre-vingt-sept filets au large de seize plages au nord et au sud de Durban. J'héritais en fait d'un système qui à l'évidence fonctionnait à 100 pour cent, mais sans que personne ne sache expliquer pourquoi! Il n'y avait pas d'autre solution pour moi que d'aller sur les bateaux qui relevaient les filets chaque matin, afin de répondre à cette question et à beaucoup d'autres.

Tous les filets doivent être installés et entretenus à partir de bateaux hors-bord. Ils sont obligés de traverser la barre à l'aller comme au retour. Le danger n'est pas négligeable puisque cette barre est connue pour être l'une des plus puissantes de la planète.

Au début, les bateaux étaient rudimentaires, loin de la sophistication de notre flotte actuelle, et c'est avec ma ceinture de sauvetage que j'embarquais très souvent à l'aube pour accompagner les équipes. Je découvris rapidement que les requins se prennent dans les filets la nuit, et très rarement dans la journée. Les statistiques montrent que 65 pour cent des captures se font côté rivage. Les requins ont une périodicité de nage diurne, nageant vers la côte en surface une fois la nuit tombée, et repartant vers le large à plus grande profondeur à l'aube. Ces habitudes justifient nos pancartes sur toutes les plages protégées, recommandant de ne pas rentrer dans l'eau la nuit, « quand les attaques de requins sont probables ».

En tant que zoologiste, j'ai toujours considéré les filets à requins comme un excellent moyen d'étude. Les équipes doivent remplir des fiches où sont indiqués l'espèce, le sexe, la longueur de chaque prise ainsi que le côté du filet où l'on a retrouvé le requin, la température de l'eau, etc. Pour chaque requin capturé, soixante-dix paramètres sont rentrés en mémoire. Grâce à ces équipes très qualifiées, le NBS dispose d'une banque de données sur les squales qui est la plus importante au monde.

J'ai toujours été attristée que les requins doivent être sacrifiés sur l'autel du tourisme. Les filets protègent en effet une industrie de dizaines de millions de rands contre des animaux qui existent depuis des millions d'années, et qui sont parfaitement adaptés à leur environnement, assumant légitimement leur situation de plus grands prédateurs et de seigneurs de nos océans. C'est l'homme qui est l'intrus dans le domaine de ces magnifiques créatures.

Je suis fière que, grâce à notre vigoureux programme d'éducation, l'attitude des jeunes comme des moins jeunes ait beaucoup évolué. En 1985, l'appellation de l'organisme fut changée à ma demande par ordonnance parlementaire, pour s'intituler désormais Commission des requins du Natal.

C'est le Dr Perry W. Gilbert, doyen des chercheurs américains sur les requins, qui me dit en 1969, alors que je le rencontrai au Mote Marine Laboratories de Sarasota en Floride : « Vous savez, Beulah, nous avons beaucoup de chance de travailler sur les requins. Ils nous transportent vers des endroits magnifiques et nous font rencontrer des gens fascinants. » Xavier Maniguet est l'un de ceux-là.

Beulah Davis
directeur du Natal Shark Board
de Durban

Introduction

Parmi les nombreuses activités propres aux animaux, aucune n'a jamais retenu aussi profondément l'attention que la prédation. L'intérêt pour cette activité ne connaît plus de bornes lorsqu'elle fait passer l'homme de son rôle habituel de prédateur à celui de proie, surtout si l'accident survient dans un milieu qui n'est pas le sien, particulièrement s'il s'agit d'un agresseur marin. Encore plus que le crocodile ou le piranha, et sans doute à cause du sensationnalisme des médias, c'est sans conteste le requin dont la seule évocation implique l'image d'un monstre infernal, uniquement guidé par des instincts primaires et un insatiable appétit. Une telle perception n'est pas seulement inexacte, mais sa pérennité gêne encore des investigations scientifiques des plus sérieuses. Les spéculations subjectives commencent seulement depuis quelques années à céder le pas aux faits objectifs, et c'est l'ambition de ce livre que de faire le bilan des unes et des autres, à une époque où l'homme investit toujours davantage les océans, alors que le nombre des grands prédateurs marins ne diminue pas.

Même si les insulaires tropicaux ont depuis longtemps observé, par obligation, les habitudes des squales qui les entouraient, l'intérêt pour les requins est toujours resté minimal dans le monde civilisé, même dans le premier tiers du XXe siècle. Les interactions homme-requin n'étaient pas seulement sporadiquement et rarement rapportées, mais il existait peu de médias pour disséminer l'information. Une telle ignorance demeurait la norme générale à l'exception d'un seul groupe d'individus : les pêcheurs côtiers. Leur intérêt pour les requins résidait autant dans la réduction des pêches à cause de ces grands prédateurs que dans le prix raisonnable qui était offert dans certaines régions pour leur capture. Quelques scientifiques au service des pêcheries américaines, anglaises ou australiennes firent ainsi de premières approximations quant aux mœurs des squales et confirmèrent l'importance des requins en tant que prédateurs hautement performants au sein des écosystèmes marins, en même temps que leur vulnérabilité à l'exploitation humaine.

La compréhension du comportement des requins débuta surtout après la formation en 1958, aux Etats-Unis, du *Shark Research Panel* à l'instigation de l'Institut américain des sciences biologiques (AIBS) et de l'US Navy. Cette institution avait pour vocation de s'intéresser à tous les aspects de la biologie des poissons élasmobranches (dont les squales) et implicitement au danger potentiel représenté par les requins. Cette menace n'était connue que dans certaines régions jusqu'à la Seconde Guerre mondiale (Australie orientale, Afrique du Sud), et ce n'est qu'avec la fréquentation soudaine de tous les océans, en raison de la guerre, que le problème s'imposa à tous les belligérants. Il persista en dépit de la fin des hostilités avec l'utilisation croissante des océans à des fins ludiques.

La réduction du « danger requin » passait à l'évidence par une information sur les moyens de prévoir et de contrôler le comportement des squales. Les moyens de l'époque ne permettaient pas cependant de les étudier en laboratoire, pas plus que dans leur milieu naturel. Les scientifiques s'orientèrent donc en priorité vers l'étude des systèmes sensoriels qui semblaient présider au comportement de ces prédateurs préhistoriques. Ils découvrirent ainsi en une vingtaine d'années des organes sensoriels extrêmement sophistiqués, pour la plupart uniques dans le règne animal. Il n'en restait pas moins une grande ignorance générale sur la biologie du requin, et le Dr Gregor Cailliet (*Marine Laboratories of California*) pouvait encore affirmer en 1985 que l'on ne savait pas quelle quantité de nourriture est nécessaire au requin, quelle est la fréquence de ses prises alimentaires, la rapidité de sa croissance, combien de temps il se repose, où il vit exactement, avec quelle fréquence il se reproduit, quel peut être son nombre approximatif sur telle ou telle côte, etc.

La même année, en Californie, lors d'un symposium sur la biologie du grand requin blanc, les participants s'accordaient pour constater une augmentation significative de la population du grand prédateur, en rapport avec celle de sa proie favorite : le phoque. Le constat s'accompagnait d'une mise en garde contre les attaques qui ne manqueraient pas d'augmenter parallèlement dans le sud de la Californie. Si l'on prend en compte, par ailleurs, l'extraordinaire croissance des sports aquatiques, aux Etats-Unis comme dans tout le reste de la ceinture tropicale, il est évident que le nombre d'attaques continuera d'augmenter en valeur absolue, même s'il demeure « acceptable » en valeur relative comparé à d'autres dangers beaucoup moins marginaux de la vie moderne.

En dehors de ces mœurs agressives, l'étude scientifique du requin révèle en fait un animal passionnant et beaucoup moins fruste que l'on ne l'imagine habituellement. Son manque d'intelligence est largement compensé par une physiologie extraordinaire, tandis que sur le plan écologique son éradication serait encore plus préjudiciable au biotope marin que celle des baleines.

C'est à l'homme de s'adapter au requin, et non le contraire.

1

DES CHIFFRES
ET DES IDÉES REÇUES

DES CHIFFRES

– 354 espèces actuellement vivantes de squales ont été répertoriées par la FAO (*Food and Agricultural Organization*) dont la longueur s'échelonne de 15 centimètres (*squaliolus laticaudus*) à 15 mètres (requin baleine inoffensif).

– 35 sont connues pour avoir attaqué au moins une fois l'homme et une douzaine sont coutumières du fait.

– Le plus grand requin blanc jamais capturé était une femelle de 6,4 mètres au large de Cuba, en 1945. Elle pesait 3 312 kilos et sa circonférence atteignait 4,5 mètres; il fallut plusieurs camions pour la remorquer et la transporter. Il semble qu'un spécimen de 10 mètres ait été capturé, mais il n'existe ni photo ni rapport d'expert, seulement des témoignages subjectifs. Les records sont toujours « féminins » car, chez les squales, les femelles sont de plus grandes dimensions que les mâles.

– La puissance des mâchoires du requin est phénoménale; la plus grande enregistrée avec un appareil spécialement étudié était de 3,75 tonnes au cm^2 pour un requin de 3 mètres. Celle d'un grand requin blanc de 6 mètres est certainement beaucoup plus impressionnante mais n'a jamais pu être mesurée.

– Le requin le plus rapide est le mako, qui peut atteindre 50 km/h (le poisson le plus rapide est le *sailfish* avec 113 km/h, suivi du *swordfish* avec 95 km/h). La vitesse de l'homme dans l'eau est ridicule, même par rapport aux poissons les moins rapides.

– La croissance des requins varie en fonction des espèces, de l'âge et de la maturité : de 33 millimètres par an à 30 centimètres; d'une manière générale, elle est toujours lente.

– Le record d'attaques dans un lieu donné se situe à Durban (Afrique du Sud), en 1957, avec 7 attaques (dont 5 ayant entraîné la mort) en 107 jours.

– En août 1960, un bateau ayant chaviré dans l'embouchure du Komati, sur la côte du Mozambique, une bande de requins fit un carnage parmi les survivants, mutilant 46 personnes sur 49.

– La vitesse de renouvellement des dents du requin charognard est de l'ordre de 7 à 8 jours pour les plus petits, et de 6 à 12 mois pour les espèces plus grandes, mais leur remplacement est immédiat lors d'une attaque.

– Le requin peut sentir des dilutions de sang de l'ordre de 1 partie pour 500 millions de parties d'eau, et des extraits de chair de mérou de l'ordre de 1 partie pour 10 milliards.

– Chez certains gros requins, chaque vésicule séminale peut contenir 20 à 25 litres de liquide séminal, soit 40 à 50 litres de sperme pour un gros mâle.

– Entre l'insémination et l'émission du jeune requin s'écoulent 10 à 22 mois (l'une des plus longues durées de gestation du monde animal).

– Tous les squales sont capables de rester au moins 6 semaines sans manger; le record observé en aquarium est de 15 mois (requin gonfleur).

– Le prédateur le plus redouté de l'homme n'en constitue pas moins l'une de ses sources alimentaires : 306 125 tonnes, soit 10 000 semi-remorques, tel fut le tonnage de squales capturés à des fins alimentaires en 1984.

– La pêche est un des moyens d'étude du requin et

en particulier le baguage (sur l'aileron dorsal). Ainsi, en 23 ans, en Californie, 60 000 requins ont été capturés (47 espèces différentes) et bagués. 1 900 ont été retrouvés dont un à 6 500 kilomètres de la Californie, et un autre 19,5 années plus tard!

– Le plus gros poisson jamais pris avec une ligne sportive était un grand requin blanc de 1 221 kilos, au large des côtes australiennes (les plus gros ont cassé), avec une ligne de 60 kilos (source IGFA : International Game Fish Association).

– L'ancêtre le plus ancien du requin a été retrouvé fossilisé. C'est le cladoselache, vieux de 350 millions d'années, c'est-à-dire 100 millions d'années avant l'apparition des dinosaures (l'humain est apparu il y a 3,5 millions d'années).

DES IDÉES REÇUES

Avant de rentrer en détail dans toutes les études scientifiques ou les témoignages indiscutables contenus dans ce livre, et qui ont permis de beaucoup mieux connaître le monde des « squalidés », il me semble intéressant de battre en brèche d'emblée certaines contrevérités, approximations, voire énormités scientifiques, concernant ces animaux passionnants.

• *Les requins attaquent pour se nourrir.* Cette image du requin insatiable qui avale tout ce qu'il rencontre pour assouvir une faim jamais satisfaite est l'une des plus fausses qui soient. D'après Balbridge et son étude de référence sur 1 500 cas d'attaques d'hommes, il s'avère que 50 à 75 % d'entre elles n'ont aucun rapport avec un problème de nutrition. Ceci ne résout pas grand-chose concernant le danger lié aux requins, mais nous verrons que c'est un paramètre déterminant pour expliquer, d'une part, certaines morsures uniques, sans récidive et sans ablation de chair, et, d'autre part, l'efficacité de certaines mesures préventives.

• *La faim n'existe pas chez le requin.* En apparente contradiction avec la proposition précédente, celle-ci n'en est pas moins fausse. Le requin est capable de jeûnes très prolongés, et il semble qu'il ait une périodicité dans ses habitudes alimentaires. Pendant ces « phases alimentaires », il est évident qu'on peut parler de « faim », et les attaques auront alors une détermination et un déroulement différents.

• *Le requin est un animal primitif.* S'il est vrai que l'ordre des poissons est le plus rudimentaire dans la hiérarchie de l'évolution animale, le requin est beaucoup plus sophistiqué que l'on pouvait le croire il y a encore vingt ans.

En dehors d'organes des sens particulièrement performants et uniques dans le monde animal, la taille de son cerveau est plus proche de celle des oiseaux (toute proportion gardée) ou de certains mammifères primitifs que de celle de n'importe quel autre poisson. Nous verrons par exemple le caractère très performant des organes olfactifs chez le requin, se reflétant au niveau cérébral par des lobes olfactifs très développés. Plusieurs autres caractéristiques physiologiques interdisent de parler d'animal primitif et, surtout, un tel être n'aurait pas traversé 350 millions d'années sans évolution notable.

• *Le requin a une très mauvaise vue.* Même le commandant Cousteau a souscrit à cette croyance sans fondement. Non seulement il voit bien les contrastes, mais il a une bonne vue nocturne grâce à une formation histologique particulière aux animaux nocturnes (le *tapetum lucidum*) et il voit même les couleurs.

• *La pupille du requin reste toujours grande ouverte, ajoutant à son aspect effrayant.* C'est faux : l'iris a une forme ovalaire et la pupille peut s'ouvrir ou se fermer très rapidement ; de plus, diverses espèces disposent d'une troisième paupière (nictitante) qui se ferme au moment de l'attaque (comme pour tous les carcharhiniformes dont le tigre, le bouledogue et le requin océanique).

• *Le requin attaque pour défendre son territoire.* Cela n'a jamais pu être démontré chez aucune espèce, même chez les requins de récif qui sont assez sédentaires. Cette notion de territoire est classique pour les animaux terrestres qui en fixent les limites par leurs déjections, mais l'extension de ce principe aux poissons semble sans fondement. Peut-être pourrait-on parler en revanche de défense d'un espace vital immédiat autour du requin lorsqu'il se sent menacé ?

• *Le requin roule sur le côté pour attaquer.* L'anatomie et l'observation scientifique réfutent cette croyance populaire qui remonte à l'Antiquité, puisque Pline l'évoquait déjà. Le requin s'approche de sa proie obliquement, plante ses dents inférieures pointues dans les chairs, puis avance sa mâchoire supérieure pour planter ses dents tranchantes.

• *Le requin ne mange pas de cadavre.* Nous citerons dans ce livre une dizaine d'exemples réfutant catégoriquement cette croyance, dont certains appuyés par des photos. En 1950, M. Warne, pêcheur australien, trouva dans l'estomac d'un requin tigre de 1,50 mètre une main droite à peine digérée. La police identifia celle-ci comme appartenant à M. Peter Szot, dont le corps avait été retrouvé sur une plage huit jours auparavant, la main droite arrachée, et surtout une balle dans la tête. M. Szot ne s'était pas suicidé après avoir perdu sa main, mais avant...

Les idées reçues ne sont pas très graves lorsqu'elles ne sont pas couchées sur le papier et qu'elles ne concernent donc que nous-mêmes. Lorsqu'en revanche elles se prétendent directives à l'intention de lecteurs confiants, elles peuvent relever d'une inconscience meurtrière. C'est ainsi que l'on pouvait lire dans le manuel de survie de l'armée américaine, publié au début de la dernière guerre, les facéties suivantes :

« Le requin est un poisson couard qui se déplace lentement, facilement effrayé par les coups dans l'eau, le bruit, le mouvement, les formes inhabituelles. Ce dernier point suffirait à un requin pour ne pas attaquer l'homme. » Après cette description de personnage de dessin animé suivait un paragraphe sur la meilleure façon de combattre ce « malheureux » poisson : « D'abord le frapper sur son museau mou et vulnérable, dans les yeux, ou alors le poignarder dans les ouïes. » Les auteurs conseillaient bravement de « nager en dehors de la ligne de charge, attraper une nageoire pectorale au moment où il passe, et chevaucher avec lui aussi longtemps que vous pouvez retenir votre respiration ». Le conseil de salon le plus savoureux que l'on puisse imaginer, mais ce n'était qu'un début. « Si vous pouvez vous attacher à lui, le requin peut perdre de son vice et retrouver sa couardise naturelle. Si vous avez un couteau, ouvrez-lui l'estomac. En ouvrant l'estomac, vous faites rentrer l'eau à l'intérieur. Cela le tuera quasi instantanément. » Phénoménales stupidités, dont les pilotes et marins de l'US Army étaient censés s'imprégner avant leurs missions !

Un lecteur du manuel, qui parvint à survivre à une attaque de requin en dépit des conseils du livre, raconta comment il déchargea son colt 45 sur le « museau mou et vulnérable ». « Il se retourna alors pour charger, continua le pilote, et je commençai alors à lui taper avec le colt sur le sommet du crâne. Il était à cet endroit aussi dur que du métal et je découvris plus tard que j'avais partiellement aplati le petit œil d'acier sur la crosse, là où est attachée la lanière. »

L'actuel « livre de survie » de l'armée américaine est réduit à sa plus simple expression, comme si les autorités avaient opté pour un hélicoptère derrière chaque GI, plutôt que pour un bon manuel dans chaque battle-dress...

2

L'HISTORIQUE D'UNE FASCINATION

La première représentation d'une attaque par ce qui devait être un requin a été retrouvée sur un vase déterré à Ischia en Italie, une île juste à l'ouest de ce qui est aujourd'hui Naples. Le vase représente un homme happé par un poisson pouvant évoquer un requin et a été daté de 725 av. J.-C.

La première relation d'une attaque par un monstre marin remonte à l'histoire grecque, avec Hérodote en 492 av. J.-C. Il ne parlait pas du requin, même s'il s'agissait probablement de lui, mais le mot n'existait pas encore et aucune représentation graphique vraiment ressemblante n'apparaîtra avant le XVIIIe siècle. Toujours dans l'histoire grecque, le poète Léonidas de Tarentum évoque la fin tragique du pêcheur d'éponges Tharsys, alors qu'il était hissé à bord de sa barque par ses deux compagnons et qu'il fut attaqué par un

Une des premières représentations d'une attaque de requin par le Suédois Olaus Magnus vers 1550.

monstre marin qui lui arracha les portions inférieures de son corps. Les compagnons de Tharsys ramenèrent ses restes sur la côte et, ainsi, nota élégamment le poète, Tharsys fut enterré à la fois sur terre et dans la mer.

La première référence en anglais remonte à 1580 alors qu'un officier relatait une attaque dont il avait été témoin entre le Portugal et l'Inde : « Un homme tomba par-dessus bord lors d'une tempête, et il nous était impossible de l'atteindre ou de venir à son secours en aucune manière. Nous jetâmes donc vers lui un bloc de bois retenu par une corde et spécialement prévu à cet effet. Notre équipage entreprit de ramener l'homme qui avait réussi à attraper le bloc, mais, alors que celui-ci ne se trouvait plus qu'à une demi-portée de mousquet, il apparut de dessous la surface de la mer un grand monstre appelé *tiburón*; il se précipita sur l'homme et le découpa en pièces juste sous nos yeux. Ce fut sûrement une terrible mort. »

En 1776, Pennant décrit le requin blanc : « Ils atteignent de très grandes dimensions. On a rapporté que dans l'estomac de l'un de ces monstres fut découvert un corps humain tout entier, ce qui est loin d'être incroyable, considérant leur vaste penchant pour la chair humaine. Ils sont le cauchemar des marins dans tous les climats chauds où ils suivent constamment les navires dans l'attente de tout ce qui pourrait tomber par-dessus bord. Un homme qui a cette infortune périt sans rémission. On les a vus se ruer sur lui comme un goujon sur un ver... Les nageurs, très souvent, périssent par eux. Quelquefois, ils perdent un bras ou une jambe, et d'autres fois sont coupés en deux morceaux par cet insatiable animal. »

Les journaux de route des navires racontent souvent des tragédies similaires, mais il existe quelques rares cas où les marins l'emportent. Le commandant

Représentation médiévale des requins.

du *Ayrshire* tomba par-dessus bord au cours d'une traversée en 1850. Son vaillant labrador se jeta à l'eau pour le sauver. Un requin se dirigea immédiatement vers eux, mais, d'après le livre de bord, tous deux furent sauvés. Le commandant était indemne mais la queue du chien avait été coupée net.

Les connaissances scientifiques élémentaires sur le requin sont extrêmement récentes, et on peut donc considérer que jusqu'au XXe siècle la relation des attaques par requins reposait largement sur la mystique populaire, la superstition et la spéculation fantaisiste.

Les Grecs écrivirent leurs mythes dans les constellations, mais bien avant eux les hommes primitifs y projetèrent diverses représentations de leur propre dieu-diable : le requin.

Les étoiles que les Grecs voyaient comme la ceinture d'Orion étaient pour les Indiens warran d'Amérique du Sud la jambe manquante de Nohi-Abassi, un homme qui s'était débarrassé de sa belle-mère en entraînant un requin meurtrier à la dévorer. Comme des légions d'hommes l'apprirent plus tard, Nohi-Abassi apprit à ses dépens qu'il ne fait pas bon provoquer un requin – ou une belle-mère. Sa jambe fut coupée par sa belle-sœur, jouant apparemment le rôle de requin, et Nohi-Abassi mourut. Sa jambe erra dans une région des cieux, et le reste de son corps dans une autre.

Pour quelques tribus primitives, le requin était un dieu vengeur, pour d'autres un diable fourbe. Dans beaucoup de religions primitives, le statut du requin devint si complexe qu'il avait plusieurs rôles : les requins devenaient hommes, les hommes devenaient requins. Dans beaucoup d'îles du Pacifique, l'insatiable dieu ne pouvait être rassasié par les hommes, femmes ou enfants qu'il engloutissait occasionnellement dans les profondeurs marines. Le dieu-requin réclamait alors l'ultime hommage : le sacrifice humain. Le chef des grands prêtres de quelques îles se rendait alors parmi le peuple. Un assistant l'accompagnait, portant un nez similaire au long museau du requin. Sur un signal de son chef, l'assistant pointait le nez vers la foule. La personne, homme, femme ou enfant, qui se trouvait visée par le nez était immédiatement saisie et étranglée. Son corps était ensuite rituellement coupé en morceaux et jeté à la mer pour les dieux-requins.

Dans les îles Salomon, les requins déifiés vivaient dans des cavernes sacrées construites pour eux près de la côte. En face de ces cavernes étaient érigés de grands autels de pierre sur lesquels étaient placés les corps des victimes choisies. A l'issue de cérémonies mystiques, les corps étaient offerts aux requins. Certains requins, dans les îles Salomon, étaient considérés comme des incarnations d'ancêtres disparus. Ceux-là étaient les bons requins. D'autres requins aliénés, qui erraient entre les îles pour des missions diaboliques, étaient considérés comme malveillants. Les pêcheurs pouvaient cependant refouler ces requins malfaisants en brandissant devant eux de petites statuettes de bois représentant les requins familiers.

Tous ces rites et traditions plus ou moins effrayants existaient encore il y a quelques dizaines d'années dans certaines îles isolées, les plus « civilisés » d'entre eux persistent encore...

Les pêcheurs vietnamiens se réfèrent encore au requin baleine en sa qualité de *Ca Ong ou* « Monsieur Poisson ». De petits autels implorant la protection de *Ca Ong* peuvent être vus sur des dunes de sable tout le long de la côte vietnamienne du Centre et du Sud, à proximité des épaves de tanks et d'autres vestiges de la guerre.

Lorsque l'US Navy construisit l'énorme base de Pearl Harbor à Hawaï, on découvrit les restes d'une enceinte où les rois hawaïens faisaient se battre des gladiateurs locaux avec des requins captifs. Ces derniers représentaient les ancêtres, et étaient nourris avec des hommes vivants. La seule arme dont pouvait disposer le guerrier gladiateur était une dent de requin, une seule, montée sur un court manche de bois tenu fermement dans le poing. Seule dépassait la dent, entre deux doigts solidement fermés sur le manche. La différence avec le matador qui peut esquiver une charge de taureau était que le guerrier n'avait droit qu'à une seule chance, et qu'il devait, pour vaincre, laisser le requin le charger. Ce n'est qu'au dernier moment qu'il devait plonger sous l'assaillant et essayer de l'éventrer avec son arme. La légende veut que, parfois, en de rares occasions, le guerrier l'emportait et tuait le requin. Peut-être un édit royal stipulait-il que si le guerrier faisait couler le sang de son adversaire, il pouvait quitter l'arène infernale, faute de quoi il semble impossible que de tels duels aient pu se terminer autrement que par la victoire du requin qui avait quand même une masse de dents à opposer à une seule, tenue par le poing de son adversaire. Sans parler de sa rapidité d'évolution dans l'eau...

L'arène des requins était une enceinte circulaire d'environ un hectare, composée de pierres de lave. Elle comportait une ouverture du côté de la mer, afin que l'eau y pénètre. Poissons et appâts humains étaient jetés dans l'enceinte afin d'attirer les requins dans l'ouverture, et celle-ci était bien sûr fermée lors des « combats ». A côté de l'arène était censée vivre la reine des requins, dans le fond de la baie. La reine condescendait à autoriser les combats près de son refuge, à condition d'être séduite par des offrandes. Ces offrandes étaient encore une fois humaines, car l'une des réalités économiques de la vie d'Hawaï autrefois était que les gens coûtaient moins cher que les porcs...

En 1900, quand l'US Navy eut terminé la construction d'un énorme dock à Pearl Harbor, pour un coût de quatre millions de dollars, la fondation s'effondra soudain sous la pression d'une éruption sous-marine, et tout le dock s'enfonça sous les eaux. Les ingénieurs examinèrent toutes les hypothèses en vain, mais les autochtones savaient ce qui était arrivé : « La reine des requins est en colère et courbe le dos. » Encore de nos jours, de nombreuses croyances persistent par rapport aux squales, pas seulement à Hawaï mais aussi à Tahiti, aux îles Cook, dans le détroit de Torres, aux îles Marshall et Samoa, même chez les Indiens d'Alaska, sans oublier l'Amérique latine où de nombreuses poteries anciennes ont été déterrées, représentant des nageurs dévorés par des requins.

Au Japon, l'un des dieux mythologiques est le dieu de la Tempête, connu comme l' « homme-requin ». En fait, le requin est tellement terrifiant dans les légendes japonaises que lorsque les Chinois pensèrent à un talisman à peindre sur leurs avions de combat contre les Japonais, ils choisirent la tête diabolique du requin tigre. Les pilotes américains qui firent de même étaient connus dans le monde comme les « Tigres volants » alors qu'en fait on aurait dû les appeler les « requins volants ».

Dans le détroit de Torres, entre Papouasie et Australie, Mutuk est un homme légendaire qui fut un jour délivré de l'estomac du requin qui l'avait avalé. Son « aventure gastrique » ne peut que rappeler celle, beaucoup plus ancienne, de Jonas avalé par un « grand poisson ». Les scribes bibliques ne faisant certainement pas la différence entre un poisson et un mammifère, on considéra qu'il s'agissait sans doute d'une baleine, et la plupart des représentations religieuses de l'événement s'en tiennent à cet animal. Anatomiquement, cependant, on voit mal comment un prophète aurait pu passer à travers les fanons d'une baleine, et c'est donc bien d'un grand poisson qu'il devait s'agir, le plus grand des poissons, le requin. Encore fallait-il que ce requin n'ait pas de fanons comme le requin baleine, et qu'il soit suffisamment grand pour avaler un homme tout entier. Ce ne pouvait donc être que le grand requin blanc (*carcha-*

Avec l'époque coloniale, les marins apprirent à côtoyer les requins sans pour autant les aimer. La capture de l'un d'eux était toujours un événement à bord, et même Napoléon fut convié au spectacle à bord du Bellerophon *après sa défaite en 1815.*

rhodon carcharhias). Que les biblistes se rassurent, baleine ou requin, la régurgitation d'un homme vivant est encore plus miraculeuse de l'intérieur d'un grand requin blanc que d'une baleine...

Si les requins sont légitimement à l'origine de nombreux mythes, ils peuvent être aussi, en certaines circonstances, des moyens brutaux de démystifications. En 1776, le naturaliste Thomas Pennant écrivait : « Le patron d'un navire négrier de Guinée m'a raconté qu'une vague de suicides s'était emparée des esclaves nouvellement achetés, car les malheureux pensaient qu'après leur mort leurs corps devaient être rendus à leur famille, leurs amis et leur pays. Pour les convaincre qu'au moins leurs corps ne seraient pas condamnés à l'errance perpétuelle, il ordonna que l'un des cadavres soit lié par les chevilles à une corde et descendu dans la mer. A peine était-il immergé depuis une minute que, lorsque l'équipage remonta le corps, seuls les chevilles et les pieds protégés par la corde étaient intacts. Tout le reste avait été dévoré par les requins. » Ainsi fut-il démontré sans ménagement que les dépouilles mortelles n'auraient pas à être rendues aux familles puisqu'elles seraient données en pâture aux requins...

Si l'Inde a ses charmeurs de serpents, les îles Fidji ont leurs charmeurs de requins. Deux fois par an, pour conjurer les attaques de requins, les Fidjiens se livraient à la « cérémonie du baiser au requin ». Le père Laplante était missionnaire dans ces îles jusqu'en 1938 et racontait comment les requins étaient capturés dans un grand filet, renversés sur le dos par les officiants légèrement drogués, avant d'être embrassés sur l'estomac. A chaque fois, s'étonnait le missionnaire, une fois embrassés, les requins ne bougeaient plus, « comme si les hommes avaient un pouvoir occulte que je ne saurais définir ». Cette coutume connut un regain d'intérêt en 1960, à Fort Lauderdale, en Floride, quand les étudiants en firent un rite d'initiation pour les nouveaux. La police mit fin à ce bizutage très particulier en mettant en garde à vue le dénommé « Freddy », avant de le rejeter à la mer. Le susnommé ne mesurait que 1,50 m, mais c'était un requin tigre...

Les pêcheurs de perles de Ceylan eurent recours également aux charmeurs de requins pour les protéger. Le pouvoir de ces charmeurs était héréditaire et extrêmement mystique, comme le rapportait en 1861 sir Emerson Tennent, puisque, même si le charmeur était malade et dans l'incapacité de se déplacer, il suffisait qu'il délègue officiellement n'importe qui à sa place pour que les requins restent tranquilles. Sans vouloir nier ce pouvoir hautement mythique, je dirai que les mêmes officiants n'auraient certainement pas eu les mêmes résultats sur la Grande Barrière de corail australienne. Nous verrons en effet que, curieusement, et en dépit de sa latitude dans l'océan Indien, l'île de Sri Lanka est toujours demeurée relativement indemne d'attaques...

La mystique attachée aux requins a pu faire la fortune de quelques-uns, si l'on en croit François Poli dans son livre *Les requins sont capturés la nuit* (1959, Chicago). Le lac Nicaragua est connu en Amérique centrale pour les nombreux « mangeurs d'hommes » qu'il recèle, et il s'agit là d'un fait non contestable qui incita très tôt les Indiens riverains à tenter d'amadouer le « seigneur des eaux ». C'est ainsi qu'ils avaient des cérémonies funéraires très élaborées, à l'issue desquelles les corps, recouverts de bijoux et lestés d'ornements en or, étaient confiés aux requins du lac afin de les apaiser. Ceux-ci dévoraient bien sûr les cadavres, à la satisfaction générale. Jusqu'au jour où un Hollandais se mêla de pêcher les requins, de leur ouvrir le ventre et de récupérer l'or et les bijoux sacrés. Il amassa très vite une fortune mais oublia de partir à temps. Mis au courant de ses vols sacrilèges, les Indiens incendièrent sa maison après l'avoir égorgé. Son cadavre étant indigne des requins, il fut carbonisé.

Certains mythes ont engendré des événements réels comme celui que nous venons d'évoquer, et certains événements auraient pu engendrer des mythes si leur caractère mensonger n'avait été par trop grossier.

Ainsi l'histoire racontée par Mark Twain, et qui fut considérée comme un fait réel pendant des années. D'après lui, un certain Cecil Rhodes aurait attrapé à proximité de l'Australie un requin qui avait avalé un journal à Londres dix jours auparavant. L'heureux pêcheur aurait ainsi appris avant tout le monde que le marché de la laine avait fait un bond considérable, et il aurait investi sans risque des sommes considérables, à l'origine de son énorme fortune !

Certaines capacités supposées du requin, mais non prouvées, deviennent facilement des croyances superstitieuses. Ainsi de la capacité qu'auraient les requins à « sentir la mort ».

Beaucoup de marins morts à bord de bateaux et dont les corps furent confiés à la mer trouvèrent en fait leur tombe dans l'estomac d'un requin. La superstition grandit avec le temps : les requins, d'une façon ou d'une autre, savaient quand un homme était sur le point de mourir, et l'apparition d'un squale dans le sillage d'un navire devint un indice de mort imminente à bord.

Quand une épidémie de choléra ou de fièvre jaune se déclarait à bord d'un navire, les superstitieux croyaient que les requins resteraient derrière jusqu'à ce que l'épidémie ait livré sa dernière victime. Un skipper, qui naviguait depuis San Francisco, ajouta à la légende. Il transportait souvent une cargaison inhabituelle : les cadavres des Chinois morts aux Etats-Unis qui, selon l'ancienne coutume, devaient être enterrés en Chine. Ce skipper était catégorique : quand il transportait des corps, son bateau était suivi d'une cohorte de requins comme s'ils étaient capables de détecter les cadavres enfermés dans des cercueils blindés et à fond de cale. Les requins n'apparaissaient jamais quand sa cargaison était moins macabre.

Il est curieux de constater que dans la confrérie des marins, tellement respectueuse des traditions et même des superstitions, il n'y ait jamais eu d'interdit pour baptiser un navire du nom de *Shark, Tiburón* ou *Requin*. Quand on sait ce qu'il en coûte de prononcer à bord d'un bateau le seul nom de l' « animal aux grandes oreilles » (le lapin), il est surprenant que le requin, qui a pourtant terrifié des générations de marins et de naufragés, ne soit pas logé à la même enseigne. C'est ainsi que, rien qu'aux Etats-Unis, six navires ont été baptisés du nom de *Shark* : le premier, en 1821, était un schooner de douze canons, les cinq autres furent des sous-marins dont le dernier, lancé en 1960, était un submersible atomique.

DU MYTHE AU SYMBOLE

L'origine du mot « requin » vient très probablement de *requiem*, par référence évidente au sort peu enviable qui attendait le malheureux marin tombé par-dessus bord dans certaines eaux tropicales.

En anglais, le seigneur des mers est désigné par *shark* (et non pas *jaws* comme le croient beaucoup qui se réfèrent seulement à la tête d'affiche du célèbre film *Jaws* [*Les dents de la mer*]). Les racines étymologiques désignent en fait certaines caractéristiques de l'animal lui-même. La racine anglo-saxonne *scheron* signifie couper ou *arracher*. *Schurbe* est le mot allemand pour « vilain ». Dès l'époque élisabéthaine, le langage populaire utilise le mot pour désigner les requins dans le travail, *loan shark, pool shark, card shark*. Le son lui-même est pointu, et souligne en anglais l'impression d'urgence, de terreur, de surprise et de tranchant.

En espagnol, l'animal est désigné par le mot *tiburón*.

Si l'on interroge au hasard des citadins et des pêcheurs de requins professionnels, en leur demandant de choisir quatre images qui leur viennent immédiatement à l'esprit lorsque l'on prononce le mot « requin » ou *shark* ou *tiburón*, on est étonné de la remarquable similarité des réponses.

« Danger », « tueur », « mangeur d'homme », « jaws », « sans espoir », « dents », « aileron », « pêche », « grand blanc », « mako », « charognard », « écume », « eau profonde », tels sont quelques-uns des mots clés retrouvés le plus souvent, indépendamment de la profession, du pays concerné et du vécu éventuel de l'intéressé par rapport aux requins. Il est remarquable, en effet, que la totalité des interrogés n'a jamais été témoin d'une attaque, certains n'ont jamais vu ni même aperçu un requin de leur vie, d'autres vivent dans des pays où il n'y a pas de requins.

Ces réponses suggèrent que l'image de terreur et de destruction se divulgue beaucoup mieux dans le public que les découvertes scientifiques concernant un animal avec une biologie et des caractéristiques de comportement très particulières. Plusieurs raisons peuvent expliquer la réputation du requin comme symbole de puissance et de terreur.

– Il est indéniable que le requin est réellement le « seigneur des mers », le roi des abysses des premiers âges, puisqu'il existe inchangé depuis 350 millions d'années, alors que l'homme n'existait même pas il y a 1 million d'années. Le requin n'est pas seulement le plus grand des poissons, il est aussi le mieux armé pour traquer et détruire sa proie.

– Il est capable de vivre dans toutes les eaux superficielles ou profondes, tropicales ou tempérées, douces ou salées. Comme il est, par ailleurs, en perpétuel mouvement, l'homme ne se sent nulle part réellement à l'abri de ses attaques.

Illustration du XIXe siècle représentant davantage le requin comme une curiosité exotique que comme une « machine à tuer ».

– A la différence de la plupart des créatures animales, le requin n'est jamais en mal de proie pour se nourrir, et il est même capable de dévorer ses propres congénères. Il ne connaît pas de prédateur naturel à l'exception de l'orque et, très occasionnellement, du poisson-scie. Son « invincibilité » est à la fois physique, alimentaire, éthologique.

– Encore plus que les autres poissons, sa ténacité pour rester en vie est impressionnante. Gaffé, tiré, harponné, éventré, il est encore capable de se déplacer et de déchirer ses proies dans l'eau. Même sans vie apparente sur le pont d'un bateau, il peut encore happer et trancher le bras ou la jambe du pêcheur imprudent plusieurs heures après sa capture.

LES RAISONS D'UNE FASCINATION

La première découverte qui s'impose dès que l'on étudie la relation homme-requin est la disproportion entre l'impact sur le subconscient de quelques accidents exceptionnels et la réalité statistique des faits. L'organisation récemment créée, *International Shark Attack File*, qui répertorie toutes les attaques connues depuis 1560, n'a pu en découvrir plus de 1 500. Même si j'estime que l'on peut considérer le nombre réel comme beaucoup plus élevé, il n'en reste pas moins que le nombre d'attaques dans le monde ne dépasse certainement pas 500 par an et que la mortalité doit être de l'ordre de 200 (si l'on excepte les grands naufrages). C'est le nombre de foudroyés chaque année, le bilan d'un seul week-end meurtrier sur les routes de France, le nombre de victimes dans une seule catastrophe aérienne, le nombre de morts du sida en deux semaines aux Etats-Unis...

Alors pourquoi cette terreur irraisonnée? Pourquoi ces morts médiatisées dont on parle dans les moindres détails dans le monde entier?

Il y a certainement à la base un phénomène de projection, cette action inconsciente qui consiste à refuser ou à être incapable d'intérioriser certaines émotions ou certains traits de personnalité, en les « plaquant » sur une autre personne, un autre lieu, un autre objet. L'exemple typique est celui du « mauvais élément » qui traîne toujours dans les grandes familles et draine la mauvaise conscience des uns et des autres tel un abcès de fixation. Les chiens sont souvent l'exutoire inconscient des frustrations de leur maître quand celui-ci les insulte comme il aimerait oser le faire pour son patron ou sa belle-mère.

Chacun de nous peut se demander s'il y a des aspects de sa personnalité qu'il préfère prêter au requin ou, au contraire, des caractéristiques de celui-ci dont il aimerait pouvoir disposer, sans l'avouer. Nous verrons dans un chapitre ultérieur les mille et une façons d'utiliser le monde des squales, l'introspection n'étant sans doute pas la moins intéressante...

Nous avons vu comment les peuples insulaires ont toujours prêté aux requins des pôles d'attraction et d'autres de répulsion, comme si les peuples primitifs vivant au contact de la terre et des cycles naturels voyaient plus facilement en toute chose le côté négatif et le côté positif. Il est significatif que les peuples dits « civilisés », qui ont perdu le contact avec la nature, font sur le requin une projection presque exclusivement morbide, négative. L'hiatus est de plus en plus grand entre notre monde sécuritaire, hyperassuré, toujours plus confortable et technicisé, et ce monde abyssal, froid et sombre qui est celui du requin, qui nous ramène à la sauvagerie des premiers âges où la frêle carcasse de l'homme ne pesait pas lourd face aux agressions physiques de tous ordres. Il est probable que le requin véhiculera des images de plus en plus effrayantes à mesure que l'homme moderne se créera un monde artificiel de plus en plus timoré et de moins en moins « physique », où l' « instinct de chasse » aura définitivement disparu. La relation « organique » que nous entretenons avec le requin sera de plus en plus insupportable, et parallèlement de plus en plus médiatisée, comme pour mieux exorciser ces affreux rappels d'un autre âge dont nous ne voulons plus.

La peur des requins, c'est aussi le monde condensé des phobies : peur du noir, du vide, de la chute dans un monde inconnu, du sang, des plaies béantes, de la solitude face au danger, du combat physique, de l'inexorabilité de la mort... Ces monstres froids, qui glissent dans l'eau comme des serpents et vous enferment dans l'étau de leurs mâchoires comme des araignées dans leurs pattes, vous ramènent aux cauchemars de l'enfance.

Il ne faut pas oublier, bien sûr, le « délicieux frisson de l'horreur » comme moteur possible de la fascination pour le requin. Les pulsions sadomasochistes existent encore chez beaucoup d'adultes, mais, actifs ou passifs, leur subconscient projette sur le requin ou sa victime. L'instinct morbide de beaucoup de lecteurs est bien connu des chefs de rédaction, qui savent comment distiller l'horreur d'une attaque à travers des manchettes racoleuses, des récits à suspense et des photos n'ayant souvent rien à voir avec l'événement. Vous faut-il une preuve? Observez l'attitude et les réactions d'un lecteur potentiel de ce livre face au cahier photos fermé qu'il contient. Et puis... comment avez-vous vous-même réagi chez le libraire devant ces photos que vous ne pouviez consulter comme le reste du livre?

La fascination peut être plus admirative, sinon positive, devant l'invulnérabilité et l'hyperefficacité de cet animal imprévisible, intraitable et solitaire, qui se joue des autres comme il veut. L'intérêt se tourne alors davantage vers l'animal que vers sa victime.

Quel que soit le moteur de cette fascination, il s'accompagne toujours peu ou prou d'anthropomorphisme, inséparable du phénomène de projection, et que l'on rencontre à chaque fois que l'homme est confronté à un problème qu'il ne contrôle pas. Il y eut le serpent, il y eut l'ours, il ne restera plus que le requin, aussi longtemps qu'il conservera de son mystère. Arrivé sur terre 350 millions d'années avant l'homme, il lui survivra sans aucun doute, et le passage de l'homme dans le monde animal n'aura été qu'un incident dans l'histoire du requin.

REQUINS ET MÉDIAS

Le requin est une créature faite sur mesure pour le sensationnalisme médiatique. Magnifiquement représenté par le grand blanc, c'est un carnivore primitif à l'aspect terrorisant, et dont la diète n'exclut pas de temps à autre l'être humain. Tout ce qu'il faut pour faire la « une », celle-ci étant normalement réservée à tout événement qui concerne les gens. Le problème est que les requins ne deviennent un événement qui concerne les gens que lorsqu'ils viennent de dévorer un lecteur potentiel.

Bien que les journalistes soient des professionnels pour collecter de l'information, ils ne sont pas des spécialistes des requins, et ils disposent en général de très peu de temps pour faire leur papier. Ceci explique la pauvreté scientifique qui préside le plus souvent à la relation de tels événements, et la façon stéréotypée dont sont décrits des accidents survenant pourtant dans des circonstances totalement différentes, avec des requins qui ne sont pas toujours des « grands requins blancs sans pitié », des victimes pas forcément « jeunes, athlétiques et championnes de natation » et des eaux pas systématiquement « calmes et bleues ne laissant rien présager d'un tel drame »...

Outre les attaques, il y aurait bien d'autres pôles d'intérêt pour les journalistes à propos des requins, tels que la façon de les pêcher, les cuisiner, les détecter, les éviter, les repousser, les appâter, mais il ne s'agirait plus alors de premières pages, tout juste quelques lignes dans la rubrique « Tourisme » à l'attention de ceux qui partent en décembre à la « pêche au gros », à l'île Maurice.

Lorsque le célèbre film *Les dents de la mer* sortit à la fin des années soixante-dix, il y avait là une mine d'or potentielle pour tous les critiques qui auraient pu en faire une analyse non seulement cinématographique mais aussi scientifique. Le conseiller technique de ce film était le Pr Compagno, sans doute le plus grand spécialiste mondial, et, comme il me l'a dit lui-même, l'invraisemblance du film ne venait pas des séquences d'attaques mais de leur accumulation exagérée et de l'anthropomorphisme excessif par rapport au requin.

Notre société moderne est finalement moins bien équipée pour séparer le mythe des faits à propos d'un film comme *Les dents de la mer* que ne l'était la société du XIXe siècle à propos du roman *Moby Dick*. La chasse à la baleine était une industrie courante à l'époque où *Moby Dick* fut écrit, et chacun savait que les baleines pouvaient tuer les chasseurs. La plupart des habitants des côtes de la Nouvelle-Angleterre connaissaient personnellement des hommes qui avaient chassé ou au moins vu des baleines. Ils savaient que les cachalots ne dévorent pas un homme délibérément.

Mais nous ne sommes plus proches de la nature, car cela n'est plus indispensable à notre survie, et notre crédulité en est d'autant plus grande. Les médias pourraient avoir un double rôle d'information et de pédagogie, à propos d'un film comme *Les dents de la mer*, l'intérêt du lecteur ou du spectateur en serait plus grand encore, et le rôle du journaliste s'en trouverait gratifié. Beaucoup de gens ont vu les suites 1, 2, 3 ou 4 des *Dents de la mer*, mais qui a disséqué pour eux l'invraisemblance consternante des scénarios et l'irréalité des comportements des nouveaux héros ?

Il est significatif que beaucoup de grands journalistes ne rêvent que d'une chose, dans les pays où cela est possible : couvrir une attaque de requin. L'un d'eux quitta même une ville du centre de l'Oregon pour une autre sur la côte, uniquement pour être celui qui « couvrirait » la prochaine attaque. Il est vrai que n'importe quelle attaque de requin sera toujours un événement tant qu'elle demeurera exceptionnelle. On imagine ce que deviendrait un tel événement pour un Américain qui lirait en page cinq de son quotidien du 30 juin : « Environ 250 personnes vont périr en ce premier week-end estival sur l'ensemble des plages de la nation, par attaques de requin. Ce chiffre représente une très nette amélioration par rapport aux 375 attaques de 1990, avant que la limitation de vitesse à 55 km/h n'empêche une foule considérable de se rendre sur les plages plus rapidement... »

Ce genre de papier sort chaque année à propos des accidents de voiture, dans l'indifférence générale, en dépit de dizaines de milliers de morts, à l'égard desquels nous sommes immunisés. Et puis, quoi de moins mystérieux qu'un accident de voiture dont les circonstances et les causes sont toujours connues, dont la rapidité ne laisse pas de temps aux états d'âme ou au suspense, dont les acteurs appartiennent à un même monde, dont le récit ne laisse guère de place aux exégèses?

Le journaliste Steve Boyer a vécu une anecdote significative des surenchères auxquelles se prêtent les anecdotes relatives au monde des squales. L'agence Associated Press reçut, il y a quelques années, la dépêche suivante : « Le boom démographique des phoques attire-t-il plus de requins? » La question, banale, émanait d'un petit journal local de la côte Ouest, le *Santa Barbara New Press*. La dépêche fut reprise par un autre journal, régional celui-là : « Plus de phoques peut impliquer plus de requins. » Le lendemain, un autre titrait à la une : « Les experts déclarent que la population des phoques attire de plus en plus de grands requins blancs... Une tribune sur les causes de la prolifération du grand blanc. » Quelques jours après la dépêche initiale, un autre journal annonçait sur cinq colonnes : « Les grands requins blancs infestent les eaux de Santa Barbara. » On était loin de la dépêche originelle d'un petit chroniqueur local qui n'imaginait certainement pas qu'à cause de lui le tourisme dans sa station balnéaire s'effondrerait pour plusieurs mois... Non content de suivre la surenchère généralisée, un dernier journal tombait dans l'approximation totale : « Les requins et les phoques à l'attaque des plongeurs... »

Dans ce métier, comme dans beaucoup d'autres, tout dépend de l'éthique que l'on s'est fixée : privilégier ou non le sensationnalisme, et sacrifier ou pas la réalité des faits aux histoires extraordinaires que réclame le public. Il est significatif que le très sérieux *New York Times* tire quotidiennement à 900 000 exemplaires, tandis que le spécialiste des meurtres crapuleux et autres chiens écrasés qu'est le *New York Daily News*, prêt à faire un numéro spécial sur la moindre menace d'attaque de requin dans l'Hudson, tire, lui, à 1,5 million d'exemplaires.

Beaucoup plus anodine, l'anecdote rapportée par le grand spécialiste David H. Davies. En août 1959, deux pêcheurs capturent, depuis la rive de l'embouchure de la rivière Umgeni près de Durban, un impressionnant *zambezi shark (carcharhinus leucas)* de 1,80 mètre de long et 120 kilos. Après l'avoir attaché par la queue à une grosse souche d'arbre dans quelques centimètres d'eau, ils partent informer de leur prise les responsables de l'aquarium de Durban. Ceux-ci se montrent intéressés par une telle espèce, connue comme la plus dangereuse dans la région, et un camion est envoyé pour ramener la prise.

C'est un corps sans vie recouvert d'une toile humide qui arrive plusieurs heures plus tard près de l'aquarium où l'on décide de l'immerger (pour voir). A la surprise générale, quelques minutes plus tard le requin nage vigoureusement dans le bassin dont les quatre rémoras l'ont déjà immédiatement adopté comme nouveau maître. C'est de loin le plus impressionnant des poissons ayant jamais séjourné dans l'endroit, et une foule de visiteurs commence à affluer dès le lendemain. Pendant trente-neuf jours, le requin s'adapte remarquablement bien à l'endroit mais ne mange rien. Ce n'est que lorsqu'on essaie de sauver une jeune raie manta de 5 kilos, récupérée dans un filet et placée moribonde dans l'aquarium, qu'il l'attaque lâchement et l'avale en une seconde.

Il devient très vite le « boss » de l'aquarium, et sa popularité s'étend. Un journal de la région l'ayant baptisé Willie, le nom va lui rester définitivement. Willie se nourrit très irrégulièrement avec les morceaux de chair de requin ou de raie que l'on jette dans le bassin. Il préfère s'arranger lui-même. Pendant toute la période de septembre à décembre, plusieurs spécimens rares disparaissent dans la gueule de Willie, à l'exception de quatre requins sombres très appréciés du public et quatre ou cinq requins chiens dont une femelle. Lorsque cette dernière est coupée en deux par Willie, on découvre plusieurs petits qui étaient près de naître. Non content de semer la désolation dans la faune qui l'entoure, Willie semble s'intéresser, à partir de décembre, aux plongeurs qui descendent régulièrement pour des travaux de routine dans l'aquarium. Cela a peut-être un rapport avec l'augmentation de température de l'eau, mais, connaissant les antécédents de ce type de requin par rapport aux êtres humains, les responsables commencent à se poser des questions. La situation n'est pas facile, car Willie est devenu de loin le pensionnaire favori des visiteurs, et la suppression d'un tel spécimen ne serait pas populaire. Par ailleurs, si on libère l'animal, nul doute que toutes les prochaines attaques dans la région pendant des années vont lui être attribuées. Pour finir, il y a le problème non négligeable de la capture à l'intérieur du bassin.

Après de multiples et très sérieuses considérations, il est décidé, très à regret, que Willie doit être capturé et supprimé. Trois matins consécutifs, à l'aube, plusieurs moyens de capture se révèlent inefficaces. Finalement, c'est avec un gros hameçon triple attaché à une lourde corde de nylon que Willie est enfin remonté à la surface et immédiatement tué et découpé en morceaux que l'on dissimule dans plusieurs poubelles. A sept heures du matin, tout est terminé, et le « meurtre » n'a pas eu de témoins.

Dans la demi-heure qui suit l'ouverture au public, un reporter accourt, ayant été informé par un visiteur que Willie avait disparu, et désireux de recueillir toute information sur l'événement. David Davies, directeur de l'établissement, décide de ne pas se répandre en détails, et révèle que, effectivement, à la grande tristesse générale et dans la surprise la plus totale, Willie a été découvert mort entre deux eaux, le matin même, à l'aube. Le reporter accumule les questions, de plus en plus curieux, et demande enfin si une autopsie a été au moins ordonnée. Considérant que le découpage en morceaux honteusement pratiqué le matin pouvait être considéré comme un examen anatomique *post mortem*, Davies répond que, effectivement, l'autopsie a bien été effectuée. La question suivante portant sur les découvertes de celle-ci, comme Davies a bien remarqué une légère et banale décoloration de l'un des lobes du foie, il le signale au reporter qui, au soulagement général, se décide enfin à repartir.

Le lendemain, en première page, sur cinq colonnes, le régional de Durban titrait : « Willie meurt subitement d'une crise de foie. »

Ce n'est qu'en 1916 que les histoires de requins vont quitter le royaume des mythes et légendes où on les avait cantonnées jusque-là. Les sensationnalistes vont bien sûr se régaler et les morbides se délecter, mais ce sont surtout les incrédules obstinés qui vont se taire, les sceptiques qui vont devenir des observateurs, les scientifiques qui vont s'interroger, les autorités politiques qui vont se réveiller.

Les spéculations fantaisistes céderont le pas désormais à des tentatives d'analyse objective, même s'il faudra encore une soixantaine d'années pour en arriver aux certitudes scientifiques recensées dans ce livre.

Samedi 1er juillet 1916, Beach Haven, New Jersey

Charles Van Sant court vers la plage, impatient de plonger dans l'eau fraîche dont il rêve depuis le début de la semaine. Il vient tout juste de débarquer du train de Philadelphie, en compagnie de son père et de ses deux sœurs qu'il n'a pas eu la patience d'attendre. A peine arrivé à l'hôtel, il était déjà en maillot de bain et quittait le hall en courant. A vingt-trois ans, il serait certainement bientôt entraîné dans la guerre comme tant d'autres mais, pour le moment, l'horizon sans fin s'offre à lui et il plonge avec délices dans cette mer qu'il aime tant. La mer est belle ce jour-là à Beach Haven.

Charles est un puissant nageur et s'éloigne vite de la plage, franchissant la barre distante d'une centaine de mètres. Il décide, après quelques minutes, de revenir vers le bord, et tourne le dos au large, comme à regret, nageant paresseusement maintenant, non pressé qu'il est d'interrompre ce premier bain serein et solitaire. Mais il n'est plus seul.

Juste derrière lui, traçant un sillage droit et sûr sous un aileron noir, une ombre grise le rattrape. On l'a vu depuis la plage, et des baigneurs crient vers le nageur qui n'entend pas. Ils s'arrêtent soudain, muets et immobiles, glacés à la vue de l'espace de plus en plus court qui sépare maintenant les deux silhouettes. Van Sant nage toujours lentement, ne pouvant imaginer un seul instant qu'il puisse être en de telles circonstances la cible d'une quelconque chasse mortelle.

C'est alors qu'il est tout près du rivage que l'eau bouillonne autour de lui et que de l'écume rouge entoure son corps. Aussitôt, Alexander Ott, un ancien nageur de l'équipe olympique américaine, plonge et nage plus vite qu'il ne l'a jamais fait. Alors que Ott arrive au niveau de la tache rouge, l'ombre grise se retourne, menaçante, s'approche lentement, puis disparaît rapidement dans les eaux bleues, laissant Van Sant à l'homme qui est venu pour le sauver.

Ott parvient à ramener Charles sur la plage, au milieu d'une foule horrifiée par le spectacle de ses jambes déchiquetées. Van Sant meurt le soir des suites du choc hémorragique.

L'ombre grise est repartie comme elle était venue, invisible et mystérieuse. Personne ne put se souvenir d'un requin ayant jamais tué un nageur par le passé. Peut-être cela était-il arrivé dans les eaux du grand Sud ou en Australie, mais jamais dans le New Jersey. Et les experts de déclarer qu'il n'y avait jamais eu de cas absolument authentifié d'un requin attaquant un nageur où que ce soit dans le monde. Vingt-cinq ans auparavant, un riche banquier new-yorkais avait offert un prix de cinq cents dollars à qui pourrait lui prouver qu'un nageur aurait été attaqué par un requin, n'importe où au nord du cap Hatteras. Le prix n'avait jamais été réclamé.

Trois ans auparavant, le 26 août 1913, un pêcheur avait bien attrapé un requin au large de Springlake, dans le New Jersey. On y avait bien découvert dans l'estomac un pied de femme avec une chaussure de cuir et un bas, mais cela prouvait tout simplement que les requins dévoraient les cadavres, sûrement pas les nageurs vivants...

6 juillet 1916, Springlake. Cela fait cinq jours que Van Sant a été tué. Plus de cinq cents personnes se promènent sur la plage. C'est marée basse, et très peu de baigneurs sont à l'eau. Springlake est une station élégante et tranquille, fréquentée par toute la haute bourgeoisie de New York. Sénateurs et gouverneurs s'y côtoient dans leurs maisons de luxe qu'ils aiment qualifier de « cottage », ou encore dans les grands hôtels, Essex et Sussex notamment. On ne parle ni de la guerre ni de cet obscur jeune homme mort quelques jours plus tôt dans une station plutôt désuète à 80 kilomètres de là, mais de l'épidémie de paralysie infantile qui décime New York depuis des semaines, vingt-quatre morts rien que le 5 juillet.

Dans la mer démocratique, un « groom » vaut bien un milliardaire, et c'est peut-être pour cela que Charles Bruder aime la mer. Lorsqu'il ne travaille pas à l'Essex ou au Sussex, il se baigne souvent dans la journée, et tout le monde le connaît comme l'une des figures de la ville. Il n'a pourtant que vingt-huit ans, mais sa disponibilité et sa gentillesse l'ont rendu unanimement populaire. Avec ses pourboires, il entretient sa seule famille : sa mère qui vit en Suisse.

Bruder ne travaille pas le 6 juillet après-midi et, marée basse ou pas, il est bien décidé à se baigner. Il marche jusque vers la barre, parlant et souriant aux clients qui le reconnaissent. Lorsqu'il a de l'eau à la hauteur de la ceinture, il se décide à plonger et commence à nager; il dépasse rapidement les « lignes de vie » qui encadrent la zone des bains, mais White et Anderson, les sauveteurs de garde, n'interviennent pas comme ils le feraient pour la plupart des baigneurs, car chacun sait ici que Bruder est un excellent nageur.

Le cri d'une femme retentit sur la grève de Springlake et, instinctivement, White et Anderson scrutent la mer. Bruder a disparu.

« Il s'est retourné ! s'écrie la femme. L'homme dans le canoë rouge s'est retourné ! »

A peine a-t-elle commencé à crier que White et Anderson se sont précipités dans leur canot, se dirigeant vers ce qui n'est pas le canoë rouge comme le croit la femme affolée, mais le nuage de sang au milieu duquel émergent le visage agonisant de Bruder et, pendant un court instant, l'un de ses bras dégoulinant de sang. Le bateau le rejoint et White tend une rame à Bruder qui a encore la force de la saisir. Ils le tirent vers eux. Son visage est terriblement pâle et ses yeux fermés. « Un requin, un requin m'a attrapé, m'a arraché les deux jambes », a-t-il encore la force de geindre avant de perdre conscience. Quand White le hisse par-dessus le franc-bord, son corps ne pèse pas lourd. Lorsque White et Anderson arrivent sur la plage, ils hésitent à débarquer Bruder au milieu de la foule, où plusieurs femmes se sont déjà évanouies. Il n'y a de toute façon plus rien à faire pour lui.

Les standardistes de l'Essex et du Sussex téléphonent partout et, dans les quinze minutes, tous les nageurs sont sortis de l'eau sur les trente-cinq kilomètres de côtes du New Jersey.

Mais était-ce un requin ? Est-il vrai que des mangeurs d'homme vont désormais harceler les côtes de la région ? Les hôteliers, les responsables de station, les échotiers de l'été, tous veulent s'entendre dire que cela n'a pas pu arriver, et on commence à parler d'une tortue ou d'un énorme maquereau, pour justifier les blessures de Bruder. Tous attendent anxieusement le verdict du médecin-colonel Schauffler. Celui-ci est sans appel : « Il n'y a pas le plus petit doute, c'est bien un requin mangeur d'homme qui a infligé ces blessures à Bruder. La jambe droite a été arrachée, et les os coupés à mi-distance entre le genou et la cheville. Le pied gauche a été arraché ainsi que la partie inférieure du tibia et du péroné. Les os sont dénudés de chair au-dessous du genou, et une profonde entaille s'arrête dans le fémur au-dessus du genou. Sur le flanc droit de l'abdomen, un morceau de chair de la grosseur d'un poing a disparu. »

Cette nuit-là, tandis que l'on fait la quête pour la mère de Bruder, des bateaux à moteur équipés de projecteurs se lancent dans une chasse inutile. On arme les équipiers de fusils pour patrouiller, des pêcheurs tendent des dizaines de lignes avec du mouton, réputé être le meilleur appât. « Je suis certain que les plages seront sûres d'ici à deux ou trois jours », déclare le sénateur Hill. Aucun requin n'est attrapé, tiré, ou même aperçu...

Le jour où Bruder est tué, vingt-quatre personnes meurent à New York de la poliomyélite, alors appelée « paralysie infantile », mais les journaux ne parlent que de Bruder. Ainsi le veulent la terreur de l'homme et sa fascination par le requin...

Dans les jours qui suivent, on assiste à une frénésie de mesures et de déclarations plus ou moins malheureuses. A Atlantic City, on interdit les maillots qui ne recouvrent pas les extrémités, tandis qu'à Asbury, à grand renfort de publicité, on démarre l'installation d'un filet métallique, *shark proof*, autour de la plage. Selon un capitaine au long cours interviewé comme une autorité dans le domaine, le filet n'est pas nécessaire, puisqu'il est facile d'effrayer n'importe quel requin « en criant aussi fort que possible, et en frappant l'eau des pieds et des mains ». On tire sur tout ce qui bouge dans l'eau, au fusil, au pistolet, à la lance, à la rame! Finalement, au sein de cette guerre hystérique, la voix de la raison académique se fait entendre lorsque le Dr Frederik Lucas, directeur du Muséum d'histoire naturelle, déclare : « Aucun requin ne pourrait écorcher une jambe humaine comme une carotte, car les mâchoires ne sont pas assez puissantes pour induire des blessures comme celles décrites par le colonel Schauffler. »

Les experts ayant parlé et les tergiversations ayant coûté 250 000 dollars de manque à gagner pour les stations balnéaires, on pouvait encore espérer récupérer sur les six semaines d'été restantes, avec la bénédiction finale du bureau des pêches de Washington. Le responsable déclarait en effet que les deux attaques étaient sans aucun doute à mettre sur le compte du même squale qui aurait été conduit à attaquer Van Sant car il s'était perdu loin de toute zone poissonneuse; ayant goûté à la chair humaine, il aurait continué de nager près des côtes jusqu'à satisfaire son appétit avec Bruder. Nul doute que le cas ne se reproduirait plus.

Matawan, toujours dans le New Jersey, est un petit port à l'intérieur des terres, à 16 kilomètres de l'océan Atlantique, auquel il n'est relié que par une mince crique large de quelques mètres seulement à marée basse. Ses quais, désaffectés depuis longtemps, servent tous les étés de plongeoirs pour les enfants de Matawan.

Début juillet 1916, Rennie Cartan, âgé de quatorze ans, plonge dans l'eau boueuse de Wyckoff Dock. Il est à peine dans l'eau qu'il sent un coup de fouet au niveau de l'estomac, comme si on le frottait violemment avec un grossier papier de verre. Remontant sur le quai précipitamment, il découvre une plaie superficielle et sanglante et prévient ses compagnons : « Ne plongez plus! Il y a un requin ou quelque chose comme ça! » Personne ne prête attention à l'avertissement et l'on oublie l'incident.

Le 11 juillet, à quelques kilomètres de là, un pêcheur capture un requin de trois mètres, ce qui ne s'est jamais vu dans la région, mais on n'en parle pas davantage.

Le 12 juillet au matin, le capitaine Cottrell, marin retraité et pêcheur à ses heures, se promène sur le nouveau pont qui traverse Matawan Creek à 1,6 kilomètre en aval de Wyckoff Dock. Onze jours se sont écoulés depuis que Charles Van Sant est mort à 120 kilomètres de là, et six jours depuis que Charles Bruder a été tué à 40 kilomètres de Matawan. Cottrell aperçoit soudain une ombre grise qui glisse lentement sous le pont vers l'amont, portée par la marée montante. Il crie en direction de deux ouvriers un peu plus loin qui, eux aussi, voient l'ombre passer. Il court alors téléphoner au coiffeur de Matawan, qui est aussi le chef de la police, puis se précipite dans la rue principale en prévenant tout le monde d'empêcher les enfants d'aller à la crique comme tous les jours. Tout le monde s'esclaffe à l'idée qu'un requin puisse venir rôder à l'intérieur des terres dans une crique qui ne dépasse pas 12 mètres dans sa plus grande largeur, et le chef Mulsonn ne quitte même pas son salon de coiffure. Le capitaine Cottrell retourne alors vers la crique.

L'une des boutiques qu'il a prévenues est celle de Stanley Fisher, un géant de vingt-quatre ans qui vient de s'installer comme teinturier à Matawan, alors qu'il aurait pu suivre les traces de son père dans la marine. Beaucoup considèrent comme lamentable qu'un homme aussi grand et fort se contente d'un tel métier, mais n'a-t-il pas l'avenir devant lui pour changer d'orientation?

Ce 12 juillet est décidément très chaud, et le jeune Lester Stilwell attend avec impatience de quitter le moulin paternel où la chaleur est difficilement supportable. Son père le libère de son travail pour l'après-midi et il retrouve aussitôt tous ses amis sur les bords de la crique.

Albert O'Hara, onze ans, est sur le point de quitter l'eau lorsque Lester l'appelle : « Regarde comme je flotte ! » Albert se retourne vers son ami. Lester est tellement mince qu'il a habituellement du mal à flotter sans s'agiter. A ce moment, quelque chose de dur et de râpeux bouscule la jambe droite d'Albert. Il regarde sous l'eau et aperçoit la queue sinueuse d'un énorme poisson. Son ami Van Burnt le voit aussi, le plus gros, le plus noir qu'il ait jamais vu. Ils appellent Lester Stilwell qui leur répond immédiatement par un hurlement. Van Burnt aperçoit le corps de l'énorme poisson se retourner alors qu'il happe celui de Lester; il est bien noir au-dessus, mais il a le ventre blanc et d'énormes dents nacrées. Il est sûr alors qu'il s'agit d'un requin qui vient de refermer ses mâchoires sur le corps mince de Lester et de l'entraîner sous les eaux rougissantes de Matawan Creek. Lester n'aura plus jamais le temps ni la vie pour crier à nouveau. Tous les gamins se précipitent hors de l'eau, et quelques-uns courent au village donner l'alerte tandis que les autres appellent désespérément Lester. Il n'y a plus que panique et hurlements là où le capitaine Cottrell se promenait encore la veille.

Parmi les adultes qui accourent sans savoir exactement ce qui s'est passé : Stanley Fisher, qui a pris le temps d'enfiler son maillot de bain.

L'institutrice Anderson le met en garde : « Rappelez-vous ce qu'a dit le capitaine Cottrell, ce pourrait être un requin ! » Fisher s'arrête un instant. « Un requin ? Ici ? » Il semble immense alors qu'il se tient debout devant l'institutrice, réfléchissant tout haut comme pour se convaincre. « Tant pis, j'y vais quand même. » Il prend immédiatement la direction des opérations sur la petite crique où deux cents personnes se trouvent réunies, dont les parents de Lester Stilwell. Il ordonne à deux hommes de remorquer en barque un poulet lesté vers l'autre extrémité de la crique, espérant ainsi attirer le monstre ailleurs que là où il a décidé d'aller voir. Fisher sait qu'il y a un trou dans la crique, et il est sûr que le requin se cache là avec le corps de Lester. Lorsque son dispositif archaïque est mis en place, Fisher plonge vers la fosse. Arrivé à la verticale du trou, il prend deux grandes inspirations puis disparaît sous l'eau. Le détective Van Buskirk vient tout juste d'arriver pour apercevoir Fisher plonger. La surface reste calme pendant une vingtaine de secondes avant qu'un grand remous ne semble annoncer le retour de Fisher à l'air libre. Au lieu de cela, la surface se calme à nouveau et se recouvre d'une tache rouge rapidement grandissante. Van Buskirk se précipite en barque vers la sinistre tache d'où émergent lentement la tête de Fisher, puis son buste. Vu de loin, Fisher semble se tenir debout à côté de la fosse, avec de l'eau à hauteur de la taille. Il tourne le dos à la foule qui ne peut voir le spectacle qui s'offre à Van Buskirk lorsqu'il arrive au contact de Stanley Fisher. Celui-ci se tient en équilibre chancelant, tenant dans ses deux mains les restes sanglants de l'une de ses jambes. Van Buskirk a tout juste le temps de le tirer par les épaules au moment où il va s'effondrer face en avant. Il peut seulement le hisser à mi-corps tandis que le barreur fait demi-tour vers le dock. La foule découvre alors Fisher telle une macabre figure de proue. Son corps émerge suffisamment pour que l'horrible blessure soit visible. Depuis la hanche jusqu'au genou, toute la chair a disparu de sa jambe droite, qui ne tient plus au tronc que par le fémur, lui-même profondément entaillé sur toute sa longueur. Arrivé à terre, Van Buskirk parvient difficilement, avec un morceau de corde, à interrompre le flot de sang qui s'échappe de l'artère fémorale arrachée. Fisher fait des efforts désespérés pour ne pas sombrer dans l'inconscience, comme s'il voulait absolument dire quelque chose. On le conduit sur un brancard de fortune jusqu'à la gare où il faut attendre trois heures pour le prochain train. C'est là qu'un médecin parvient à assurer l'hémostase de ses plaies, mais il faut attendre trois heures de voyage supplémentaires pour arriver enfin à l'hôpital. En dépit de ses douleurs, Fisher reste conscient jusque sur la table d'opération où il parvient à délivrer son message. Il a bien retrouvé le corps du jeune Lester à l'endroit où il l'imaginait, et il est parvenu à l'arracher aux mâchoires du requin avant d'être attaqué lui-même. Fisher succombe avant même d'être anesthésié.

Tandis que Fisher attendait sur le quai de la gare, plusieurs garçons continuaient de se baigner à un kilomètre en aval de Matawan Creek, ignorants du drame qui venait de se dérouler. Lorsqu'ils furent enfin prévenus, tous se précipitèrent hors de l'eau. Joseph Dunn, le plus jeune d'entre eux, fut le dernier à emprunter l'échelle du dock de Key Port. Comme il commençait à grimper, il sentit quelque chose comme une grande paire de ciseaux qui lui lacérait la jambe droite : « J'ai senti ma jambe à l'intérieur de la gorge du requin, je crois qu'il m'aurait avalé entier. » Son frère Michael et deux autres garçons plus âgés s'agrippèrent à lui dans une lutte mortelle contre la traction du requin qui ne voulait pas lâcher prise. Ils déchirèrent ainsi les chairs de Joseph Dunn mais lui sauvèrent la vie. Le requin relâcha finalement sa victime, la troisième en moins d'une heure, la seule qui eut la vie sauve même s'il fallut l'amputer au niveau de la cuisse.

•

A la tragédie succéda l'une des plus intensives chasses au requin jamais vues. Des centaines de volontaires affluèrent. Après avoir fermé la crique avec des filets métalliques, des centaines de kilos de dynamite furent mis à feu partout où un requin aurait pu se cacher, mais rien de significatif ne fut capturé. On vint même avec des embarcations munies de canons pour harponner les baleines. Plusieurs requins furent attrapés ici ou là, immédiatement empaillés et exposés à la curiosité publique, moyennant participation. Entre-temps, le corps de Lester fut retrouvé à cent mètres de l'endroit où il avait disparu, porteur de sept blessures dont deux à l'abdomen.

Deux jours après les événements, Michael Schleisser, taxidermiste, capture un requin de 2,60 mètres au large de South Amboy, six kilomètres au nord de Raritan Bay. Lorsqu'il ouvre le requin, il découvre dans l'estomac une masse de sept kilos de chair et d'os très vite identifiés comme d'origine humaine. Parmi les restes, une portion d'os appartenant apparemment à Charles Bruder attaqué neuf jours auparavant. Schleisser monta la dépouille du requin afin de l'exposer et il fut définitivement identifié comme un grand requin blanc, *carcharhodon carcharhias.*

Après cette capture, les attaques cessèrent aussitôt, confirmant, s'il en était besoin, que ce requin était un solitaire, unique auteur des cinq attaques.

Il ne manqua pas de théories pour expliquer ce phénomène. Certains déclarèrent qu'il s'agissait de la saison à requins. D'autres suggérèrent que la brute devait souffrir d'une sorte de gale à la manière des chiens qui peuvent en devenir fous. Faisant référence à la guerre, on pensa que peut-être les requins ne trouvaient plus la nourriture habituelle qu'on jetait par-dessus le bord des paquebots, et se rabattaient sur d'autres sources. Les récents désastres maritimes avaient peut-être aussi donné le goût de la chair humaine à ces prédateurs sans scrupules...

Quelle que pût être la vraie raison, ces événements démontrèrent pour la première fois la puissance destructrice d'un requin capable d'attaquer l'homme.

3

UNE « MÉCANIQUE » À LA PHYSIOLOGIE EXTRAORDINAIRE

TERMINOLOGIE ANATOMIQUE GÉNÉRALE DU REQUIN.

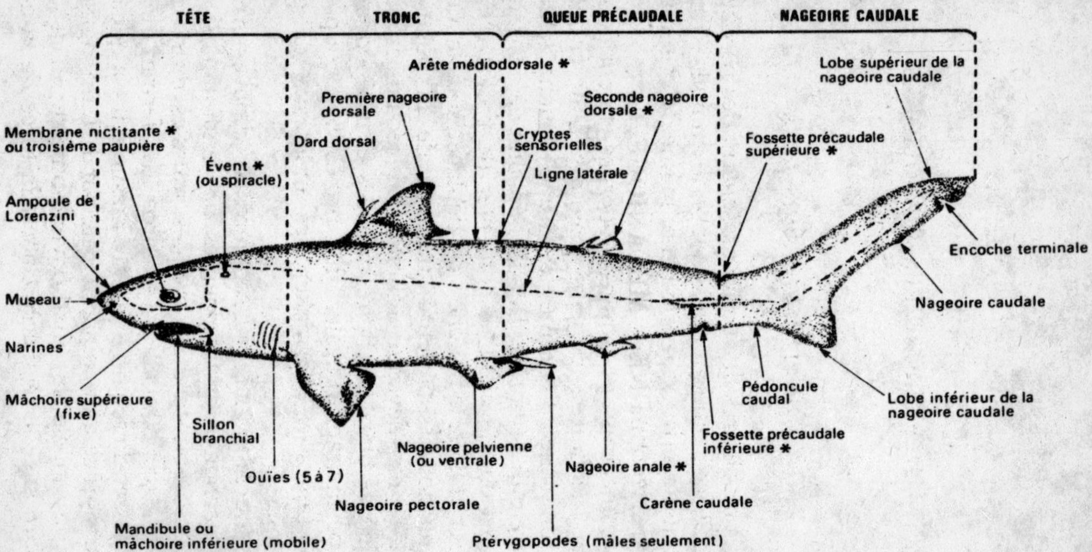

* Organes ne se retrouvant pas chez tous les requins.

DES MÂCHOIRES DIABOLIQUES

Une denture sans faille

Les mâchoires du requin présentent des particularités qui sont uniques dans le monde animal, et aucun prédateur terrestre n'approche, même de très loin, de leur perfection.

Les ancêtres des requins modernes étaient pourvus d'une mâchoire supérieure fixée à la boîte crânienne (comme chez l'homme) et d'une bouche située à l'extrémité de la tête. Depuis l'époque de ces requins fossiles qui devaient se contenter de proies relativement réduites, la bouche s'est déplacée sous la tête, et la mâchoire supérieure, dégagée de la boîte crânienne, est devenue mobile. Le requin est donc équipé de deux mâchoires mobiles et indépendantes, lui permettant d'avaler des proies beaucoup plus importantes et d'arracher des morceaux de chair énormes.

L'impressionnante circonférence d'ouverture de ces mâchoires cartilagineuses ne serait rien si elles n'étaient sous-tendues par des muscles d'une puissance exceptionnelle. La force de fermeture des mâchoires de requin a pu être mesurée il y a quelques années grâce à un appareil testé par J.N. Snodgrass et qu'il a appelé le gnathodynamomètre; il a ainsi mesuré avec le Dr Perry Gilbert la force de la dentition du requin tigre, du requin citron et du requin sombre *(dusky shark).* La force maximale qu'il a enregistrée sur une seule dent d'un *dusky shark* était de 600 kilos sur 2 mm^2, soit 3 tonnes par cm^2. Encore faut-il préciser qu'il s'agissait de spécimens ne dépassant pas 3 mètres et qu'il faut sans doute doubler cette énorme force pour des animaux de 5 ou 6 mètres (à titre indicatif, la force exercée par une mâchoire humaine est de 220 kilos par cm^2 pour un homme de 70 kilos).

Il faut donc retenir que, en plus de trancher, ces mâchoires sont capables de broyer les os.

Outre son extensibilité et sa force herculéenne, la

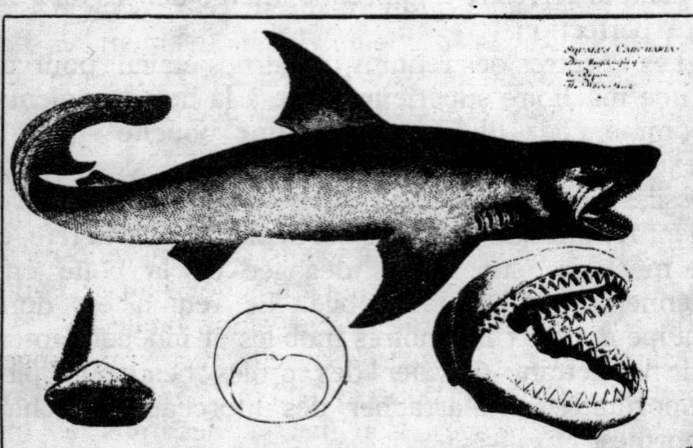

Le grand requin blanc vu par Bloch en 1785 dans son Histoire naturelle du poisson. *Cette encyclopédie servit de modèle pendant très longtemps et même ses erreurs furent reprises (en particulier ici l'inversion des dents supérieures et inférieures).*

mâchoire du requin dispose d'un troisième paramètre redoutable : une denture à l'anatomie et au mode de renouvellement uniques dans le règne animal. Les dents du requin peuvent être renouvelées indéfiniment à mesure qu'elles sont arrachées lors d'une attaque, ou qu'elles tombent spontanément. Il existe plusieurs jeux de dents de réserve derrière le jeu fonctionnel du moment, c'est-à-dire celui qui se redresse sur l'arête de la mâchoire. Il y a ainsi au moins cinq jeux, plus ou moins recouverts de muqueuse buccale, selon qu'ils sont en numéro cinq, quatre, trois ou deux. Si une ou plusieurs dents de la rangée fonctionnelle sont déchaussées, cassées ou arrachées, la ou les dents correspondantes de la rangée voisine vont se redresser, devenant fonctionnelles à leur tour.

Par ailleurs, toutes ces dents sont fixées sur un tissu fibreux très solide, qui permet leur redressement lors de l'ouverture de la gueule. Le mouvement les fait tourner en avant et vers l'extérieur, permettant au requin de mordre fermement et d'accrocher ce qu'il mord. Lorsque l'on sait que chacune de ces dents est elle-même porteuse de dents plus petites qui en font une véritable scie, que sa concavité vers l'arrière lui donne les qualités d'un hameçon, on comprend pourquoi les plaies laissées par une mâchoire aussi redoutable sont toujours dramatiques sinon fatales.

Même chez l'animal mort, elle reste un danger potentiel suffisant pour que l'on se méfie. Une mâchoire découpée, désolidarisée des muscles qui l'entourent, et posée sur le pont d'une bateau pour sécher au soleil, risque de se refermer brutalement par rétraction de ses articulations fibreuses. Malheur à la main ou au bras qui traînerait, le cas s'est vu plusieurs fois.

Pour les mêmes raisons, la meilleure façon d'enlever l'hameçon de la gueule du requin est d'attendre le lendemain. La mort apparente chez cet animal n'est souvent qu'un leurre, même plusieurs heures après sa sortie de l'eau.

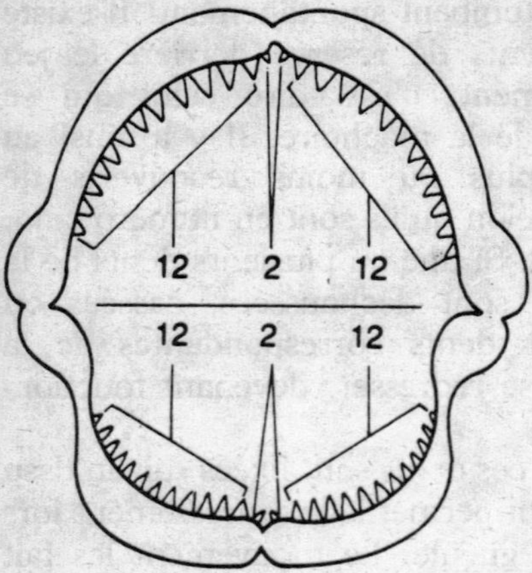

FORMULE DENTAIRE. *Elle permet d'aider à l'identification d'un requin. 13/13 veut dire par exemple 13 dents sur la demi-mâchoire supérieure, et autant sur la demi-mâchoire inférieure. Dans certaines espèces (particulièrement chez les* requiem sharks), *quelques très petites dents peuvent être observées au centre de chaque mâchoire, et font varier la formule.*

On a maintenant une idée de la vitesse de renouvellement des dents chez les requins, à partir notamment des études faites par l'Américain Samford Moss sur des espèces de requins charognards. Les *negaprion brevirostris* par exemple renouvellent leurs dents tous les 8,2 jours pour la mâchoire inférieure et tous les 7,8 jours pour la mâchoire supérieure. Il s'agit là sans doute d'un cas extrême, et il semble que les espèces les plus grandes aient une période plus longue, de l'ordre de 6 mois à 1 an. Ceci a pu être grossièrement démontré par les dents récoltées sur le fond de certains grands aquariums.

La forme des dents est très particulière selon les ordres, et permet non seulement d'identifier un requin que l'on vient de pêcher, mais aussi d'identifier après coup l'auteur d'une attaque, quand on retrouve tout ou partie d'une dent dans les plaies de la victime.

Séquences d'une morsure

Lors d'une attaque, toutes ces formations anatomiques sont extrêmement mobiles et la dynamique de la morsure est très particulière, comme en témoigne le schéma ci-dessous pour une attaque classique en surface.

Se nourrir sur de gros poissons ou des mammifères marins implique d'arracher des bouchées entières. Pour cela, contrairement à ce que l'on a souvent dit, le requin ne roule pas sur le côté pour attaquer, mais s'approche et attaque obliquement. Il plante d'abord les dents inférieures de sa mâchoire inférieure dans la chair de la proie, puis dans un second temps la mâchoire supérieure. Cet ordre est parfaitement logique quand on observe la forme des dents sur les mâchoires (voir catalogue en fin d'ouvrage). Les plus pointues se trouvent toujours sur la mâchoire inférieure, qui est donc la plus apte à transpercer les chairs et à maintenir la prise en attendant que les larges dents coupantes de la mâchoire supérieure viennent trancher dans la proie qui ne peut plus s'échapper. Certains requins comme le requin taureau (*ragged tooth shark* en Afrique du Sud) sont équipés de dents inférieures très longues et pointues courbées vers l'arrière comme de véritables crocs en forme d'hameçons.

Une fois les dents plantées dans la proie, le requin agite la tête violemment latéralement, provoquant un véritable « sciage » des chairs, plus ou moins net suivant la forme et le tranchant des dents supérieures. Un grand requin peut ainsi enlever d'une seule bouchée une vingtaine de kilos d'un grand mammifère marin.

Coppleson a observé que certains requins « re-

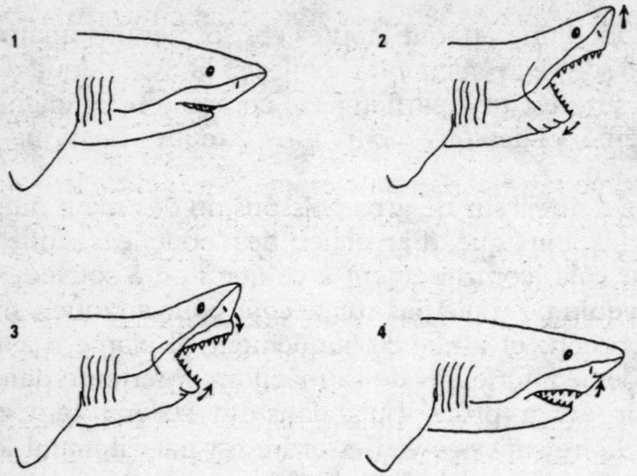

1. Juste avant l'attaque, le museau et la mâchoire inférieure sont à leur position normale de repos, les dents sont sensiblement parallèles au plancher de la bouche. Si la proie est petite, les dents n'ont pas à entrer en action, et elle est directement avalée sans que toutes les séquences suivantes soient nécessaires.

2. Le museau remonte, et la dépression de la mâchoire inférieure permet un bâillement maximal de toute la gueule.

3. Sans que le museau change de position, la mâchoire supérieure elle-même tourne en avant et vers le bas, exposant les dents supérieures au maximum ; ces dents restant orientées vers l'arrière aident à faire pénétrer la proie dans la bouche.

4. Le museau descend, après que la proie a été happée, ce qui permet un retour de la mâchoire supérieure à sa position normale au-dessous du crâne (petite flèche).

Toutes ces séquences se succèdent à une vitesse extrêmement rapide, en 1/400 de seconde, comme les caméras à défilement ultrarapide ont pu le montrer.

laxent » leur corps après la morsure, afin qu'il pende dans l'eau et que son poids aide à lacérer les chairs. Je pense qu'il s'agit là d'une attitude assez statique dont on ne peut faire une règle, mais qui pourrait être celle de charognards se nourrissant sur des cadavres de gros mammifères flottant en surface.

Les dents varient avec l'âge chez certaines espèces, induisant certains modes d'alimentation préférentiels. Ainsi les jeunes requins blancs et les subadultes (moins de 3 à 4 mètres de longueur) ont une forme de dents plus longue et plus étroite que l'adulte. Cela leur permet d'agripper de petits poissons osseux et d'autres élasmobranches, mais il leur manque la capacité de coupe des larges dents de l'adulte. Comme les makos relativement plus petits, les jeunes requins blancs sont davantage capables que les adultes d'attraper des poissons actifs grâce à des mouvements tournants rapides.

Il existe un autre mode de morsure, qui a été observé notamment de la part des grands blancs sur de grands pinnipèdes, tels que les éléphants de mer ou les lions de mer, mais aussi sur d'autres requins et même des victimes humaines. Cette morsure n'est pas faite pour enlever un morceau de chair, mais pour intimider, ou pour goûter, ou encore pour réduire la contre-attaque qu'un grand pinnipède est capable d'infliger avec ses dents et ses griffes (certains peuvent atteindre 5 mètres et peser jusqu'à 2 700 kilos). Dans tous les cas cette morsure est faite avec la mâchoire supérieure, sans que la mâchoire inférieure intervienne, comme si le squale avait décidé a priori de mordre, mais pas d'arracher. De nombreuses histoires rapportées dans ce livre témoignent d'un tel mode d'attaque à l'encontre de l'homme, et tendraient à étiqueter le requin davantage comme un « mordeur d'homme » que comme un « mangeur d'homme »...

ALIMENTATION, APPÉTIT ET DIGESTION DU REQUIN

L'alimentation habituelle du requin est évoquée tout au long de ce livre, en particulier le mode alimentaire de certaines espèces benthiques, et des trois requins munis de filtres à la manière des baleines. Je me cantonnerai dans ce chapitre à évoquer les mœurs alimentaires des espèces potentiellement dangereuses pour l'homme, c'est-à-dire toutes celles qui montent en surface, qui viennent près des côtes, ou dont l'activité métabolique élevée les amène au contact de l'homme.

L'adaptabilité remarquable de la grande majorité des requins s'applique en particulier à leur alimentation, qui n'est sélective que lorsque la proie préférentielle est abondante. Lorsque celle-ci devient rare, le requin se tourne alors vers des proies occasionnelles : oiseaux, mammifères terrestres, décharges d'ordures, nageurs, etc. Le requin est omnivore comme l'homme : c'est dire qu'il mange de tout; il est en plus charognard et même « brocanteur » à ses heures puisque l'on a retrouvé dans son estomac des cannettes de bière, des manteaux, des poulets, des moutons, un chien de traîneau harnaché, des sacs de plastique, une tête de cheval, de gros coquillages, une tuile, de l'herbe, des plumes, des tortues entières, une tête de vache sans les cornes, une paire de sabots, etc.

C'est bien sûr cette polyvalence et cette adaptabilité dans l'alimentation du requin qui en font un prédateur dangereux pour l'homme.

On ne peut guère parler d'appétit chez le requin au sens où nous l'entendons pour l'homme, avec des horaires précis, une périodicité obligée, une variété nécessaire, une impression de satiété à l'issue des prises alimentaires. Là encore l'adaptabilité est totale en fonction des ressources du milieu.

S'il est une proie que le peau bleue affectionne particulièrement, c'est le calmar. Il se trouve que le calmar se regroupe à la saison du frai, pendant les nuits d'hiver sans lune, en certains lieux privilégiés. Ces regroupements se font par millions d'individus, par exemple à l'ouest de l'île de Catalina à 40 kilomètres de Los Angeles. Après avoir été fécondées, les femelles déposent leurs œufs sur le fond sableux et meurent peu après, tout comme les mâles. C'est ainsi que les fonds sont parfois recouverts de plusieurs mètres de cadavres de calmars, entassés les uns sur les autres. Parmi les nombreux nécrophages et prédateurs qui viennent faire bombance chaque année au sein de cette véritable manne, les peaux bleues, qui se contentent de nager dans les bancs de calmars, la gueule grande ouverte. Ils ne s'arrêtent que lorsque leur estomac engorgé ne peut plus rien contenir, et les calmars pendent alors de chaque côté de la gueule du squale. Celui-ci régurgite souvent partiellement, pour recommencer dans la foulée. Cette voracité permet au squale d'attendre le temps nécessaire pour une autre occasion qui peut être très tardive. On a vu ainsi certaines espèces jeûner pendant des mois, et l'on pense qu'ils survivent grâce aux réserves huileuses contenues dans leur foie. Cette dernière hypothèse me semble à retenir si l'on observe que le foie des squales peut atteindre 25 % du poids du corps (voir *Hydrodynamique*) et contenir 90 % d'huile, ce qui représente, à raison d'une valeur calorique de 9 calories par gramme, des réserves d'environ 360 000 calories pour un requin de 500 kilos. Pour donner un ordre d'idée de ce que cela peut représenter, je rappellerai simplement que le métabolisme de base d'un homme sédentaire de 70 kilos est de l'ordre de 2 000 calories par jour.

On a observé en captivité, avec tout ce que cela

implique de différences par rapport au milieu naturel, que les squales absorbaient quotidiennement une ration variant entre 0,4 % et 2 % de leur poids.

Les grands requins blancs sont également capables d'ingérer d'énormes quantités de nourriture, pour peu que l'opportunité se présente. On a ainsi calculé que la masse de lard qu'ils avalent sur le cadavre d'une baleine en un seul repas couvre leurs besoins caloriques pour deux mois. Il y a encore quelques années, Durban était un port baleinier très important. Les baleines étaient harponnées et tuées à environ 200 kilomètres au large, avant d'être remplies d'air comprimé sous la peau afin d'être remorquées vers Durban. Entre le moment où les baleines étaient harponnées et celui où elles étaient remorquées, de nombreux requins infligeaient un dommage considérable aux carcasses, arrachant d'énormes morceaux de lard, atteignant souvent les chairs. Parfois les attaques étaient tellement vigoureuses que les carcasses étaient perforées, laissant échapper l'air comprimé, et entraînant la perte de l'animal. Les pertes financières étaient à la hauteur, mais aucune solution ne fut trouvée avant la disparition de l'industrie baleinière.

Un autre exemple de l'adaptation alimentaire des requins au biotope régional est celui des grands blancs que l'on trouve de plus en plus nombreux le long des côtes californiennes, à mesure que les colonies d'éléphants de mer augmentent. On sait que les grands blancs adultes privilégient les pinnipèdes à toute autre proie, expliquant leur présence abondante en Australie du Sud et en Californie du Nord. Dans cette dernière région, où ils ont été particulièrement étudiés par John Cosker (1985), on observe une augmentation de leur nombre, et parallèlement du nombre d'attaques de surfeurs, dont la silhouette en surface ressemble à celle d'un pinnipède.

On a longtemps voulu que la faim soit le moteur

principal des agressions sur l'homme. Si tel était le cas, on pourrait dire avec Baldridge et William que « si la faim est la motivation de telles attaques, alors le ou les requins mis en cause sont certainement de mauvais chasseurs ». Il suffit de comptabiliser le nombre de rescapés de telles attaques (plus de 50 %) pour se dire qu'à l'évidence la faim ne doit être qu'exceptionnellement le moteur de l'attaque. Que pèse en effet la frêle carcasse d'un homme en face du véritable hachoir dont est muni le moindre requin? Pourquoi un prédateur aussi redoutablement armé changerait-il d'avis en cours de morsure, décidant soudainement de ne pas manger sa proie? Pourquoi à l'inverse certaines attaques (rares) sont-elles menées avec une sauvagerie qui ne laisse aucune chance à la victime, comme si le requin avait bien décidé de la manger?

Il est certain que la faim est le moteur de l'attaque dans une minorité de cas, mais cela veut-il dire que le requin n'a jamais faim et avale n'importe quoi, n'importe quand? Des études ont été faites en aquarium naturel par Graeber (1974) et Longval (1982), qui montrèrent une certaine périodicité dans l'alimentation du requin citron, avec des pics tous les quatre jours et d'autres tous les vingt-huit jours (périodicité lunaire?). Elles montrèrent que, une fois l'animal rassasié, il lui faut plusieurs jours pour avoir faim de nouveau, et surtout que la privation d'aliments et la satiété jouent un rôle important dans son comportement alimentaire.

On peut dire que les requins connaissent la faim, mais que la faim est exceptionnellement le moteur des attaques sur l'homme.

La majorité des squales connaît un rythme d'activité nycthéméral comme tous les êtres vivants, mais aussi saisonnier. La correspondance d'une activité diurne, dominante pour certaines espèces, explique des interactions homme-requin privilégiées.

La digestion du requin est encore un processus biologique très particulier, toujours orienté vers une capacité prédatrice « à l'emporte-pièce ». Là où le tube digestif d'un homme de 1,80 mètre atteint 9 mètres de long, celui d'un requin de 3 mètres n'excède pas 2,7 mètres. Lorsque les aliments ont été soumis à l'action du suc gastrique à base d'acide chlorhydrique relativement concentré, ils passent dans l'intestin qui comporte une valvule spirale, c'est-à-dire une disposition particulière qui permet une surface d'absorption maximale sur une longueur minimale (toujours dans le but de préserver un espace maximal pour le foie, l'estomac et les embryons).

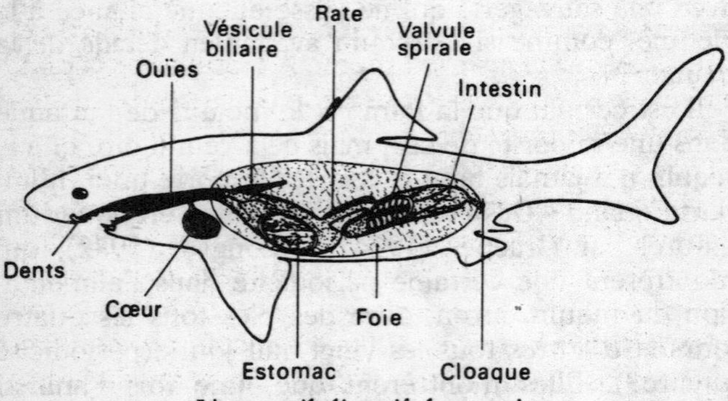

L'appareil digestif du requin

Des études menées sur plusieurs espèces ont montré que si la phase initiale de la digestion était relativement rapide (de l'ordre de vingt-quatre heures), trois à quatre jours étaient nécessaires pour une digestion complète, davantage pour des températures ambiantes basses.

A 10 °C, l'aiguillat commun demande cinq jours pour digérer totalement des harengs. Le requin taupe a une température plus élevée, ce qui lui permet d'avoir des muscles plus efficaces mais aussi une digestion plus rapide grâce à un échangeur de chaleur au niveau des vaisseaux intestinaux.

Il est une particularité stupéfiante propre au requin, et qui a été pour la première fois pressentie lors de l'affaire du « requin au bras tatoué », rapportée ailleurs dans ce livre. Il s'agit d'une digestion retardée que l'on a observée plusieurs fois au niveau de l'estomac, permettant de retrouver des restes organiques intacts après une semaine dans l'estomac d'un squale, ou semi-digérés après plusieurs semaines.

En septembre 1935, Patrick Quinn passe par-dessus bord d'un navire sucrier en pleine nuit près des côtes du Queensland. Des bouées lui sont jetées, et il parvient à en agripper une. La baleinière du bord est mise à l'eau, et, juste au moment d'atteindre Quinn, celui-ci est soudainement arraché de sa bouée, disparaissant définitivement.

Trois semaines plus tard, le 31 octobre, l'équipage du *Aldinga* capture un requin de 3,5 mètres. On découvre dans l'estomac plusieurs os humains, notamment ceux d'une jambe complète encore équipée de sa botte. Peu de temps après, l'équipage du cargo *Alynbank* ramène un autre requin qui contient aussi des os humains non digérés. Dans les deux cas on identifie les restes comme étant ceux du malheureux Quinn.

Le 5 janvier 1949, trois pêcheurs amateurs ramènent en quelques heures sept requins depuis leur bateau à 6 kilomètres au large de Leighton en Australie. Parmi eux un requin tigre de 2,5 mètres dans l'estomac duquel ils retrouvent une main humaine de petite taille, partiellement décomposée, mélangée à des os de wallaby. Après quelques jours, la police identifie les restes comme étant ceux du jeune Arthur Straman, âgé de dix-sept ans, disparu le 27 décembre alors qu'il se baignait sur l'île de Lancelin. Là aussi le directeur des pêches de la région fut extrêmement surpris de l'incroyable état de conservation de la main après 10 jours. Il semble qu'en fait ceci constitue la règle et non l'exception, comme en témoigne un dernier exemple moins morbide.

Le 23 août 1950, un grand requin tigre fut placé dans le bassin du zoo de Sydney, sans blessure et en pleine forme. Après quelques jours, il régurgita quelques aiguilles de pin, quelques boîtes de conserve et autres déchets, à la suite de quoi il accepta de manger de la viande de cheval qu'on lui proposait. Cette viande ne lui convenait apparemment pas puisqu'il la régurgita après quelques jours. Après vingt et un jours de captivité, sa couleur devint plus pâle, ce qui annonçait une issue fatale probable. Le requin mourut effectivement au vingt-troisième jour suivant sa capture. On retrouva dans son estomac deux dauphins de 1,20 mètre de long chacun, en parfait état de conservation. Sans doute avaient-ils été avalés peu avant la capture du requin, mais nul ne peut expliquer comment ces dauphins furent préservés comme au premier jour, ni comment ils restèrent en place dans l'estomac tandis que le reste du contenu était régurgité. Par dérision, le directeur du zoo conclut dans son rapport à une « mort par dauphinite ».

Ces observations n'ont pas été interprétées à ce jour, mais je pense que les régurgitations partielles peuvent être expliquées par des mouvements péristaltiques dont la force ne permet pas l'expulsion de trop grosses proies. Quant à l'état de conservation, il implique d'une part une « sécrétion à éclipses » des sucs digestifs (par circuit réflexe à partir de stimuli endogènes ou/et exogènes) et d'autre part une non-putréfaction spontanée, grâce à une substance spéciale sécrétée par la muqueuse gastrique. Ces animaux étant à sang froid et vivant à des températures modérées, la décomposition n'est certainement pas accélérée par la température interne, mais cela ne suffit pas pour expliquer trois semaines de conservation; je pense donc que l'on peut imaginer la sécrétion d'une substance particulière ayant les propriétés du formol, et dont seraient imprégnées les proies en dehors des périodes de digestion où la sécrétion chlorhydrique reprendrait le dessus...

Il existe une attitude extrêmement agressive des requins, en rapport avec leur appétit éventuel, et que l'on appelle la « frénésie alimentaire ». Ce mode d'alimentation qui n'est heureusement pas systématique réclame la confluence de plusieurs paramètres :

– la présence de plusieurs requins dont au moins un suffisamment affamé pour mordre;

– la présence d'une quantité de proies suffisante pour justifier un comportement de compétition;

– un stimulus déclencheur.

Cette frénésie n'est pas l'apanage des gros spécimens, qui ne sont pas assez souples, et qui vivent en général en solitaires. Elle est le plus souvent le fait de requins de taille petite ou moyenne appartenant à des espèces qui ne sont pas obligatoirement parmi les plus dangereuses.

Au cours de la frénésie alimentaire, tout objet inerte ou vivant est déchiré et avalé sans discernement, et il arrive même que les requins s'entre-dévorent si l'un d'eux est blessé. Il suffit que l'un des squales commence à manger pour que l'hallali débute. Même ceux qui n'ont pas faim vont se précipiter sur la proie, substituant l'agressivité de compétition à l'appétit.

Un Allemand de 110 kilos fut la victime d'une telle frénésie il y a quelques années en RSA, de la part de requins inférieurs à 2 mètres. Lorsque l'on retrouva ses restes quelques heures plus tard, ils ne pesaient plus qu'une cinquantaine de kilos...

DES ORGANES SENSORIELS EXCEPTIONNELS

La redoutable machine guerrière qu'est le requin dispose d'organes de détection, de recherche, d'approche et d'identification à la fois nombreux (huit), très performants (même en pleine nuit dans les eaux troubles), uniques pour certains dans le monde animal (ligne latérale, ampoule de Lorenzini). Leur remarquable complémentarité autorise à comparer l'approche d'un requin à celle d'une torpille moderne, dont les différents moyens électroniques d'acquisition de l'objectif rendent le « contact » quasiment inéluctable.

Je décrirai donc les différents organes sensoriels du

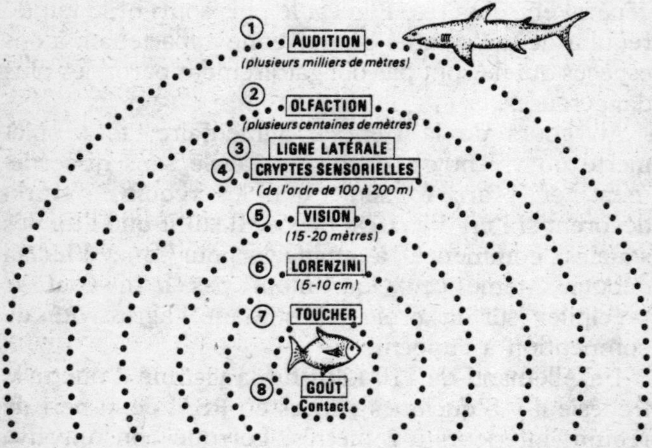

Les organes sensoriels selon leurs distances de sensibilité respectives.

squale dans l'ordre correspondant à leurs distances de sensibilité respectives.

L'audition

Le spectre d'audition des squales s'étend de 10 hertz dans les basses fréquences à environ 1 000 hertz au maximum dans les hautes fréquences.

Considérant que celui de l'homme s'étend de 25 hertz à 16 000, il est évident que beaucoup de sons aigus peuvent être entendus par l'homme, qui ne le sont pas par le requin. En revanche la petite différence de 25 à 10 hertz dans le registre des basses fréquences implique que le requin perçoit beaucoup plus de sons graves que l'homme, et cette différence dans le domaine des graves compense largement la différence dans les aigus, comme en témoigne la figure ci-dessous.

Des expériences menées par Myrberg, Nelson et Johnson depuis vingt ans ont montré que les requins détectent de très basses fréquences inaudibles pour l'homme, et que de plus les sources de ces fréquences les attirent. Des micros ont été ainsi disposés sur des fonds sous-marins émettant des sons artificiels ou des sons naturels enregistrés; ces sons étaient de plusieurs origines : bruits de poissons en attitude normale, bruits de poissons pris à l'hameçon, harponnés, en groupe compact, bruits musicaux divers.

Tous ces sons attiraient la plupart des requins se trouvant dans les environs. Dans un délai de 30 secondes à 1 minute ils arrivaient au voisinage immédiat de la source, venant de bien plus loin que la limite de visibilité (20 à 30 mètres), attirés donc uniquement par les bruits émis (inaudibles pour les expérimentateurs). Les sujets d'expérience furent des espèces aussi variées que le *thresher*, le *silvertip*, l'*oceanic whitetip*, le *bull shark*, le *blacktip reef*, le *gray reef*, le *tiger*, le *blue*, le *lemon*, le *sharpnose*, le *reef whitetip*, le *mako*, le *nurse*, le *hammerhead* et le *bonnet head* (voir les appellations françaises dans le catalogue en fin de livre).

Des réactions aussi rapides et systématiques expliquent pourquoi des requins apparaissent fréquemment, venus de n'importe quelle direction, après que l'on a harponné ou attrapé à la ligne un poisson qui se débat immédiatement.

Des sons basse fréquence non synthétiques sont également émis par les vibrations des câbles et lignes de pêche et par l'être humain qui s'agite dans l'eau. Ces actions sont autant de sources d'attraction pour les requins du voisinage. Un autre paramètre d'attraction à fréquence égale est le niveau sonore. Des fréquences émises à une forte intensité ont attiré les mêmes requins de beaucoup plus loin. Une fois à proximité immédiate de la source d'émission, certains requins se sont enfuis lorsque le niveau sonore a été brutalement augmenté (20 décibels ou plus, ce qui n'est pas énorme en valeur absolue, mais constitue un gradient d'augmentation assez important).

On peut déjà, à partir de ces observations, dégager des mesures préventives pour éviter la curiosité des squales : ne pas faire de bruit sous l'eau (même de ceux que nous n'entendons pas) et tuer rapidement les poissons capturés pour qu'ils ne se débattent plus. Le courant d'eau autour du câble tendu d'une ancre constitue sûrement une source de bruit susceptible d'attirer un requin au voisinage d'un bateau de plaisance, et il me semble utile d'être à l'affût de ce genre de sources d'émissions basse fréquence avant de plonger immédiatement du pont d'un bateau en eaux tropicales à risque. Il m'est arrivé plusieurs fois de tomber nez à nez avec des squales indifférents alors

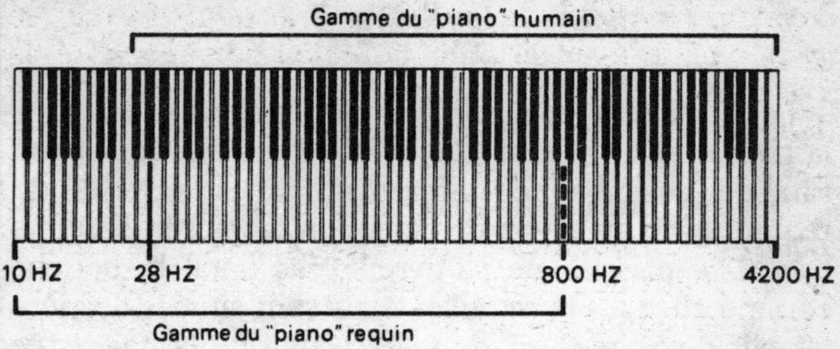

Echelles comparées des plages d'audition de l'homme et du requin par rapport au piano. Le registre du requin est beaucoup plus étendu dans le domaine des basses fréquences.

que je plongeais d'un voilier à peine ancré, comme si, l'identification étant faite, le bateau ne les intéressait plus.

Une source de basse fréquence dont on pourrait augmenter brusquement le niveau sonore semble être une bonne direction de recherches pour faire fuir les squales, tout en sachant que les gros se laissent moins impressionner que les petits, et continuent souvent sur leur lancée, incapables de s'arrêter, mais susceptibles néanmoins de changer de direction au dernier moment.

Cette double faculté pour un même son grave d'attirer puis de faire fuir par augmentation d'intensité est à l'origine d'interprétations contradictoires dans la littérature spécialisée.

Si l'on tient compte de la réalité de ces stimuli acoustiques et de l'excellente propagation des sons dans l'eau (1 500 mètres par seconde), on peut considérer que l'audition est la première fonction sensorielle du requin à être mise en éveil par un objectif éloigné, et sa distance de mise en alerte est la plus grande, de l'ordre de plusieurs milliers de mètres.

L'olfaction

Le requin fut surnommé à une époque le « nez de la mer », et il est vrai que l'olfaction vient au second rang de sensibilité des différents organes sensoriels du requin, avec un rayon de détection d'environ 500 mètres. Les narines ne s'ouvrent pas dans la bouche comme chez les grenouilles mais sont situées derrière les plis de Schneider, de telle façon que la nage crée un flux d'eau constant sur les cellules sensorielles à l'intérieur de la cavité nasale.

Contrairement à l'homme, le requin dispose de narines différenciées et il s'oriente vers le côté qui reçoit l'influx sensoriel le plus fort. Cette directionnalité est accrue au cours de la nage par le mouvement de balancement horizontal de la tête, qui permet aux narines de tester un plus large couloir odorant.

La sensibilité de cet organe est impressionnante, puisque les squales sont capables de détecter 1 partie de sang de mammifère pour 100 millions de parties d'eau. Il y a quelques années, au Lerner Marine Laboratory de Bimini aux Bahamas, a été testé l'odorat du requin *negaprion brevirostris*. Les expérimentations ont montré que ces squales sont sensibles à des dilutions d'extraits de thon de 1 partie pour 400 millions. L'Américain Albert Tester a réalisé des expériences aux îles Marshall dans le Pacifique dans des conditions de jeûne progressif. Il constata que les animaux privés de nourriture répondent positivement à des concentrations de 1 partie pour 10 milliards ! Il remarqua aussi une profonde aversion de ces requins pour la transpiration humaine, ce qui pourrait être un paramètre expliquant certaines attaques apparemment sélectives sur certains baigneurs plutôt que sur d'autres.

Quand il nage, le requin reçoit donc en permanence une foule d'odeurs, dont certaines déclenchent la procédure de chasse. En dehors des odeurs déjà signalées, il en est une plus subtile qui provoque aussi la chasse, celle des sécrétions dégagées par des poissons effrayés. Cela a été démontré en 1960, toujours par Albert Tester, à Hawaï. Il mettait des poissons intacts et de la même espèce dans deux récipients A et B. Dans le récipient B, il provoquait l'affolement par des cris et des coups de bâton sur les parois. Il siphonnait l'eau du récipient A dans une piscine à requins : ceux-ci réagissaient très peu; l'eau du récipient B, qui avait contenu les poissons affolés, provoquait instantanément une activité de chasse intense, certains allant même jusqu'à mordre le tube de sortie du siphon.

Il faut retenir de ces expériences que le requin sera attiré avec plus ou moins de violence par une multitude d'odeurs pour lesquelles son instinct de chasse a été génétiquement programmé, mais aussi par d'au-

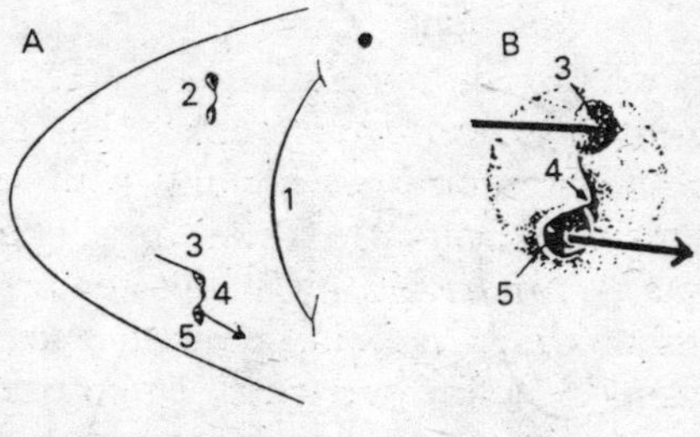

DISPOSITION PARTICULIÈRE DES NARINES CHEZ LE REQUIN PERMETTANT UNE DÉTECTION À GRANDE DISTANCE :
1. Bouche — 2. Narines — 3. Orifice pour le courant entrant — 4. Ailes du nez — 5. Orifice pour le courant sortant. Le déplacement en avant du requin fait pénétrer l'eau par l'orifice d'entrée de la narine, puis elle passe dans la poche nasale et repart par l'orifice de sortie (A). A l'intérieur de la poche nasale se trouvent de nombreux plis qui augmentent sensiblement le nombre des récepteurs olfactifs exposés aux odeurs transportées par l'eau, ce qui accroît la sensibilité (B).

tres qu'il ne connaît pas et que sa curiosité incite à identifier de plus près. Ainsi par exemple un dinghy d'où s'échappent du sang ou des vomissures de naufragés. On aura soin en de telles circonstances de ne rien jeter par-dessus bord qui ne soit soigneusement enfermé dans des sacs en plastique. Nous verrons que l'un des moyens de ne pas attirer l'attention des requins est le « sac de Johnson », dont l'un des avantages est de garder captives toutes les odeurs qui pourraient émaner du naufragé tombé à la mer.

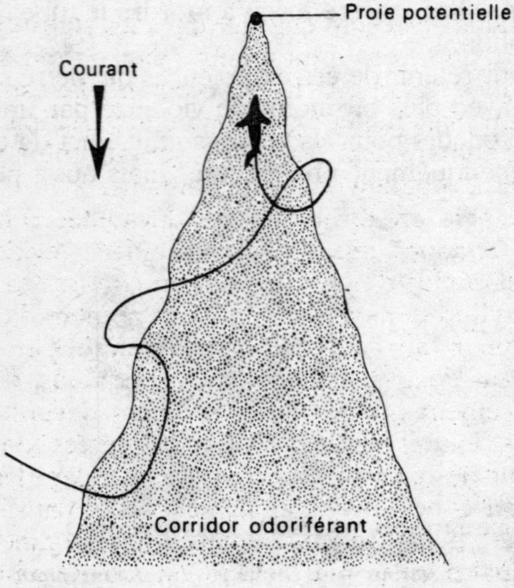

Comment un requin retrouve une proie par son odeur.

Cette chémoréception s'exerce non seulement à l'égard des électrolytes, des acides aminés et des amines, mais elle permet également aux squales de distinguer clairement des eaux de salinités différentes (Hodgson, 1978). Cette capacité pourrait expliquer les déplacements différents et les ségrégations géographiques que l'on observe à l'intérieur de mêmes populations à certaines époques de l'année (zones réservées aux femelles en gestation par exemple).

C'est l'olfaction qui permet sans doute également le mécanisme de la ségrégation sexuelle, si souvent rapporté dans les études des pêcheries. Ce mécanisme a été à nouveau démontré récemment après observation directe de *gray reef sharks* mâles (*carcharhinus amblyrhynchos*) qui se déplaçaient le long de traînées odorantes apparemment laissées par les femelles de la même espèce (Mac Kibben).

Certains ont voulu dégager dans les statistiques des données en faveur d'un nombre plus ou moins grand d'attaques, selon que la proie potentielle est de race noire ou blanche, et expliquer cette variation par des odeurs différentes. Rien de sérieux n'a pu être démontré à ce jour dans ce domaine.

Il semble en revanche que davantage d'hommes soient attaqués que de femmes. Il est évident que beaucoup plus d'hommes vont au contact du requin, mais, si l'on ramène les chiffres au nombre d'attaques par rapport au même nombre d'hommes et de femmes dans l'eau dans les mêmes conditions, il semble effectivement que les femmes soient davantage préservées. Faut-il parler d'odeurs différentes (en dehors bien sûr des périodes menstruelles pendant lesquelles les femmes ne doivent jamais se baigner dans les eaux à risque), peut-être dans la mesure où l'organe olfactif des squales est le plus sélectif du monde animal. La question mériterait d'être scientifiquement explorée...

La ligne latérale

Tout comme l'on a pu parler de chémoréception à propos de l'olfaction, il s'agit maintenant de mécanoréception, puisqu'il s'agit de l'amplification par des organes spécialisés des variations d'ondes de pression. Ces variations de pression peuvent être les vibrations provenant d'un poisson effrayé qui s'agite, d'une hélice de bateau, des palmes d'un nageur en surface... Cette ligne agit un peu à la façon d'un détecteur de déplacement en percevant le moindre courant dans l'eau et la vibration qui en résulte.

Ce système semble doubler l'oreille pour la perception des basses fréquences et joue par ailleurs un rôle déterminant dans l'équilibration du poisson. Déjà il y a cinquante ans, sans connaître l'histologie du système, l'Américain Parker, de l'université Harvard, avait montré que la roussette (petit requin que l'on trouve aussi sur les côtes d'Europe), privée de ses organes auditifs et visuels, pouvait continuer à percevoir les perturbations aquatiques dès lors que son système latéral restait intact. En revanche, dès qu'il coupait les nerfs du système latéral, la roussette restait sans réaction.

On a souvent comparé ce système à un sonar qui permet de localiser un objet par la mesure du temps que mettent des vibrations émises par le corps du requin pour y revenir après réflexion sur l'objet (écholocation).

Ce système latéral ne se rencontre que chez un très petit nombre de vertébrés aquatiques, dont les requins. Le canal lui-même court sous la peau sur presque toute la longueur de chaque côté du poisson. Il est relié à la surface de la peau par des tubules dont l'alignement des orifices (entre les denticules) maté-

LE SYSTÈME LATÉRAL : LE SONAR DU REQUIN.

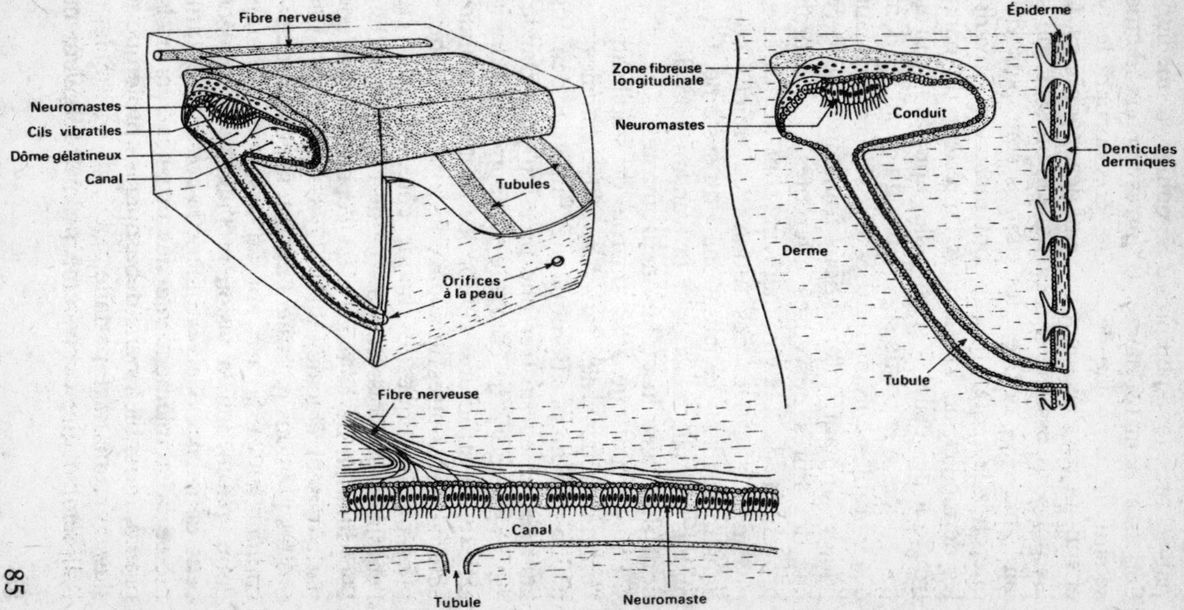

rialise l'organe, à peu près à la manière d'une ligne de flottaison pour un navire. D'autres canaux identiques se situent au niveau de la tête, contournant les yeux et suivant parallèlement le profil des mâchoires. Chez les poissons osseux, il peut exister un système similaire, mais les orifices des tubules sont plus visibles que chez le requin, où ils sont masqués souvent par les denticules de la peau. A l'intérieur du canal se trouvent des cellules sensorielles appelées neuromastes, situées à la partie supérieure du canal, et dont les cils vibratiles enregistrent les pressions provenant du liquide ambiant, informations transmises au cerveau par des fibres nerveuses afférentes. Les vibrations provenant de l'environnement sont transmises au niveau des orifices des tubules au mucus contenu dans toutes les « canalisations » du système. C'est ce mucus qui fait relais pour la transmission des vibrations du milieu jusqu'aux neuromastes.

Le système joue aussi un rôle de stabilisateur par l'enregistrement des pressions différentielles : si le poisson est en position oblique, l'une des deux lignes latérales va enregistrer une pression plus grande (ou moins grande) d'un côté que de l'autre, et, par circuit réflexe, les structures cérébrales vont commander les actions nécessaires aux nageoires pour rétablir une pression identique de chaque côté, et ainsi rétablir l'équilibre du poisson. Le rôle de cet organe dans la coordination de la nage n'est cependant pas encore parfaitement élucidé. En 1977, Campbell a constaté que les poissons pouvaient encore nager même si l'on coupait les nerfs arrivant au système latéral, sans doute parce que la vision et l'audition suppléent à cette déficience. Cela confirme la complémentarité et même la supplémentarité des organes sensoriels du requin, aussi bien pour débusquer sa proie que pour s'assurer une nage parfaite.

Il semble que ce système permette également au

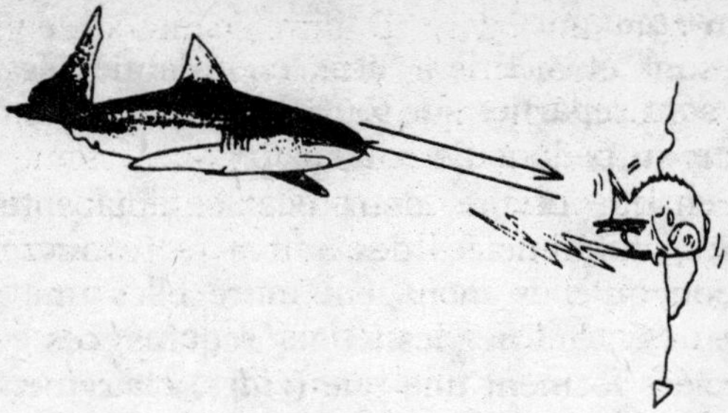

Détection des vibrations d'un poisson en détresse.

Détection des pulsations cardiaques d'un poisson au repos.

requin de détecter un poisson au repos, par ses battements cardiaques se répercutant dans l'eau.

Les cryptes sensorielles : des « papilles gustatives » sur le dos

Le requin dispose encore d'un autre organe sensoriel extraordinaire par sa disposition : les « cryptes sensorielles » (*pit organs* en anglais) ou neuromastes libres. Les cryptes servent à percevoir les variations dans la composition chimique et dans la salinité de l'eau environnante.

Elles sont étroitement liées aux denticules de la peau et sont réparties sur toute la longueur du corps, de la tête au pédoncule caudal.

Pour chaque crypte, deux écailles adjacentes (ou denticules) différenciées des autres se recouvrent de telle façon qu'elles ménagent entre elles une petite crypte ou cavité. Chez les jeunes requins, ces écailles différenciées forment une raie (*ridge*) clairement visible, tandis que chez l'adulte elles sont noyées parmi les autres. Ces cryptes sont plus nombreuses chez les espèces de haute mer (pélagiques).

A l'intérieur de chaque crypte se trouvent une papille et une grande cellule sensitive. Le fait remarquable du dispositif est une analogie totale avec les papilles et cellules qui constituent les organes du goût sur la langue de l'homme et des autres animaux.

Même si analogie de structure ne signifie pas forcément analogie de fonction, la ressemblance dans le cas présent est tellement absolue que l'on peut s'autoriser à présumer du rôle très probable de ces organes. Certains objecteront que c'est une bien curieuse disposition que le dos ou les flancs pour des papilles gustatives, il n'empêche que des expériences ont confirmé que ces structures sont sensibles à des stimuli chimiques et cela ne peut que renforcer l'idée qu'il s'agit bien là d'« organes du goût ». Cela distingue aussi cette formation des deux autres mécanorécepteurs : la ligne latérale que nous venons d'évoquer, et l'ampoule de Lorenzini.

Nous verrons dans la genèse des attaques l'importance déterminante des variations de salinité, dues par exemple à des chutes d'eau importantes. La baisse de salinité des eaux côtières attire alors les squales dont la « mémoire génétique » a enregistré que cela signifiait afflux de débris organiques provenant des fleuves et ruisseaux. Au fil de l'évolution le patrimoine génétique du requin s'est enrichi de ce détecteur qui lui a ouvert de nouveaux terrains de chasse. La distance de détection des cryptes sensorielles est comparable à celle de la ligne latérale, de l'ordre de plusieurs centaines de mètres.

Une vision hors du commun

La visibilité sous l'eau étant limitée en moyenne à une vingtaine de mètres, on a très longtemps considéré que le requin devait avoir une vision peu perfor-

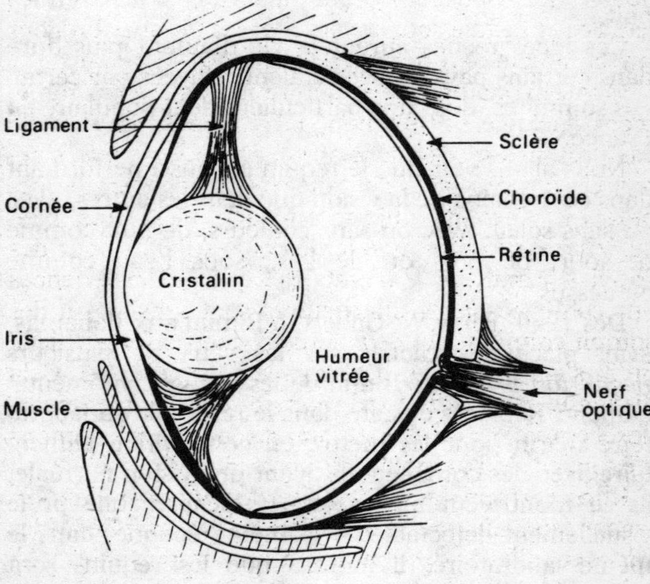

L'œil du requin, très proche de celui de l'homme.

mante, adaptée à son milieu, sans doute en fonction de la loi de l'évolution selon laquelle la sélection naturelle ne retient que les mutations génétiques qui sont utiles à la survie de l'espèce. A lire les spécialistes des années 1970, le requin était un véritable « handicapé visuel » par rapport à l'homme. On imagine mal pourquoi l'homme aurait une meilleure vue sous l'eau que le requin : à chacun son milieu !

Pour les mêmes raisons sans doute, on affirmait péremptoirement que le requin ne distinguait pas les couleurs, ayant observé probablement que, au-delà d'une dizaine de mètres, le rouge disparaît et que les fonds deviennent uniformément gris verdâtre, plus ou moins foncé. La seule observation exacte était d'affirmer que les squales distinguent très bien les contrastes, et encore ajoutait-on que le requin ne voit rien la nuit.

Ces idées reçues eurent la vie d'autant plus dure dans certains pays qu'elles étaient relayées par certaines sommités, dont une particulièrement populaire en France.

Nous allons voir que le requin est aussi performant dans ce domaine de la vision que dans les autres, avec ou sans soleil, avec ou sans couleurs, de nuit comme de jour, de près ou de loin, sous l'eau comme au-dessus.

Dès 1960, Perry W. Gilbert, à Bimini aux Bahamas, avait placé des caches sur les yeux de plusieurs *negaprion brevirostris* afin de les aveugler momentanément. Replacés ensuite dans le réservoir du laboratoire marin pour les mettre en compétition alimentaire avec des compagnons ayant une vision normale, ils se montraient incapables de localiser une proie visuellement détectable. A la même époque, dans le même laboratoire, il montra que les requins sont attirés par les objets brillants alors qu'ils ne remarquent pas les objets de couleurs ternes. Déjà Alain

Bombard avait remarqué pendant sa traversée qu'il ne pouvait mettre à sécher sur les bords de *L'Hérétique* ses cirés jaunes, car ceux-ci étaient systématiquement happés par des requins et autres gros poissons.

Plusieurs observations concordent pour confirmer cette attraction des requins pour le jaune ou l'orange, et il est inadmissible de voir encore fabriqués des canots de survie dont la partie immergée est jaune ou orange, comme si certains fabricants considéraient que leurs clients doivent naufrager au large du Finistère plutôt que sous les tropiques...

L'œil du requin est assez proche de l'œil standard des vertébrés, et la pupille peut s'ouvrir et se fermer très rapidement, contrairement à une croyance populaire. Gilbert a montré chez le *gynglymostoma cirratum* que la dilatation maximale de l'iris, lors de l'exposition à l'obscurité, se produit en 24 à 30 secondes alors que la fermeture maximale au cours de l'exposition à la lumière se fait en 5 à 13 secondes.

C'est dire qu'un requin fonçant sur la proie qu'il aperçoit à 20 mètres en surface, alors qu'il émerge des profondeurs, aura le temps de s'adapter à la lumière.

La rétine contient un grand nombre de bâtonnets et un plus petit nombre de cônes. Les cônes servent pour l'acuité visuelle et la perception des couleurs, alors que les bâtonnets servent à la vision dans l'obscurité comme chez l'homme. Un requin pourra ainsi distinguer un poisson posé sur le fond obscur ou une proie en surface la nuit. Il le fera d'autant mieux qu'il dispose d'une structure extraordinaire et uniquement réservée aux animaux nocturnes tels que les chats : le *tapetum lucidum.*

Samuel Gruber de l'université de Miami a particulièrement étudié cette structure depuis quelques années. Le *tapetum lucidum* est une sorte de miroir

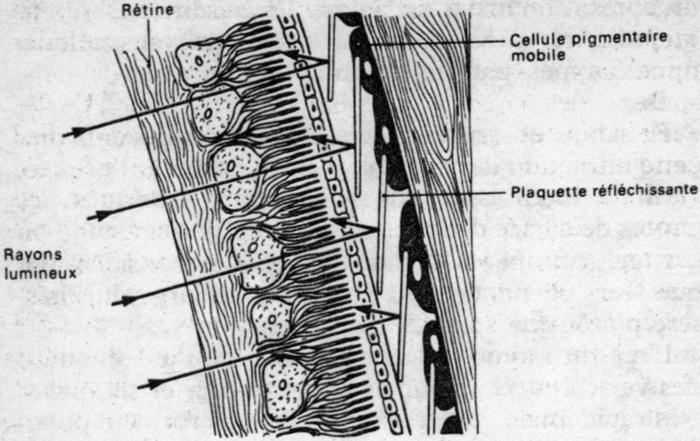

A. *Dans la pénombre, les plaquettes argentées du* tapetum lucidum, *placé derrière la rétine, réfléchissent la lumière incidente et celle-ci traverse donc une seconde fois la rétine, augmentant considérablement la sensibilité nocturne de l'œil.*

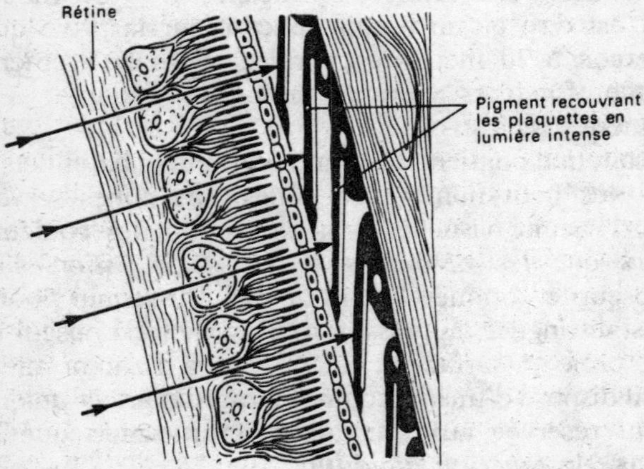

B. *En lumière intense, les cellules pigmentaires glissent le long des plaquettes, empêchant la lumière d'être réfléchie vers la rétine. Celle-ci n'est donc stimulée qu'une seule fois, ce qui est suffisant en lumière normale.*

situé derrière la rétine et composé de plaquettes argentées contenant un pigment à base de cristaux de guanine. A la base de ces plaquettes, des cellules appelées mélanoblastes pigmentées en noir.

Dans des conditions d'éclairage normal (A), les mélanoblastes glissent devant les plaquettes, ainsi rendues inutiles. En conditions d'éclairage minimal (la nuit ou en eaux troubles, dans la journée ou en profondeur), les mélanoblastes sont rétractés à la base du *tapetum*, et les rayons lumineux qui ont traversé une fois la rétine sont réfléchis sur les plaquettes argentées pour se diriger à nouveau vers la rétine qui est ainsi excitée une seconde fois (B). Les animaux doués de cette faculté ont les yeux brillants la nuit et sont en règle générale des chasseurs nocturnes (comme la plupart des requins vivant en pleine eau). Cette capacité à voir la nuit a été en particulier étudiée chez le *lemon shark* (requin citron) tant en laboratoire que dans la mer. Dans ce dernier cas, les habitudes de chasse nocturne du requin ont pu être vérifiées par *tracking* télémétrique (grâce à une sonde posée sur l'animal) et l'on a observé le squale gagner certains territoires de chasse la nuit.

La capacité à voir la nuit va de pair dans tout le monde animal avec une augmentation du nombre de bâtonnets aux dépens des cônes qui permettent plus spécifiquement la vision des couleurs. De là la théorie de certains, clamant que les requins ne distinguaient pas les couleurs. Nous avons déjà évoqué l'attraction des squales pour l'orange et le jaune et leur désintérêt pour le noir ou le bleu. Reste le blanc à propos duquel ont circulé de nombreuses théories. On a dit que les requins préfèrent le blanc au foncé, les poissons clairs aux poissons sombres, et s'attaquent davantage aux hommes blancs qu'aux hommes de couleur.

On a dit également que, lorsqu'ils s'attaquaient aux hommes de couleur, ils étaient davantage attirés par les paumes et les plantes qui sont plus claires. Concernant ce dernier point, il est vrai que dans certaines régions des Caraïbes les pêcheurs sous-marins de couleur noire se teignent encore les paumes et les plantes avec du cirage noir pour ne pas attirer les requins, ce qui semble confirmer en tout état de cause que ces pêcheurs noirs n'ont en rien le sentiment d'être immunisés contre les requins par leur couleur. Je me souviens d'avoir participé en 1970 à une pêche à la dynamite dans un petit archipel au large de Carthagène en Colombie. Nous étions deux pirogues, et, sur les quatre pêcheurs noirs, l'un n'avait plus de pieds, un autre n'avait qu'une main. Comme je leur demandais si c'étaient de mauvaises manipulations de la dynamite, ils me répondirent avec de grands yeux que c'étaient les *tiburons*. Je remarquai plus tard que beaucoup de pêcheurs noirs étaient plus ou moins amputés, toujours par des requins, sans doute très attirés par l'onde de choc de la dynamite, le sang et les vibrations émises par les nombreux poissons blessés.

On a dit que lâcher des feuilles de papier blanc dans

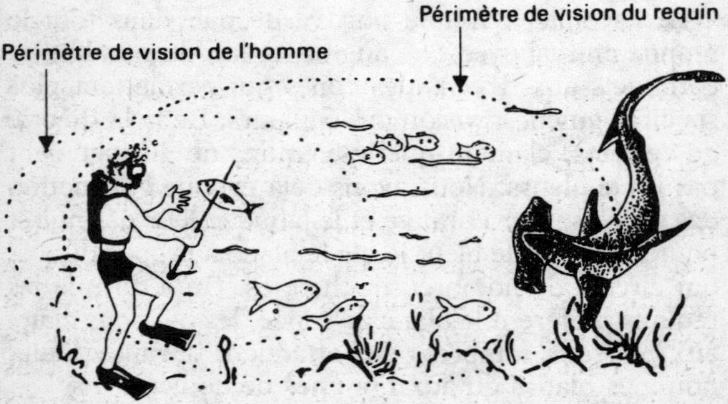

En lumière faible, les yeux du requin sont environ dix fois plus sensibles que ceux de l'homme.

l'eau agit comme un leurre. Lors d'expériences menées avec des appâts blancs et d'autres sombres, certains observateurs ont remarqué beaucoup plus d'attaques sur les blancs que les autres, et il en fut déduit que les baigneurs devraient porter des costumes de bain sombres plutôt que blancs. Les statistiques ne sont pas évidentes sur ce sujet particulier, et il semble que le requin n'en fasse pas un sujet de discrimination. Il attaque ce qui est disponible, nageurs foncés ou de couleur sous les tropiques, blancs dans le reste du monde.

Par rapport aux mouvements qui l'entourent, là encore le requin n'est pas handicapé, loin s'en faut, et des tests en laboratoire ont amplement démontré que la vision intervient pour chercher et saisir une proie qui souvent s'enfuit. Tant qu'ils sont en phase de recherche de nourriture, beaucoup de grands requins réputés dangereux détectent les mouvements environnants et s'écartent en général de mouvements tels que des bras levés brusquement. En revanche, une fois leur phase de chasse entamée, ils ignorent les mouvements tant au-dessus qu'au-dessous de la surface, et vont continuer d'attaquer et de se nourrir même si on frappe l'eau à côté de leur tête. C'est ce qui explique la très grande difficulté à éloigner un requin qui a décidé de poursuivre une attaque, comme nous le verrons dans de multiples exemples.

Les travaux de Gilbert et de beaucoup d'autres ont montré que les requins sont parfaitement conscients des mouvements violents ou agressifs qui peuvent se dérouler autour d'eux au-dessus ou au-dessous de la surface. Les requins blancs, et à un moindre degré les tigres, réalisent également s'ils sont observés depuis une embarcation, au-dessus de la surface. Il n'est pas douteux maintenant que les requins ont la capacité de voir à une certaine distance au-dessus de l'eau. Certains disent à 2,5 ou 3 mètres, et citent l'exemple des requins qui en Australie, près de Darwin, sautent régulièrement dans les airs pour attraper sur des branches d'arbres ces grands écureuils volants que l'on appelle des « roussettes ».

Pour ce qui est de la vision de près, là encore les squales sont très performants. Leurs yeux sont relativement de grande taille par rapport à leur corps et beaucoup plus plats que ceux de l'homme, mais cela ne les empêche pas de voir aussi bien de près que de loin. Pour la vision rapprochée, c'est tout le système de la lentille qui se déplace en avant ou en arrière à la façon d'une loupe, et non pas seulement le cristallin qui change de courbure comme chez les mammifères.

La membrane nictitante est une paupière dont sont pourvus certains requins comme le tigre, le bleu et les divers *carcharhinus* (whalers). Lorsque ces squales sont excités ou qu'ils s'approchent d'un objectif, très souvent la membrane glisse sur l'œil. Les autres espèces dépourvues de cette membrane, comme le mako et les grands blancs avec leurs larges yeux noirs, roulent leurs yeux vers l'arrière avant d'attaquer, de telle sorte que le globe blanc remplace la pupille noire.

Ces deux signes de fermeture de membrane et de rétroversion du globe oculaire sont des symptômes indicateurs d'excitation ou annonciateurs d'une « frénésie alimentaire ».

LE SYSTÈME VISUEL DU REQUIN BLANC

Nous terminerons ce chapitre par les particularités visuelles propres au plus grand prédateur des mers, observées par Gruber et Cohen (Californie, 1985).

Dès 1886, Schultze avait formulé la théorie de la duplicité de la vision. La rétine des vertébrés nocturnes était dominée par des récepteurs à bâtonnets alors que celle des espèces diurnes était composée de plus de cônes. Les animaux avec à la fois cônes et bâtonnets, avec une rétine mixte, étaient réputés avoir une période d'activité diurne allongée. Encore maintenant, certains veulent que les requins, et en particulier le grand blanc, aient une mauvaise vision sous prétexte qu'ils ont beaucoup de cônes alors que leur habitat préférentiel se situe dans la pénombre aquatique, dans les grottes, et qu'ils seraient actifs surtout la nuit.

Les requins ont une rétine mixte, c'est-à-dire qu'ils voient non seulement pendant le jour, mais distinguent aussi les couleurs. L'activité diurne de certaines espèces que l'on croyait nocturnes comme le requin citron ou le *bonnet head* confirme le parallélisme entre ce que l'on observe dans la rétine et la répartition de l'activité de l'animal dans la journée.

C'est ainsi que les observations faites sur la rétine du requin blanc, en comparant grâce au microscope électronique les pourcentages, les épaisseurs, les répartitions, le nombre de couches, la pigmentation des différentes cellules, ont amené aux conclusions suivantes :

– *carcharhinus carcharias* a un œil parfaitement adapté pour une bonne vision diurne et une bonne discrimination des couleurs;

– il est moins spécialisé pour la vision nocturne que le *lemon shark*;

– la vision joue un rôle certainement plus important dans sa vie de chasseur à prédominance diurne que dans celle d'autres espèces plus nocturnes.

L'une des observations intéressantes sur le plan histologique fut de découvrir au centre de la rétine, là où se forment les images avec le plus de netteté, l'équivalent de l'*area centralis* des vertébrés supérieurs comme l'homme, une zone à prédominance très nette en cônes. On retrouve aussi la spécialisation de la rétine centrale pour la vision précise, diurne, colorée, et de la rétine périphérique pour la vision nocturne.

Le *tapetum lucidum* est plus sophistiqué chez le *lemon shark* ou le requin bleu puisque ses plaquettes sont capables de changer d'angle afin de rester toujours perpendiculaires au rayon lumineux, et ainsi de renvoyer plus de lumière vers la rétine. Chez le requin blanc, les plaquettes sont perpendiculaires à la rétine sur toute sa surface, disposition un peu plus simple qui va de pair avec une activité diurne préférentielle.

Les flasques de Lorenzini : un organe unique

Les flasques ou « ampoules de Lorenzini » se situent sous le nez du requin et sont douées de propriétés de détection uniques dans le règne animal. Elles ont en effet plusieurs rôles : détecteurs de variations de température et de vibrations, elles repèrent également des variations de salinité, de pression au contact et des variations infinitésimales de champ électrique. Cette dernière capacité n'est pas la moins exceptionnelle, et pourrait expliquer le mode d'orientation des requins ainsi que les habitudes migratoires de certaines espèces.

De nombreuses expériences ont montré que même dans une eau complètement opaque les requins pouvaient localiser leur proie, même immobile, tapie dans le sable. Cela ne peut s'expliquer ni par la vision, ni par la détection de mouvement, ni par écholocation si la proie est par exemple une raie enfouie dans le sable.

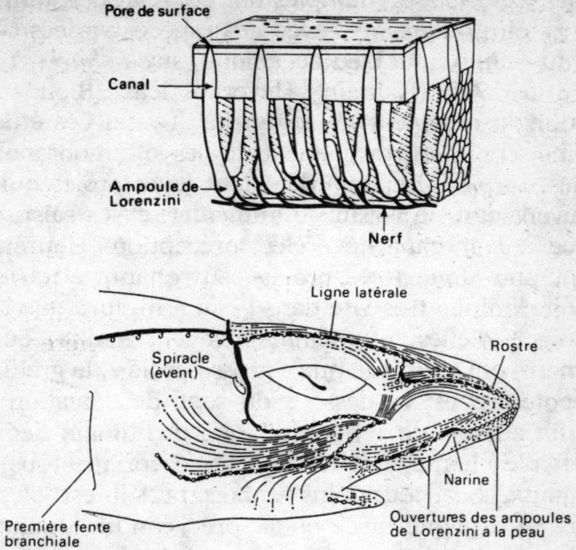

Electrorécepteurs de Lorenzini et ramifications de la ligne latérale (en noir). Les orifices des électrorécepteurs sont indiqués par des points noirs (d'après Kalmijn, 1978).

C'est Kalmijn qui le premier découvrit ce détecteur hypersensible placé à la face inférieure de la tête du requin, très à l'avant, devant les narines, et qui permet aux squales de déceler des gradients de potentiel de l'ordre du cent millionième de volt par centimètre. Cette sensibilité extraordinaire aux champs électriques est de très loin unique dans le règne animal, et permet très aisément au squale de localiser le faible potentiel électrique de ses plus petites proies. Cet organe se substitue très probablement à la vision lorsque, arrivé à quelques dizaines de centimètres, le requin a bien souvent recouvert son œil de la membrane nictitante, ou fait rouler le globe oculaire vers l'arrière.

Des expériences multiples ont été réalisées, tant en laboratoire qu'en mer, avec des espèces variées (*water dogfish*, requin bleu océanique, *swell shark*...), de 1978 à 1985 (Kalmijn, Heyer, Tricas, Blonder...) autour du récepteur de Lorenzini. Toutes ces études permettent d'affirmer que tous les élasmobranches (raies, torpilles-requins) détectent leurs proies qui se trouvent dans le voisinage immédiat, et les saisissent grâce à leur capacité d'électroréception. Heureusement pour toutes ces proies, leur champ électrique induit diminue très vite dans l'eau à mesure que l'on s'éloigne d'elles, et même dans le cas d'un corps humain, qui constitue une « grosse proie », le gradient de potentiel est au-dessous du seuil de détection du requin au-delà de 1 mètre. Le corps humain dégage un faible champ électromagnétique comme tous les animaux, beaucoup plus important s'il est blessé, pouvant expliquer avec quelle précision un attaquant revient toujours sur la même personne qu'il a blessée, ignorant les éventuels sauveteurs non blessés, même s'ils sont au contact de la victime. Les attaques sur l'homme ou son équipement pourraient être provoquées par des champs électriques qui ressembleraient à ceux des proies naturelles. Une étude récente sur le *sting ray* (Blonder, 1985) a montré en effet que l'organe de Lorenzini ne fait pas la différence entre le champ émis par une proie (crevette, etc.) et le même champ émis par une non-proie (tunicier par exemple). Les courants galvaniques produits par le contact de deux métaux différents induisent un courant qui est largement dans la zone de perception des électrorécepteurs des élasmobranches.

Des recherches restent à faire dans ce domaine car un tel courant est peut-être considéré comme « supernormal » par un squale, ou au contraire pourrait agir comme répulsif par des variations instantanées. Une voie de recherche dans ce sens pourrait aboutir à un moyen électrique de prévenir une attaque à courte distance.

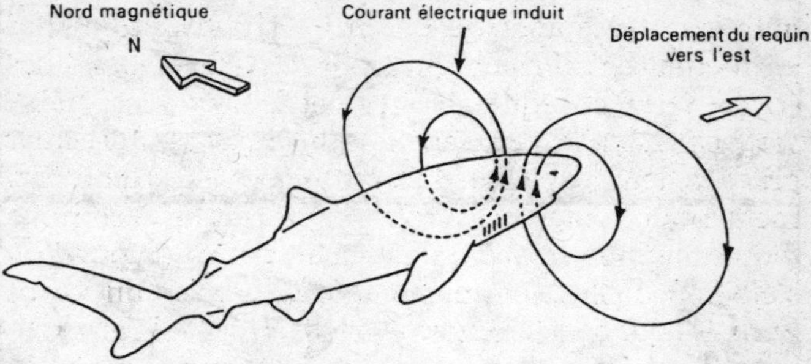

Une boussole hypersensible (d'après Kalmijn, 1978).

D'autres gradients de potentiel existent dans la nature, qui sont aussi dans la plage de détection des élasmobranches. Ainsi les courants océaniques en se déplaçant dans le champ magnétique terrestre créent des champs électriques par induction électromagnétique, comme n'importe quel autre corps vivant ou inerte. Le requin lui-même crée de tels champs dès lors qu'il se déplace avec une vitesse de seulement 2 centimètres par seconde. Quand on sait que de tels courants ont des gradients de 0,05 à 0,5 μ V/cm et qu'ils dépendent de la direction du mouvement, il est évident que les requins ont l'« appareillage » nécessaire pour s'orienter par rapport à ces courants, à la façon d'un compas électromagnétique classique. On a ainsi pu vérifier sur la *sting ray* cette capacité à s'orienter par rapport au flux magnétique terrestre. Les grandes migrations observées pour certaines espèces par John Casey ne sont pas le résultat d'errances sans but, mais de voyages bien orientés vers d'autres régions, pour des raisons qui restent, elles, inconnues.

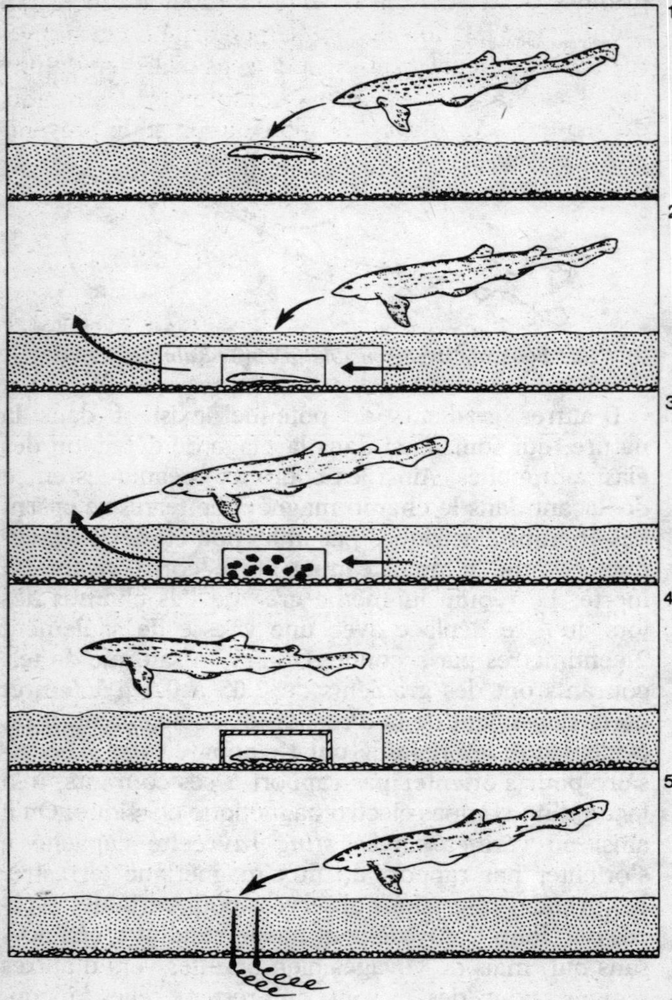
1
2
3
4
5

Je terminerai ce chapitre sur les remarquables organes sensoriels des squales par la description d'une expérimentation récente faite par Kalmijn, qui montre tout à la fois la complémentarité ou la supplémentarité de ces organes, leur sensibilité, et l'utilité de les connaître pour mieux comprendre les mœurs du requin, seul moyen de pouvoir un jour prévenir efficacement ses attaques.

Hydrodynamique et performances

Un célèbre constructeur aéronautique aimait à dire qu'« un bon avion est un avion agréable à regarder », faisant allusion au parallèle entre performance aéro-

---

Ci-contre :
Expériences menées par Kalmijn en 1971, avec un scyrhinus canicula, *qui montre comment un squale peut détecter une proie dans l'obscurité absolue, ou une proie complètement enfouie dans le sable. Lorsque l'on sait que tous les requins disposent de telles facultés, on comprend mieux l'impossibilité pour l'homme d'échapper à toute investigation décidée par un squale se trouvant dans le voisinage.*
1. Situation naturelle : le squale détecte la sole (ou le carrelet ou la limande) à la fois par l'odorat et le champ électrique (1/25 000 de microvolt par cm).
2. Enceinte qui ne supprime pas le champ électrique, mais qui repousse les substances odoriférantes en aval du courant créé dans le sable. Le squale détecte parfaitement la proie.
3. En remplaçant le poisson plat vivant par des morceaux de merlan, il n'y a plus de champ électrique mais le squale détecte l'odeur à sa sortie du sable en aval.
4. L'enceinte est complètement isolée électriquement et olfactivement; le squale ne se rend compte de rien.
5. Des électrodes simulent dans le sable un champ électrique : le squale se précipite immédiatement.

dynamique et esthétisme. On pourrait dire de la même façon qu'un bon prédateur marin est un animal aux formes harmonieuses. N'importe quel plongeur ayant vu un requin au moins une fois dans sa vie a été frappé par la pureté de ses lignes et la souplesse de ses évolutions, qui en font sans conteste le plus doué des poissons pour la nage lente ou rapide, l'accélération ou la poursuite, le maraudage ou la chasse. Là encore l'adaptation du requin à son milieu est sans faille, qu'il s'agisse du fuselé de son corps, de la taille et de la disposition de ses nageoires, de la forme et de la proportion de sa queue.

Si les grands principes de l'aérodynamique ou de l'hydrodynamique sont les mêmes, l'eau est cependant huit cents fois plus dense que l'air, et la propulsion du requin nécessite une force locomotrice bien plus considérable à poids égal que celle d'un rapace dans les airs.

UN ORGANISME POUR L'HYDRODYNAMISME

Le premier paramètre à régler pour tout animal aquatique est celui de sa flottabilité, qui doit être variable à moindre coût énergétique. C'est ainsi que les poissons osseux disposent d'une vessie natatoire gonflable, et que les requins ont acquis au fil de l'évolution une double adaptation extrêmement sophistiquée.

La première est fondamentale, puisqu'elle transforme ces poissons osseux en poissons cartilagineux, remplaçant la solide charpente osseuse par un squelette cartilagineux. Cette évolution pourrait sembler régressive par rapport à l'ensemble du monde animal si elle n'était doublement bénéfique :

– gain de poids participant à une densité générale amoindrie;

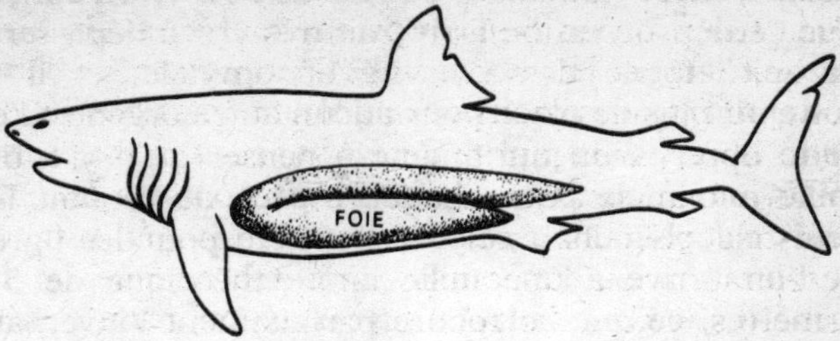

Exemple du requin pèlerin qui nécessite un foie de grande dimension pour rester longtemps juste sous la surface.

– gain d'élasticité permettant une nage plus souple, moins « hachée », et une accélération plus forte grâce à une plus grande amplitude de mouvement.

La seconde adaptation est l'acquisition d'un foie de très grande taille, proportionnellement le plus grand du monde animal, au point que l'on se demande si ce n'est pas lui qui conditionne la longueur de tout le reste du corps.

Ce foie est d'autant plus imposant que l'habitat préférentiel de l'espèce concernée est plus près de la surface, et/ou que ses nageoires pectorales sont de dimensions réduites. De la même façon que pour un avion, si le maître couple du corps double en surface, la surface des nageoires devra plus que doubler, tout comme la surface des ailes doit compenser la section du fuselage. Si les nageoires conservent la même taille, alors c'est le foie qui doit augmenter pour contenir plus d'huile, moins dense que l'eau. Ainsi, chez les requins tigres, l'augmentation de taille et de diamètre n'est pas suivie d'une augmentation suffisante des nageoires : un tigre de 2 mètres a une surface de nageoires exactement égale à la moitié de celle d'un tigre de 4 mètres, alors que son volume a plus que doublé; c'est la dimension du foie qui équilibre en augmentant de plus de 200 %. On conçoit que cette progression arriverait très vite à dépasser la capacité totale de la cavité abdominale, et il ne resterait plus de place pour aucun autre organe. C'est cette observation qui amène à penser qu'il y a une taille maximale pour chaque espèce de requin. Les seuls calculs faits à ce jour l'ont été pour les tigres, et l'on arrive à une taille limite théorique de 5 à 6 mètres, ce que corrobore parfaitement l'inventaire des tigres capturés à ce jour.

Les foies de grands requins peuvent atteindre 90 kg, et il était bien connu, du temps où on pêchait les requins pour l'huile de leur foie, qu'un tigre de 4 mètres avait un foie pouvant contenir jusqu'à 82 litres de la précieuse huile. Le foie du peau bleue peut atteindre 20 % du poids total du corps.

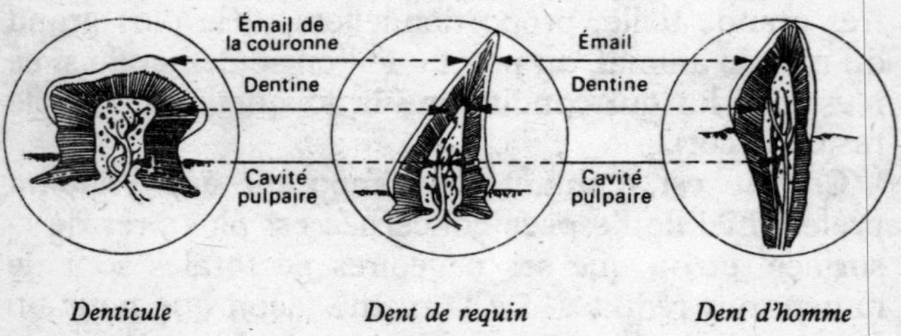

ANALOGIE HISTOLOGIQUE ENTRE LES DENTICULES ET LES DENTS.
La cavité pulpaire contient nerfs et vaisseaux.

Les autres organes qui sont de moindre densité que l'eau et contribuent à la réduction de la densité corporelle sont la peau, les muscles blancs, le squelette cartilagineux, et chez le peau bleue une « gelée » de faible poids spécifique contenue dans le museau.

Tout ceci contribue à diminuer considérablement la densité du requin (qui reste néanmoins plus lourd que l'eau), avec des variations dépendant de l'habitat : le peau bleue (*prionace glanca*) et l'aiguillat commun (*squalus aconthias*), qui vivent en eaux peu profondes, ont un poids dans l'eau équivalant à 2,5 % de leur poids ramené à l'air libre, tandis que l'ange de mer (*squatina squatina*), qui évolue sur les fonds marins, à un poids équivalant à 5,5 %.

Indépendamment de l'habitat, on pourrait considérer que les espèces rapides auraient intérêt à avoir la densité la plus faible possible afin de diminuer la surface nécessaire aux nageoires pour fournir la pression hydrostatique, tout en diminuant la traînée. Ce serait oublier que ces nageoires doivent avoir une surface suffisamment grande pour permettre accélérations et manœuvrabilité suffisantes. L'évolution a choisi le meilleur compromis entre tous ces paramètres pour arriver au « submersible » le plus performant qui se puisse imaginer.

La peau est un des attributs qui confèrent au requin

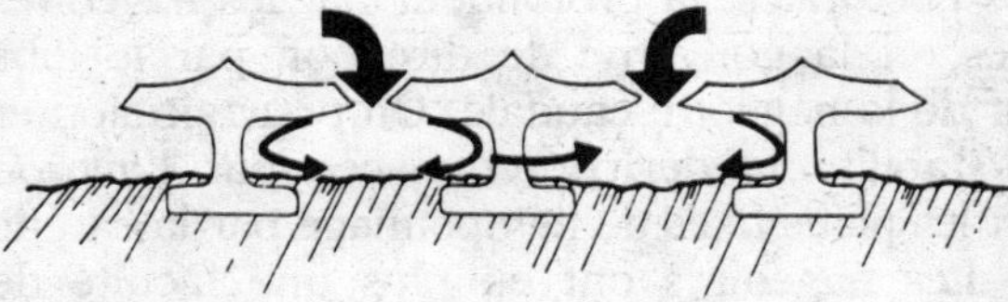

SCHÉMA DE LA SURFACE DE LA PEAU D'UN REQUIN.
L'eau passe entre les écailles des denticules vers la surface de la peau.

sa remarquable hydrodynamique, au point que l'US Navy s'est intéressée à une époque à sa mystérieuse texture, envisageant même d'en recouvrir un sous-marin expérimental...

J'ai exposé ailleurs certaines qualités de cette peau, constituée d'une multitude de petites dents modifiées (les denticules), responsables d'une très grande rugosité, particulièrement dans le sens queue-museau. Une telle peau pourrait sembler incompatible avec une bonne hydrodynamique, et cela a longtemps intrigué les chercheurs. Il semble qu'en fait ce soit l'alignement particulier des denticules qui canalise l'écoulement de l'eau et l'empêche de se décoller de la peau, le rendant ainsi laminaire. Ce type d'écoulement induit une traînée considérablement réduite par rapport à celle de l'écoulement turbulent. On a par ailleurs suggéré que cette disposition permettrait au requin d'être hydrodynamiquement silencieux, avantage évident pour un prédateur. On a remarqué enfin que les denticules sont d'autant plus petits et légers que le requin est plus rapide (les espèces pélagiques sont plus rapides que les espèces benthiques vivant sur le fond).

Les nageoires des squales se comportent exactement comme les gouvernes d'un avion, qui lui permettent des rotations autour des trois axes de roulis, tangage et lacet. Les ailerons sont remplacés par les nageoires pectorales, la profondeur par les nageoires pelviennes, et la gouverne de direction par le lobe supérieur de la nageoire caudale. On pourrait ajouter pour la stabilité la dérive remplacée par l'aileron dorsal, et les plans fixes de l'empennage par la carène caudale. Les nageoires ont en plus une faculté de propulsion, d'accélération et de freinage grâce à des axes de rotation différents selon le besoin, alors qu'une gouverne d'avion n'est mobile qu'autour d'un seul axe fixe.

La position et la dimension des nageoires pectorales ne suffisent pas à expliquer certaines accélérations foudroyantes, et il est évident que les mouvements de la partie caudale ajoutent une force de propulsion très importante, un peu à la manière d'une godille.

Les moteurs de ces propulseurs sont les muscles rouges et les muscles blancs. Les muscles rouges contiennent surtout des fibres dites à contraction lente, riches en myoglobine dont le pigment rouge donne sa couleur à la fibre, et qui véhicule l'oxygène

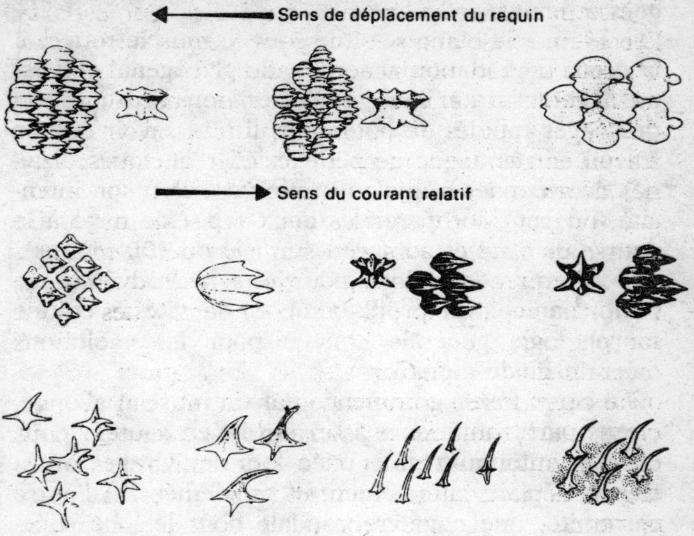

QUELQUES EXEMPLES MORPHOLOGIQUES DE DENTICULES DE SQUALES.
Les denticules cutanés sont aussi variés par leurs formes, leurs tailles, leurs agencements, au point qu'ils sont caractéristiques d'une espèce donnée, de la même façon que les dents. La découverte de tels denticules dans les lésions cutanées peut permettre d'identifier un agresseur a posteriori. En dépit de leurs formes étranges, il semble que les denticules interviennent pour une grande part dans l'hydrodynamisme des squales.

jusqu'au muscle ; ces muscles sont ceux du travail de longue durée, qui nécessite un apport abondant en oxygène.

Les muscles blancs à prédominance en fibres blanches travaillent pour leur part en anaérobie (sans oxygène), sans myoglobine, et sont ceux du travail violent et bref.

Chez le requin, la distribution des deux types de muscles est beaucoup moins hétérogène que chez les mammifères supérieurs :

– le muscle rouge forme une fine couche juste sous

la peau, et travaille donc au cours des nages prolongées et lentes;

– le muscle blanc se situe sous le muscle rouge, il utilise la dégradation anaérobie du glycogène, et il est mis à contribution lors des accélérations brusques, ou des nages rapides de poursuite; il faut savoir que ce travail en résistance ne peut excéder quelques dizaines de secondes à quelques minutes selon son intensité (on peut comparer les deux types de nage à la course de fond et au sprint sur 100 ou 400 mètres).

Dernières adaptations pour une hydrodynamique performante : un profil fait pour la vitesse et une morphologie générale conçue pour les évolutions dans un fluide aqueux.

Le corps fuselé commence par un museau allongé, et une partie antérieure assez étroite en hauteur pour offrir le minimum de traînée lors des virages où la tête se déplace latéralement et rapidement. A l'autre extrémité, une nageoire caudale dont le lobe supérieur est en général plus grand que le lobe inférieur, participant à la propulsion, et reliée au corps par un pédoncule caudal fin, souple et résistant. La partie médiane du corps correspond au maître couple et augmente donc la traînée, mais permet au requin de tourner plus facilement en servant de pivot d'inertie contre la masse d'eau.

La plupart des squales nagent d'une façon sinueuse grâce aux ondes transversales déclenchées par les muscles. Ces ondes ont une amplitude maximale au niveau de la queue dont le pédoncule est étroit afin d'en diminuer les traînées au maximum. La queue fournit donc une poussée qui peut être dissymétrique si le lobe supérieur est plus grand, poussant l'arrière de l'animal vers le bas; il y aura alors compensation par les nageoires pelviennes qui créeront une force dirigée vers le haut, et les régions aplaties de la tête qui s'opposeront statiquement au mouvement de la

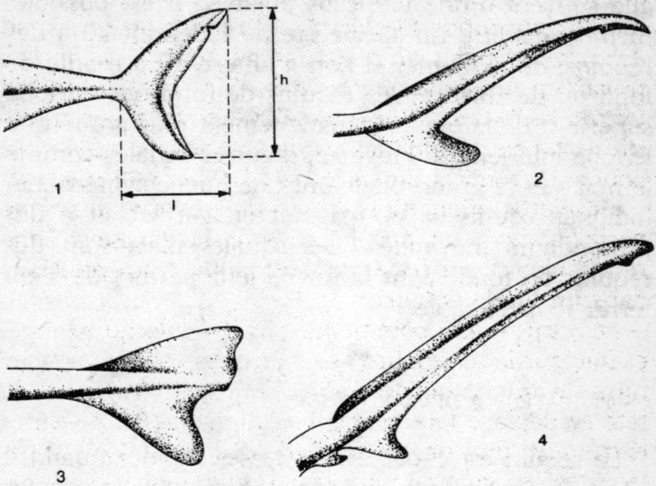

PRINCIPAUX TYPES DE QUEUES DE REQUINS.

1. Grand requin blanc : *surtout espèce côtière, le grand requin blanc dispose d'un corps et d'une queue comparables à ceux du thon. Le maraudage lent et l'accélération brusque sont assurés par la queue dont les deux lobes sont sensiblement symétriques.*

2. Requin tigre : *muni d'une queue fortement hétérocerque (lobe supérieur plus long), c'est le lobe supérieur qui assure l'essentiel de la force locomotrice pour la nage lente, et de la puissance pour l'accélération.*

3. Squalelet féroce : *muni d'une large queue presque symétrique, ce requin chasse calmars et crustacés et se fixe, grâce à ses ventouses labiales, sur des thons, des dauphins ou de grands requins. Avec sa mâchoire inférieure en forme de cuiller, il découpe dans son hôte des morceaux de chair coniques. La luminescence de la queue attire par ailleurs diverses proies.*

4. Requin renard : *ce requin des mers tropicales et tempérées chasse poissons et calmars qu'il assomme avec son lobe caudal presque aussi long que le reste du corps.*

L'allongement h/l (rapport de la hauteur de la queue sur sa longueur) conditionne la poussée hydrostatique ; plus il est élevé, plus la poussée est grande (cas du requin blanc et des requins taupes en général).

partie antérieure du corps vers le haut (il est intéressant de remarquer effectivement que le lobe caudal supérieur très long de certaines espèces s'accompagne souvent d'une tête plus aplatie). Il est possible, même sans être un spécialiste de l'identification des requins, de présumer si l'on a affaire à un requin de fond ou de surface; les requins de fond ont un lobe supérieur de la queue statistiquement plus grand que le lobe inférieur. A l'inverse, d'autres squales comme le mako et le grand blanc ont une queue symétrique, indiquant qu'ils se nourrissent en surface et à des profondeurs moyennes. Les squales plats sont des requins de fond, dont la forme leur permet de s'enterrer dans le sable.

UN PRÉDATEUR A DEUX VITESSES

Le requin est capable de vitesses rapides quand il s'agit de chasse vers une proie précise, et de vitesses de croisière beaucoup plus lentes lorsqu'il maraude d'un territoire à l'autre.

La vitesse de croisière n'est pas proportionnelle à la longueur de l'animal, et elle est de l'ordre de 1 à 4 km/h seulement pour l'ensemble des squales. C'est une vitesse très réduite, inférieure à celle d'un homme marchant normalement (6 km/h). Cette vitesse a pu être mesurée par l'observation directe sous l'eau, depuis un bateau ou un hélicoptère, au chronomètre sur une distance connue, ou par télémétrie. Toutes études confondues, on est ainsi arrivé aux résultats suivants :

– peau bleue : 1,3 km/h le jour, 2,8 km/h la nuit;

– requin bouledogue (*c. leucas*) : 2,5 km/h;

– aiguillat commun : 1 km/h;

– requin blanc : 3,2 km/h;

– requin baleine (*rhiniodon typus*) et requin pèlerin (*cetorhinus maximus*) : 3 à 5 km/h.

Les vitesses de pointe sont beaucoup plus difficiles à connaître car il faut être témoin au bon moment, mais certaines observations donnent une bonne idée de l'ordre de grandeur : les chiffres suivants sont tous relatifs à des observations ponctuelles mais vérifiées :

– peau bleue (60 cm) : 38 km/h de moyenne enregistrée avec pointes à 69 km/h;

– requin pointes noires (*c. melanopterus*) ferré sur une ligne : 29 km/h;

– mako : 35 km/h.

DES VARIATIONS ADAPTÉES AUX BESOINS

La longévité extraordinaire des squales depuis 350 millions d'années leur a permis une adaptation parfaite en fonction de leurs mœurs, dans le domaine de l'hydrodynamisme comme dans celui de la détection sensorielle.

La famille des lamnidés (dont le grand blanc et les requins taupes) s'est adaptée à un environnement pélagique requérant des déplacements importants, donc une vitesse de croisière élevée, et des chasses rapides, donc une puissance importante. Ces nécessités expliquent la forme générale en torpille, avec un maître couple important, un allongement de la queue élevé, un foie de grande dimension et une adaptation spécifique du groupe, une température corporelle de 5 à 10 degrés au-dessus de la température ambiante. Cette dernière particularité permet un meilleur rendement des muscles rouges, dont la masse est très développée et, contrairement aux autres espèces, enfouie dans le corps autour de l'épine dorsale. Cette masse musculaire est étroitement reliée à un réseau capillaire avec lequel elle échange la chaleur qu'elle produit durant son travail. Une expérience unique a pu être menée au large de New York, où un requin blanc de 4,6 mètres fut suivi sans interruption durant 80 heures par télémétrie acoustique. On a pu ainsi enregistrer sa profondeur d'évolution, la température de ses muscles et celle de l'eau ambiante. Sa vitesse moyenne d'évolution était de 3,2 km/h et l'animal s'est maintenu la plupart du temps dans la thermocline (limite entre l'eau froide et l'eau chaude). Sa température musculaire est demeurée supérieure de 3 à 5 degrés à celle du milieu environnant, ce qui est exceptionnel pour un homéotherme. Toujours pour assister leur nage rapide, les grands blancs sont équipés d'une carène précaudale pour les stabiliser.

A l'inverse de ces squales très actifs, des espèces plus indolentes comme le requin carpette et la roussette (scyliorhinidés) restent à proximité immédiate du fond marin. Grosse tête et petite queue, faible pourcentage de muscles rouges (8 %), densité importante (4,7 % supérieure à celle de l'eau) caractérisant des espèces se déplaçant très peu, très lentement et vivant dans les fonds. Leurs grandes nageoires leur permettent une bonne manœuvrabilité sur les fonds, et ne sont pas profilées pour la vitesse. Ces espèces se déplacent à la façon des anguilles grâce à de larges oscillations de l'avant et de l'arrière du corps, la queue n'intervenant que pour très peu dans la poussée hydrodynamique.

Certaines espèces ont des habitudes alimentaires leur commandant d'avoir une flottabilité neutre (densité 1). C'est le cas du requin lutin, du requin à collerette et d'un grand nombre de chiens de mer (squaliformes) qui vivent dans les mers profondes. La nourriture étant rare dans les grands fonds, ils doivent être capables de remonter rapidement vers d'autres proies. Ils y parviennent efficacement grâce à de très gros foies (jusqu'à 25 % du poids du corps) contenant jusqu'à 90 % d'huile composée surtout d'un produit de très faible densité, le squalène, dont la densité varie avec la profondeur. Grâce à cette constitution, ils remontent plus vite que leurs proies, en particulier plus vite que les poissons osseux dont la vessie natatoire est moins performante.

Vivant beaucoup plus près de la surface puisque se nourrissant de plancton, les plus grands des requins (le requin baleine et le requin pèlerin) ont également une flottabilité neutre grâce à d'énormes foies emplis de squalène, leur permettant de nager (3 à 5 km/h) dans les couches planctoniques.

Tous ces requins sont recherchés pour le squalène de leurs foies qui est utilisé en cosmétologie.

Les requins marteaux ont une forme des plus étranges, et l'une des fonctions de leur très large tête est de se comporter à la manière d'une aile induisant une poussée hydrostatique vers le haut à l'avant, ce qui permet des mouvements verticaux soudains. En cas de changement de direction, cette platitude de la tête offre une traînée minimale au mouvement latéral. C'est grâce à cette anatomie très particulière que le requin marteau peut happer ses proies privilégiées que sont les calmars, animaux se déplaçant par réaction et donc extrêmement mobiles dans toutes les directions. Chez le requin marteau planeur, la largeur de la tête atteint jusqu'à 50 % de la longueur du corps...

Ces quelques exemples extrêmes aident à comprendre pourquoi il est difficile d'échapper à certains requins, et montrent l'extrême handicap de l'être humain plongé dans l'eau par rapport à ces animaux.

Dernière particularité du déplacement, et qui est, elle, très handicapante pour les squales : leur incapacité à reculer. La musculature et la morphologie des nageoires sont prévues pour l'avancement seulement, ce qui explique la suffocation rapide des squales pris dans des filets, incapables de s'en dégager autrement que vers l'avant.

La respiration du requin

La vitesse de croisière de la nage ne peut être maintenue que si l'apport d'oxygène aux muscles est correct. L'oxygène est extrait de l'eau au niveau des branchies. Les branchies des requins sont constituées d'arcs cartilagineux supportant une série de lames branchiales qui leur sont perpendiculaires. Ces lames supportent à leur tour des lamelles secondaires qui leur sont aussi perpendiculaires et orientent le flux d'eau entré par la bouche en sens inverse du flux sanguin. Les échanges d'oxygène et de gaz carbonique entre sang et eau s'en trouvent d'autant accélérés.

L'eau entrée par la bouche s'évacue par cinq fentes

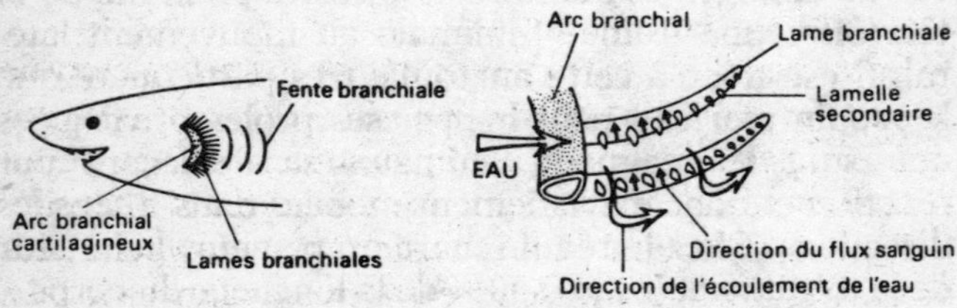

Structure des branchies d'un requin montrant l'opposition des courants d'eau et de sang.

branchiales chez la plupart des requins (six ou sept chez les espèces les plus primitives, sans que l'on sache pourquoi).

Le processus peut être accéléré chez les espèces les plus rapides par le principe du statoréacteur, c'est-à-dire que l'échange se fait d'autant mieux que le requin se déplace plus vite. Ce principe est même unique chez les requins taupes, ce qui veut dire que s'ils s'arrêtent, ils meurent asphyxiés (cela explique

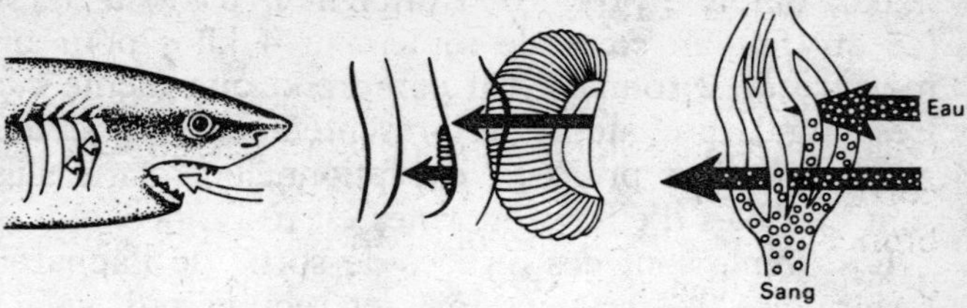

L'eau entre par la bouche pour ressortir par les branchies où le sang circulant dans les capillaires se charge de l'oxygène dissous dans l'eau.

que la plupart des grands prédateurs pris dans les filets de protection des plages sont remontés morts).

A l'opposé, certaines espèces vivant sur les fonds (roussettes, requins tapis...), sans mouvement régulier, pompent l'eau en contractant de façon rythmée les muscles qui commandent les valves d'entrée et de sortie du système branchial.

Entre ces deux extrêmes, certaines espèces comme le requin taureau (*eugomphodus taurus*) peuvent utiliser les deux systèmes de pompage ou de statoréacteur, réalisant une sérieuse économie d'énergie.

Pour assurer un bon transfert de l'oxygène des branchies vers les muscles et autres organes, il faut un pourcentage maximal de globules rouges dans le sang (hématocrite). Chez les espèces benthiques vivant à grande profondeur, l'hématocrite est de l'ordre de 15 % alors qu'il passe à 35 % chez les requins taupes, les plus actifs.

Dernier paramètre pour un bon transfert d'oxygène, la pompe cardiaque. Contrairement à ce qui se passe chez les mammifères, il n'y a pas de rapport entre la taille du cœur et le poids du corps ou l'activité développée par l'animal; le rapport poids du cœur sur poids du corps reste constant quelle que soit l'activité, de l'ordre de 0,1 % chez toutes les espèces.

Seuls les requins taupes, dont le grand blanc ou le mako, ont une proportion atteignant 0,2 % à 0,3 % (ce qui fait un cœur de seulement 4 kilos pour un monstre de 2 tonnes). On comprend que même ces très grands prédateurs ne présentent pas une endurance à l'effort prolongé exceptionnelle, même s'ils sont capables d'efforts énormes en résistance.

Les évents sont des orifices de sortie de l'appareil respiratoire de certaines raies et requins qui, vivant sur le fond, les utilisent préférentiellement à leurs ouïes.

Lorsque de grands requins sont capturés par des aquariums, on les maintient de force dans un courant artificiel afin de les « réanimer », et de leur permettre de survivre au choc de la capture et du transport.

Quand un requin est emmêlé dans un filet de protection statique comme il en existe en Australie ou en Afrique du Sud, son immobilisation forcée le conduit à une asphyxie rapidement mortelle. Dans la centrale atomique du Cap, les requins sont pris parfois dans les grilles d'aspiration dont le diamètre est de l'ordre de deux mètres. Ils ne meurent pas pour autant car un courant d'eau est entretenu artificiellement dans leurs ouïes par l'aspiration. En revanche, lorsque des griffes spéciales les remontent en surface, ils meurent très vite, cassés en deux sous leur propre poids.

4

PARTICULARITÉS
ET CURIOSITÉS ÉDIFIANTES

LA « GRANDE MORT BLANCHE »

C'est à son représentant le plus connu que le monde des squales doit d'être associé à l'idée de « mort blanche ». Le grand requin blanc, *carcharodon carcharias*, a toujours été en effet le plus redouté, mais aussi le plus incompris quant à sa physiologie, et le moins observé dans son milieu naturel. Jusqu'en 1965, aucune caméra ne l'avait jamais filmé sous l'eau. Le nom de « mort blanche » vient de la blancheur neigeuse particulièrement éclatante de toute la partie inférieure de ces squales. Alors que la partie supérieure n'a rien de caractéristique, variant de l'indigo au vert, en passant par le brun ou le gris, la couleur blanche est immaculée chez le *carcharodon carcharias*, offrant une délimitation linéaire très contrastée, et caractéristique, avec la partie supérieure. Ce sont les pêcheurs baleiniers qui, les premiers, utilisèrent cette appellation pour les monstres qui venaient sans vergogne arracher des centaines de kilos de chair aux cétacés qu'ils remorquaient.

Victime d'un très grand nombre d'idées reçues, comme tous ses congénères, il existe néanmoins à son sujet de plus en plus de certitudes sur certains points précis. Il est indéniable qu'il reste le plus dangereux des animaux marins, et qu'on le rencontre aussi bien dans les eaux tropicales que tempérées, remontant parfois très loin en latitude. Il n'est pas exceptionnel en Méditerranée, où certaines attaques mortelles en Adriatique lui sont imputables. Il a été vu en Corse à Propriano, et il pourrait être responsable de certaines disparitions de nageurs non élucidées.

L'une des particularités de ce requin est sa préférence pour les profondeurs supérieures à trente mètres. Cela pourrait expliquer pourquoi ce squale est plus fréquent en Amérique côté Pacifique que côté Atlantique. L'isobathe de trente mètres se trouve à plusieurs kilomètres au large des côtes atlantiques, alors que, côté Pacifique, les fonds plongent très rapidement, et que l'on trouve couramment des fonds de cent mètres au pied des falaises. Il est remarquable que l'on déplore sur la côte ouest des Etats-Unis trois ou quatre attaques de nageurs ou surfeurs chaque année, alors qu'elles restent très rares côté est pour des latitudes identiques et des températures comparables.

Les dents du grand blanc sont aussi tranchantes sur les mâchoires supérieure et inférieure, autorisant des

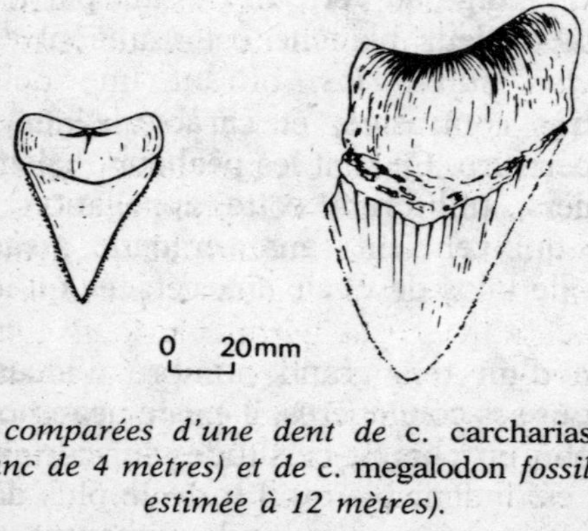

Tailles comparées d'une dent de c. carcharias *moderne (grand blanc de 4 mètres) et de* c. megalodon *fossilisée (taille estimée à 12 mètres).*

coupures très nettes, linéaires, au travers des peaux les plus résistantes. On a trouvé des dents fossilisées, appartenant à une espèce disparue il y a dix millions d'années, et dont les dents les plus grandes atteignaient 18 centimètres, ce qui, par extrapolation, laisse imaginer un diamètre de mâchoire d'environ 2 mètres et une longueur du monstre d'environ 20 mètres. Ces dents étaient plus finement crénelées que celles du requin blanc actuel.

La taille maximum qui puisse être atteinte est de 9 à 10 mètres pour un spécimen recensé, même si certains témoignages difficiles à vérifier ont fait état de tailles encore plus grandes. Si l'on remarque que le Megamouth n'a été découvert qu'en 1976, on peut imaginer que certains spécimens monstrueux de requins blancs existent dans les profondeurs. En août 1986, au large de New York, un spécimen de 7 mètres fut longuement observé.

Il semble que le requin blanc fasse preuve d'une certaine tendance à la territorialité, et qu'il retourne dans les mêmes zones année après année. Cela pourrait expliquer des séries d'attaques sur une même côte, étalées sur plusieurs années. Des spécimens bagués ont été retrouvés six mois plus tard à un ou deux kilomètres seulement du lieu de leur première capture.

J'ai évoqué ailleurs la faculté d'apprentissage des squales, et le requin blanc paraît doué d'une mémoire supérieure à la moyenne des poissons. Des observateurs rapportent qu'un requin blanc avait mordu violemment la cage d'acier dans laquelle ils se protégeaient, et qu'il y avait perdu plusieurs dents. Lors d'une seconde rencontre dans les mêmes circonstances, le même requin hésita longuement avant de mordre, pour finalement s'abstenir comme s'il se souvenait qu'il s'y casserait les dents.

Pour observer scientifiquement les grands blancs, le

seul moyen est de disposer d'une cage, d'une part, et de savoir les appâter, d'autre part. Pour Ref Dean, considéré comme l'un des plus grands pêcheurs de squales, l'appât idéal se compose d'un mélange de chair de thon additionné de sang et d'huile de poisson. Il est évident que les observations obtenues dans ces conditions ne sont que parcellaires, même si elles sont en rapport avec la motivation éthologique principale du requin : l'alimentation. Force est de constater qu'en dehors de ce comportement alimentaire on ne sait pas exactement ce que fait le requin blanc, et que les spéculations vont parfois bon train...

On a pu montrer que les requins taupes en général (donc le requin blanc) ont des températures supérieures au milieu ambiant, ce qui leur permet des performances améliorées (voir *Hydrodynamique et performances*).

Parmi les caractéristiques particulières au grand blanc, rappelons qu'il est le seul poisson qui fait émerger sa tête au-dessus de l'eau afin d'observer à l'air libre ce qui se passe autour de lui.

DES GÉANTS INNOCENTS

Même s'ils ne présentent aucun danger pour l'homme, je dirai quelques mots sur les deux plus gros poissons existants, car ce sont des requins : le requin baleine et le requin pèlerin.

Pouvant atteindre 18 mètres de long et plus de 40 tonnes, le requin baleine (*rhiniodon typus*) se nourrit de plancton, de petits poissons et de crabes, qui viennent s'engouffrer dans sa gueule grande ouverte (1,15 m de diamètre en moyenne). Celle-ci est munie de filtres empêchant toute prise de taille supérieure à celle d'un petit thon. Se nourrissant souvent à la surface ou juste en dessous, il est souvent en position verticale avec la gueule affleurant la surface. Ceci explique certaines collisions ou naufrages. Ainsi en 1934, le navire *Maurganui* percuta un requin baleine dans le Pacifique Sud : le poisson fut empalé sur l'étrave du navire : 4,60 mètres d'un côté et 12,20 mètres de l'autre. L'*Armadale Castle* subit la même mésaventure en 1905 en Atlantique; un autre mastodonte de 17 mètres fut éperonné par l'étrave et resta coincé pendant un quart d'heure, propulsé à travers les eaux par le navire qui était heureusement solide.

En dehors de ses séjours en surface, le requin baleine vit dans les profonds courants marins où il se laisse paresseusement porter à une vitesse de deux ou trois nœuds. Lorsqu'il quitte la surface, il le fait à la manière des baleines, plongeant verticalement, comme le montrent les deux anecdotes suivantes. La première est rapportée par Grey, grand amateur de pêche, à propos de sa rencontre avec un requin baleine de 15 mètres au large des côtes mexicaines. Lorsque les pêcheurs parvinrent à le harponner, le mastodonte plongea à pic, entraînant avec lui plus de 500 mètres de filin, avant de se débarrasser du harpon (la peau peut atteindre 23 centimètres d'épaisseur). La seconde anecdote fut vécue par un autre pêcheur « au gros » qui avait harponné un requin baleine de 12,80 mètres dans le golfe de Californie en 1938. Le harpon était relié par un long filin à un gros bidon d'essence vide. Aussitôt touché, l'animal plongea dans les profondeurs; quand il reparut un quart d'heure plus tard, le bidon était entièrement écrasé par la pression qu'il avait subie. De nouvelles tentatives pour le harponner échouèrent, car, une fois blessé, le requin baleine est capable de contracter ses muscles, les rendant aussi résistants qu'une cuirasse.

La passivité tranquille de cet animal est telle que des plongeurs ont pu le chevaucher sans qu'il fasse quoi que ce soit pour se dégager. Tout au plus montre-t-il quelque curiosité à l'égard de certains plongeurs, venant les examiner, et repartant ensuite.

Le plus grand requin baleine qui ait été mesuré atteignait 17,98 mètres et pesait près de 43 tonnes, pris au piège sur les côtes orientales du golfe du Siam en 1919 par 15 mètres de profondeur.

D'après Gudger, un autre spécimen se serait installé, vers 1890, aux alentours du port de San Juan, à Porto Rico, et y serait resté pendant des années. Lorsqu'il mourut et que son corps fut hissé sur le rivage, on découvrit qu'il mesurait 20,50 mètres.

Si vous avez la chance un jour de croiser ce mastodonte, ne soyez pas effrayé, approchez-le si vous le voulez et ne craignez pas de vous méprendre, car il est facile à reconnaître : gris-brun sur le dos et blanc jaunâtre sur les flancs et le ventre, il est rayé d'étroites bandes circulaires jaunes et blanches sur toute sa longueur.

Le requin pèlerin (*cetorhinus maximus*) est un peu moins grand (un spécimen de 13,71 mètres en Norvège, un autre de 10,93 mètres au large de Brighton dans la Manche), tout aussi inoffensif, et se nourrit également de plancton. Nous avons évoqué ailleurs son énorme foie qui lui permet une flottabilité neutre. Beaucoup moins cosmopolite que le requin baleine, on le trouve sur toutes les côtes d'Europe, d'Amérique du Nord, d'Australie du Sud, ainsi que sur les côtes de Chine, du Chili et de Nouvelle-Zélande. Il se déplace parfois en bandes de cent à cent cinquante et on retrouve souvent sa carcasse échouée sur une grève. C'est un poisson qui peut nager en file indienne à plusieurs se suivant de très près, pouvant ainsi donner l'illusion d'un énorme et unique serpent de mer, origine possible de bien des terreurs par le passé.

En 1976, lorsque l'équipage d'un navire océanographique de la marine américaine remonte son ancre flottante au large d'Hawaï, on découvre avec stupeur un énorme requin coincé dans les câbles. L'animal pèse 726 kilos pour 4,46 mètres mais ne ressemble à aucun requin connu, avec une énorme gueule dotée de dents minuscules. Dans son estomac on découvre des crevettes de haute mer et rien d'autre. La structure de ses branchies confirme que l'inconnu se nourrit par filtration, tamisant les particules de nourriture en suspension dans l'eau. La partie interne des branchies est recouverte de filaments croisés à la manière d'un filet à mailles fines, permettant à l'animal de se nourrir en se propulsant vers l'avant la gueule grande ouverte. C'est le troisième requin que l'on découvre se nourrissant ainsi à la manière des baleines, avec un piège supplémentaire toutefois pour capturer ses proies : tout autour de sa gueule sont disposées des rangées d'organes luminescents, brillants comme des vers luisants, et destinées à attirer les petites crevettes vivant dans le plancton.

La communauté scientifique d'abord incrédule baptisa ce nouveau spécimen extraordinaire « requin grande gueule », et le classa dans une famille à part dont il reste le seul membre, les Mégachasmidés.

Un second spécimen fut découvert en 1984 au large de l'île de Catalina en Californie, et un troisième en 1990, prouvant s'il en était besoin que les océans ne nous ont pas livré tous leurs secrets...

LE REQUIN TIGRE :
LA « HYÈNE DES MERS »

L'interrelation entre l'habitat des squales et leur mode d'alimentation est évident, et la dangerosité d'un requin pour l'homme dépend pour une bonne part de ses habitudes alimentaires. Le requin tigre est particulièrement dangereux pour l'homme car, en dehors de ses mensurations et de ses mâchoires impressionnantes, il est aussi un opportuniste en matière d'alimentation, et il avale tout ce qui se présente à lui lorsqu'il a faim. C'est certainement le requin le moins spécialisé en ce domaine, et un spécialiste a pu dire de lui qu'il était une « poubelle à nageoires ». Aussi prédateur que nécrophage, il mange une grande variété de poissons osseux, incluant le tarpon, les murènes, les mulets, les soles, etc. Mais aussi d'autres requins tels que le requin scie, le *gray shark*, le requin marteau, et même d'autres requins tigres. Il a l'art d'attaquer les poissons ou même ses congénères pris à l'hameçon ou dans des filets, au point de poser un sérieux problème aux pêcheries tropicales. Heureusement, dans sa boulimie aveugle, il se prend souvent à l'hameçon de sa victime une fois qu'il l'a avalée. C'est lui qui dévore le plus de reptiles marins, en particulier les tortues de mer, et il est l'un des plus importants prédateurs des serpents de mer. Il avale les iguanes des Galapagos, et un grand iguane vert a été retrouvé entier dans l'estomac de l'un d'eux. Les oiseaux n'échappent pas à son menu : frégates, cormorans, pélicans, ainsi que tous les migrateurs terrestres qui ont le malheur de se poser en mer. Les mammifères marins happés par le requin tigre incluent le lion de mer, les phoques avec ou sans fourrure, les dauphins et les baleines déjà mortes. Crustacés et invertébrés n'échappent pas au tigre qui se gorge de langoustes, crabes, poulpes, etc. Tous les cadavres terrestres sont également bons : oiseaux, poulets, rats, cochons, moutons, chiens, hyènes, singes et humains. Tous ont été retrouvés dans les estomacs de requins tigres et avaient été avalés déjà morts ou encore vivants.

Ce requin est également connu pour avaler un nombre incroyable d'objets de l'industrie humaine : manteaux de cuir, ballots de laine ou de coton, soie, plumes, sacs de plastique, petits bidons, cannettes, pièces de métal, etc.

On comprend que rien dans l'habillement d'un plongeur ne peut le rebuter, ni la combinaison de néoprène, ni la bouteille d'air, ni les appareils de contrôle aux reflets métalliques, ni bien sûr le plongeur lui-même...

LA NAGE D'EXHIBITION DU *GRAY REEF SHARK*

Les espèces vivant dans les lagons et sur les récifs côtiers du Pacifique sont assez nombreuses, mais il en existe seulement quatre qui sont connues pour attaquer de façon relativement régulière, au moins quand on les provoque, et en excluant bien sûr toutes les autres espèces pélagiques venant régulièrement se nourrir auprès des côtes. Ces espèces sont dans l'ordre de dangerosité décroissante :

– le *gray reef shark*;
– le *silver tip*;
– le *white tip*;

– le *black tip* ou *black fin.*

Les deux dernières espèces sont avec le *gray reef shark* les plus répandues dans les lagons, mais c'est le *gray reef shark* qui montre de loin l'agressivité la plus forte. Ce requin est le seul à présenter une attitude de menace qui a été scientifiquement étudiée en 1986 par Nelson et Johnson, et que l'on appelle la « nage d'exhibition ».

Cette attitude menaçante annonce l'imminence d'une attaque et doit donc être connue des plongeurs ou nageurs susceptibles de l'observer.

Le premier cas observé d'une telle attaque remonte

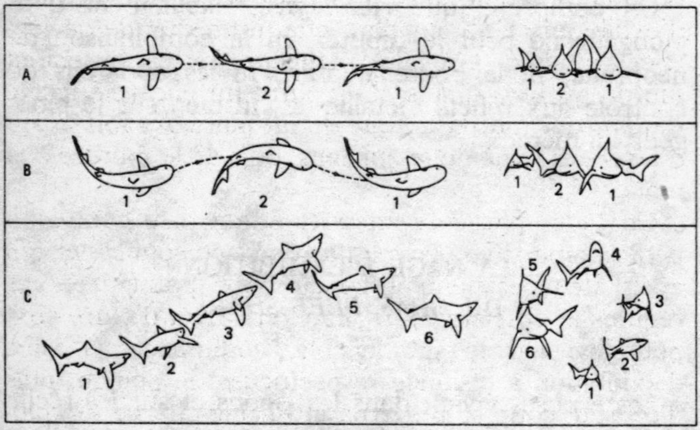

COMPARAISON ENTRE LA NAGE NORMALE ET LA NAGE D'EXHIBITION CHEZ LE REQUIN GRIS DE RÉCIF *(d'après Johnson et Nelson, 1973) :*
A. Nage normale — B. Exhibition avec nage exagérée latéralement — C. Exhibition avec tonneaux (1-2-3) et loopings en spirale (1-6). Bien que les tonneaux soient semblables aux phases initiales des loopings en spirale, ils s'en distinguent cependant par le fait que le requin revient à une position d'exhibition en palier, sans décrire la trajectoire de haut en bas du looping en spirale. L'exhibition est d'autant plus importante que l'opposition à la fuite du requin est plus marquée.

à 1961, lorsque Church, qui faisait de la plongée libre à l'île de Wake, passa devant un *gray reef shark* qui se mit alors à se contorsionner en tous sens dans des mouvements de nage erratiques, tournant et roulant à demi sur lui-même, s'incurvant vers l'avant puis vers l'arrière avant de se détendre brusquement vers le plongeur, lui infligeant deux sévères morsures au bras.

Le même incident arriva à Fellows en 1967, qui observa une nage aux mouvements « exagérés » immédiatement suivie d'une charge très rapide que Fellows réussit à éviter la première fois et repoussa la seconde en frappant le requin.

A Eniwetok en 1978, deux plongeurs libres se trouvaient sur un fond de lagon, lorsque l'un d'eux prit une photo au flash d'un *gray reef* en pleine nage d'exhibition. Cela eut pour effet immédiat de déclencher l'attaque. L'un des plongeurs fut sérieusement mordu au bras tandis que l'autre fut encerclé par le requin, qui tourna autour de lui plusieurs fois avant d'arracher l'une de ses palmes, puis de le mordre à la main.

En 1975, plusieurs attaques eurent lieu contre un petit submersible occupé par deux personnes, et qui avait été spécialement conçu pour poursuivre ces requins et observer leurs réactions. L'un d'entre eux, poursuivi par le submersible, commença sa nage d'exhibition à distance respectueuse de l'engin, puis d'un seul coup se retourna et fit une charge « explosive » sur le dôme de plexiglas épais de deux centimètres. Celui-ci fut profondément entamé autant par les dents supérieures qu'inférieures.

Convaincus que l'observation de ces prémices d'attaques pourrait être intéressante pour la compréhension de l'ensemble des attaques de squales, Nelson et Johnson démarrèrent un cycle d'observations à Eniwetok en Micronésie à l'aide d'un petit submersible qui les protégeait des attaques directes. Ils déclenchèrent ainsi cinquante-sept attaques, dont trente-huit par le *gray reef shark*, surtout lorsque celui-ci était isolé ou coincé dans une anfractuosité du fond ou du reef, et toutes précédées de nage d'exhibition. Les attaques étaient très fréquentes lorsque le submersible poursuivait l'animal dans chacun de ses déplacements, mais nous verrons que le submersible était considéré comme un prédateur potentiel plutôt que comme un compétiteur (social ou territorial) et en aucun cas comme une proie.

Les attaques de *gray reef shark* se décomposent en deux grandes catégories : les attaques lors de périodes alimentaires et les attaques lors de périodes extra-alimentaires.

A l'occasion des attaques de la première catégorie, le squale est très attiré par des stimuli d'alimentation tels que sons et odeurs émis par un poisson fraîchement tiré, et il n'y a pas d'ébauche de nage d'exhibition, particulièrement s'il y a compétition avec d'autres squales (comme dans la « frénésie alimentaire » par exemple). Cela veut dire qu'un chasseur sous-marin qui porte des poissons sur ou derrière lui ne devra pas se croire en sécurité sous prétexte qu'il n'observe pas de nage d'exhibition.

Les attaques de seconde catégorie, en dehors des périodes alimentaires, restent souvent à l'état d'ébauche, comme des charges d'intimidation (attaque avortée), et consistent en une soudaine accélération vers l'objectif, toujours précédée cette fois d'une démonstration de nage d'exhibition qui dure environ trente secondes. Cette nage est à connaître de tous ceux qui fréquentent les lagons, car elle annonce toujours l'imminence d'une attaque d'un *gray reef shark*. Cette attaque n'est pas constante si la menace ressentie par le requin ne s'aggrave pas (plongeur qui ne fait que passer par exemple).

Le petit submersible utilisé pesait 100 kilos, faisait 2,50 mètres de longueur, était recouvert à l'avant

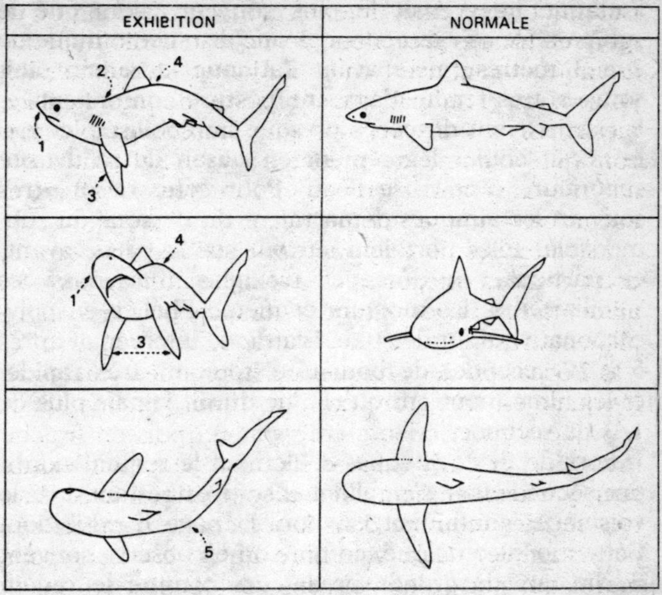

COMPARAISON ENTRE LES DÉTAILS POSTURAUX DE LA NAGE NORMALE ET DE LA NAGE D'EXHIBITION CHEZ LE REQUIN GRIS DE RÉCIF.
Signification des flèches : 1. Ascension du museau — 2. Angle entre le chondrocrâne et la colonne vertébrale en résultant — 3. Abaissement des nageoires pectorales — 4. Arc-boutement du dos — 5. Incurvation du corps.

d'un dôme de plexiglas permettant une très bonne visibilité, et sa mobilité était assurée par une petite hélice, trois moteurs électriques et deux sortes de « nageoires pectorales », à l'avant, lui permettant de faire 360° de rotation sur sa propre longueur. Lorsque le *gray reef shark* était poursuivi par le submersible, trois réactions possibles intervenaient : 1. ou bien le requin distançait le submersible en fuyant; 2. ou bien il entamait une sorte de « carrousel » en tournant en même temps que le submersible; 3. ou bien il s'arrêtait, intensifiant d'autant plus la nage d'exhibition que l'engin se rapprochait. C'est dans ce dernier cas que l'attaque intervenait le plus souvent, alors que le submersible se rapprochait à une distance critique de 2 à 3 mètres; juste avant l'attaque le requin était souvent très tendu, dans une posture contorsionnée, la partie avant du corps presque immobilisée, ce qui le faisait couler légèrement en raison de sa densité supérieure à celle de l'eau. Pour cette raison, très souvent les attaques démarraient du dessous du submersible. Elles portaient surtout sur la partie avant, en particulier le dôme en plexiglas, mais aussi les stabilisateurs, les moteurs et même l'hélice en polycarbonate qui fut détruite. L'attaque intervenait après 5 à 20 secondes de poursuite, toujours très rapide, et les films montrent qu'elle ne durait jamais plus de 1/3 de seconde.

Lors de deux attaques seulement le requin mordit une seconde fois, s'en allant ensuite ou restant dans le voisinage, continuant ou non sa nage d'exhibition. Cette morsure unique, comme on en observe souvent de la part de grands prédateurs comme le requin blanc, n'est peut-être qu'une morsure d'intimidation.

On remarqua que les femelles ou les mâles attaquaient de la même façon, qu'ils étaient de taille adulte normale (1,40 à 1,70 mètre) et que les spécimens de taille maximale n'attaquaient pas plus. Les petits en revanche (0,80 mètre) s'enfuyaient le plus souvent sans nage d'exhibition. Les solitaires étaient plus enclins à l'attaque ainsi que ceux qui étaient sur le fond, ne disposant pas d'échappatoire vers les profondeurs.

Les démonstrations les plus timides se voyaient en certaines circonstances pouvant présenter une nouveauté pour le requin, impliquant une approche de curiosité sans conflit obligatoire : présence d'un plongeur non menaçant, plongeur entrant dans l'eau en se laissant tomber du bord de l'embarcation, bateau jetant l'ancre, essais d'émission de sons basse fréquence.

En 1975, Starck était arrivé à des conclusions similaires depuis un submersible biplace un peu plus gros. Lui aussi avait conclu à l'agressivité beaucoup plus grande du *gray reef shark*, et avait observé des attaques très rapides, dont une seule répétitive : le requin avait mordu en quelques secondes à la fois l'avant, le côté, l'arrière, l'hélice du submersible. Il avait observé deux degrés dans la nage d'exhibition :

– d'abord un mouvement de nage latérale exagérée pouvant démarrer à 15 ou 20 mètres du submersible;

– puis à plus courte distance un bombement de la colonne vertébrale en forme d'arche, avec une descente des nageoires pectorales vers la verticale. Dans certains cas la démonstration était si exagérée que la nage vers l'avant s'interrompait et l'animal demeurait en position diagonale, la tête vers le haut, avec une angulation du corps très exagérée. Peut-être cette position très « cassée » empêche-t-elle le requin de couler alors qu'il est arrêté, par une action du corps ou de la queue vers le haut.

Sur l'origine de cette nage particulière par rapport à l'évolution depuis des millions d'années, Barlow suggère qu'elle puisse résulter d'un conflit attaque-fuite, et que ses différentes séquences soient dérivées de celles que l'on observe lors d'une attaque d'une grosse proie, qui ne serait pas menée à son terme. Ainsi la gueule ouverte et la tête vers le haut sont une composante observée juste avant la morsure, et les nageoires pectorales baissées s'observent au cours de la morsure pour donner de la stabilité au corps du requin tandis qu'il déchire sa proie par de violentes secousses latérales de la tête.

Starck remarqua aussi que ce n'étaient pas ceux qui étaient le plus démonstratifs qui attaquaient le plus souvent, bien au contraire. Il découvrit aussi un épisode où un petit requin était tellement excessif dans sa nage d'exhibition qu'il en était déstabilisé, mais qu'il n'attaqua jamais, même lorsque le submersible le bouscula. Il pourrait s'agir là d'une puissante inhibition contre l'attaque, un conflit entre l'envie d'attaquer et la « peur » de le faire, sans passer à l'acte.

Cette inhibition de l'action pourrait nous rappeler le stress chez l'homme, si l'on considère que stress et inhibition sont intimement liés. Le stress chez l'homme s'extériorise par de nombreux signes objectifs (contracture des muscles, tremblements, sueurs, tics, tachycardie, etc.) dont la nage d'exhibition exagérée pourrait être l'équivalent lorsqu'elle ne débouche pas sur une attaque. Peut-être le submersible de Starck, étant plus gros et plus impressionnant, engendrait-il plus facilement une attaque avortée, alors que celui de Nelson et de Johnson, ressemblant plus à un requin dans sa forme et son comportement, pouvait apparaître davantage comme un prédateur réel ou un concurrent sérieux et déclencher alors une menace suivie d'une véritable attaque.

Un principe général justifiant ou non l'attaque pour les vertébrés est d'être plus ou moins surpris par ce que l'on découvre dans son territoire par rapport à ce que l'on attend : un *gray reef shark* peut s'attendre à rencontrer un autre requin dans ses récifs habituels, pas des monstres d'acier brillants qui le poursuivent...

En 1981, Nelson nota chez d'autres espèces quelques indices correspondant aux premiers stades de la nage d'exhibition du *gray reef shark*. Ainsi la nage latérale exagérée, avec la tête balançant d'un côté et de l'autre, fut observée chez le *Galapagos shark* aux

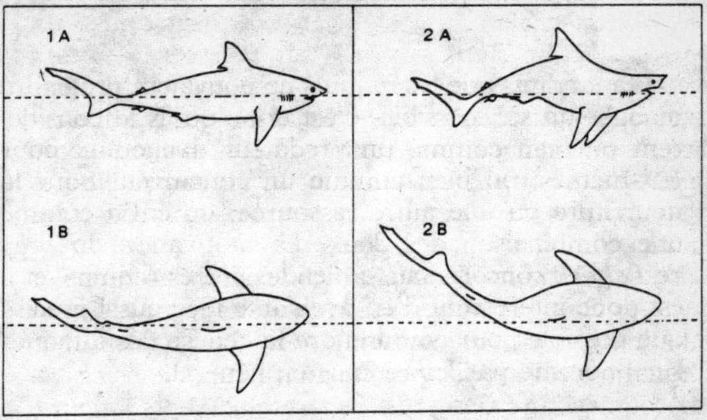

VARIANTE MOINS ACCENTUÉE DE LA NAGE D'EXHIBITION :
la nage agressive du reef whaler. *1A et 1B : le* reef whaler *en croisière normale lente et horizontale — 2A et 2B : le* reef whaler *en phase de nage agressive : 2A dos bombé ; 2B oscillations latérales brutales.*

îles Cocos dans le Pacifique Est, et il émit l'hypothèse que cette attitude pourrait aider le requin à garder le contact visuel avec les objets situés directement derrière lui, un plongeur par exemple (signalons au passage que les poissons ont un champ visuel très large par rapport à celui de l'homme, presque 180°).

La position en arche avec nez relevé fut également retrouvée chez le *bonnet head* (*sphyrna tiburo*) mais sans la nage exagérée, ainsi que chez le *black nose* (*c. acronotus*) et le *silky* (*c. falciformis*), en captivité, alors qu'il était dérangé par des plongeurs faisant l'entretien des bassins. Le *lemon* (*negaprion brevirostris*) prit la même position alors qu'un plongeur l'approchait dans un appareillage le faisant ressembler à un *killer whale*; il se mit de plus à nager en cercles étroits formant des huit, et en ouvrant et fermant la gueule alternativement.

MOTIVATIONS POUR UNE ATTAQUE

Etant admis que les requins ne pouvaient prétendre manger un submersible, c'est donc qu'ils le considèrent ou bien comme un prédateur dangereux pour eux-mêmes, ou bien comme un concurrent pour la nourriture ou une autre ressource, ou enfin comme une combinaison des deux. La motivation du *gray reef shark* concerne aussi bien les autres requins, et il est donc intéressant d'en avoir une idée aussi précise que possible pour comprendre la genèse des attaques sur l'homme par les requins en général.

Prédation (attaque pour obtenir de la nourriture). Cette motivation n'est pas la bonne, pour plusieurs raisons évidentes :

– le submersible ne ressemble en rien à l'alimentation habituelle constituée de poissons de récif de petite taille;

– les prédateurs ne préviennent jamais leur proie qu'ils vont l'attaquer;

– en période alimentaire (que l'on peut provoquer par appâtement) les requins sont beaucoup moins enclins à attaquer qu'en période de non-chasse; ainsi dans un cas un requin fut bousculé alors qu'il se nourrissait sur un appât, et il se contenta de partir, l'appât dans la gueule; par comparaison, un autre requin non appâté fut touché par-derrière par le dôme du submersible contre sa queue : il se retourna immédiatement et attaqua sur le côté.

Déjà, dans les années 70, Balbridge et Williams s'étaient demandé si l'attaque des requins n'était pas davantage du combat que de la quête de nourriture, observant notamment que beaucoup d'attaques sont du type *slashes*, lacération, comme pour infliger une blessure plus que pour enlever de la chair. Il concluait que 50 à 75 % des cas d'attaques répertoriées pourraient avoir été causés non par la faim mais par une forme de « comportement agressif dirigé vers les victimes, dans une attitude de combat plutôt que de chasse ».

En 1974 Barlow suggéra que l'éraflure pouvait également provenir d'un conflit entre la morsure complète et l'évitement d'un animal dangereux; l'attaque du type lacération présente l'avantage de soustraire très rapidement l'agresseur à une contre-attaque éventuelle de l'agressé, que celui-ci soit proie ou rival.

Antiprédation (attaque pour éviter d'être mangé).

Il y avait plusieurs raisons pour que les attaques avec exhibition préalable représentent un comportement antiprédateur :

– le submersible, outre qu'il était nouveau dans l'environnement, ressemble et se comporte plus comme un prédateur en chasse, un grand requin par exemple, que comme une proie ou un compétiteur de la même espèce;

– la volonté du submersible de coincer ou de poursuivre augmente la probabilité qu'il puisse être un agresseur;

– au moins plusieurs requins se sont enfuis rapidement après avoir porté leur attaque, comme si « l'animal » qu'ils venaient de tenter d'intimider pouvait les poursuivre et même les rattraper.

Ce comportement est comparable à celui du rat ou du serpent, qui n'attaquent que lorsqu'ils sont acculés et ne peuvent s'échapper.

L'attaque du *gray reef shark* pourrait être aussi « préventive », à l'égard d'un animal considéré comme potentiellement dangereux dans le territoire, pour les adultes, mais aussi pour les jeunes. On sait en effet depuis 1986 que les creux de lagons constituent les lieux de reproduction privilégiés des *gray reef sharks*, et que dans les mêmes eaux les requins tigres et les requins des Galapagos (*carcharhinus galapagensis*) sont connus pour dévorer d'autres requins, en particulier les jeunes. Il n'y aurait donc rien d'illogique à ce que le submersible, mais aussi tout plongeur pénétrant dans ces eaux de reproduction habituelles, soit considéré comme un agresseur potentiel et préventivement intimidé, sinon refoulé.

Motivation sociale compétitive (attaque pour défendre les ressources).

Il y a à la fois des arguments pour et contre la compétition comme motivation pour l'exhibition et l'attaque, qu'il s'agisse de la compétition sous la forme de la territorialité (défense d'une zone) ou de la dominance (défense d'un rang social).

La territorialité a souvent été évoquée dans la presse populaire, mais elle n'a jamais pu être démontrée chez aucune espèce de requin (Johnson, 1978, Barlow, 1974), en particulier pas chez le *gray reef shark* que l'on n'a jamais vu menacer ou attaquer un congénère. Ce dernier point est important, car la défense du territoire s'exerce plus souvent au sein de la même espèce que contre une autre (dans le cas du submersible il ne pouvait s'agir que de compétition « inter » et non « intraspécifique », l'appareil ne pouvant être considéré par le requin comme un congénère).

Les concurrents pour la même nourriture dans un biotope donné appartiennent plus facilement à une même espèce qu'à deux espèces différentes.

Des études télémétriques menées en 1986 ont montré par ailleurs que les *gray reef sharks* se déplaçaient facilement de 15 kilomètres par jour, ce qui ferait un très grand territoire à « défendre ». Enfin, lorsqu'un animal défend son territoire, il attaque jusqu'à ce que celui-ci soit libéré : or les *gray sharks* qui attaquaient le submersible ne le faisaient qu'une fois, sans insister à partir du moment où celui-ci ne les importunait plus, même s'il restait dans la zone.

Ce qui semble vraisemblable, c'est que le requin défende une sorte d' « espace vital », une sphère à l'intérieur de laquelle tout intrus est attaqué ou intimidé, sphère qui se déplace avec le squale et n'est pas rattachée à un territoire particulier. La réaction sera plus ou moins vive, dépendant du type de l'intrus, de son activité, de celle du squale (en quête de proie par exemple).

La différence d'agressivité constatée parmi les quatre espèces de requins peut corroborer les hypothèses précédentes. On a vu que le *gray shark* est le seul à rester sur place et à attaquer le submersible alors que tous les autres s'esquivent ! Si l'on privilégie la motivation antiprédatrice, l'habitat peut être une explication satisfaisante. Les *white tips* restent près du fond du *reef*, prêts à rentrer dans les grottes qui peuvent leur servir de refuge contre leurs prédateurs. Les *black fins* habitent normalement les eaux très peu profondes telles que les « plats » coralliens superficiels, et pourraient échapper aux grands prédateurs en pénétrant dans des eaux trop peu profondes pour y être poursuivis. Les *silver tips* habitent les eaux plus profondes, non protégées, le long des grandes fosses océaniques, mais sans doute leur plus grande taille les rend-elle moins vulnérables. Les *gray reef sharks*, plus petits, habitant également dans des eaux non protégées, sont plus vulnérables à la prédation, et donc obligés d'avoir des réflexes antiprédateurs.

En conclusion, le comportement exacerbé du *gray reef shark* en cas de menace est sans doute multifonctionnel avec une motivation antiprédatrice et/ou compétitive sociale. Il n'est pas douteux que les autres aient acquis au cours des âges les mêmes motivations sans avoir intégré pour autant cette sorte de sonnette d'alarme que l'on appelle la nage d'exhibition. S'il en était autrement les requins ne seraient plus aussi imprévisibles, ils seraient donc moins dangereux, et, qui sait, peut-être moins fascinants...

LES MARQUES DU « WHITE TIP » : LEURRE OU COCARDE?

Les marques corporelles sont souvent utilisées dans le monde animal comme moyens de communication. En serait-il de même pour le requin? Dans certains cas ces marques peuvent être utilisées à des fins de camouflage (quand il s'agit de colorations intermittentes), mais souvent ce n'est pas le cas quand il s'agit de zones particulières définitivement pigmentées telles que les bords ou les extrémités des nageoires. Myrberg a avancé une hypothèse particulièrement intéressante concernant la fonction possible des marques blanches sur les nageoires du *white tip shark* océanique (*c. longimanus*). Alors qu'il conduisait des expériences acoustiques sur les requins océaniques près des Bahamas dans les années 70, il rencontrait souvent des *white tip sharks*, qui étaient attirés près des micros sous-marins et restaient dans le voisinage, se mouvant lentement, presque léthargiquement. Leurs mouvements semblaient se faire sans aucun effort comparés à ceux d'autres requins observés depuis des années. Ces mouvements léthargiques n'étaient cependant pas constants et ces requins étaient capables d'accélérations foudroyantes qui les propulsaient à grande vitesse hors de vue. Cela se passait après qu'ils eurent mordu les micros métalliques ou après que ceux-ci eurent brusquement émis un son bruyant. De telles accélérations pouvaient expliquer un fait connu depuis longtemps au sujet de cette espèce de requins; ils avaient très souvent pour proies quelques-uns des poissons de haute mer les plus rapides : thons, scombridés, divers *dolphin fishes*, et même le marlin blanc. Il n'en reste pas moins que le *white tip*, même s'il est très rapide, est incapable de rattraper des proies aussi véloces, ni même de les suivre en pleine eau. Une hypothèse avait déjà été émise pour répondre à l'énigme (Bullis, 1961) : les *white tips* se déplacent au sein des groupes de petits poissons de surface, au moment où ceux-ci sont attaqués par les poissons rapides. Alors que ces poissons rapides se précipitent sur leurs proies, ils se jettent littéralement dans les gueules ouvertes des requins. Bien que cette hypothèse soit imaginable, elle implique quand même qu'un requin soit positionné exactement dans le prolongement d'un poisson en chasse, perdu par son élan...

L'hypothèse qui résout le problème est basée sur un effet visuel que l'on remarque très vite dès que l'on rencontre des *white tips*. Aussi longtemps que ces requins restent à proximité, leur silhouette est parfaitement nette et indiscutable, mais, dès qu'ils se déplacent à la limite de la visibilité, on ne voit plus guère que leurs nageoires pigmentées de blanc, et le reste du corps grisâtre disparaît. Dans de telles circonstances, on ne voit plus que quelques taches blanches se déplaçant lentement en formation. S'il y a deux *white tips* ensemble, c'est alors un véritable groupe de taches blanches que l'on aperçoit, et cela d'autant plus que la luminosité ambiante est faible, augmentant le contraste entre le blanc et les corps gris fondus dans l'arrière-plan. Si l'on considère que la vision d'un poisson peut être comparée à celle d'un homme, au moins dans ce registre du sombre et du clair, là où l'homme voit des taches blanches l'instinct de chasse du poisson lui fait voir autant de proies de couleur et de taille raisonnable. Lorsqu'il se précipite sur ces proies et qu'il découvre sa méprise, il est trop tard, le requin s'est déjà détendu pour le happer, et son élan l'empêche d'esquiver le piège. Ce scénario semble bien être le vrai, ce qui n'exclut pas que les ailerons blancs aient pu aussi devenir un signe de reconnaissance des requins entre eux.

Cette fonction de leurre autant que de cocarde de reconnaissance justifie aussi la grandeur du premier aileron dorsal et des nageoires pectorales, tellement grandes qu'on les a appelées des pagaies. Une façon d'optimiser l'efficacité d'un leurre est d'augmenter sa taille de telle façon qu'il puisse être aperçu dans un rayon plus grand.

Sur le plan de l'hydrodynamique, les larges nageoires pectorales ne peuvent que favoriser l'accélération, et le grand aileron dorsal la stabilisation lors d'un brusque déplacement vers l'avant.

On ne peut dire lequel des deux bénéfices engendrés par l'extension de taille des nageoires fut retenu par la sélection naturelle, mais c'est le genre d'observation qui, année après année, permet de mieux placer telle ou telle pièce du puzzle, en attendant le jour où une vision d'ensemble s'imposera.

LE PLUS PETIT DES REQUINS À L'ATTAQUE DES SOUS-MARINS NUCLÉAIRES

Quand les sous-marins modernes font surface dans des zones de trafic, le risque de collision avec un autre navire de surface serait grand si certaines marines comme l'US Navy n'utilisaient une sonde d'écoute qui arrive en surface à l'extrémité d'un câble alors que le submersible est encore en profondeur. Cette sonde flottante est reliée au bord par un câble électrique complexe, recouvert d'une protection en caoutchouc épaisse de 13 millimètres. Dans les années 80, on découvrit que ce revêtement était régulièrement endommagé, présentant des lacérations profondes en forme de croissant, comme arrachées à la gouge.

On pensa d'abord à la morsure de quelque bête, mais comme aucun biologiste ne put identifier un éventuel animal responsable, on considéra que ces dommages étaient dus à quelque cause mécanique. Des tests exhaustifs furent entrepris, qui ne purent jamais reproduire les mêmes effets. Finalement, tout à fait par hasard, un scientifique qui étudiait à la fois les baleines et les requins blancs trouva immédiatement la solution dès qu'on lui montra les lacérations à l'emporte-pièce. « Bien sûr, dit-il, tout cela est causé par le *cookie cutter shark* (voir catalogue en fin de livre) qui se nourrit en enlevant des bouchées entières de la peau des baleines et autres gros poissons. Le *cookie cutter* doit prendre les sous-marins pour des baleines ! »

Une fois le coupable identifié, il suffit de recouvrir les câbles de fibre de verre très dure, pour que le *cookie cutter* s'y use les dents pour rien.

Une trentaine de sous-marins avaient été endommagés de la sorte, pas seulement les câbles mais aussi certains revêtements de la coque. Heureusement aucun requin n'avait pu couper entièrement le câble, auquel cas on aurait très bien pu imaginer une collision à cause de ce requin de 50 centimètres de long, causant la perte d'un sous-marin.

Beaucoup de pêcheurs remontent des filets coupés par le *cookie cutter*. Les blessures qu'il inflige à ses hôtes sont caractéristiques et prennent la forme d'un trou de 50 millimètres de large dont la chair a été arrachée comme avec un dénoyauteur. Jusqu'à récemment, ces plaies étaient attribuées à des infections bactériennes ou à un parasite quelconque.

LES COMPAGNONS DU REQUIN

Parler d'amis serait un grand mot à propos de ces petits poissons qui suivent partout le requin, certes, mais dans un but purement intéressé, avec un bénéfice minime ou nul pour leur hôte. Ces poissons sont au nombre de trois et sont des commensaux se nourrissant des débris de proies déchiquetées par le squale.

Le premier est le plus connu sous le nom de poisson pilote. Il nage en général à proximité de l'aileron dorsal du requin, qu'il ne quitte que rarement pour de courtes incursions dans l'environnement immédiat. Mesurant en moyenne 30 centimètres, son corps est zébré de 5 à 7 bandes verticales

Le poisson pilote (naucrates ductor) :
rayures noires et blanches de la tête à la queue.

noires, et il faut savoir qu'il ne pilote en rien le requin, se contentant au contraire de suivre. Il accompagne en fait n'importe quel grand objet, aussi bien un bateau qu'un banc de thons, une tortue ou une grande raie manta. Le requin est un hôte privilégié pour plusieurs raisons. La motivation alimentaire est évidente, ces petits poissons se rassasiant des débris trop petits pour le squale. La protection offerte par un tel compagnon est aussi une garantie sérieuse contre les prédateurs; enfin, le déplacement du requin crée une onde au-dessus de laquelle il est facile de nager, à la façon des surfeurs sur les vagues.

Le rémora (remora remora) : *gris foncé sans rayures.*

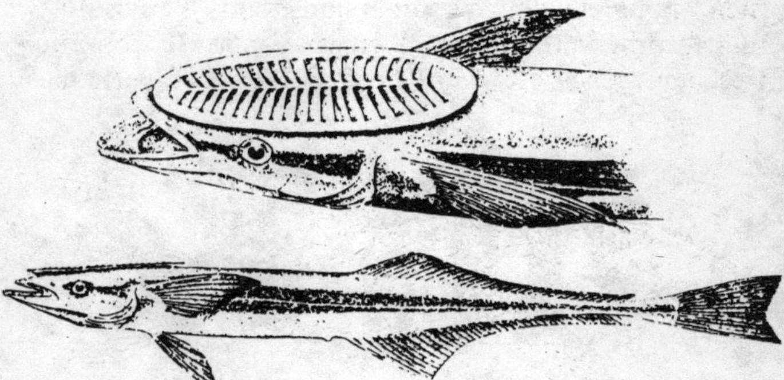

Le poisson ventouse (echeneites naucrates).

Les autres poissons commensaux sont les rémoras, au nombre de deux; les rémoras proprement dits, et les *shark suckers* ou poissons ventouses, tous deux fixés au requin par des disques exerçant une succion très forte. Ces disques sont les vestiges modifiés de la première nageoire dorsale. Si vous avez un jour l'occasion de saisir un tel poisson, vous ne pourrez l'arracher à son support que par un mouvement latéral ou antérieur, le faisant glisser; le fait de le tirer verticalement ne fera qu'augmenter la force de succion.

Le rémora est très répandu dans toutes les mers tempérées, et peut accompagner son porteur dans des eaux plus froides. Sa longueur moyenne est de 60 centimètres.

Le poisson ventouse a un corps plus fin que le précédent et plus court avec une moyenne de 30 centimètres (le plus gros enregistré mesurait 75 centimètres et pesait 17 kilos).

Les requins ne tirent pas de bénéfice du poisson pilote, mais profitent un peu des rémoras dans la mesure où ceux-ci mangent les parasites en forme de petites crevettes qui sont fixés sur leur peau.

5

LES ATTAQUES : DES DRAMES INSTRUCTIFS

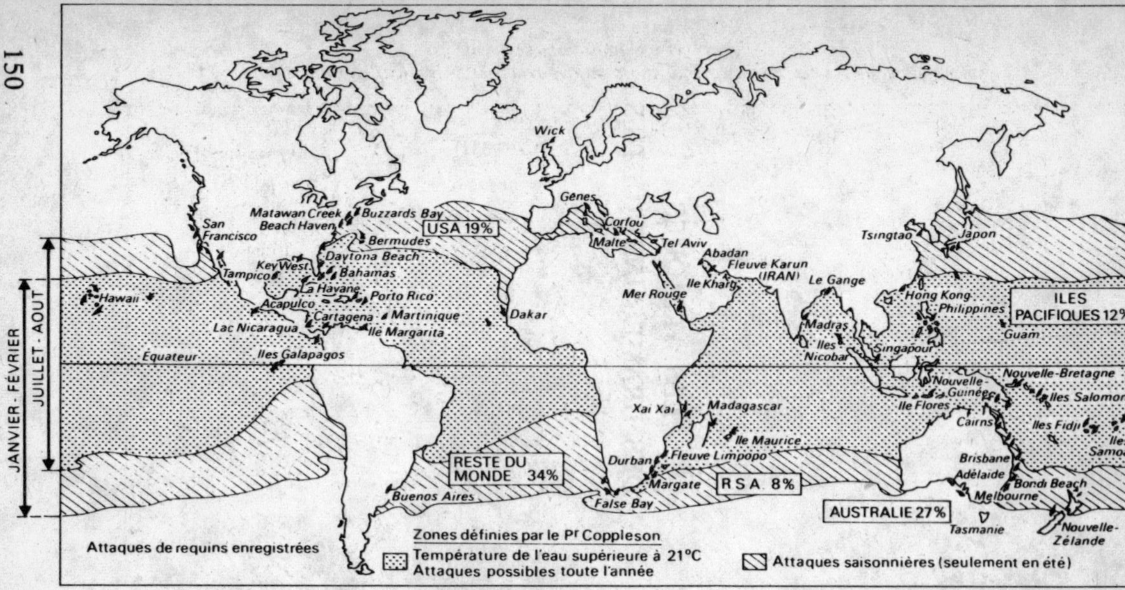

Carte ci-contre : *Une observation statistique rigoureuse à l'échelon planétaire vérifie l'hypothèse émise par le professeur Coppleson d'une ceinture où il existe une étroite corrélation entre la température moyenne des eaux (+ 21 °C) et le nombre d'attaques.*

— *Plus grande concentration de requins blancs : Californie.*
— *Plus gros requin blanc recensé : 3,312 tonnes, 1945, Cuba.*
— *Plus grand requin blanc recensé : 9 mètres, 1978, Açores.*
— *Attaque le plus au sud : Nouvelle-Zélande, île du Sud,*
— *Attaque le plus au nord : très probablement Laponie par un laimargue du Groenland.*
— *Zone la plus dangereuse : côte est de l'Australie.*
— *Attaque la plus en amont en rivière : 150 kilomètres de l'embou-*

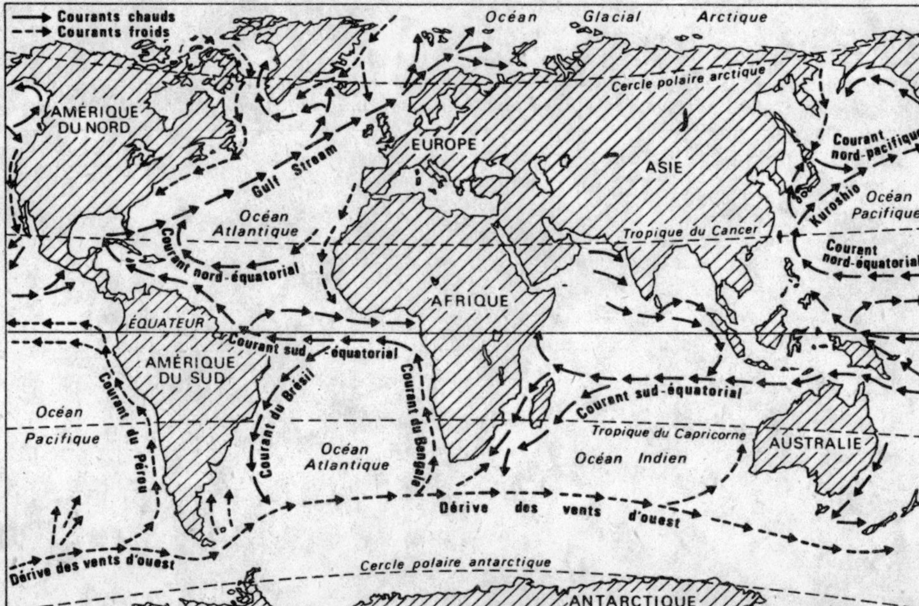

Les côtes à courant froid sont toujours moins dangereuses que les côtes à courant chaud
(d'après Survivre, *Albin Michel, 1988).*

DES LIEUX MAUDITS

Amzimtoti est une station balnéaire à vingt-sept kilomètres au sud de Durban en Afrique du Sud. Ses immenses plages de sable s'étirent au pied de superbes dunes recouvertes de végétation sauvage, et l'ensemble du paysage inviterait davantage au bucolisme qu'aux statistiques macabres.

L'une de ces plages est pourtant l'endroit du monde où l'on déplore le plus d'attaques de requins depuis cinquante ans : onze depuis 1940 dont trois fatales. Rien qu'entre 1974 et 1975 quatre incidents survinrent en à peine un an.

– Le 7 janvier 1974 à 14 h 10, Cornelius se baigne à 100 mètres du rivage par 2,5 mètres de fond au milieu d'environ cinq cents nageurs. La mer est calme, la température de l'eau est de 21,5 °C et la visibilité d'environ 1,5 mètre. La rivière Umkomaas non loin de là a charrié beaucoup d'eau dans les jours précédents, et une récente tempête a affalé plusieurs des neuf filets tendus contre les squales juste derrière la barre. Cornelius est soudain propulsé au-dessus de la surface et réalise immédiatement qu'il s'agit d'un requin. Il parvient à le frapper d'un coup de poing et nage aussitôt vers le bord en donnant l'alerte autour de lui. Des surfeurs viennent à son secours et le transportent à l'hôpital où il récupérera de ses lacérations en deux mois. Une enquête est aussitôt diligentée par le NSB comme à chaque fois qu'une attaque intervient sur les côtes de la province du Natal. La forme des blessures évoque le requin blanc et leur asymétrie élimine le requin tigre dont les mâchoires sont symétriques; quant à la profondeur limitée de la plaie elle élimine les dents pointues du requin taureau très répandu dans la région. Aucun morceau de dent n'étant retrouvé dans la plaie, les enquêteurs s'en tiendront aux suppositions. Concernant le choix de Cornelius plutôt qu'un autre nageur, les éléments sont faibles : il portait un vêtement de bain rouge, et

Plongeur ou sportif, nul n'est à l'abri de la curiosité d'un requin.

on lui avait enlevé un kyste trois jours auparavant ; il ne portait aucun objet métallique.

– Le 13 février 1974, John Kendrick s'entraîne pour le championnat de sauvetage par 1,5 mètre de profondeur. Dans les semaines précédentes, de fortes pluies ont fait déborder les rivières, augmentant considérablement la turbidité de l'eau et entraînant de nombreux débris organiques dans les eaux côtières. Les filets n'ont pu être vérifiés depuis sept jours, et l'on découvrira que cinq sur les neuf étaient affalés par la tempête. La température de l'eau était de 27 °C, la visibilité nulle, et le ciel ensoleillé. Pour toutes ces raisons les baignades étaient interdites. John Kendrick nageait en compagnie de son ami Joe Kool, qui sentit quelque chose lui frotter le flanc. Il cria à l'adresse de Kendrick : « Nage, vite ! » Celui-ci racontera : « Joe était à environ cinq mètres de moi, lorsqu'il se mit à hurler. Comme je me retournais, un requin me saisit la jambe. J'entendis un grondement lorsque les puissantes mâchoires de l'animal commencèrent à me secouer. Tout s'était déroulé si vite que je ne m'étais pas rendu compte de ce qui se passait. Le squale me relâcha après deux secondes et je fus repoussé dans les brisants, qui me rejetèrent sur le sable. Je réussis à remonter la pente de la plage à reculons, en tenant ma jambe blessée devant moi. Ce ne fut qu'alors que je réalisai – et mon esprit se refusait encore à accepter ce que je voyais : à la place de mon mollet pendaient comme autant de vieux chiffons des languettes de chair et de muscles, dégoulinantes du sang qui coulait à flots sur le sable. » Kendrick avait en fait subi trois morsures, l'une fracturant le péroné, une autre traversant cet os près du genou, et la troisième emportant le péroné avec le mollet (voir cahier photos). Un témoin appliqua une pression digitale sur la fémorale et installa un tourniquet qui certainement sauva la vie de Kendrick dont la tension était descendue à 7-4. La jambe dut être amputée juste sous le genou.

Les experts du Natal Shark Board déterminèrent le diamètre de l'arc de morsure (20,3 centimètres) qui fut confirmé par la juxtaposition d'une mâchoire du même diamètre sur les empreintes de la plaie. Dans le tibia examiné de près, trois petites empreintes de dents furent découvertes, incisant l'os profondément, et permettant d'identifier l'auteur probable de l'attaque. Les empreintes montraient distinctement de fines dentelures sur la tranche des dents, ce qui éliminait le requin taureau ainsi que le mako dont les dents sont pointues et lisses (voir catalogue). Un fragment de dent fut examiné au microscope qui confirma que le squale devait être un carcharhiniforme. Trois pouvaient être impliqués dans cette zone :

– *carcharhinus amboinensis* (requin balestrine);
– *carcharhinus leucas* (requin bouledogue);
– *carcharhinus obscurus* (requin sombre).

Tous trois sont fréquents sur les côtes du Natal, et attaquent régulièrement les nageurs ou surfeurs. La longueur de l'assaillant fut estimée à 1,90 mètre, taille très fréquente parmi les squales capturés chaque jour dans les filets tendus par le NSB. Plusieurs paramètres étaient réunis ce jour-là pour qu'une attaque ait lieu :

– eaux troubles avec visibilité nulle (pluies récentes);
– température élevée;
– débris organiques;
– barrière de filets endommagée (tempête);
– canal créé par des courants inhabituels à une

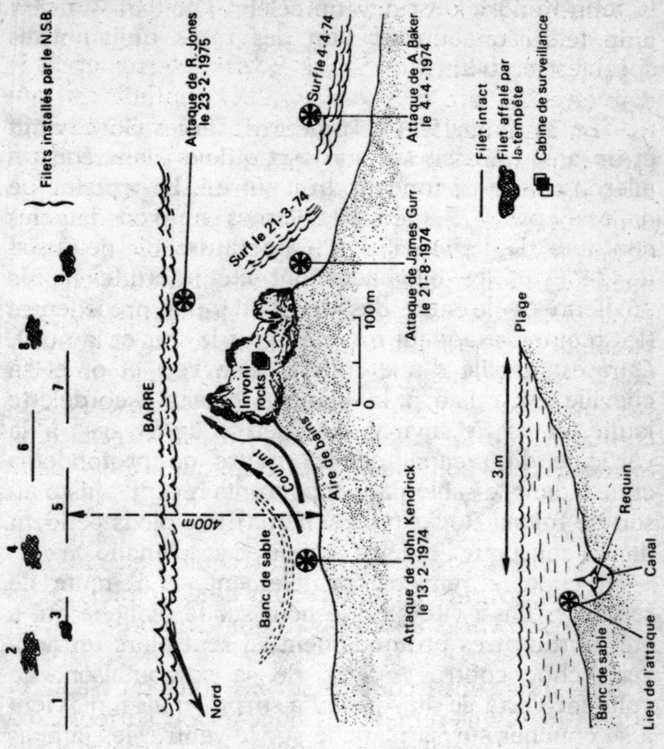

Configuration de la plage d'Amzimtoti, le 13-2-74, au moment de l'attaque de John Kendrick, et emplacements des trois autres attaques quelques mois plus tard en dehors de la zone protégée.

distance de 3 mètres de la plage, et dans lequel le squale se tenait en embuscade;

– mise à l'eau bruyante des deux nageurs, comme ils le confirmèrent plus tard.

John Kendrick est devenu célèbre, passant souvent à la télévision comme l'un des rares unijambistes spécialistes du surf.

– Le 21 mars 1974 à 16 heures, James Gurr (vingt et un ans) est assis sur son surf quand il aperçoit un aileron de requin fonçant droit sur lui. La visibilité ne dépasse pas 1,5 mètre et James ne voit pas les contours de l'animal. La température de l'eau est de 24 °C et les baignades ont été interdites après 16 heures à la suite des deux attaques précédentes (les requins attaquent toujours plus le soir et la nuit). Gurr est habillé d'une combinaison vert et or et sa cheville est reliée à la planche par une cordelette jaune. Il est à environ 10 mètres du rivage, à la verticale d'un canal de 1,5 mètre de profondeur, creusé dans le sable par les courants récents, juste au sud de Inyoni Rocks (voir schéma); ses pieds pendent dans l'eau pour l'aider à stabiliser sa planche.

Le choc le renverse brutalement, et il tente de remonter aussi vite qu'il le peut sur la planche qui a été mordue très profondément; il sent alors un nouveau choc contre le flanc de sa combinaison. La volte-face brutale du squale l'a surpris mais il parvient à se coucher sur sa planche sur le ventre, les jambes relevées. « Je me sentais totalement impuissant. Le squale revint par la droite et me culbuta dans l'eau. La planche était à 2 mètres de moi, je m'apprêtais à m'y hisser de nouveau lorsqu'une poussée me rejeta sur le côté. En même temps je sentis le requin contre ma poitrine et sous mon bras. C'en était trop. La panique me submergea et je commençai à pagayer vers le rivage. La peur décuplait mes forces. Soudain une secousse terrible fit que je me retrouvai la tête en bas dans l'eau. Frénétiquement, je remontai sur la planche et recommençai à pagayer vers la plage, le requin zigzaguait devant moi. Ma terreur s'accrut encore lorsqu'une déferlante me propulsa par-dessus le squale. Je réussis à atteindre les brisants, qui me rejetèrent sur le sable. »

Miraculeusement Gurr s'en sortit sans une égratignure, et seule la planche avait été mordue. Les empreintes sur la partie supérieure avaient un diamètre de 19,8 centimètres et la partie inférieure un diamètre de 18,2 centimètres, correspondant à un requin d'environ 1,80 mètre. (La volte-face rapide du requin entre ses deux premières attaques va de pair avec une taille relativement modeste.) L'examen des empreintes montre des dents au tranchant très coupant. Les témoins ayant par ailleurs nettement constaté une couleur uniformément grise, on en a conclu que l'assaillant était très probablement un requin sombre (*carcharhinus obscurus*). Comme dans le cas précédent on retrouve la présence d'un canal près du rivage, une visibilité médiocre, une température élevée, des couleurs vives, et un non-respect des consignes d'interdiction.

– Le 4 avril 1974 à 16 h 30, Anthony Baker (dix-sept ans) surfe en compagnie de son frère à 50 mètres au large, juste au sud de Inyoni Rocks. Là encore, pour les mêmes raisons que précédemment, les baignades sont interdites. La température est de 24 °C, la visibilité inférieure à 3 mètres et le ciel ensoleillé. Une chaussette blanche couvre le pied droit d'Anthony, enfoncé dans une sangle de l'aquaplane. « Je faisais face au rivage, lorsque je ressentis une traction sur mon pied, suivie d'une sensation de chaleur. A cause des autres attaques, je sus immédiatement qu'un requin m'avait mordu. Je n'éprouvais aucune douleur, mais j'avais entendu dire que les morsures de requin étaient indolores. Je me retournai pour vérifier si mes deux jambes étaient encore là. Il y avait beaucoup de sang dans l'eau, et la chaussette blanche était devenue rouge. C'est alors que je pris peur. Je criai un avertissement à Raymond, et me mis à pagayer vers le rivage. Sur la plage, j'examinai mon pied et découvris une entaille béante sur le talon, saignant abondamment. J'ai remercié le ciel que ce ne soit pas plus grave. »

Cette plaie fut refermée par dix-neuf agrafes, et sa taille relativement modeste évoquait un requin de petite taille, attiré sans aucun doute par la chaussette recouvrant le pied. Un filet à mailles de 13 centimètres fut installé, en même temps qu'une ligne d'hameçons, qui ramenèrent 11 *carcharhinus* de petite taille. Cela n'a rien de surprenant quand on sait que les squales gagnent la proximité de la côte en fin d'après-midi, pour repartir vers le large à l'aube suivante.

– Le 23 février 1975, dix mois plus tard, vers 10 h 55, Russel Jones surfe à 100 mètres au large de Inyoni Rocks en compagnie de deux camarades. Habillé d'un boxer-short blanc, il porte à la cheville droite une chaussette jaune reliée au surf board. Jones s'est écorché le genou gauche une demi-heure auparavant, mais superficiellement. Il est assis sur sa planche, les jambes dans l'eau, lorsqu'il ressent un choc contre les orteils de son pied droit. Il pense à un rocher submergé et tire sa jambe gauche, mais c'est alors qu'il ressent un véritable blocage de son pied : « C'était comme les mâchoires d'un piège en acier sur ma jambe. » Il cria pour donner l'alerte tout en continuant de tirer sa jambe, mais le requin conserva sa prise et son nez creva la surface. Un nez rond, de couleur grise. Le requin plongea, tirant la jambe vers le fond et Jones hors de sa planche. Jones paniqua à l'idée que le squale allait maintenant s'attaquer à son corps. Il tira de toutes ses forces et sentit son pied se séparer de la jambe. Il remonta sur la planche, tira sa jambe hors de l'eau, et fut tellement bouleversé par ce qu'il vit qu'il se sentit défaillir. Il ne ressenti... douleur que lorsqu'il essaya de marcher sur son moignon dans le sable. Le tibia et le péroné dépassaient des chairs arrachées et l'on y retrouva les traces de dents à denticules. Le pied et les chairs avaient été arrachés comme par un dénoyauteur, 12 centimètres au-dessus de la cheville, du côté de la chaussette jaune comme dans le cas précédent. L'examen des plaies et empreintes sur les os conduisit à identifier l'agresseur comme un *carcharhinus*, probablement *obscurus*, d'une taille d'environ 1,50 mètre.

Cette série macabre ne fut pas le fait d'un même requin isolé, comme on l'a vu par exemple dans le New Jersey en 1916, mais s'est produite dans un endroit particulièrement favorable au séjour des squales :

– présence de barre importante, de canal sous-marin permettant l'embuscade, de rochers permettant un biotope varié... ;
– proximité de rivières;
– fonds marins riches en faune.

Ces accidents confirmèrent paradoxalement l'efficacité des filets tendus par le Natal Shark Board basé à Durban puisque ces accidents sont survenus alors que les filets n'étaient pas tous en place ou que les victimes ne respectaient pas les interdictions.

LES NAUFRAGES : DES LIEUX DE CARNAGE SOUVENT INSOUPÇONNÉS

Les naufrages et les catastrophes aériennes sont très souvent l'occasion de véritables carnages dont il n'est pas toujours rendu compte, parce que les victi-

…nt plus là pour témoigner, et parce que les … directs n'ont qu'une vue partielle des événe- … qui se déroulent autour d'eux.

… 26 février 1852, la frégate anglaise *Birken-* … *ad* heurte à 2 heures du matin un récif au sud du cap de Bonne-Espérance, à seulement 1 600 mètres au large de Danger Point. A son bord 490 soldats anglais, avec 25 de leurs femmes et 31 enfants, en plus d'un équipage de 134 hommes commandés par le capitaine Robert Salmond.

Dans les premières minutes suivant la collision, la confusion règne à bord alors que les soldats, les marins et les passagers se précipitent tous sur le pont pour échapper aux flots qui envahissent l'avant du navire. Les officiers rétablissent vite le calme en ordonnant aux hommes de se regrouper à la poupe du bateau, et le colonel Seton commande à ses officiers de veiller à ce que tous les ordres du capitaine Salmond soient immédiatement exécutés.

Celui-ci ordonne que les femmes et les enfants embarquent sur une chaloupe, désignant un enseigne et un sergent pour séparer de force les femmes de leurs maris. Une seconde embarcation est mise à l'eau avec à son bord 30 hommes. Il n'y a plus d'embarcation de sauvetage pour les 600 hommes restant à bord du *Birkenhead* dont le pont s'incline de plus en plus vers l'avant. Beaucoup de passagers coincés dans les ponts sont déjà morts noyés, et d'autres ont péri écrasés par les mâts s'abattant sur le pont. D'autres enfin ont été projetés par-dessus bord, et déjà parviennent des eaux environnantes des hurlements de terreur. Les naufragés ne voient pas les drames qui se déroulent autour d'eux dans la nuit, mais ils devinent que les cris sont ceux de nageurs happés vers les fonds par des requins. Il reste sur le pont 200 hommes lorsque le capitaine Salmond grimpe de quelques mètres au mât de misaine pour crier à l'attention des hommes : « Chacun pour soi maintenant. Votre seule chance si vous savez nager est de sauter à l'eau et de tenter de vous accrocher à tout ce qui flotte, mais je vous implore d'éviter la chaloupe contenant les femmes et les enfants, elle est déjà surchargée. Je vous demande en fait de rester où vous êtes. »

Trois hommes seulement vont sauter par-dessus bord, et, parmi le reste des 200 autres, aucun ne bouge, obéissant stoïquement aux consignes. Quelques instants après la harangue de Salmond, la coque du navire se casse en deux, tout le pont avant disparaît sous l'eau tandis que la poupe se dresse au-dessus de la surface et que le gouvernail émerge complètement. Un officier survivant écrira plus tard : « Chaque homme fit ce qui lui avait été ordonné, et il n'y eut pas un cri, pas un murmure parmi eux, jusqu'à ce que le navire fasse son plongeon final... Les officiers avaient reçu leurs ordres et les avaient exécutés, comme si les hommes embarquaient au lieu d'aller droit au fond de la mer. Il n'y avait qu'une différence, je n'ai jamais vu d'embarcation conduite avec aussi peu de bruit ou de confusion. »

Le *Birkenhead* coula exactement trente minutes après avoir heurté le récif. La mer était rouge de sang, et l'on devinait à la surface des restes humains difficilement reconnaissables, déchirés par les requins. Le lieutenant Girardot écrivit à son père : « Je restai sur le pont jusqu'à ce que le bateau coule. Je fus entraîné sous l'eau par l'aspiration et un homme m'attrapa la jambe. Je réussis à me dégager en lui donnant des coups de pied et parvins à la surface où je m'accrochai à des morceaux de bois. Je restai dans l'eau pendant cinq heures... La barre était tellement haute que beaucoup périrent en essayant d'atteindre la terre. Pratiquement tous ceux qui se retrouvèrent à l'eau sans leurs vêtements furent pris par les requins; des centaines d'entre eux nous entouraient, et je vis plusieurs hommes happés juste à côté de moi, mais, comme j'étais habillé... ils préféraient les autres. »

Plus de 60 hommes parvinrent à nager les 1 600 mètres les séparant de la côte, mais la plupart des passagers du *Birkenhead* ne savaient pas nager, y compris le colonel Seton qui se noya. Le capitaine Salmond fut projeté par-dessus bord et tué par la chute de la mâture. Le naufrage fit 455 morts, et la part revenant aux requins fut certainement du même ordre de grandeur que celle revenant au navire et à la mer. Lorsque le récit du drame arriva à Londres vers le 15 avril 1852, la liste complète des victimes fut publiée, mais pas un mot des requins...

Beaucoup plus tard, le 18 novembre 1942 à 9 h 15, dans la même région mais côté océan Indien, le bateau à vapeur anglais *Nova Scotia* est coulé par un U-Boot allemand à 50 kilomètres au large de Ste Lucie dans la province du Natal. En plus de l'équipage, le bateau transporte 765 prisonniers de guerre italiens et 134 soldats d'Afrique du Sud revenant du Moyen-Orient vers Durban. La plupart des embarcations de sauvetage brûlèrent, et des centaines de survivants se retrouvèrent à la mer dans des brassières de sauvetage ou accrochés à de vulgaires radeaux de bois ou de caoutchouc. George Kennaugh, de Johannesburg, témoigne : « Il y eut soudain deux terribles explosions, nous venions d'être torpillés. J'essayai d'atteindre ma ceinture de sauvetage mais le bateau donnait déjà de la bande, et je glissai sur le pont qui était gras. Je me retrouvai à la mer, vêtu de mon seul maillot de bain. Je nageai dans l'eau noire couverte de mazout et m'accrochai à une rame de bois qui flottait. Il y avait des centaines d'hommes nageant autour de moi, s'accrochant à des morceaux d'épave ou des radeaux. Un autre soldat de mon régiment s'agrippa au même espar que moi. Il portait un gilet de sauvetage. Nous dérivâmes toute la nuit, emportés par un fort courant. A l'aube il n'y avait plus de mazout mais encore de nombreux survivants autour de nous. Dès qu'il fit jour, mon compagnon me dit qu'il préférait mourir que de rester ainsi sans espoir accroché à un morceau de bois. Il me dit qu'il allait lâcher et refusa de m'écouter quand j'essayai de le dissuader. Alors je lui demandai de me passer son gilet de sauvetage avant de se laisser couler. Comme il desserrait les sangles, il hurla soudain et tout le haut de son corps fut littéralement soulevé hors de l'eau. Lorsqu'il retomba, la mer était couverte de sang, et je vis que son pied avait été sectionné. A ce moment j'aperçus la forme grise d'un requin nageant nerveusement autour de nous, et je m'éloignai aussi vite que je pus. Puis quelques requins s'assemblèrent autour de moi, d'environ 2 mètres à 2,50 mètres. De temps en temps l'un d'eux se dirigeait droit sur moi, et je frappais l'eau de toutes mes forces pour lui faire changer d'avis, ce qui semblait efficace. J'aperçus un radeau avec des Italiens et un sergent sud-africain. Je parvins à monter à bord et nous pûmes survivre grâce à un coffre qui contenait de l'eau et de la nourriture. Les requins tournaient sans arrêt et nous les frappions à coups de rame pour les éloigner. Soixante-sept heures après que le navire eut été torpillé nous fûmes sauvés par un sloop portugais. »

Les marins portugais durent frapper les requins à coups de grappin pour les maintenir à distance pendant les opérations de sauvetage. Un total de 192 survivants furent sauvés, et on peut estimer à plus de la moitié des 850 morts ceux qui furent tués par les squales. Tous ces hommes étaient en effet en pleine force de l'âge, savaient nager, et la température de l'eau à cette époque dans ces parages devait leur permettre d'attendre les secours.

Toujours dans les mêmes eaux, le *City of Cairo* fut coulé le 2 octobre à cinq jours de la ville du Cap. Le capitaine Angus Mac Donald était à bord d'une chaloupe avec 54 survivants : « Avant minuit dès le premier jour nous vîmes nos premiers requins. Ils étaient énormes, et comme ils glissaient sous le bateau vers l'avant et vers l'arrière, il semblait qu'ils nous bousculeraient et nous feraient chavirer. Ils se contentaient de raser le bateau à chaque fois, et ne nous quittèrent à aucun moment... Plusieurs camarades moururent pendant la nuit, que nous devions jeter à la mer dès l'aube. Les requins étaient en colonie ce matin-là, et l'eau bouillonnait littéralement dès que les corps touchaient la surface. Le quinzième jour, l'un des matelots décida de se suicider en se noyant, et se jeta par-dessus le gouvernail. Il avait oublié d'enlever sa brassière de sécurité, et, comme nous étions trop faibles pour lui venir en aide, ce sont les requins qui le tuèrent, pas la noyade. »

Les survivants furent récupérés par un navire allemand, le *Rhakotis*, mais celui-ci fut à son tour coulé par un croiseur britannique. Ils se retrouvèrent finalement à bord d'un U-Boot...

Ces histoires soulignent le systématisme de l'apparition des squales dès qu'un naufrage se produit dans certaines eaux tropicales, et les navigateurs comme les constructeurs de canots de survie devraient être conscients de cette règle. Cela permettrait aux premiers de s'équiper en conséquence, et aux seconds de ne plus faire n'importe quoi (l'unique constructeur français s'acharne à fabriquer des canots à coque jaune, couleur attirant particulièrement les squales...).

Cette omniprésence des squales en eaux tropicales est aussi très préjudiciable pour la survie des naufragés, en dehors du risque d'atteinte physique. L'impact psychologique est évident sur des survivants fragilisés physiquement et mentalement, mais les requins sont aussi un empêchement à une mesure de survie très importante : les bains. J'ai eu l'occasion dans un autre ouvrage (*Naufragés – comment survivre en mer,* Filipacchi, 1989) de développer les multiples bienfaits des bains pour les naufragés : meilleure régulation thermique, diminution de la déshydratation, disparition de la « pathologie d'ankylose », dessalage de la peau et diminution des dermatoses, bénéfice psychologique, etc.

Juste quelques jours avant que les Anglais ne se rendent aux Japonais à Singapour en 1942, trois militaires s'échappèrent à Sumatra où ils se procurèrent une minuscule embarcation de 5 mètres par 1,4 mètre. Avec ce dinghy qui contenait tout juste trois sièges, ils entreprirent de se rendre en Australie, à 2 600 kilomètres de là! Ils subirent 125 jours de cauchemar en pleine mer, pour se retrouver finalement... à Sumatra, à 190 kilomètres de leur point de départ. Ce ne fut pas seulement leur inexpérience en matière de navigation qui rendit l'expédition vaine, mais aussi l'omniprésence des requins qui les rendit presque fous. La chaleur était étouffante à bord de leur petite embarcation ouverte, et la sensation d'oppression difficilement supportable sur une mer sans vent. Leur obsession constante était de plonger par-dessus bord pour se rafraîchir dans cette eau bleue qui semblait les y inviter en permanence. Mais il y avait les requins, les requins étaient toujours là, jour et nuit, sans arrêt. Jour après jour leurs ombres étaient comme de mauvais anges gardiens suivant le bateau à 2 ou 3 mètres. Pas une fois ils n'osèrent se baigner. Un jour où les trois hommes firent un petit feu pour préparer un repas, l'un des requins percuta le bateau avec une telle force qu'il détruisit le gouvernail.

En janvier 1942, un avion torpilleur de l'US Navy, pris dans une tempête, se pose en plein Pacifique. Les trois hommes d'équipage se réfugient dans le dinghy de 2,50 mètres sur 1,25 mètre avec, pour tout équipement, un couteau de poche, un pistolet et une paire de pinces. Dès le cinquième jour, le manque d'espace vital les gêne considérablement, mais des requins les empêchent de prendre de l'exercice en se baignant, les laissant griller sous la fournaise tropicale. Parmi les trois hommes, le radio Aldrick fait preuve d'une adresse exceptionnelle pour attraper des poissons qu'il embroche avec son couteau.

C'est grâce à lui que les trois hommes survivront trente-quatre jours. Une nuit, Aldrick plongea la main dans l'eau pour vérifier la direction du courant. Par malheur, un requin veillait et lui happa aussitôt les doigts, les entaillant jusqu'à l'os. Les blessures s'infectèrent très vite; l'un de ses compagnons débrida les plaies, permettant au pus de s'écouler et à Aldrick de reprendre ses pêches miraculeuses. Ce requin était de petite taille, mais quelques jours plus tard ils traversèrent une zone envahie de requins léopards « si agressifs qu'ils menaçaient à chaque instant de retourner notre radeau. Un moment nous fûmes obligés de repousser l'un des squales en lui martelant le museau à coups de poing, et nous réussîmes à en tuer un autre d'une balle de pistolet, avant que la rouille n'eût rendu inutilisable notre seule arme à feu ».

On peut dire que la totalité des récits retraçant de longues dérives en eaux tropicales fait état de la présence quasi constante des squales. Les petits sont à proximité immédiate, tandis qu'on voit les gros plus souvent à la tombée de la nuit et au lever du jour.

Il est évident que la mise au point d'un répulsif efficace permettra non seulement à l'homme à la mer d'échapper aux requins, mais aussi au naufragé « enfermé » sur le dinghy de se mettre à l'eau régulièrement sans se faire attaquer.

Certains, plus déterminés, ont assumé le risque avec succès; ainsi une poignée de survivants du croiseur britannique *Avocet,* qui se retrouvèrent sur un radeau de fortune construit avec des fûts d'huile vides. Le commandant en second avait pris en charge l'embarcation et s'astreignait à un livre de bord circonstancié :

« Pendant le calme des après-midi, quand la chaleur est intense, les hommes ont demandé s'ils pouvaient se baigner. J'ai d'abord refusé par crainte des requins qui nous entourent, et puis finalement j'ai décidé qu'il valait mieux prendre le risque plutôt que de voir les hommes devenir fous sous l'emprise de la soif. On a donc organisé les bains de telle façon qu'il n'y ait jamais plus de trois hommes à l'eau en même temps, les autres surveillant les requins qui sont toujours à proximité. Tous les jours, chacun des hommes passe un moment dans l'eau, avec une corde autour de la ceinture. Dès que les hommes aperçoivent une ombre grise se rapprochant rapidement, ils tirent brutalement leurs compagnons hors de l'eau. Nous sommes toujours anxieux que l'un des requins ne nous attrape. »

Certains naufragés ont vécu une angoisse encore plus grande, comme ces trois hommes qui se retrouvèrent sur un minuscule dinghy de 1,5 mètre carré. Sous la surcharge, le dinghy flottait à 8 centimètres au-dessous de la surface et les requins les frôlaient continuellement, glissant juste en dessous, les poussant légèrement. Les trois malheureux restèrent assis sur le dinghy immergé pendant 12 jours. Douze jours durant lesquels ils prièrent dans l'attente des secours et dans l'inconfort que l'on imagine. L'un des naufragés succomba, les deux autres furent sauvés.

Un matin de novembre 1918, le steamer *Una* coule sur un haut-fond à 100 kilomètres au nord de Saint-Domingue dans la mer des Caraïbes. Les officiers et l'équipage embarquent sur des bateaux de sauvetage, mais il n'y en a pas assez à bord, et 75 travailleurs doivent embarquer sur des radeaux très rudimentaires. La mer est calme, et en moins d'une heure les eaux sont envahies par des requins dont la taille varie de 2,5 mètres à 5 mètres.

Quelques radeaux sont surchargés, et dès qu'un homme tombe à l'eau il est immédiatement mis en pièces par les squales. A mesure que le temps passe, les requins se font de plus en plus agressifs et attaquent les hommes terrorisés jusque sur leurs radeaux, essayant de les faire tomber d'un coup de queue; certains posent leur tête sur le radeau et happent les malheureux survivants par une main, un bras ou une jambe, les tirant immédiatement dans l'eau. Certains radeaux s'inclinent tellement sous le poids des requins que les naufragés épuisés ne peuvent plus se tenir et glissent dans la mer où ils sont démembrés en quelques secondes. Plusieurs requins essaient de soulever les radeaux avec leur dos et parviennent ainsi à déséquilibrer quelques victimes supplémentaires. Les hommes n'ont pour se défendre que quelques avirons qui sont rapidement cisaillés ou arrachés des mains.

Le cauchemar durera plusieurs jours, et l'idée d'échapper à un désastre maritime pour se retrouver dépecés par les horribles dents des requins conduira plusieurs malheureux à la folie. Beaucoup vont se jeter à l'eau, directement dans les mâchoires de leurs persécuteurs.

Sur les 75 hommes, on ne recueillera qu'une poignée d'hommes épargnés par les requins...

Nul ne saura jamais combien de centaines de radeaux ou dinghys ont ainsi disparu avec leurs occupants, harcelés par les squales. Considérant qu'il y a environ dans le monde chaque année 50 000 naufragés, dont une bonne moitié dans la ceinture tropicale, je pense qu'il peut y avoir plusieurs centaines d'entre eux qui sont directement victimes des requins. Pour ceux qui m'accuseraient de pessimisme ou de sensationnalisme (alors que je m'attache au contraire dans mes livres à disséquer objectivement les risques, et surtout à donner les recettes pour survivre à n'importe quelle condition extrême), je me bornerai à rappeler l'exemple du *Doña Paz* qui coula en décembre 1987 en mer de Chine, entre les îles Philippines. Construit en 1963 pour faire la navette entre deux ports du sud du Japon, ce ferry était autorisé à transporter 608 passagers. Reconditionné sommairement pour la compagnie philippine Sulpicio, la capacité officielle fut portée à 1 500 passagers. A l'approche des fêtes de fin d'année, les Philippins ont coutume de se déplacer d'île en île. Pauvres, ils n'hésitent pas à s'entasser à deux, trois, voire quatre par couchette. A Manille, on pense que la population embarquée sur le *Doña Paz* en ce jour du 20 décembre 1987 devait être de l'ordre de 3 000 à 4 000 personnes! Je ne reviendrai pas sur les causes humaines de ce second plus grand naufrage de tous les temps, pour m'attarder seulement sur tous les paramètres qui devaient irrémédiablement attirer tous les squales de la zone.

Il est 22 heures lorsque le petit pétrolier *Victor* percute le *Doña Paz* à bâbord, juste derrière le château à hauteur des ponts passagers. Le *Victor* transporte 880 barils de kérosène qui s'enflamment aussitôt. L'incendie gagne le ferry, et de multiples explosions se succèdent. Le fuel en feu se répand sur la mer autour des deux navires. La panique est épouvantable parmi les passagers et l'équipage est complètement débordé. Tous ceux qui réussissent à enjamber le bastingage sautent dans une mer en feu et sont instantanément brûlés. Beaucoup sont déchiquetés par les explosions. Aucune chaloupe ne peut être mise à la mer, et ne survivront que ceux qui auront suffisamment de souffle pour nager sous l'eau le temps nécessaire pour émerger au-delà des flammes. C'est la raison pour laquelle il n'y aura aucun rescapé parmi les enfants et les vieillards. Le nombre de survivants sera dérisoire : 2 femmes et 23 hommes seulement !

Moins de 1 % de rescapés, si l'on admet qu'il y avait entre 3 000 et 4 000 passagers. Les causes de ce bilan consternant sont multiples, et la participation des requins pour achever le carnage fut certainement considérable. Soulignons d'abord la présence de nombreux grands prédateurs dans la mer de Chine : grand blanc, requin tigre, requin taureau, requin océanique, peau bleue, etc. (voir les cartes du catalogue) et l'activité de chasse préférentiellement nocturne de beaucoup d'entre eux. Observons par ailleurs la multitude des « paramètres provocateurs » entourant le naufrage : le bruit (explosions sourdes, fracas métallique se répercutant très loin dans l'eau, hurlements des passagers), l'odeur du sang et de la chair grillée de milliers de victimes, les innombrables vibrations et mouvements facilement détectables par les organes spécialisés des squales, les contrastes lumineux éclairant la surface de l'eau comme en plein jour, les variations de salinité et de champ électrique induites par les liquides et objets divers...

Le lendemain, les hélicoptères et les nombreux bateaux envoyés sur les lieux ne retrouvèrent aucun cadavre parmi les taches de fuel et les milliers d'objets flottants, preuve que les squales étaient déjà passés... Seulement 300 corps mutilés seront repêchés loin des lieux du naufrage, et les pêcheurs philippins retrouveront pendant des semaines des débris humains dans l'estomac de nombreux squales capturés. Ils iront jusqu'à renoncer à l'un de leurs plats nationaux, le lapu-lapu, à base de mérou...

Le temps d'apparition des squales sur les lieux d'une catastrophe aérienne ou maritime en eaux tropicales ou subtropicales est en général très court, variant de 30 minutes à 24 heures. En dehors du ou des quelques requins se trouvant par hasard au voisinage immédiat de l'accident, les squales laissent en général le temps aux naufragés de s'embarquer sur les embarcations de survie. D'après les témoignages de deux mille cinq cents pilotes ou naufragés de la Seconde Guerre mondiale s'étant retrouvés dans de telles circonstances, les squales apparaissent parfois dans la demi-heure, mais le plus souvent dans un délai de 24 heures au maximum. A mesure que les jours passaient, ils devenaient de plus en plus familiers, sautant hors de l'eau en éclaboussant les occupants des embarcations, frappant les fragiles rebords de leurs énormes queues, soulevant le bateau et ses occupants de plusieurs dizaines de centimètres, mordant ou cassant les pagaies, avalant aussi bien les poissons s'abritant sous l'embarcation que les mains ou les pieds ayant le malheur de traîner dans l'eau.

Quelle que soit la taille de l'embarcation, il ne faut que quelques jours pour que des microalgues et des minicrustacés se fixent sur sa surface, attirant très vite de petits poissons qui vont être mangés par de plus gros, eux-mêmes dévorés par les grands prédateurs. Le petit nuage d'ombre que représente la silhouette d'un canot de survie dans l'immensité lumineuse de la surface des océans est un point d'appel à la curiosité intéressée de tous les animaux de la chaîne alimentaire, depuis la plus petite crevette jusqu'au plus gros des requins. Lorsqu'en plus cette ombre anonyme libère à intervalles réguliers des matières organiques excitant l'odorat exacerbé des squales, ceux-ci ont vite fait de s'approcher au voisinage immédiat de l'embarcation pendant des jours et des jours, voire des semaines entières consécutives. Il est évident que tous les canots de survie devraient contenir l'équivalent de « sacs-poubelle », dans lesquels les naufragés pourraient accumuler tous leurs débris organiques dont ils pourraient ainsi se débarrasser régulièrement sans laisser de trace olfactive. Quand on sait l'encombrement, le poids et le prix dérisoire de quelques douzaines de ces sacs en plastique, on se demande pourquoi ils ne font pas partie intégrante du matériel systématique de tout canot de survie digne de ce nom...

Lorsqu'un naufragé vient à mourir sur un canot, il doit être impérativement rendu à la mer dans la nuit qui suit son décès sous peine d'attirer les squales. Deux naufragés dérivèrent neuf jours sur un radeau dans le golfe de Mexico, et l'un d'entre eux mourut de déshydratation. Seulement quelques heures après sa mort, son compagnon vit avec horreur les requins, qui jusque-là ne s'étaient pas manifestés agressivement, jaillir à demi hors de l'eau et saisir le cadavre pour s'en repaître. L'idée d'assister au dépeçage du corps d'un camarade a souvent conduit des naufragés à conserver trop longtemps le cadavre, attirant ainsi un plus grand nombre de requins autour d'eux. L'anonymat de la nuit éviterait le dégoût d'un tel spectacle.

La pire condition qui se puisse imaginer pour un naufragé est celle qui le jette à l'eau dans le plus simple appareil, c'est-à-dire à peine vêtu, tout juste soutenu par une brassière de sauvetage. La survie dans ces conditions dépend d'abord de la température de l'eau : 15 à 30 minutes dans une eau à 0 °C si l'on est habillé, 1 h 30 au maximum dans une eau à 10 °C, et plus de 24 heures dans une eau à 25 °C. Dans ce dernier cas il s'agit d'eaux tropicales, et la survie dépend alors de la survenue plus ou moins rapide des squales, tout en sachant que beaucoup ont pu être épargnés même lorsqu'ils étaient cernés.

Lorsqu'en 1950 un avion de transport assurant la liaison Porto Rico-Miami se pose en mer au large de la Floride, de nombreux passagers survivent, flottant dans leurs brassières de sauvetage. Peu de temps après, le pilote d'un avion qui les survole signale que plusieurs d'entre eux sont attaqués par une horde de squales. Chaque drame se signale à lui par autant de taches rouges centrées sur le point orange de la brassière, autant de survivants en moins...

Un autre pilote d'observation fut également traumatisé par le spectacle qui s'offrit à lui en 1987 dans la mer des Caraïbes. En ce début d'octobre 1987, 168 Dominicains quittent clandestinement leur pays pour les Etats-Unis, via Porto Rico. A bord de l'embarcation, des femmes, des enfants, des vieillards, des hommes entassés les uns sur les autres. Pour une raison mal définie, l'embarcation chavire. Tous les passagers se retrouvent à l'eau, une eau tropicale tiède, qui permet une survie relativement longue. Les naufragés n'étant qu'à huit kilomètres de la côte, ils entreprennent de nager vers elle. Leurs efforts vont durer 12 heures, au cours desquelles ils devront affronter le soleil de plomb, un courant contraire et, surtout, des agresseurs intraitables, les requins attirés par leurs blessures.

Chef de la protection civile, Eugenio Cabral survole les lieux en hélicoptère et assiste, impuissant, à un spectacle horrible. « Les requins étaient devenus comme fous, explique-t-il. Au début les squales dévoraient uniquement les cadavres, mais très rapidement ils ont attaqué partout. C'étaient de gros requins, des makos et des marteaux, l'eau était devenue rouge. » Sur les 168 passagers, on ne retrouvera que 8 survivants!

Il est évident que ces malheureux furent victimes du comportement des squales qui n'est heureusement pas systématique, mais incroyablement dangereux : celui de la frénésie alimentaire, dont le mode de survenue est décrit ailleurs dans ce livre. Quand on sait l'excitation meurtrière incontrôlable qui saisit alors les squales, et la vulnérabilité terrible d'un homme à la mer, on comprend qu'une infime minorité seulement échappe au massacre.

Toujours à propos des hommes à la mer en eaux tropicales, Christian Troebst rapporte le cas d'un naufragé relativement heureux.

« Pendant la guerre, un pilote américain tomba en mer avec deux autres aviateurs près des côtes de l'Amérique du Sud. Au bout de 5 heures, l'un de ces derniers mourut d'épuisement; le pilote se mit à nager en poussant le cadavre devant lui. Soudain, quelque chose imprima une secousse au corps qui disparut définitivement sous l'eau. Les survivants continuèrent à nager dans la nuit, mais, quelques heures plus tard, le second aviateur mourut à son tour. Le pilote se mit à nouveau à le pousser devant lui. Entre-temps la lune s'était levée, et la clarté lui permit de distinguer tout à coup les nageoires dorsales d'un grand nombre de requins qui tournaient en cercle. Une fois encore, une saccade secoua le corps qui s'enfonça un bref instant sous l'eau, puis remonta à la surface, mais sans les pieds. Horrifié, le fit tourner et l'empoigna par les épaules. L plongea aussitôt une seconde fois pour réappar replonger. Les requins le dévorèrent petit à petit j qu'aux épaules. A l'aube ils commencèrent à attaquer le pilote; celui-ci savait qu'il était tout près du rivage. Hurlant et battant l'eau frénétiquement, il prit pied sur la côte sans dommage. »

Un marin américain dont le destroyer fut coulé au large de Guadalcanal témoigne : « Je dérivais depuis onze heures quand, soudain, je sentis le pied gauche me démanger. Je le soulevai au-dessus de l'eau : il ruisselait de sang. Je plongeai la tête et j'aperçus le requin qui fonçait sur moi. J'agitai violemment bras et jambes; il passa tout près, à me frôler. Il vira sur lui-même et revint droit sur moi. Je serrai le poing et lui assenai un coup sur la mâchoire, de toutes mes forces. Il s'éloigna – non sans avoir arraché un morceau de ma main gauche –, il attaqua de nouveau et, encore une fois, je lui martelai les yeux et le nez. Quand il s'écarta, je constatai qu'il avait lacéré mon bras gauche. Mon talon avait disparu aussi. A ce moment, un canot de sauvetage s'approcha. Je lui fis de grands signes et oubliai le requin. Il m'arracha un morceau de hanche, mettant l'os à nu. Puis je fus hissé dans le canot. »

Juste avant Noël 1948, Tony Latona, un garçon de treize ans, est recueilli sur une plage de Cuba. Il est dans une condition critique et porte autour de la taille une bouée de sauvetage en piteux état. Il vient de passer quarante heures dans l'eau, et son histoire est tout d'abord difficile à croire. Il raconte comment il jouait avec un autre garçon, Bent Jeppsen, âgé de quatorze ans, sur le pont arrière du bateau danois *Grete Maersk*, quand Jeppsen passa par-dessus bord à environ quatorze kilomètres du cap Maisi à Cuba.

y lança une bouée de sauvetage à Jeppsen, puis sauta lui-même par-dessus bord pour l'aider. Leurs cris bien sûr ne furent pas entendus et le navire disparut. Ils étaient à l'eau depuis deux heures lorsqu'ils virent des requins arrivant pour les attaquer. L'un d'eux attaqua Jeppsen et laissa deux profondes entailles sur son pied gauche. L'histoire de Latona continuait : « Nous avons frappé, frappé, jusqu'à ce que les requins s'éloignent. J'ai dit à Jeppsen que le sang dans l'eau rendrait les requins fous. Je lui dis d'enlever son pantalon et de le nouer autour de son pied pour aider à arrêter le saignement. Nous n'avons plus vu les requins, mais ils ne devaient pas être très loin parce que, une heure plus tard, lorsque le pantalon de Jeppsen s'en alla, les requins étaient de retour sur nous en quelques minutes. Ils passèrent juste derrière moi et essayèrent de happer Jeppsen. Nous avons continué de les garder éloignés, mais ils revenaient tous les quarts d'heure. Et puis un requin l'attrapa encore au même pied. Il se plaignit de souffrir. Les requins revinrent plus souvent, prêtant de moins en moins attention à nos efforts pour les éloigner. Assez vite un autre mordit Jeppsen sous le bras. Il pleura quand le requin lui arracha les chairs. Un autre arriva, qui lui arracha le genou. Il hurla et commença à couler. Il s'enfonça sous l'eau en criant : " Mon pied ! " Il émergea à nouveau, criant et se battant, et puis il disparut encore. C'était la dernière fois que je le voyais. Je vis du sang dans l'eau, je m'assis dans la bouée de sauvetage et je gardai mes pieds sur les bords, au-dessus de l'eau, en pagayant avec mes mains jusqu'à ce que je sois trop fatigué. Quand le jour s'est levé j'étais près de la côte mais les courants de la journée me repoussèrent au large. La nuit suivante les requins revinrent, l'un d'eux m'arrachant mon fond de pantalon. Le matin du second jour, un courant me ramena enfin à la côte. »

On remarque encore dans cet exemple l'attirance très sélective du requin pour la proie qui saigne, conservant une indifférence totale pour toute autre proie potentielle, même très proche. Ce comportement est très différent de la frénésie alimentaire, au cours de laquelle tout objet inerte ou vivant est indistinctement déchiré et avalé.

Le commandant Kabat éprouva également à ses dépens l'acharnement possible d'un requin sur sa proie, lorsque son destroyer, le *Duncan*, coula au large de Guadalcanal en 1942, et qu'il se retrouva dans l'eau toute une nuit avec, pour seul moyen de flotter, un vieux gilet de sauvetage en kapok et deux petits bidons à poudre vides. Peu après le crépuscule il ressentit une démangeaison au niveau du pied gauche et découvrit qu'il saignait. Il remarqua alors à moins de trois mètres de lui l'ombre brunâtre d'un squale. Celui-ci tourna à plusieurs reprises, puis attaqua à nouveau. Kabat tenta d'éloigner le requin à coups de poing. Après que l'animal fut parti il constata qu'un morceau de chair avait été arraché de sa main gauche. A intervalles d'environ quinze minutes il était attaqué et blessé un peu plus chaque fois. D'abord son gros orteil fut arraché, puis un morceau de sa hanche droite, puis un autre de son épaule gauche, de sa main droite, de la fesse. Kabat constatait : « Quand il ne plantait pas ses dents dans mes chairs, son cuir râpeux m'arrachait de grands morceaux de peau. » Au cours des attaques qui suivirent, sa cuisse fut si profondément entamée que le fémur était apparent.

L'étude statistique des attaques d'hommes à la mer tend à prouver que le risque est plus grand si le naufragé n'est pas habillé. Pendant la Seconde Guerre mondiale, le moteur d'un avion de reconnaissance tombe en panne à cent dix kilomètres à l'est de l'île Wallis et quatre cents kilomètres à l'ouest de Samoa en plein Pacifique. Le lieutenant Reading parvient à poser son appareil sans trop de casse mais il est assommé par le choc. C'est son radio, Ahmond, qui parvient à l'extraire du cockpit et à déclencher son gilet de sauvetage avant que l'avion ne coule; Reading ne tarde pas à retrouver ses esprits au contact de l'eau, et les deux hommes perdus en plein océan ouvrent leurs sachets de fluorescéine dans l'espoir d'être repérés avant la nuit. Ils s'attachent mutuellement avec les cordelettes dont sont munis leurs gilets, et ils attendent. Reading est habillé et Ahmond est en short. Après environ une demi-heure les requins font leur apparition. Peu après, Ahmond signale que quelque chose a heurté son pied droit. Son pied saigne et il essaie de le maintenir hors de l'eau. Les requins reviennent et les deux hommes sont entraînés sous la surface pendant un moment. L'eau autour d'eux est rougie par le sang et il y a maintenant cinq requins qui les harcèlent. Non seulement la jambe droite de Ahmond porte plusieurs blessures, mais sa cuisse gauche est également profondément entaillée. Il ne ressent pas de douleur même si les requins continuent de le harceler. Reading frappe ceux qui passent à sa portée avec ses jumelles mais presque immédiatement les brutes attaquent à nouveau Ahmond. Les deux hommes disparaissent à nouveau sous l'eau, et, quand ils refont surface, Reading découvre qu'il est séparé de son camarade. C'est alors qu'il est à demi assommé par un coup de queue sur le menton, mais l'auteur du coup ne s'intéresse toujours qu'à Ahmond qui est maintenant complètement sous l'eau, et qui n'émergera jamais plus, ni lui ni son gilet de sauvetage. Les monstres continuent de tourner et Reading peut les sentir de temps en temps effleurer ses pieds, mais il n'est toujours pas attaqué. Il sera sauvé après seize heures dans l'eau, seize heures de terrible angoisse au milieu des squales et des restes de l'homme qui lui avait sauvé la vie.

Non seulement le fait d'être habillé diminue le risque d'être attaqué, mais lorsque l'on est plusieurs dans l'eau il est indispensable de se mettre dos à dos, ce qui diminue également les risques. Le fait d'être agglomérés permet de diminuer les pertes caloriques de manière sensible et, en eaux tropicales, de surveiller tous les secteurs d'arrivée possible d'un requin, éventuellement de s'en défendre sans souci de ce qui se passe derrière soi. On peut aussi considérer que le volume d'ensemble de plusieurs hommes à la mer réunis en « pack » est de nature à éveiller autant la méfiance du requin que sa curiosité.

Le Dr Llano rapporte que la plus longue période de survie d'hommes à la mer dans des eaux infestées de requins concernait un groupe de militaires qui passèrent 42 heures dans l'eau au coude à coude. Sur les douze qui survécurent sans avoir été attaqués, huit étaient complètement habillés, même si certains enlevèrent ou perdirent leurs chaussures.

En 1942, le *Dorsetshire* fut coulé par des mines en plein océan Indien. Le commandant Agar réalisa très vite que, pour les centaines d'hommes à la mer qui l'entouraient, le danger venait avant tout des requins. Il commanda à ses hommes de rassembler tous les cadavres qui flottaient alentour, et tous les survivants s'adossèrent autour de la macabre « plate-forme ». Ils restèrent ainsi en pleine mer durant 36 heures, luttant contre les requins autour de 60 cadavres. Les squales pouvaient détourner leur agressivité sur les morts, épargnant les vivants qui semblaient des proies moins faciles...

Vic Beaver est un Australien de soixante-quatorze ans qui détient plusieurs records nationaux de pêche au gros. Le 11 mars 1977, il part à bord de son bateau dans la baie de Brisbane, en compagnie de deux amis qui aiment partager son passe-temps favori. Il fait nuit depuis longtemps lorsque Harrison perçoit à travers la pluie les feux d'un cargo sur une route de collision. Lorsque le navire de 2 500 tonnes les éperonne, ils coulent instantanément et se retrouvent tous trois à la mer, avec pour seul moyen de flottabilité un container à glace de un mètre et un matelas pneumatique. Les trois hommes vont s'accrocher au container comme ils le peuvent pendant 36 heures. De petits requins sont venus les menacer, et puis un gros s'est joint à eux. Quand ce requin attaqua Vic Beaver, Harrison essaya bien de retenir Vic et de décourager son agresseur à coups de pied et de poing, mais sans succès. Plus tard il racontera : « J'essayai de retenir Vic avec moi alors qu'il était tiré hors du container. Vic me dit simplement : " Il m'a encore attrapé. Salut les amis, c'est comme ça. " Et puis il a disparu. C'est tout ce qu'il a dit quand le requin l'a pris. John et moi avons essayé de nous serrer à l'intérieur de la boîte à glace, mais nous pouvions seulement y abriter nos têtes et nos épaules, et le requin était toujours au-dessous de nous. Je le frappai à coups de poing et de pied et me coupai légèrement. Le requin se remit alors à tourner et John cria : " Il a eu mon pied ! " Il me dit de rester dans la boîte, et puis le requin l'emmena sous l'eau. J'essayai de grimper dans la boîte par sécurité, mais le salaud essaya de grimper avec moi. »

Une heure après cette seconde attaque finale, Harrison fut sauvé par l'équipage d'un autre bateau de pêche. Le requin devait être soit un blanc, soit un tigre, les deux espèces vivant dans la baie.

Coppleson rapporte un autre drame survenu, toujours en Australie, dans le Nord Queensland.

Ray Boundy était le skipper d'un bateau de pêche de 14 mètres chalutant près des récifs de Townsville. L'un des palans du chalut vint à casser, et, alors qu'il était déjà déséquilibré, une grosse vague retourna le bateau. Boundy trouva refuge sur la quille en compagnie de son équipier Denis Murphy, vingt-quatre ans, et de Linda Horton, vingt et un ans. Ils décidèrent de quitter l'épave qui coulait en prenant avec eux une planche de surf, une bouée de sauvetage et des morceaux de polystyrène pour gagner les récifs à proximité, où ils pourraient être repérés.

A l'aube du 25 juillet 1983 ils n'étaient plus qu'à 8 kilomètres de la ville de Lodestone, mais personne ne les aperçut, pas même l'avion qui passa au-dessus d'eux à leur recherche. Peu après la tombée de la nuit, un requin commença à pousser tout à la fois la planche, les morceaux de mousse, la bouée de sauvetage et les trois naufragés. « Nous n'y prêtions pas une attention excessive, raconta Boundy, pensant que si nous ne le contrariions pas il nous laisserait tranquilles. Le squale s'intéressa d'abord à la jambe de Boundy, mais celui-ci le frappa avec l'autre pied et l'animal disparut. »

Dix minutes plus tard, une grosse vague renversa les trois naufragés dans l'eau et le requin revint aussitôt. Murphy se mit à hurler : « Il a eu ma jambe, le salaud a eu ma jambe » et puis, quelques secondes plus tard : « Cette fois, ça y est; toi et Lindy, partez, éloignez-vous », et il nagea trois ou quatre brasses vers le requin. Boundy et Lindy entendirent dans le noir des imprécations en même temps que des coups dans l'eau témoignant d'une lutte acharnée entre l'homme et l'animal, puis ils virent le corps de leur compagnon émerger de la surface la tête en bas, dans la gueule du requin, avant de se faire dévorer.

Tout sembla revenir dans l'ordre pendant environ deux heures, et puis le monstre revint tourner à partir de 4 heures du matin. Boundy continue son témoignage : « Lindy était assise dans le filet de la bouée de sauvetage avec ses pieds hors de l'eau posés sur un paquet de mousse. J'étais pratiquement sûr qu'il s'agissait du même requin. Cette fois il s'approcha lentement, puis attrapa Lindy avec ses énormes mâchoires autour de ses bras et de sa poitrine, alors qu'elle était encore assise dans la bouée, la secouant trois ou quatre fois. Elle laissa seulement échapper un petit cri au moment où le requin lui écrasait la cage thoracique, et je sus presque instantanément qu'elle était morte. »

Boundy utilisa deux morceaux de mousse en guise de pagaies, et juste après le lever du soleil le requin réapparut encore, faisant des cercles autour de lui. « Je pensais que je ne m'en tirerais jamais car il tournait toujours plus près de moi, et puis j'aperçus un récif qui dépassait de la surface. » Boundy réussit à surfer jusqu'au récif en s'aidant d'un morceau de mousse. Là un avion l'aperçut et un hélicoptère de la RAAF le récupéra. L'attaquant ou les attaquants étaient probablement des requins tigres ou de gros *whaler sharks* (*carcharhinus obscurus*) très répandus dans cette zone (voir le catalogue).

Pour conclure sur ce chapitre des rapports entre les naufragés et les requins, constatons qu'il n'existe pas de survivant, ayant séjourné en mer tropicale plus de 24 heures, qui ne fasse état de la présence menaçante de squales, permanente ou temporaire, même si cette menace ne s'est pas toujours soldée par une attaque. La curiosité des squales à l'égard d'un canot pneumatique est la même que pour tout objet inerte qui s'inscrit soudain sur l'immensité homogène de la surface des eaux, c'est-à-dire qu'elle est très réelle, mais modérée dans la mesure où le canot a en général une forme régulière, sans appendices flottants, sans partie mobile, sans odeur organique, dans la mesure où sa couleur est uniforme et où il n'émet pas de bruit. Ce qui les attire, en revanche, ce sont les poissons qui suivent le canot, eux-mêmes retenus par l'ombre de celui-ci, et le biotope qui s'y installe après quelques jours. Si, de surcroît, les naufragés jettent par-dessus bord des débris de poissons, du sang et des résidus en tout genre, les squales deviendront très vite des compagnons permanents.

Si le naufragé se retrouve par malheur supplémentaire dans le terrible dénuement qui est celui de l'homme à la mer, les squales seront d'autant plus attirés par cette forme irrégulière qu'elle s'agitera dans le soleil, qu'elle émettra des vibrations et des odeurs, et qu'elle sera dévêtue.

LES BATEAUX : PAS TOUJOURS À L'ABRI

Beaucoup de ceux qui ont l'imagination fertile ou qui ont vu tout simplement le film *Les dents de la mer (Jaws)* se demandent s'il est possible qu'un requin de grande taille puisse attaquer l'homme à bord d'un bateau, voire même couler ce bateau. Là encore certaines histoires vécues dépassent la fiction.

Sur le plan de la physiologie et de la physique, certaines considérations me semblent intéressantes. Par rapport à la cinétique, nous avons vu que seules certaines espèces capables de vitesses de pointe élevées pouvaient sauter hors de l'eau. Cela exclut donc les espèces lentes ou les spécimens trop lourds, et encore ne peut-on imaginer un poisson à sang froid, tel que le requin, faire des sauts aussi spectaculaires que les mammifères à sang chaud comme les dauphins ou les orques. Il est donc physiquement et physiologiquement possible de voir certains requins faire jaillir leur gueule à un ou deux mètres de haut, mais je ne pense pas qu'ils puissent aller beaucoup plus haut, et il n'existe pas de témoignage dans ce sens.

Sur le plan de l'inertie et de la physiologie, il est évident qu'un requin lancé, même à faible vitesse, contre la coque d'un bateau peut le faire éclater comme une noix. L'exemple se voit souvent avec des orques ou des cachalots qui sont beaucoup plus lourds, mais on imagine l'énergie cinétique que peut contenir un requin de 1 000 kilos, lancé même à 10 nœuds seulement. Si en plus cette énergie cinétique se transmet sur une coque par l'intermédiaire du nez pointu d'un requin blanc par exemple, cela équivaut à un impact de plusieurs tonnes par centimètre carré. Aucune coque en bois ou en plastique ne peut résister à un tel coup de boutoir.

J'ai souligné ailleurs la relative fragilité du requin à l'impact, en raison du manque de ligaments suspenseurs des organes à l'intérieur de sa cavité abdominale, et en raison de sa conformation cartilagineuse et non osseuse. C'est pour ces raisons qu'un requin sorti de l'eau est souvent condamné, même si on le remet dans son élément, particulièrement s'il est lourd. Sans doute faut-il voir là l'efficacité de coups portés sur les squales pour les faire fuir, mais tout ceci ne rentre pas en ligne de compte pour les gros spécimens que rien ne peut arrêter.

Les deux espèces qui attaquent le plus souvent les bateaux sont le requin blanc et le mako. Le premier est le plus lourd des squales (jusqu'à 3 000 kilos) et le second le plus rapide (environ 50 km/h). Tous deux sont munis d'un museau pointu comme la plupart des lamniformes (voir le catalogue).

Concernant les motivations des attaques de bateaux, Tricas et Mac Cosher ont émis une hypothèse séduisante en 1984, à la suite d'expérimentations sur l'aptitude des requins blancs à choisir entre une proie morte et une proie vivante. Les animaux vivants émettent un champ électrique faible, mais suffisant pour être détecté par l'organe de Lorenzini (voir *Physiologie*). On peut donc imaginer que les squales soient attirés par les bateaux en raison de l'équipement électrique qui se trouve à bord, dans la coque ou à l'extérieur (sonar, sondeur, loch, etc.).

En octobre 1960, un bateau de pêche est au travail dans False Bay près de la ville du Cap, et l'équipage remonte les lignes où sont accrochés de nombreux poissons. Un requin de grande taille apparaît alors, qui commence à tourner autour du bateau. Le skipper interdit alors de continuer la pêche et descend dans la soute pour démarrer le moteur. L'un des hommes ne suit pas les consignes et continue de pêcher; il ferre rapidement un autre poisson qu'il remonte aussitôt vers le bateau. Alors qu'il s'apprête à le hisser par-dessus bord avec une gaffe, le requin fonce sur le poisson qui se débat encore mais le manque, venant heurter avec une force incroyable la rambarde du bateau, avant de retomber en arrière et de disparaître.

Bien que toutes les lignes soient rentrées et le bateau prêt à démarrer, le requin continue ses cercles menaçants. Soudain il charge à grande vitesse, venant encastrer ses mâchoires dans la coque, faisant un trou de 45 centimètres, heureusement au-dessus de la ligne de flottaison. Un grand morceau de dent (18 mm) sera retrouvé plus tard dans la brèche, identifié par les experts comme appartenant à la mâchoire inférieure d'un requin blanc de grande taille (appelé *blue pointer* en RSA).

Toujours en Afrique du Sud, en 1946 à Table Bay, un petit bateau fut coulé par un requin qui s'apprêtait à consommer ses occupants quand ceux-ci furent sauvés in extremis par un autre bateau. Trois autres embarcations furent attaquées au même endroit la même année, peut-être par le même requin ayant acquis un réflexe conditionné ?

False Bay au sud du Cap est sans doute l'un des endroits au monde où l'on constate le plus d'attaques de bateaux : en plus de celle précédemment évoquée en 1960, deux eurent lieu en 1942 par un requin de 6,5 mètres. En 1948, un autre fut presque coulé. En 1958, un requin blanc mordit l'hélice d'un bateau qui chalutait à Plattenberg Bay. En 1960, un autre fut coulé à Saldanha Bay par un requin blanc, mais celui-ci resta sur sa faim puisque « ses » naufragés furent secourus juste à temps. En 1970, six bateaux furent attaqués par des grands blancs ou leur cousin le mako.

En 1974, en seulement un an, Danie Schoeman vit son bateau attaqué trois fois dans False Bay. Il s'agissait de requins différents, puisque à chaque fois Shoeman réussit à pêcher ou à tuer son agresseur. En tout, il fut attaqué cinq fois, sans doute un record du monde, au point que l'on pourrait se demander si son bateau ne présentait pas des caractéristiques particulières telles que des équipements ou des champs électriques excitant la curiosité des squales.

Dans la plupart des cas cependant, les bateaux attaqués étaient en action de pêche, et l'on ne saurait trop se méfier dans ces circonstances, lorsque l'on aperçoit de grands requins tournant dans les environs.

Toujours en RSA, en 1977, quatre pêcheurs sortent en mer sur un gros hors-bord équipé de deux moteurs. Ils se retrouvent souda... lorsqu'un grand blanc atterrit dans le ... d'une arabesque aussi impressionnante ... Avant même que le requin puisse être tu... hommes est sérieusement blessé et doit êt... par hélicoptère avec un écrasement du pelv... la vessie éclatée. Le hors-bord est remorqué jusqu'au port où le squale est achevé après qu'il eut tout détruit à bord.

A Noël 1946, Harry Lone amarre son bateau sur une jetée de Gladstone et va déjeuner entre deux parties de pêche. Lorsqu'il revient, il a la surprise de découvrir un requin de 180 kilos occupant bruyamment tout le cockpit. L'animal a manifestement sauté dans le bateau pour une raison inconnue, et Lone doit faire appel à un ami pour tuer l'encombrant passager à coups de harpon; celui-ci aura le temps de mordre, tordre, casser et écraser tout ce qu'il peut, rendant inutilisable le bateau du pauvre Lone qui aura néanmoins fait une belle pêche sans gros effort.

Si les makos sont spécialistes de ce genre d'agression sans provocation, ils le sont encore davantage quand on les pêche à la ligne. Il n'est pas rare que, semblant exténués à l'issue d'une longue lutte, ils trouvent encore suffisamment d'énergie pour sauter dans le bateau.

Les requins tigres et les *whalers sharks* (requins sombres) sont également connus pour attaquer les bateaux, surtout quand ils sont molestés par leurs occupants. En décembre 1935, les frères Norton croisent à 150 mètres de la digue de Victoria (Australie) à bord d'un solide bateau de 5 mètres, lorsqu'ils aperçoivent un grand requin de 4 mètres qui nage à côté d'eux à environ un mètre sous la surface. Ils pensent immédiatement au requin qui depuis plusieurs semaines dérange les pêcheurs sur la jetée et qui a dévoré un phoque la semaine précédente.

… voit là une occasion unique de régler le …eme et s'empresse de fixer le manche d'un poignard à l'extrémité d'un aviron. Penché au-dessus de l'eau, il lance de toutes ses forces son harpon improvisé vers le dos du requin. L'eau se teinte immédiatement du sang du squale, mais celui-ci réagit aussitôt d'une façon que Norton n'avait pas prévue. Plutôt que de fuir, il se rapproche au contraire, passe sous le bateau, et remonte brutalement, faisant émerger presque totalement l'embarcation qui manque de chavirer. La manœuvre lui permet incidemment de se débarrasser du harpon qui lui laboure les chairs. Nullement impressionné, Norton lui décoche un second coup qui atteint encore son but mais n'a pas plus de résultat que le premier. L'animal furieux prend cette fois son élan, et arrache un morceau de l'étrave de 50 centimètres par 25; l'eau s'engouffre aussitôt dans l'embarcation qui commence à couler. En quelques minutes les deux hommes se retrouvent dans l'eau, sans rien pour flotter, rien pour se défendre, et ils attendent, résignés, la punition fatale qui ne saurait tarder. Curieusement le monstre ne revient pas, et les secours arrivent avant qu'ils aient été attaqués. Le requin ne réapparaîtra jamais, probablement blessé à mort par les coups de poignard ou par la violence de sa propre attaque, à moins que ses congénères, attirés par le sang s'échappant de ses blessures, ne l'aient achevé à leur façon.

L'instinct de défense agressive est inscrit dans le génome de tous les animaux, peu ou prou, même chez les poissons les plus primitifs, et les méthodes de prévention contre les requins sont certainement à double tranchant, dès lors qu'elles atteignent leur intégrité corporelle. Je me souviens d'avoir tiré au 44 magnum sur un requin à museau carré d'environ 3 mètres, qui tournait en surface autour de notre bateau sur la côte Pacifique du Mexique. Je l'ai fait uniquement parce que nous avions une coque métallique, et que notre bateau ne pouvait être renversé par un tel squale. Je le touchai au moins une fois à la tête, mais il ne montra aucune réaction agressive et disparut peu après. Il est impossible de quantifier le pourcentage des réactions agressives par rapport aux réactions de fuite, et le mieux est de bien réfléchir avant de blesser un squale. Il faut savoir aussi que la notion de « riposte graduée » est étrangère au squale qui adopte plutôt la loi du « tout ou rien » et est en général incapable de proportionner sa riposte ou son attaque à la taille de sa cible. C'est ainsi que le 5 avril 1953, toujours en Australie, un requin se transforma en véritable torpille contre un bateau métallique, sans qu'aucune provocation ait pu justifier une telle violence. Le bateau venait juste de se mettre en route quand le requin le heurta avec une telle puissance que trois membrures furent cassées, et le naufrage évité d'extrême justesse. L'anecdote est démonstrative dans la mesure où le squale resta groggy après l'impact, et disparut sous l'eau sans que l'on sache s'il avait survécu. Fut-il attiré par la coque métallique, la chair de poisson servant d'appât, ou les poissons encore vivants à bord, la question reste posée.

Il semble, curieusement, que les attaques des bateaux se produisent surtout dans les endroits où l'on signale très peu d'attaques de nageurs (surfeurs, plongeurs, etc.), et inversement, comme si les squales avaient un quota d'attaques à porter sur l'être humain lui-même, ou son moyen de transport sur l'eau !

En avril 1946, Nardelli pêche en compagnie de son fils dans le golfe Spencer, au sud de l'Australie, un endroit connu pour les attaques de bateaux. Nardelli aperçoit un énorme requin de 6 mètres qui saisit la ligne. Au lieu de fuir ou de *sonder*, comme cela se passe d'ordinaire, le squale semble identifier immédiatement l'origine de la ligne et fonce directement sur l'embarcation. Il arrache le gouvernail, l'expédie rageusement dans les airs d'un coup de queue, puis s'acharne dessus en le déchirant comme un chien fou.

Dans le même golfe en 1971, Leslie Harris pêche avec son fils Tony depuis une petite barque, lorsqu'un requin blanc jaillit soudain de la surface et s'abat lourdement sur le plat-bord du petit bateau qui commence à embarquer de l'eau. Tony, de ses mains nues, tente de repousser le requin qui fait claquer ses mâchoires sinistrement, tout en essayant de se glisser à l'intérieur du bateau grâce à de furieux coups de queue. Tony parvient finalement à repousser le fauve qui s'abat sourdement dans l'eau, et glisse aussitôt sous la quille qu'il entreprend d'arracher. Tony rame vers la côte et la sécurité, mais il est malheureusement trop tard pour son père qui meurt d'une crise cardiaque avant même d'atteindre le rivage. C'est le seul cas connu, dans les annales, d'une mort d'homme directement imputable au comportement agressif d'un requin, sans qu'il y ait eu quelque blessure ou contusion que ce soit...

Les squales se sont toujours intéressés à certaines parties des embarcations. Il est connu depuis longtemps que les rames ou les avirons les attirent particulièrement, et plus d'un rameur s'est retrouvé avec un simple manche de pioche à la main alors que tout le reste de l'aviron avait été cassé, arraché ou tranché net; d'autres, surpris, ont été bousculés dans le bateau, ou même culbutés par-dessus bord par la brutalité de l'attaque. On peut imaginer que le bruit et la luminosité de l'eau brassée par la rame déclenchent la curiosité des squales, mais aussi les renforts de cuivre que l'on voit souvent sur les avirons en bois. Autrefois, lorsque les hélices et les gouvernails

AVERTISSEMENT

Les documents contenus dans ce cahier fermé sont susceptibles de choquer un lecteur émotif. Ils ont été sélectionnés par l'auteur en fonction de leur valeur démonstrative et correspondent dans le texte à une explication scientifique ou à une histoire vécue.

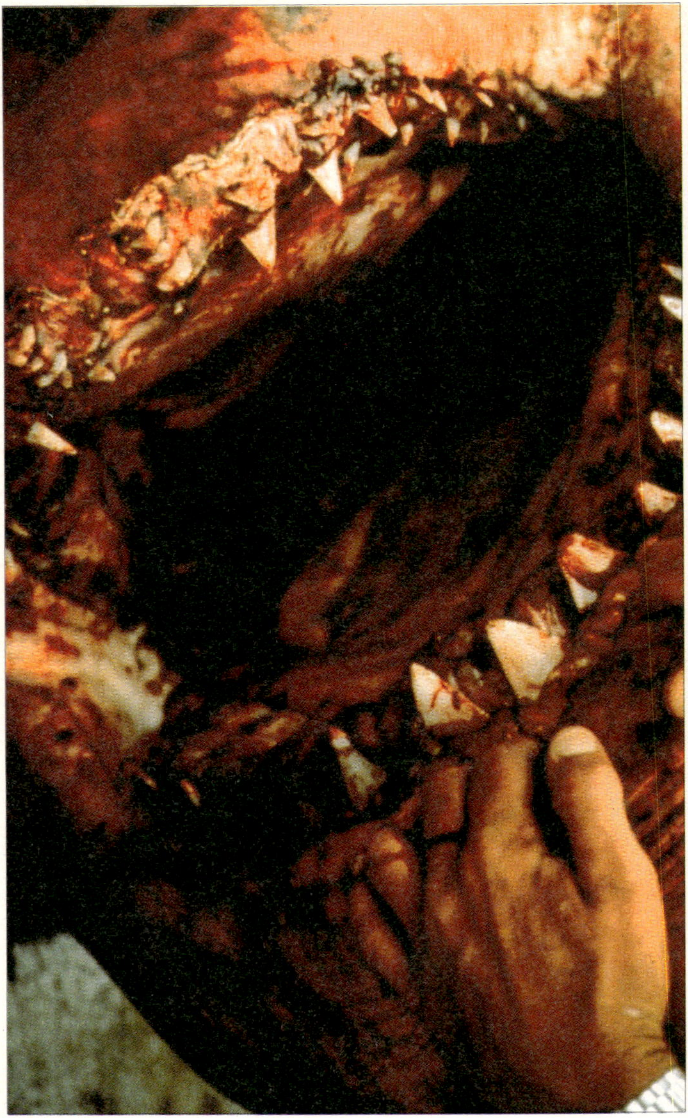

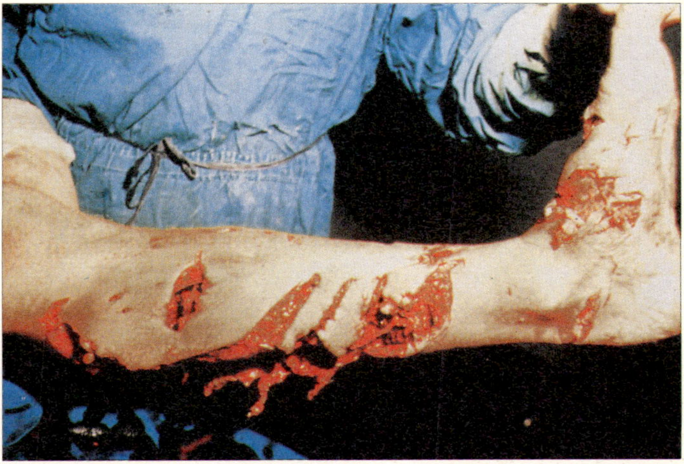

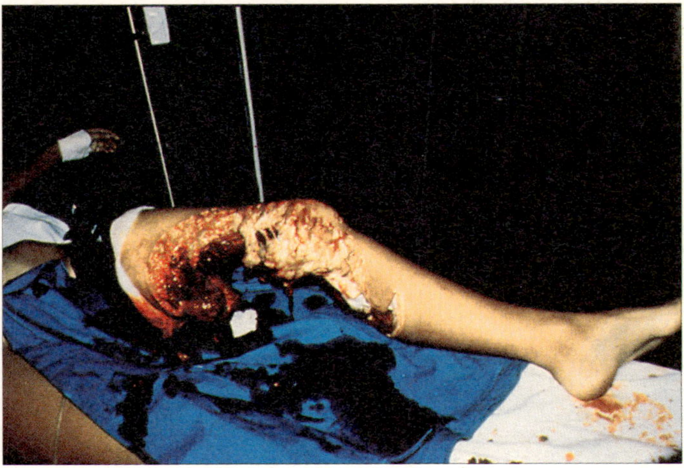

Les blessures peuvent être très graves
comme dans le cas de Bruce Eldridge *(en haut)*
ou rapidement mortelles en l'absence d'assistance immédiate *(enbas)*.
Cette assistance relève du simple secourisme
(garrots, points de compression vasculaire)
(Photos N.S.B. et N.S.B. / X.M.)

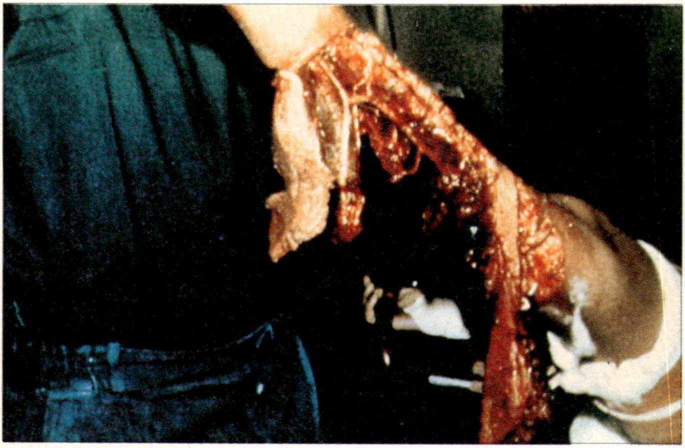

Les blessures,
parfois très délabrantes,
nécessitent
systématiquement
l'amputation très haut
vers la racine du membre.
(Photo N.S.B. / X.M.)

Dans le cas ci-contre,
la victime n'est pas morte
de ses blessures,
en dépit de l'arrachement
des vaisseaux fémoraux.
Dans de tels cas,
le blessé peut mourir
d'hémorragie veineuse
et non artérielle,
car l'artère fémorale
se spasme
dans la majorité des cas.
Une simple compression
peut donc enrayer
l'hémorragie veineuse.
(Photo N.S.B. / X.M.)

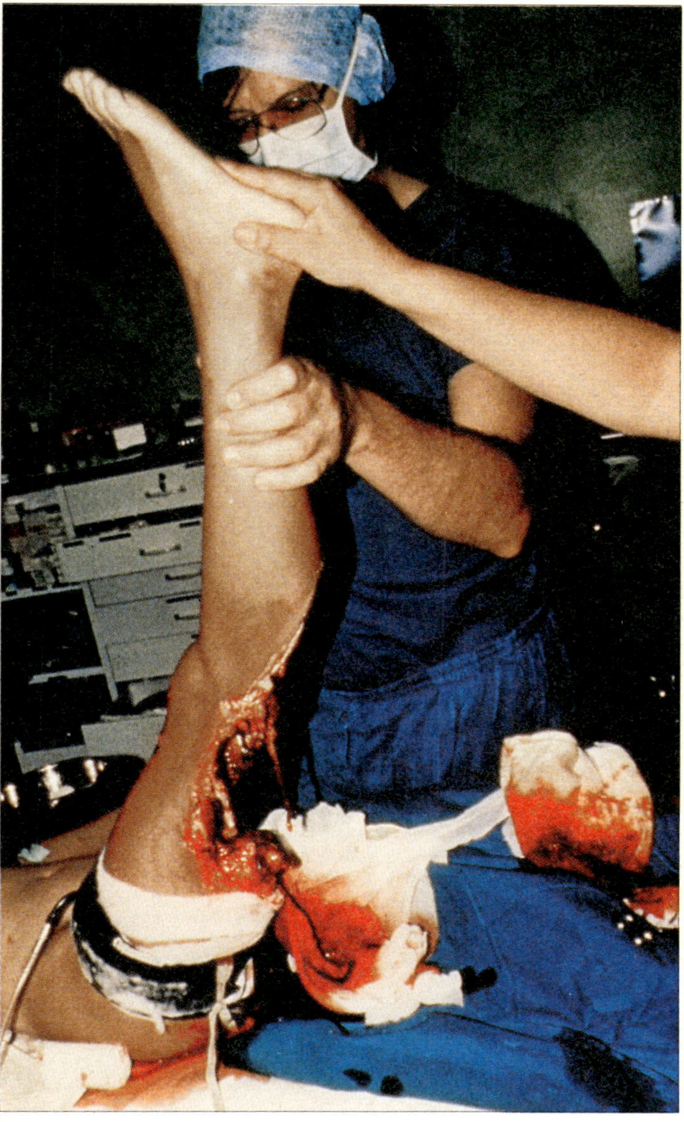

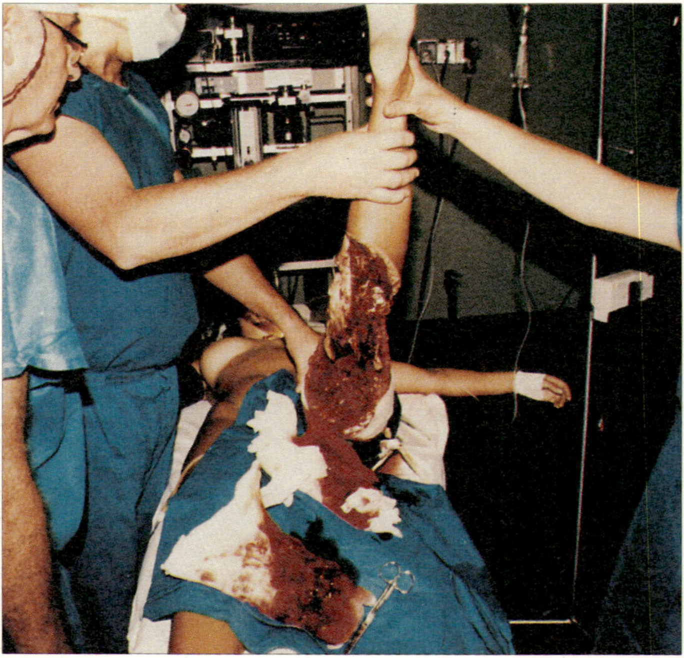

Le 13 février 1988 à Mtunzini (Zululand, Afrique du Sud). B., âgée de quinze ans, fait du surf depuis plus de deux heures lorsqu'elle décide de se reposer sur sa planche. Elle est brusquement jetée à l'eau puis mordue à trois reprises à la jambe gauche. L'un de ses compagnons l'aide à remonter sur sa planche puis l'escorte vers la plage. Ayant suivi des cours de secourisme et ne pouvant faire de garrot sur les vaisseaux fémoraux qui saignent abondamment, il se résout à mettre un doigt dans le vaisseau afin d'enrayer le flot. Ce réflexe unique dans les annales va sauver la vie de B. Le responsable de l'attaque était un *Zambezi shark (carcharhinus leucas)*, manifestement affamé et qui attaquait pour arracher les chairs et se nourrir… *(Photo N.S.B. / X.M.)*

Les superbes plages de la province du Natal en Afrique du Sud réservent souvent d'impressionnantes rencontres, parfois de mortels corps à corps. Les pancartes du Natal Shark Board mettent en garde les nageurs ou les surfeurs imprudents. *(Photos X.M., Michel Pignieres / SIPA, N.S.B. / X.M.)*

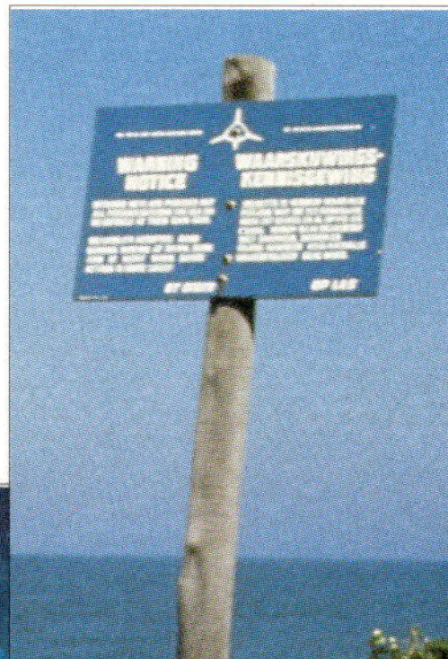

étaient renforcés par des plaques de cuivre, on dénombrait beaucoup d'attaques sur ces parties immergées des bateaux. Je pense que là aussi il peut s'agir d'un phénomène électromagnétique de faible amplitude, suffisant pour exciter l'organe de Lorenzini des requins. Coppleson racontait, il y a une vingtaine d'années, la mise en cale sèche du vieux schooner *Rachel Cohen* dans un port australien. La coque de bois du navire était protégée de centaines de plaques de cuivre qui étaient complètement recouvertes d'algues et de bernacles, mais aussi perforées par la gueule d'un énorme squale dont les dents inférieures et supérieures étaient restées plantées.

Même une embarcation sans poisson blessé ou sans appât à bord peut attirer la dangereuse curiosité des squales. Ainsi les canoës ou les kayaks, peut-être à cause de leurs parties métalliques, de leur couleur, des reflets du soleil. En 1954, tous les concurrents d'une course de canoës sur l'embouchure de la rivière Hawkesbury (New South Wales) furent suivis de très près jusqu'à l'arrivée par des requins de toute taille. En 1936, Slaughter s'entraînait sur la rivière de Brisbane à bord d'un scull pour les championnats nationaux d'aviron. Il perçut soudain un clapotement étrange derrière lui. Se retournant, il ne vit rien, mais peu de temps après l'embarcation buta brutalement sur quelque chose et faillit chavirer. Il se dirigea vers la berge, et aperçut alors le squale qui suivait de près, juste derrière le gouvernail. L'esquif coula avant d'arriver, mais Slaughter parvint à gagner le sol ferme sans être attaqué. Lorsqu'il récupéra le scull, il retrouva une douzaine de dents de requin plantées de chaque côté du bateau, et la quille était enfoncée sur plus d'un mètre.

Le 1er février 1955, dans la rivière de Parramatta à Sydney, un équipage de huit s'entraîne activement lorsqu'un requin jaillit de l'eau droit sur le centre du bateau. Le numéro 2 sent alors son aviron lui échapper des mains, et le requin, déséquilibré dans sa trajectoire, retombe à dix centimètres de l'esquif au lieu de tomber en plein milieu. La queue du squale claque contre le bord, et la vague remplit le bateau à demi. Les hommes en seront quittes pour un léger stress et un aviron cassé. Quelques jours plus tard, à cinq cents mètres de là, un scull est bousculé par un requin. Barry Court, son unique occupant, a le temps d'évaluer sa longueur à 3,50 mètres, mais ne s'attarde pas et se hâte vers la rive non loin de là, le squale toujours à ses trousses. Pendant vingt minutes encore, le requin va tourner comme à regret devant sa proie disparue.

En février 1929, un requin à l'humeur plus enjouée décida de prendre en charge un canoë avec à son bord trois rameurs. Il poussa ainsi l'équipage depuis la jetée de Glenelme (Australie du Sud) jusqu'à cent mètres au large. Les hommes attendaient la suite avec angoisse lorsqu'un bateau à moteur coupa court à leurs états d'âme en embarquant tout le monde.

Comme on le voit, les attaques de bateaux font relativement peu de victimes, mais elles ne se soldent pas toujours par le seul stress.

Parmi les énigmes policières ayant un rapport avec les squales et les bateaux, il en est une particulièrement macabre remontant à 1951, dans le Queensland en Australie. On découvrit là, sur la rivière Fitzroy, un superbe yacht sans âme qui vive à bord. Ou plutôt on découvrit le cadavre du Dr Joske, un médecin d'Adélaïde, seul à bord du bateau. Il avait été éviscéré, et une jambe lui manquait. Son corps gisait dans une mare de sang sur le pont. Les experts manquaient à l'époque, mais on conclut néanmoins que ses terribles blessures ne pouvaient être l'œuvre que d'un requin qui aurait sauté à bord et serait reparti...

DES ATTAQUES DÉTERMINÉES

Parmi les attaques sauvages où le requin fait preuve d'une détermination fatale, le cas de Zita Steadman est impressionnant. Le 4 janvier 1942, Zita Steadman participe joyeusement à un pique-nique à Egg Rock, juste à la sortie du port de Sydney. Elle et ses amis sont venus là en bateau à moteur et ils décident, avant de repartir, de plonger pour se rafraîchir. Il est 15 heures, le moment le plus chaud de la journée. Tout le monde plonge, à l'exception de deux qui restent au bord de l'eau, et Zita s'éloigne un peu plus que les autres, restant quand même dans les eaux peu profondes. Son ami Burns la prévient de ne pas trop s'éloigner, et elle entreprend aussitôt de revenir, lorsqu'elle disparaît d'un seul coup sous l'eau alors qu'elle nage. Ses amis aperçoivent aussitôt un requin énorme battant furieusement l'eau là où était Zita quelques secondes auparavant.

Burns saisit un aviron sur un bateau et parvient tout près du requin dans 1,50 mètre d'eau. Il commence à frapper furieusement le squale qui continue d'assurer sa prise avec une telle férocité que son corps émerge de l'eau dans un bouillonnement d'écume. L'aviron que Burns lui lance à toute volée ne lui fait pas le moindre effet et il entraîne progressivement Zita dans les eaux profondes.

Burns n'a aucune idée des blessures de Zita, mais il est éclaboussé de sang, et il se précipite, désespéré, dans un bateau à rames, espérant repousser le fauve avec la coque. Cette tentative n'a guère plus de succès. Il aperçoit enfin les longs cheveux bruns de la jeune femme près de la surface et parvient à la saisir. Il tire de toutes ses forces mais, à sa grande surprise, le corps de Zita remonte facilement à la surface. Il voit clairement le monstre maintenant, qui n'a pas lâché prise mais qui a littéralement coupé en deux la malheureuse, et conservé sa part.

Onze mois plus tard, le 26 décembre 1942, à quelques centaines de mètres de l'endroit où Zita Steadman fut sauvagement tuée, Denise Burch, quinze ans, se baigne près de la rive par environ 1,50 mètre de fond. Elle est soudain happée au niveau des membres inférieurs par un animal qui ne lâche sa prise que lorsque celle-ci se sépare du reste du corps de sa victime. Amputée au niveau des deux jambes, Denise Burch meurt avant même d'être ramenée sur la rive.

La détermination féroce de ces deux attaques était certainement l'œuvre du même requin, car il est rare qu'un squale maintienne une seule prise. Même quand il a décidé d'attaquer pour se nourrir, c'est-à-dire d'arracher les chairs, il procède par attaques successives, rarement uniques.

Une autre particularité commune à ces deux attaques tient à leur période de survenue dans l'année : janvier et décembre. Toutes les attaques perpétrées dans le port de Sydney (dix-huit !) se sont déroulées entre le 25 décembre et le 2 février, dont dix pendant les mois de janvier. On sait l'incidence des températures sur la fréquence des attaques, et les mois de décembre-janvier sont bien les plus chauds dans l'hémisphère Sud, mais il existe sans doute un facteur supplémentaire (peut-être lié à la température) en rapport avec les périodes de reproduction. Pendant ces périodes, même les espèces animales les plus dociles deviennent féroces dès que leur progéniture est menacée. Ces mois particuliers pourraient correspondre à l'arrivée des jeunes en eaux peu profondes, mais on ne connaît pas bien les mœurs des squales, et il pourrait aussi bien s'agir des premiers mois succédant à des phases d'hibernation, ou encore d'un changement d'habitudes alimentaires en fonction des migrations vers la côte de mulets, saumons et autres poissons.

Quelle que soit la raison de ces périodes d'attaques, il ne fait pas de doute qu'elle est elle-même étroitement liée à la température de l'eau, qui conditionne les métabolismes, les éclosions, les migrations, etc.

La férocité d'une attaque peut se traduire également par une répétition de charges successives. Le chasseur sous-marin Terry Manuel fut victime d'une telle attaque en janvier 1974, en Australie, sous les yeux de son compagnon John Talbert qui l'attendait dans leur bateau. Le requin revint à la charge quatre fois de suite, jusqu'à ne plus lâcher prise à hauteur de l'abdomen de Manuel. John Talbert, horrifié, ne put que ramener le haut du corps de son ami, et le reste ne fut jamais retrouvé. Ces macabres exemples prouvent qu'un requin peut couper en deux un homme à n'importe quel niveau, et que toutes les blessures qui ne sont pas transfixiantes ne le doivent qu'à la « volonté » du squale, en aucun cas à la résistance mécanique d'un corps humain.

On dit parfois que les requins sont « timides », mais quand ils ont décidé d'attaquer pour se nourrir, rien ne les arrête, même une proie dans la multitude. C'est ainsi que certaines manifestations nautiques ou aquatiques ont été le théâtre de drames inexorables sous les yeux d'une foule de témoins. Le 15 février 1930, une course nationale de dinghys se déroulait à Middle Brighton en Australie. Dès que la course se termina, à 18 h 30, Norman Clarke, dix-neuf ans, plongea en eau profonde à quelque quatre cents mètres de la plage, depuis une jetée où se tenaient encore de nombreux spectateurs. Il était seul dans l'eau. Alors qu'il se trouvait à seulement trois mètres de la jetée, il leva soudain les bras en criant, et disparut. Il réapparut à la surface avec une jambe dans la gueule d'un requin. Clarke était assis en travers du museau du squale, lui martelant la tête de ses deux mains. Il disparut à nouveau et on ne le revit jamais. La scène s'était déroulée sous les yeux horrifiés d'une centaine de personnes sur la jetée. Tous s'accordèrent pour estimer la taille du requin à 5 mètres. Un témoin avait aperçu le squale avant qu'il attaque, mais ses cris n'avaient pas été entendus par Clarke et celui-ci, de toute façon, n'aurait sans doute pas eu le temps de regagner l'échelle de la jetée. L'activité fébrile autour de la course avait certainement attiré le squale qui attendait une occasion favorable, et Clarke ne pouvait que provoquer sa curiosité en plongeant bruyamment de plusieurs mètres de haut. Il existe de nombreux exemples de victimes attaquées juste après qu'elles eurent plongé d'un bateau.

Le 4 mars 1956, une compétition de surf venait juste de se terminer à Port Phillip (Australie), et John Wishart se reposait à deux cent cinquante mètres de la plage avec cinq autres surfeurs. Le requin était près de la plage et croisa deux nageurs alors qu'il se dirigeait droit sur Wishart. Celui-ci fut soudain aspiré sous l'eau et les spectateurs atterrés le virent réapparaître frappant frénétiquement le squale. Wishart disparut à nouveau sous la surface, et son corps ne fut jamais retrouvé.

Ces deux attaques furent probablement le fait d'un grand requin blanc.

Le 19 août 1967, Robert Bartle fait de la chasse sous-marine dans Julien Bay en Australie-Occidentale, à trois cents kilomètres de Perth. Bartle est le champion national de ce sport très prisé dans la région.

Une région où les attaques sont rares en raison du courant froid qui remonte depuis le courant antarctique de l'ouest. Le sort de Bartle va sérieusement ébranler l'illusion de sécurité entretenue par ce courant froid. Robert est à environ sept cent cinquante mètres au large lorsqu'un grand requin le saisit par quatre ou cinq mètres de profondeur. Son ami Warner est témoin de l'attaque, et décoche une flèche dans la tête du squale dans la zone qu'il estime être celle du cerveau. Il est trop tard, le malheureux Bartle est coupé en deux, et le requin s'intéresse maintenant à Warner qu'il encercle de plus en plus près. Celui-ci le repousse avec son fusil de 20 centimètres malheureusement déchargé. Le squale va disparaître avec la flèche fermement plantée dans le crâne, arrachant au passage la ligne de 115 kilos qui la retenait. On évoque le grand blanc pour expliquer la sauvagerie de l'attaque, d'autant plus qu'il est le seul à ne pas respecter les limites de la ceinture des températures, mais Warner parla d'une membrane blanche, ou de ce qui semblait être une membrane blanche qui bougeait dans le plan horizontal et aurait recouvert l'œil de l'agresseur. Ce dernier point n'est pas en faveur du grand blanc qui ne possède pas de membrane nictitante, même s'il peut découvrir une partie de son globe oculaire blanc lorsqu'il retourne celui-ci au moment de l'attaque. Tous les efforts entrepris pour capturer le tueur demeurèrent vains...

DES ATTAQUES REMARQUABLES

Toute attaque de squale est en soi dramatique et constitue un événement déplorable, mais certaines circonstances, conditions ou paramètres supplémentaires peuvent la rendre encore plus tragique, ou au contraire conforter les optimistes qui pensent que tout événement grave aurait pu l'être encore davantage.

Le 27 octobre 1937, à Coolangatta en Nouvelle-Galles du Sud (Australie) il est 17 h 30, et plusieurs hommes se baignent à deux cents mètres de la plage. Parmi eux Norman Girvan, Jack Brinkley et Gordon Doniger qui se trouvent près de la verticale d'un chenal sous-marin creusé dans le sable par les courants. Les trois amis plaisantent un moment à propos des requins puis décident de regagner la côte. C'est à ce moment que Girvan crie à l'attention de son voisin : « Vite, Don, un requin m'a attrapé. » Doniger pensa qu'il plaisantait encore, mais quand Girvan leva son bras il y avait du sang partout.

Girvan ajouta : « Il ne me laissera pas partir. Il a eu ma jambe. » Doniger vint au contact de Girvan, et il réalisa alors que son ami était terriblement secoué en tous sens. Girvan fut alors arraché de ses bras et le requin fit surface juste à côté, énorme. C'était un grand. Girvan gémit. « Je suis parti. Adieu. » Presque immédiatement le tueur l'emmena sous les eaux.

Doniger appela Brinkley pour qu'il vienne à son aide, mais, juste au moment où celui-ci commençait à nager vers eux, un requin l'attaqua. Joseph Doniger, qui avait aperçu la scène, se jeta aussitôt à l'eau vers son frère et Girvan. Alors qu'il nageait, il vit Brinkley attaqué par un second requin un peu plus petit que le premier. Joseph Doniger réussit à attraper Brinkley sous le menton et entreprit de le ramener à la côte, mais le squale revint à la charge, et Joseph sentit de terribles secousses ébranler le corps de son ami. Il vit parfaitement le requin dont la taille faisait au moins 2,50 mètres, d'après lui.

Norman Girvan avait disparu, mais des morceaux

de son corps seront rejetés au rivage dans les jours suivants. Brinkley fut transporté à l'hôpital de Coolangatta avec le bras gauche arraché, et tout le flanc gauche sévèrement lacéré. Il fut transfusé puis opéré, mais il mourut dans la soirée. Le lendemain, un requin tigre femelle fut capturé non loin de là, mesurant 3,6 mètres et pesant 385 kilos. Quand on ouvrit son estomac, on y découvrit des morceaux de bras et de jambes non digérés. On put identifier la main droite de Girvan grâce à une cicatrice. Le Dr Birch, qui avait examiné les blessures de Brinkley, constata qu'elles semblaient avoir été faites comme par un rasoir, sans les déchirements caractéristiques habituels. On conclut alors que la cible principale avait été Girvan, et qu'il n'y avait sans doute eu qu'un seul requin dans cette tragédie. Ce n'est qu'en revenant sur Girvan que le tigre aurait effleuré Brinkley de ses nageoires tranchantes, expliquant la forme linéaire de ses blessures. Il est très exceptionnel en effet que deux requins attaquent en même temps, en dehors des frénésies alimentaires qui demandent des circonstances bien particulières, et en dehors des cas où les eaux sont rendues attractives par plusieurs sources de diffusion de sang (naufrages...).

Il est donc très probable que Joseph Doniger s'est trompé dans son appréciation à propos des deux squales. J'ai exposé ailleurs comment les bords d'attaque des ailerons et nageoires des squales étaient tranchants, justifiant qu'ils puissent blesser à mort un homme statique dans l'eau, alors que le squale charge à grande vitesse vers sa proie (voir cahier photos).

Une autre attaque comparable eut lieu cette fois en eau douce à vingt kilomètres en amont de l'embouchure sur la rivière Maria (Australie). C'était en novembre 1947. Deux frères plongent dans les eaux troubles de la rivière juste devant leur maison.

Rupert, âgé de treize ans, se met soudain à hurler. L'eau s'agite furieusement autour de lui et il nage rapidement vers la rive en laissant derrière lui un sillage rougeâtre. Presque aussitôt son frère Edwin, douze ans, hurle avant de disparaître sous la surface. Dès qu'il reparaît, son frère aîné Stanley l'agrippe et tente de le tirer vers la berge, en vain. D'un seul coup Edwin se libère, ou plutôt le squale vient de le relâcher en lui arrachant la jambe au niveau du genou. Edwin meurt sur la plage dans les bras de son frère. Pendant ce temps Rupert parvient à gagner la terre ferme, avec une profonde entaille depuis la cuisse jusque sous la rotule, mais il guérira de sa blessure.

Il est certain que Edwin était l'objet de l'attaque, et que son frère fut blessé pendant la charge du squale par une de ses nageoires.

Le 24 décembre 1934, dans les eaux de Brisbane, à 2 kilomètres de la mer, trois frères et sœurs s'apprêtent à plonger depuis le ponton qui relie leur maison au débarcadère. Joyce plonge la première et son frère Roy l'applaudit tout en décrétant qu'il va faire mieux. Il plonge à son tour, et c'est à ce moment que Joyce hurle en apercevant un aileron arrivant droit sur elle. Elle frappe l'eau avec ses jambes et ressent alors une douleur au niveau de son genou, comme une coupure. Son frère disparaît juste après dans un tourbillon d'écume, et elle a juste le temps de regagner l'échelle du ponton à un mètre d'elle. Leur mère assiste de loin à la scène et se précipite. Kathleen, qui n'a pas encore plongé, se rue dans une barque non loin de là et arrive sur Roy qui vient de reparaître en hurlant et en se débattant avec l'énergie du désespoir. Elle a à peine le temps de le toucher qu'il est à nouveau entraîné sous la surface. Elle va le chercher pendant des heures mais on ne le retrouvera jamais.

Dans ce dernier cas encore la cible était unique, et le survivant, blessé involontairement par le squale, n'était pas particulièrement visé.

Le 29 décembre 1961, Margaret Hobbs, dix-huit ans, et Martin Streffens, vingt-quatre ans, sont immobiles dans l'eau, à 5 mètres du rivage par 1 mètre de profondeur non loin de la ville de Mackay (Australie). Ils flirtent ainsi depuis une vingtaine de minutes lorsque la jeune fille est brutalement arrachée des bras de son ami, dans une gerbe d'eau qui l'empêche de voir quoi que ce soit. Martin réussit à saisir le corps de Margaret, mais le tueur est le plus fort. Lorsque les deux malheureux sont secourus, il est déjà trop tard pour Margaret dont le bras droit est tranché au niveau de l'épaule, l'avant-bras gauche au-dessus du poignet, et la cuisse droite ravagée jusqu'au fémur. Martin devra être amputé de la main droite lacérée par le squale alors qu'il s'acharnait sur sa victime. Là encore la victime « accessoire » ne fut blessée que parce qu'elle se trouvait là sur la trajectoire de la proie unique. Il faut que les sauveteurs potentiels sachent que le risque est très limité d'aller secourir une victime déjà blessée, car le requin, s'il attaque à nouveau, harcèlera la même victime dans la très grande majorité des cas. Le nombre de sauveteurs victimes de leur courage est infinitésimal, ce qui s'explique parfaitement quand on sait les multiples moyens neurosensoriels extrêmement sophistiqués dont dispose le squale pour retrouver sa proie à courte distance même dans le noir.

Je conçois un lecteur un peu lassé de l'évocation de toutes ces tragédies, même si elles ont un intérêt démonstratif, et j'enchaînerai donc sur quelques exemples moins inéluctables.

Iona Asai était un insulaire pêcheur de perles aborigène, auquel ses compagnons prêtaient un pouvoir de communication avec les dieux. L'aventure unique qu'il vécut en 1937 ne fut pas pour le diminuer aux yeux de ses compagnons, bien au contraire. Il écrivit lui-même plus tard : « Durant l'année 1937, un vendredi juste vers 11 heures, je plongeai pour la troisième fois et marchai sur le fond vers un petit monticule. Le requin était de l'autre côté, je ne le voyais pas et il ne me voyait pas. Je vis une pierre comme une huître perlière sur le côté nord, et, quand je me retournai, je vis un requin à deux mètres de moi. Il ouvrit sa gueule. Je n'avais déjà plus aucune chance de lui échapper. Il arriva et me mordit sur la tête. Il eut l'impression que le crâne était trop dur, alors il avala ma tête et plaça ses dents autour de mon cou. Et puis il me mordit. Quand je sentis ses dents s'enfoncer dans ma chair, je mis mes mains autour de sa tête, et écrasai ses yeux jusqu'à ce qu'il me laisse partir et retourner comme je le pouvais vers le bateau. Le capitaine me hissa dans le bateau et je m'évanouis. »

Trois semaines et 200 sutures plus tard, Iona développa un petit abcès au niveau de son cou, d'où sortit une dent de requin tigre qui devait faire au moins 3 centimètres. Dix-neuf ans plus tôt, Iona avait déjà été attaqué au large de Cairns, confirmant par la suite la consonance biblique de son nom : Iona est le nom local pour Jonah (Jonas).

En 1913, un autre pêcheur du nom de Treacle faillit aussi perdre la tête dans le détroit de Torres, lorsqu'il plongea du bateau directement dans la gueule ouverte d'un requin tigre, qui finit par relâcher sa proie, apparemment inerte. Treacle, tétanisé par le stress, avait opté pour la tactique de la nondéfense et de l'immobilisme absolu, et il eut la chance miraculeuse d'être relâché...

Ces deux exemples confirment que le requin ne choisit pas une zone anatomique plus qu'une autre, mais seulement la partie de sa proie qui est le plus commode à saisir, c'est-à-dire dans la grande majorité des cas, pour l'homme, les jambes, les genoux, les hanches, exceptionnellement la tête.

Tous deux choisirent des modes de défense très différents. Asai choisit la manière incisive et eut la chance de pouvoir atteindre les yeux qui sont une des zones fragiles du squale. Treacle préféra quant à lui faire le mort. De tels exemples sont trop exceptionnels pour en tirer une méthode de défense et préférer l'immobilisme à l'agressivité. Disons que la chance la plus extraordinaire peut parfois tirer des pires situations, et qu'il faut toujours s'en souvenir.

Les surfeurs sont souvent victimes de la curiosité des squales, même quand leur position sur la planche ne les fait pas ressembler à un quelconque pinnipède. Le 10 décembre 1977, le jeune Kim Pearce est assis sur sa planche, à quatre cents mètres du rivage près de l'embouchure de la rivière Qolera dans le Transkei, attendant une vague favorable. L'eau est claire et sa température ne dépasse guère 17 °C. Il est 10 heures lorsque Kim est presque éjecté de sa planche par un choc très violent. Il regarde alentour pour comprendre ce qui a bien pu provoquer un tel choc, lorsqu'il aperçoit un requin « fonçant droit sur lui, à une vitesse terrifiante ». Cette fois le choc porte sur le côté de la planche, et Kim parvient tout juste à s'y maintenir. Le requin commence alors à décrire des cercles de plus en plus rapprochés, mais Kim hypnotisé ne pense pas à relever ses jambes qui pendent dans l'eau. Le requin s'approche brusquement par la gauche et saisit les deux jambes à hauteur des cuisses. L'impact est tellement violent que Kim est projeté presque complètement hors de l'eau. A sa grande surprise il est relâché par le squale et ne ressent aucune douleur. Il parvient à se hisser sur sa planche et se dirige vers la plage. Beaucoup de sang coule dans l'eau, mais le requin a disparu, comme si Kim n'était pas à son goût. Ses deux jambes sont gravement lacérées autour des genoux, et la jambe gauche atteinte de gangrène devra être amputée au-dessus du genou. La morsure sur la cuisse droite mesure 25 centimètres de large et n'a pu être infligée que par un requin à grande gueule, capable de saisir les deux membres à la fois. Les chirurgiens ne pouvant fournir d'indications quant à la profondeur ou à la forme des blessures, c'est l'examen de la planche qui va identifier l'agresseur. La profondeur des marques de dents est toujours plus grande du même côté de chaque empreinte, ce qui évoque la configuration des dents du requin tigre *galeocerdo cuvieri*, tout comme la largeur des empreintes qui diminue sur le côté. Des dents de requin tigre sont placées dans les empreintes, et celles d'un spécimen de 3 mètres s'y adaptant parfaitement, on conclut qu'il s'agissait très probablement d'un tigre d'environ 3 mètres.

Ce type d'attaque violente, mais unique et sans acharnement, est en fait plus fréquent que l'attaque répétée aboutissant à une mort certaine. C'est ce que l'on peut appeler une « charge d'investigation », au cours de laquelle le squale vient mettre au contact de l'objet qui l'intrigue un maximum de ses organes sensoriels, la morsure n'étant que le plus incisif de ses moyens d'investigation.

Dans les îles Tuamotu, certaines histoires vécues surpassent les plus belles légendes. L'une des plus extraordinaires fut vécue au début du siècle par un plongeur demeuré anonyme. Ce plongeur était connu comme un agressif pas toujours très sociable, et il n'y avait guère que sous l'eau qu'il restait tranquille. Jusqu'au jour où, ramassant tranquillement des huîtres perlières, il tamponna la redoutable créature. Le requin fit un grand cercle autour de lui, et puis passa à l'attaque. Le plongeur se réfugia dans une caverne corallienne, mais le requin se détourna et arriva droit derrière lui. Ne voyant pas d'autre moyen de fuite, le plongeur parvint à s'accrocher désespérément sur le dos du squale, et enfonça ses doigts le plus profondément qu'il put dans les ouïes de l'animal.

Les événements prenaient une tournure tout à fait inattendue pour le requin. Paniquant soudain, celui-ci se rua vers la surface avec une telle vélocité qu'il émergea de l'eau, décrivit une courte arabesque, replongea vers le fond, puis revint encore à la surface avec le plongeur toujours agrippé à ses ouïes. Devenu fou furieux, l'animal se rua vers un récif légèrement submergé où il se retrouva à moitié au sec. Le plongeur dégringola de sa sinistre monture et regagna la terre ferme sans aide, mais le corps plein de lacérations et de sang à cause de la peau rugueuse du requin et des collisions avec le corail acéré. Il réfléchit quelques minutes sur le sujet, devint fou de rage, retourna vers son tortionnaire échoué, et lui assena un phénoménal coup de poing sur le museau. La gueule du squale s'ouvrit aussitôt à une vitesse prodigieuse et lui arracha la main!

En juillet 1926, le jeune marin Tony Madison, vingt-six ans, passa par-dessus bord de son bateau. Dès que sa disparition fut signalée, le commandant fit demi-tour, et par miracle Madison fut repéré à 2 heures du matin. On lui lança deux bouées avec des feux, et l'équipage vit le naufragé se battre désespérément dans l'eau. Quand il fut remonté à bord, ses deux jambes étaient lacérées par des morsures de requins, et son visage était déchiré et piqueté par des coups de bec de grands oiseaux qui n'avaient cessé de le harceler pendant ses deux heures de calvaire.

Le 16 mai 1949, à Broome (Australie), Mary Passaris, âgée de vingt-deux ans, est attaquée par un requin qui lui arrache l'avant-bras gauche alors qu'elle se baigne. Cinq jours après, alors qu'elle récupère à l'hôpital, un requin de 2,75 mètres est capturé à proximité du lieu de l'attaque. C'est un carcharhinidé (appelé *whaler* par les Anglo-Saxons en raison du goût de cette famille pour la chair de baleine). Il pèse 180 kilos. A l'ouverture de son estomac, on trouve le bras de Mary Passaris, intact, non encore digéré. Sur l'un des doigts, une bague que Mary porte maintenant à son autre main. Les faits remarquables de cette attaque sont l'attirance probable du squale pour l'éclat métallique de la bague, l'état de non-digestion et de non-putréfaction du membre (déjà signalé au chapitre *Digestion du requin*) même après cinq jours, et accessoirement l'anecdote relative à la récupération du bijou, intact quant à lui...

Il y a une vingtaine d'années, un nageur fut grièvement blessé à l'épaule devant Antibes, en France, par ce qui était très probablement un requin. Les échos de cette attaque furent discrets, et personne ne tenta d'enquêter sérieusement. Une autre suspicion d'attaque semblable eut lieu à la même époque en Corse. Il ne s'agit pas de parler sérieusement d'un tel risque sur les côtes méditerranéennes en France, mais de souligner simplement qu'elles n'auraient rien d'impossible en raison des espèces présentes en Méditerranée, en raison des migrations faciles des squales, en raison d'attaques similaires prouvées à la même époque en Adriatique. On sait que certains bateaux sont suivis sur de très longues distances par des squales qui attendent à heures fixes que l'on balance par-dessus bord les poubelles, les restes de cuisine, les viandes périmées, etc. Si ces vagabonds solitaires ne rencontrent pas de différences notables de température, il est tout à fait concevable qu'ils remontent ainsi jusqu'en Méditerranée, en Corse, à Marseille ou ailleurs.

Certaines attaques menées par les requins peuvent ne pas leur porter chance, quand ils avalent sans discernement. C'est ainsi que l'un des ennemis naturels du requin, en dehors des gigantesques calmars des profondeurs et des grands crocodiles *porosus*, est le petit diodon, poisson hérissé d'épines et qui se gonfle dès qu'il est en alerte. De tels diodons qui se gonflent et se coincent à l'intérieur de la gueule d'un squale sont couramment à l'origine de la mort de celui-ci par étouffement. Shangai Bill fut lui aussi victime de sa boulimie, mais d'une façon encore plus originale. Au temps de la marine à voile, beaucoup de ports recelaient dans leurs eaux de sinistres mascottes que l'on finissait par baptiser de surnoms exotiques. Les plus célèbres furent « Port Royal Jack », qui gardait l'entrée du port de Kingston à la Jamaïque, et « Shangai Bill » qui hantait les eaux du port de Bridgetown à la Barbade aux Caraïbes. Shangai Bill avait déjà gobé de nombreux marins, quand il connut une fin indigne de lui. Un jour qu'un gros chien de berger était tombé dans le port, Bill, immédiatement mis en alerte, se précipita sur l'intrus et réussit à n'en faire qu'une bouchée. La bouchée était énorme cependant, et surtout pleine de très longs poils très denses. Les poils s'entortillèrent dans les dents de Shangai Bill, qui finit par en mourir. Ce fut la seule fois sans doute où un chien tua un requin. En temps normal les chiens sont des proies appréciées des requins, et les séries d'attaques sur des humains par des maraudeurs solitaires ont souvent été accompagnées, ou précédées, d'attaques sur des chiens qui se baignaient près du rivage.

VICTIMES COURAGEUSES

Le 12 mars 1960 à Aldinga au sud d'Adélaïde, Brian Rodger fut attaqué par un grand blanc de 3,5 mètres alors qu'il faisait de la chasse sous-marine. Le requin lui arracha la jambe gauche dès la première attaque, mais, comme elle tenait encore par un lambeau de chair, il revint immédiatement pour concrétiser son avantage. Le courageux Rodger eut le temps de le viser avec son fusil heureusement chargé et de lui décocher une flèche juste derrière l'œil gauche. Le squale ne sembla pas accuser le coup mais interrompit son attaque et s'éloigna dans les profondeurs. Rodger était seul à plus d'un kilomètre de la côte et n'avait donc aucune chance à moins d'un miracle. Il décida d'utiliser le tendeur de son fusil, maintenant inutile, pour essayer de se faire un garrot au niveau de la cuisse. Il réalisa alors que sa main gauche et son avant-bras étaient également gravement blessés. Il parvint néanmoins à faire de sa seule main droite un tourniquet autour de sa cuisse, interrompant ainsi le flot de sang qui ne manquerait pas d'attirer tous les requins des environs. Il était non seulement très sportif, mais averti des techniques de secourisme et des points de compression vasculaires.

Tout en nageant vers la côte avec l'énergie d'un homme qui sait qu'il a toutes les chances de mourir, Rodger essaya en même temps de contrôler l'hémorragie de son avant-bras en comprimant au niveau de la saignée du coude. Il s'attendait à la charge finale à tout moment, mais continuait de se battre contre une fatalité qu'il refusait. Il put ainsi rejoindre une petite barque occupée par deux autres chasseurs sous-marins. L'un d'eux n'hésita pas à sauter par-dessus bord pour l'aider à se hisser dans le bateau, et trois heures d'opération le sauvèrent définitivement. Il n'y eut pas de miracle, seulement une détermination farouche de survivre, une bonne condition sportive, et un minimum de connaissances de la physiologie. Il y eut certes la chance qu'une autre attaque ne suive pas, mais un requin blanc s'éloigne en général avant de revenir, sous réserve que les autres requins des environs lui en laissent le temps. Il est probable qu'entre les deux sources de sang les squales ont d'abord choisi leur congénère, car nous avons vu qu'ils étaient équipés de détecteurs de vibrations de poissons en détresse. Les vibrations émises par Rodger n'étaient sans doute pas aussi attrayantes que celles du requin qu'il avait harponné !

Le 10 décembre 1962, à 23 kilomètres de là, un autre requin de la même taille attaque le jeune Corner qui fait de la chasse sous-marine. Son ami Phillips, qui fait du surf à côté de lui, le rejoint aussitôt et frappe le squale de toutes ses forces, mais sans résultat. Lorsque l'animal relâche enfin sa proie, c'est pour partir avec sa jambe droite. Phillips parvient à hisser Corner sur sa planche et ils entament un retour cauchemardesque vers la côte. Pendant tout le périple le monstre les suit lentement à quelques mètres, observant chacun de leurs mouvements, prêt à foncer à nouveau sur la planche qui ruisselle de sang. Lorsqu'ils arrivent à terre, Corner est mort. Si Phillips avait eu le réflexe de pratiquer un garrot, il est probable que son courage n'aurait pas été vain, et que son ami ne serait pas mort. Trop de gens pensent que des blessures terribles ne peuvent être jugulées que par des médecins, alors que des gestes d'une simplicité absolue peuvent être pratiqués par n'importe qui et suffisent à sauver la vie de la victime...

Le 10 décembre 1963, encore à Aldinga, encore une fois pendant une partie de chasse sous-marine, mais dans le cadre d'une compétition surveillée, Rodney Fox est férocement attaqué par un grand blanc qui le saisit entre ses mâchoires à hauteur du thorax, et le propulse ainsi pendant plusieurs mètres. Fox ressent une pression considérable qui l'empêche de respirer, mais aucune douleur particulière. Il réalise qu'il est dans la gueule du monstre et essaie de le frapper en vain de son bras libre. Le squale l'agite plusieurs fois en tous sens, puis relâche légèrement sa pression. Avant qu'il ne saisisse une meilleure prise, Fox parvient à se libérer et roule sur le dos du requin. Celui-ci aperçoit alors le poisson que Fox avait fléché, et l'avale aussitôt avant de plonger. Il entraîne derrière lui le malheureux Fox dont la ceinture est reliée au poisson par une cordelette. Ce n'est qu'à une dizaine de mètres de profondeur que la corde se casse enfin, et Fox refait surface dans une flaque de sang. Un bateau de surveillance est immédiatement sur les lieux, et Fox sera sauvé à l'issue d'une opération de trois heures, reprenant son activité préférée cinq mois plus tard. Son sang-froid lui a permis d'analyser à tout instant sa situation, et de profiter du moment le plus propice pour échapper à l'étau des terribles mâchoires. Si l'on examine les photos des plaies de Rodney Fox (voir le cahier photos) il est évident que le squale n'a pas voulu arracher les chairs et s'est contenté d'une morsure « exploratoire ». Un squale dont les mâchoires ont un tel diamètre mesure plus de 3 mètres, et développe entre ses dents une puissance de plusieurs tonnes par centimètre carré, à laquelle ne saurait résister une cage thoracique d'être humain.

Le courage d'une victime peut se manifester également après une attaque lorsqu'elle affronte à nouveau les circonstances dans lesquelles elle fut attaquée une première fois. Henry Bource est l'une de ces victimes courageuses. En novembre 1964, Bource photographie des phoques dans les eaux de Percy Islands lorsque, brusquement, un grand blanc fonce sur lui et lui arrache la jambe gauche au-dessus du genou. Immédiatement secouru par ses camarades, il est hissé sur le bateau où on lui pose un garrot. Quelques mois plus tard il reprendra son métier de photographe sous-marin, équipant son moignon d'une palme. Quelques années plus tard cette palme lui sera arrachée par un autre squale, mais Bource continue de penser que « les requins font ce pour quoi la nature les a programmés... » (voir cahier photos).

SAUVETEURS HÉROÏQUES

Il est 17 h 30, ce 7 mai 1959, lorsque Albert Kogler, un étudiant de dix-huit ans, décide d'aller se baigner avec Shirley O'Neill, une amie du même âge. Ils viennent de passer quelques minutes au soleil sur la plage de Baker Beach, non loin du célèbre pont du Golden Gate, et se jettent à l'eau en courant. Ils ne savent pas qu'ils vont être les acteurs de l'une des attaques les plus connues aux Etats-Unis. Pas seulement la plus septentrionale de la côte Ouest, mais l'une de celles où un témoin direct fit preuve du plus grand courage.

Shirley O'Neill raconte : « Nous étions dans l'eau depuis une quinzaine de minutes et nous nous trouvions à environ quarante mètres du bord lorsque Albert me dit : " N'allons pas plus loin, ce pourrait être dangereux. " Nous restâmes un moment debout dans l'eau tout en parlant. Nous nous apprêtions à regagner le bord et je regardais vers le Golden Gate (vers l'est) quand je l'entendis crier. Je me retournai vers lui et vis alors cette grande chose frapper la surface de l'eau. Je ne savais pas si c'était une queue ou un aileron, mais je savais que ce devait être un poisson quelconque.

« Il y avait un véritable bouillonnement dans l'eau, et je savais qu'il se battait avec ce poisson qui devait être très gros. C'est alors qu'il hurla : " C'est un requin... va-t'en d'ici. "

« Je commençai à nager très vite vers le bord. Je fis quelques brasses, et puis pensai soudain : " Je ne peux pas le laisser ici. " J'étais effrayée et je ne savais pas quoi faire, mais je savais que je ne pouvais l'abandonner ainsi.

« Je fis demi-tour et nageai quelques brasses vers lui. Il continuait de crier et je pensais que le poisson devait le mâcher vivant. C'était un horrible hurlement. Tout ce que je pouvais voir était du sang dans l'eau. Il criait : " Aide-moi, aide-moi. " (La jeune fille réussit à attraper le garçon par la main pour le tirer vers le rivage.) Mais – continua Shirley O'Neill – son bras était presque détaché du corps, et je dus passer l'un des miens autour de son dos pour essayer de regagner le bord. »

La scène s'était déroulée sous les yeux du sergent Leo Day, du haut du poste d'observation perché sur les falaises surplombant la mer. « Je n'ai jamais vu un tel exemple de courage; l'eau écumait de sang autour du garçon, qui criait et agitait les bras, faisant signe à quelqu'un de rentrer. C'est alors que je vis la jeune fille qui nageait rapidement vers son camarade au mépris du danger, sans tenir compte des avertissements. »

Sans aucune aide, avec une superbe détermination et un effort presque surhumain, elle lutta pendant vingt minutes et le ramena presque au sec avant qu'un pêcheur lui lance une ligne et les tire jusqu'au sable.

Shirley O'Neill ne quitta pas son compagnon jusqu'à l'ambulance, en priant pour qu'il survive, mais il décéda malheureusement quelques heures plus tard.

Le président Kennedy décerna à Shirley O'Neill, pour son acte d'héroïsme, la médaille du courage des jeunes Américains.

La haute latitude de cette attaque, en dehors de la ceinture des températures favorables, s'explique par la relative protection géographique de la baie de San Francisco contre le courant froid qui passe au large.

Un cas beaucoup plus récent s'est passé le 13 février 1988 à Mtunzini dans le Zululand en RSA, où un témoin héroïque autant qu'averti a sauvé la vie de sa camarade promise à une mort certaine.

Ce jour-là, Belinda Van Schalkwyk, quinze ans, fait du surf en compagnie de quelques camarades, non loin de l'embouchure de la rivière Mlalazi, dans un lieu qui n'est pas protégé par les filets antirequins. L'estuaire est le seul de la côte nord du Natal qui soit ouvert à la mer toute l'année, permettant ainsi une intense activité de reproduction des poissons, grâce à une température plus élevée et à une relative protection de l'estuaire contre les prédateurs. Ce jour-là on avait remarqué une intense activité au sein des bancs de poissons, mais cela n'avait pas inquiété les jeunes surfeurs. Après deux heures de surf, Belinda avait décidé de rester sur sa planche pour se reposer. Ayant peur des requins, elle avait pris soin de s'allonger sur sa planche sans que rien ne dépasse. Ce n'était pas très difficile sur une planche de 193 centimètres qui était par ailleurs décorée de larges rayures blanches et noires. Seule dépassait la cordelette vert et orange qui reliait sa cheville à la planche. Allongée sur le ventre, la tête sur les bras, elle se relaxait sans bouger, lorsqu'elle sentit une secousse brutale sur l'arrière de la planche. Pensant que l'un de ses compagnons l'avait bousculée, elle se retourna pour constater qu'il n'y avait personne derrière elle. Juste à ce moment un second coup encore plus violent la projeta hors de sa planche. Le requin la mordit immédiatement à la cuisse gauche, trois fois de suite, comme s'il cherchait une meilleure prise. Elle cria, se débattit et frappa le requin alors qu'il agitait la tête violemment en essayant d'attirer Belinda sous l'eau. Tous les autres surfeurs se précipitèrent vers le rivage, sauf André et Philippe Thévenau. André aida Belinda à se hisser sur sa planche tandis que Philippe commença à nager en poussant Belinda vers la plage. Un an auparavant André avait suivi un cours de secourisme qui incluait notamment la conduite à tenir en cas de morsure de requin. « Son artère fémorale était arrachée et le sang giclait par saccades dans l'eau. Quand je voulus sentir sa blessure pour faire un point de compression, je réalisai qu'il n'y avait plus de cuisse, plus de genou, se souvient André. Dans ces conditions je ne pouvais arrêter le flot de sang et je parvins finalement à mettre mon doigt directement dans l'artère, ce qui arrêta l'hémorragie. »

André et Philippe nagèrent ainsi jusqu'à la plage, leurs planches de chaque côté de celle de Belinda, André conservant sa main droite dans la blessure et le doigt dans le vaisseau. Une grosse vague les jeta tous les trois sur la plage. André étendit Belinda sur le sable tête en bas, et utilisa ses deux poings pour comprimer les vaisseaux, tandis que Philippe relevait la jambe pour diminuer l'hémorragie. Belinda commença à se sentir mal mais ils lui crièrent de rester éveillée. Ils tentèrent de lui cacher sa terrible blessure mais Belinda vit quand même ce qui restait de sa jambe : « Je suis contente de l'avoir vue à ce moment-là, dira-t-elle plus tard, car j'ai su aussitôt qu'on ne pouvait rien faire. » Quinze minutes plus tard, un employé du parc voisin arriva avec un nécessaire pour attaques de requin, tel que le Natal Shark Board en distribue sur toutes les plages du Natal. Un médecin arrivé peu après plaça une perfusion, et l'on attendit trente minutes afin que l'état de Belinda se stabilise. Ce n'est qu'après que Belinda fut transportée vers une ambulance sans avoir jamais perdu conscience : « Nous avons dû attendre longtemps après l'ambulance, et comme elle manquait d'oxygène et de plasma, nous avons dû attendre l'autre. Je commençai à ressentir de la douleur pour la première fois, surtout quand on me bougea et quand je dus attendre à l'hôpital avant l'opération. »

Après transfusion de 6 unités de sang, sa jambe fut amputée sous la hanche et elle sortit de l'hôpital quelques semaines plus tard.

L'attaquant ne put être identifié par le témoignage de Belinda qui avait seulement aperçu une forme grise sous l'eau, mais des fragments de dents furent retrouvés dans sa blessure, et formellement identifiés par Robert Wilson, du NSB, comme appartenant à un *zambezi shark, carcharhinus leucas.* La forme des blessures était d'ailleurs en faveur de ce type de requin, et pas d'un grand requin blanc (voir le cahier photos fermé).

Cette attaque est exemplaire à plus d'un titre, que je résumerai chronologiquement :

– Attirance des requins pour les objets en surface, surtout s'ils sont de couleurs contrastées (l'attaquant dans le cas présent ne voyait pas Belinda et celle-ci n'était ni blessée ni en période menstruelle).

– Brutalité et détermination de certaines attaques; cette attaque était manifestement dictée par la faim puisque Belinda a ressenti trois prises successives, comme pour agripper une plus grosse portion de chair, et puisque la morsure a été suivie de lacération et d'arrachement. Le requin a véritablement « mangé » une partie de sa victime.

– Intérêt d'une défense active une fois que l'attaque a débuté; il n'est pas douteux que, si Belinda n'avait pas frappé son attaquant, celui-ci aurait continué un repas facile sur une proie sans défense.

– Utilité des gestes simples et faciles à mettre en œuvre par n'importe qui pour stopper une hémorragie. On soulignera aussi l'utilité du *shark attack pack* (conditionnement en cas d'attaque de requin) à proximité de tout lieu où peut survenir une attaque (ou tout simplement une hémorragie importante par plaie). L'un de ces gestes indispensables est d'amener le sang au blessé et non le contraire, ce qui augmenterait considérablement le stress en empêchant la période de stabilisation hémodynamique; rassurer le blessé est également déterminant dans l'atténuation du stress, qui peut provoquer un choc fatal. Le NSB recommande trente minutes de stabilisation avant de transporter le blessé, délai qui semble raisonnable, si l'on dispose bien sûr de perfusion pour compenser l'hémorragie.

– Utilité de l'identification de l'agresseur; à la suite de cette attaque, une pêche au filet fut organisée, qui permit de capturer plusieurs *zambezi sharks*, dont certains d'une taille correspondant probablement à celui qui avait attaqué Belinda.

Comme dans beaucoup d'attaques, on retrouve dans l'environnement l'accumulation de un ou plusieurs facteurs de risque :

– la température de l'eau était ce jour-là de 29,6°C;

– l'embouchure d'un fleuve à proximité était un paramètre permanent de risque;

– un fossé sous-marin court le long de la plage de Mtunzini, dû aux courants locaux, profond d'environ 1,70 mètre, entre la plage et la barre, et dont on a vu que c'est un repaire privilégié des requins.

Les autres paramètres n'étaient pas significatifs : mer calme et sans débris, vent faible, visibilité d'environ 2 mètres.

Cette histoire extraordinaire me fournit l'occasion de préciser un point d'anatomie vasculaire qui va à l'encontre de bien des idées reçues, et peut aider un jour tout secouriste potentiel confronté à de telles circonstances. Le paquet vasculo-nerveux qui traverse la cuisse sur toute sa longueur est composé de l'artère fémorale et de la veine fémorale. L'artère est le plus gros vaisseau de l'organisme en dehors des vaisseaux abdominaux, et son débit est énorme. A l'occasion d'une rupture des vaisseaux fémoraux, l'artère se spasme de façon réflexe dans la quasi-totalité des cas, grâce aux fibres musculaires qui tapissent sa paroi. S'il en était autrement, les 4 à 5 litres de sang contenus dans l'organisme se videraient en quelques secondes seulement, et la mort suivrait immédiatement. C'est en fait la veine fémorale qui reste béante car elle ne contient pas de fibres musculaires, et c'est à son niveau que doit porter l'obturation qui va interrompre l'hémorragie. Cette hémorragie veineuse est moins cataclysmique que par voie artérielle, mais elle réclame une intervention rapide, comme celle qui sauva la vie de Belinda.

UNE TORTURE INDOLORE

Quels que soient le mode d'attaque et la gravité des blessures subies par les victimes, il est un facteur aussi remarquable qu'extraordinairement constant : l'absence totale de douleur. Ce fait est systématiquement rapporté par les victimes et confirmé par les narrateurs, sans que jamais, à ma connaissance, un scientifique ait essayé d'apporter une explication. Celle-ci s'impose pourtant lorsque l'on observe la gravité et l'hétérogénéité des blessures : lacérations franches ou déchiquetées, perforations profondes, décollements, arrachements, coupures multiples, fractures osseuses, etc.

Ayant souvent eu l'occasion de récupérer des polytraumatisés avec des fractures ouvertes et des plaies impressionnantes, j'ai souvent constaté des douleurs très importantes, et rarement d'analgésie totale pour des blessures comparables.

Il faut d'abord éliminer la présence d'un anesthésique dans la dentition des requins. Tout ayant une finalité dans le monde animal, visant à la survie de l'espèce, je vois mal où pourrait être l'avantage pour les squales de ne pas faire souffrir leurs victimes. Qu'elles souffrent ou non, elles sont de toute façon incapables d'échapper à ce redoutable prédateur une fois qu'il les a mordues. Des animaux aussi vulnérables que les sangsues ont intérêt à injecter un anesthésique local sous la peau de leur hôte afin que celui-ci ne s'aperçoive de rien, mais le requin ? Si cet anesthésique existait, il serait non seulement d'une efficacité extraordinaire, mais aussi d'une rapidité d'action impossible. La denture des squales intervient bien dans la symptomatologie des blessures, mais ce n'est pas par l'instillation d'un anesthésique local surpuissant, c'est au niveau de la surinfection des plaies, parfois fatale, due à la putréfaction des matières organiques coincées entre les dents des squales.

Si l'anesthésie ne provient pas du contact direct entre le squale et sa victime au niveau de la morsure, elle pourrait être induite par une influence de proximité, et je ne vois alors qu'un mode électromagnétique susceptible d'une telle action. La transmission de la douleur est une onde de dépolarisation qui suit les troncs nerveux dans le sens centripète, depuis la blessure jusqu'aux centres nerveux, et il est concevable que cette transmission puisse être perturbée par une émission ou un champ électromagnétique. La magnétothérapie est basée sur le fait qu'un champ magnétique appliqué sur la peau à partir de 1 500 gauss est capable de court-circuiter le passage d'un message douloureux. C'est ainsi que l'utilisation de petits aimants sur la peau permet une rééducation rapide des entorses de la cheville ou de petites lésions nerveuses traumatiques. Le requin ne dispose pas d'aimants, bien sûr, mais on peut supposer que sa mystérieuse ligne latérale est également émettrice (beaucoup de mammifères marins, et sans doute de poissons, sont capables de faire de l'écholocation). Le trajet de cette ligne latérale autour du corps du poisson est alors assimilable à une spire qui déclenche un courant induit de basse fréquence. On pourrait admettre une analogie avec le phénomène d'ELF (*Extremely Low Frequency*), hypothèse de travail ultraconfidentielle de la NASA dans les années 80, phénomène qui pourrait entraîner une sidération transitoire de l'influx nerveux nociceptif. Cette interaction à distance était utilisée, dans un tout autre domaine, à bord des dragueurs de la dernière guerre, sur le pont desquels courait un anneau de démagnétisation contre les mines flottantes. Cette hypothèse purement personnelle est peut-être inexacte, mais je pense qu'une explication doit être fournie, justifiant d'une anesthésie transitoire de proximité.

Si l'on refuse une telle voie de recherche, alors l'explication doit venir de la nature même des blessures infligées. La rapidité de leur survenue, en quelques dixièmes de seconde, est peut-être un facteur de non-sensation immédiate, mais comment expliquer qu'il n'y ait pas de douleur dans les minutes qui suivent ?

Les accidentés de la route souffrent souvent d'amputations qui ont été extrêmement rapides, de l'ordre de quelques centièmes de seconde, mais la douleur intense survient en général rapidement tant que le blessé est conscient.

La multiplicité des blessures sur un même segment de membre pourrait-elle saturer le message douloureux ? Il existe de nombreux cas de blessures sur les membres inférieurs où le nerf sciatique a été coupé. On comprend que les plaies distales en aval de cette coupure ne soient pas prises en compte sur le plan douloureux, mais comment justifier qu'il y ait anesthésie au niveau même de cette rupture au lieu d'une douleur syncopale ?

Une autre explication pourrait être le milieu aqueux salé, hypertonique, au sein duquel surviennent ces blessures. L'onde de dépolarisation accompagnant la douleur va de pair avec des transferts d'ions qui pourraient être ainsi perturbés. Il serait intéressant à ce sujet de comparer les douleurs ressenties lors des attaques en eaux douces, par rapport à celles des attaques en mer.

J'ai longtemps pensé que le stress très aigu représenté par l'attaque d'un monstre invisible dans un milieu qui n'est pas le nôtre suffisait à supprimer la douleur par la sécrétion très rapide d'endorphines anesthésiantes. Je suis sûr que cette explication est valable dans les quelques dizaines de secondes qui suivent l'attaque, mais beaucoup moins concernant l'instantanéité de l'anesthésie.

La vérité est peut-être mixte, avec une anesthésie transitoire de proximité due au requin lui-même, à laquelle succéderait une décharge hormonale qui prendrait le relais (voir le chapitre « Stress » du livre *Le guide de l'homme d'action*, Albin Michel, 1990).

Quelle que soit la raison, il sera intéressant de découvrir un jour avec certitude l'explication du caractère indolore des terribles blessures infligées à l'homme par le requin : on en déduira sans doute une meilleure compréhension du mécanisme de la douleur, et peut-être un mode thérapeutique révolutionnaire...

AUTOPSIE D'UNE ATTAQUE

Après qu'une attaque est survenue, il est toujours très intéressant de pouvoir identifier *a posteriori* son auteur. La première investigation détaillée faite par un observateur averti remonte à 1952 lorsque Barry Wilson fut mortellement attaqué par un grand blanc à Monterey Bay, en Californie. L'étude faite par Rolf Bolin constitue un prototype de tous les paramètres qui doivent être pris en compte, depuis les conditions climatiques, la turbidité de l'eau, la chronologie de l'attaque, les efforts de sauvetage, les causes possibles, jusqu'à la photographie des blessures de la victime, et une description médicale exhaustive de ces blessures. Cette investigation marqua le début d'une méthodologie scientifique pour l'analyse des attaques des requins. Le détail des paramètres à prendre en considération apparaît tout au long de ce livre, et je n'en ferai donc pas la liste dans ce chapitre, insistant seulement sur certaines méthodes d'identification.

Le dessin des empreintes des dents sur la planche de K. Doudt (attaqué dans l'Oregon) permit de confirmer qu'il s'agissait d'un requin blanc, et d'estimer sa taille avec précision.

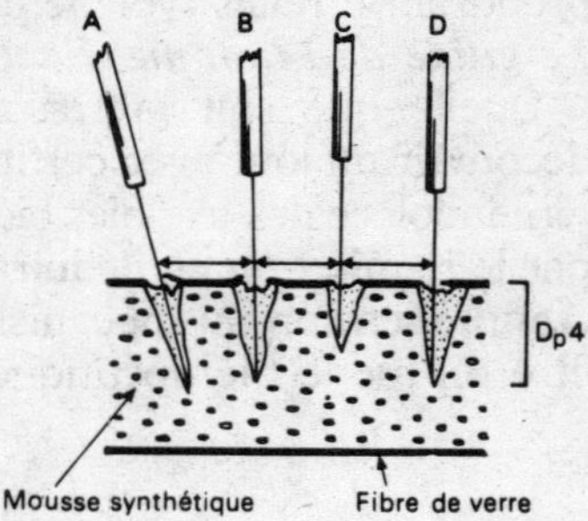

L'implantation d'aiguilles dans les empreintes permet de se faire une idée précise de la longueur des dents, sans être trompé par leur manque de parallélisme.

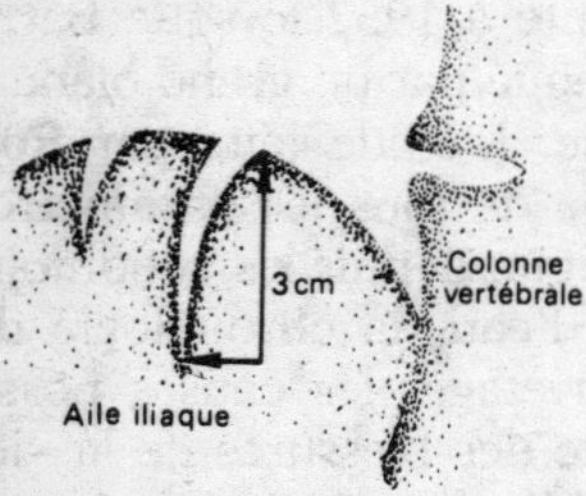

Radiographie de la crête iliaque de Michael Mely montrant la forme des lésions osseuses laissées par les dents du requin.

1. *Plaie simple par morsure d'investigation.*
2. *Plaie après agitation latérale de la tête pour déchirer.*

Lorsqu'un objet a été mordu avant ou pendant l'attaque (quille de bateau, planche, combinaison, etc.), il est intéressant de noter sa couleur, sa taille générale, le bruit qu'il émettait, afin d'identifier les stimuli qui ont pu attirer le squale. Lorsqu'il s'agit d'une planche à voile ou d'un surf, il faut noter son épaisseur, le diamètre général des empreintes, l'orientation, la forme et la profondeur de celles-ci. Ces simples observations peuvent suffire à identifier le squale, et en tout cas fournir un ordre de grandeur précis sur sa taille à partir du diamètre de sa gueule (voir les schémas). On retrouvera parfois un fragment de dent, qui suffit en général à identifier l'ordre auquel appartient le squale, sinon son espèce. Des méthodes sophistiquées de radiographies à bas voltage et long temps d'exposition ont permis de découvrir des fragments de dent d'un millimètre à l'intérieur de la mousse synthétique composant les planches de surf.

Des radiographies osseuses permettent également de faire le diagnostic. Ainsi, le cas de Michael Mely, dont les clichés de hanche montraient de profondes encoches sur la crête iliaque. L'aspect des lésions sur les parties molles ne permettait pas d'être catégorique; en revanche, ces empreintes étroites et profondes de 3 centimètres ne pouvaient être que l'œuvre du *ragged tooth shark* dont les dents ne sont pas ciselées mais allongées et pointues comme des poignards. La blessure abdominale montrait sur les parties molles des rangées circulaires de petites lésions triangulaires sans déchirement, prouvant que la morsure avait été une simple investigation dictée par la curiosité et non par la faim. Si la faim avait été la motivation, il y aurait eu arrachement par déchirement des chairs, et l'aspect des lésions eût été différent.

La brutalité de l'attaque et l'aspect des blessures

sont parfois déterminants pour préjuger de l'espèce en cause. Ainsi, le 24 décembre 1960, Petrus Sithole, un Africain de vingt-cinq ans, se baigne dans les eaux boueuses de Margate. La température de l'eau est de 24 °C. Vers 16 h 30, des témoins voient Sithole nager vigoureusement à la verticale d'un canal de trois mètres de profondeur, à environ soixante-dix mètres du bord. Ils l'entendent soudainement hurler et le voient battre l'eau de ses deux bras tandis que tout le haut de son corps jaillit verticalement au-dessus de la surface. Ses cris cessent alors qu'il retombe le visage dans l'eau et que celle-ci devient rouge de sang. Deux Africains, qui nagent à proximité, se précipitent vers la rive sans essayer de secourir Sithole. Des vagues le rapprochent de la rive, et un homme court alors le chercher avec de l'eau jusqu'à la taille, mais le malheureux est déjà mort. Sa jambe gauche est tranchée net juste en dessous de la hanche, et le fémur a été fracassé par la brutalité de l'attaque. La jambe droite a été proprement sectionnée à hauteur du genou, et l'extrémité inférieure du fémur dépasse, intacte, à travers le tissu musculaire. Une abrasion cutanée, large de trois centimètres, traverse le thorax et l'abdomen, probablement causée par le choc du museau du requin, ou de toute autre partie de son corps rugueux. La caractéristique remarquable des blessures de Sithole est la section franche des morsures, entraînant une amputation immédiate des deux jambes. De telles blessures sont caractéristiques du grand blanc ou de carcharhinidés tels que le *zambezi shark (c. leucas)*. Un *ragged tooth* est aussi capable d'amputations, mais les berges des plaies sont déchirées, arrachées (voir la forme des dents dans le catalogue). L'autopsie ne rapporta aucun fragment de dent; en revanche une radiographie *post mortem* révéla la présence de minuscules morceaux de dents fichés dans la partie inférieure du fémur droit. Une étude microscopique de ces fragments ainsi qu'une comparaison avec des dents entières de la collection de l'Institut de recherche océanographique de Durban permirent d'identifier l'agresseur. Un des fragments correspondait presque exactement avec des dents antérolatérales de la mâchoire supérieure, et l'autre fragment avec les dents antérolatérales de la mâchoire inférieure d'un *zambezi shark.* D'après la taille de ces mêmes fragments, on estima la taille du squale à 3 mètres et son poids à 200 kilos. Il est parfois impossible de faire la différence entre *c. carcharias* et *c. leucas* à la simple observation macroscopique, et l'on dispose maintenant, en Afrique du Sud, d'un fichier où sont répertoriées ce que j'appellerai de véritables « signatures scanographiques » propres aux dents de chaque espèce de requin. L'épaisseur des différents tissus dans une dent est en effet propre à chaque espèce de squale.

Une autre investigation biologique porte sur le sang des squales. Il est fréquent, en effet, de retrouver du sang sur les objets entourant la victime au moment de l'attaque. Il y a, bien sûr, le sang du blessé mais, également, celui du requin. Il faut savoir, en effet, que les dents du squale sont soumises à rude épreuve lors d'une attaque, et qu'elles reposent sur un tissu pulpeux qui saigne facilement. Il suffit, pour s'en convaincre, d'observer les « photos choc » où la gueule grande ouverte d'un squale semble près de vous avaler, et vous remarquerez souvent la base d'implantation sanguinolente de nombreuses dents. On retrouve fréquemment des échantillons discrets de ce sang à l'intérieur des empreintes laissées par les mâchoires du squale dans les planches de surf, dans les quilles de bateau, etc. Certains ont pensé pouvoir identifier les espèces attaquantes à partir de ces échantillons (Lea et Miller, 1985), et la méthode est séduisante quand on sait les progrès énormes faits dans le domaine de l'hématologie, et en particulier dans la détermination d'un très grand nombre de sous-groupes spécifiques. Nul doute que l'on puisse, un jour prochain, identifier un squale à partir de l'analyse d'une trace de son sang.

Le 20 janvier 1989, un jeune Indien de dix-neuf ans fait du surf sur la barre d'Isipingo au sud de Durban. Il est 18 heures lorsque Sudash Sarjoo est happé au niveau de la cuisse gauche par un requin qui l'entraîne aussitôt sous la surface. Sarjoo se retourne et voit sous l'eau le museau pointu de son agresseur en même temps que son « œil blanc ». Relâché par le squale, Sarjoo est ramené sur la plage par ses deux compagnons et emmené à l'hôpital. Il souffre de deux plaies profondes en forme de croissant, dont l'une pénètre le fémur (voir photos). Ces plaies semblent avoir été causées par les dents de la mâchoire supérieure, et leur forme indique que ces dents étaient elles-mêmes finement dentelées. Sarjoo crut reconnaître un grand blanc, mais les blessures laissées par la mâchoire supérieure ne dépassaient pas 10 millimètres de profondeur, ce qui est incompatible avec le grand blanc et le *zambezi shark (c. leucas)* qui ont des dents inférieures dont la taille dépasse 20 millimètres (pour une mâchoire dont le diamètre atteint 25 centimètres comme dans le cas Sudash Sarjoo). Seul un requin tigre d'environ 2 mètres peut rendre compte de telles blessures sur un diamètre de 25 centimètres, avec des dents inférieures qui, effectivement, ne dépassent pas 10 millimètres. Ce diagnostic est par ailleurs parfaitement compatible avec l'œil blanc que Sudash Sarjoo a cru voir, et qui correspondait à la fermeture de la membrane nictitante propre à tous les carcharhiniformes au moment de l'attaque.

DES STATISTIQUES IMPOSSIBLES

La seule statistique établie à ce jour des attaques de squales dans le monde fut établie par David Baldridge il y a une vingtaine d'années, et s'arrêtait à 1967. Elle reconnaissait depuis deux siècles 2 000 attaques seulement, mortelles ou non. Baldridge a voulu n'enregistrer que des témoignages, verbaux ou écrits, fiables à 100 %, ce qui explique bien sûr un chiffre aussi dérisoire, et, je n'hésite pas à le dire, complètement irréel. Ces 2 000 cas qui ont été étudiés assez sérieusement par Baldridge doivent être considérés comme un échantillon statistiquement valable pour l'étude des circonstances de survenue et de déroulement des attaques de squales, mais en aucun cas comme une liste historique exhaustive. S'il en était autrement, je n'aurais certainement pas écrit pour ma part un livre à propos d'un risque aussi négligeable. Il est évident que le risque reste marginal par rapport à l'ensemble de la population, et que le sédentaire qui se baigne dix fois par an dans la Manche toute sa vie ne sera jamais confronté au « danger requin ». A l'inverse, tous ceux qui ont régulièrement nagé, plongé, chassé, navigué ou surfé en eaux tropicales connaissent le léger pincement au cœur qui vous étreint lorsque vous apercevez l'aileron d'un squale fendre la surface des eaux, ou sa magnifique silhouette jaillir du grand bleu. Que dire de ceux qui ont naufragé en eaux tropicales et qui ont pratiquement toujours subi la présence pas forcément contemplative des squales?

Comme je l'ai indiqué dans le chapitre concerné, il y a environ 50 000 naufragés par an sur le globe, dont au moins la moitié en eaux tropicales. Il est très difficile d'estimer combien parmi eux sont victimes des squales, car les morts ne parlent pas, et encore moins les cadavres que l'on ne retrouve pas, mais je pense que l'ordre de grandeur est de plusieurs dizaines à quelques centaines selon les années (plusieurs centaines très probablement rien que pour le *Doña Paz* en 1988). On est loin des moyennes établies par Baldridge.

Baldridge fait état lui-même d'une incroyable torsion de ses sources d'information : 90 % des attaques qu'il a répertoriées se sont passées dans des pays de langue anglo-saxonne! Les requins seraient-ils anglophiles au point de ne digérer que des sujets du Commonwealth? Au point de négliger tous les Africains à l'exception des Sud-Africains? Tous les Latino-Américains? Tous les Asiatiques à l'exception des Singapouriens? Tous les Méditerranéens à l'exception des Egyptiens? Tous les insulaires du Pacifique n'habitant pas Hawaï?

Si l'on analyse la distribution de ces attaques, on constate qu'elles se concentrent sur les côtes nord-américaines, sud-africaines et australiennes, excluant presque complètement plus de 75 % des côtes tropicales, dont on sait pourtant qu'elles sont toutes fréquentées par de nombreuses espèces dangereuses. Pour les quelque 20 000 kilomètres de côtes d'Amérique du Sud, il n'est fait état que de... deux attaques, alors que ce continent répartit ses côtes de chaque côté de l'équateur dans toute la zone intertropicale!

Chacun sait en 1990 que la République sud-africaine est une des régions les plus exposées dans le monde aux attaques de squales, mais qui a jamais entendu parler sur ce sujet du Mozambique, du Congo Pointe-Noire, de Madagascar, de l'Angola, de l'Ethiopie, de tous les pays francophones, de tous ces pays dont les côtes sont encore plus chaudes que celles de la RSA et les eaux aussi riches en squales de toutes espèces? Sur le plan des statistiques d'attaques, ces pays n'existent pas.

Et pourtant, je sais que le Mozambique, par exemple, est le théâtre de véritables drames chaque année, en nombre encore plus important que chez son riche voisin du sud. Les eaux sont les mêmes, les côtes et les courants sont les mêmes, les squales sont les mêmes... Il n'y a pas de stations balnéaires protégées par des filets, mais des nageurs ou des pêcheurs noirs en grand nombre, isolés tout au long des côtes, et qui sont autant de victimes potentielles et anonymes. La présence des requins est intégrée depuis toujours dans la culture du pays, et le danger qu'ils représentent est admis comme l'un des risques du métier de pêcheur, rien de plus.

Ce fatalisme va de pair avec des médias mal ou non informés, avec un « prix » de la vie humaine qui est différent, une notion du « scoop » qui n'est pas la même, avec un isolement géographique souvent total, avec une volonté politique, parfois, de ne pas évoquer ce genre de disparitions. Il fallut un carnage comme celui qui survint en 1960 pour que les journaux du Mozambique consacrent quelques colonnes aux squales. Au mois d'août de cette année-là, un bateau chavira sur l'embouchure du fleuve Komati, et les quarante-neuf passagers se retrouvèrent dans l'eau; quarante-six d'entre eux furent mutilés par une bande de requins. Pourtant, si on se réfère aux statistiques officielles, aucune attaque venue du Mozambique n'a jamais été retenue...

De l'autre côté de l'Afrique, j'ai eu l'occasion de survoler toute la côte du Sénégal et de Gambie à de nombreuses reprises, à basse altitude, et j'ai été sidéré de constater à chaque fois, quelle que soit l'heure de la journée, la présence de centaines de squales à quelques mètres du rivage. Par groupes de deux ou trois, les ombres des squales se découpaient très nettement dans la barre, affleurant la surface, mesurant de un à trois mètres. Les plages de sable sont ininterrompues sur des centaines de kilomètres, et les requins sont partout, en densité encore plus grande à proximité des villages. Ces villages vivent de la pêche, et des milliers de Noirs de tous âges se mettent à l'eau tous les jours. Statistiquement parlant, il n'y a pas d'attaques relevées au Sénégal, ce qui est bien sûr impossible. Tous les amateurs de pêche au gros qui se rendent spécialement à Dakar pour sacrifier à leur hobby savent bien que les squales y sont très nombreux, et pas des plus anodins. Il est d'ailleurs édifiant d'entendre les intéressés eux-mêmes évoquer les incidents ou accidents dont ils sont régulièrement victimes. J'ai vu des dizaines de pêcheurs professionnels arborant d'impressionnantes cicatrices ou des membres partiellement amputés, pas seulement au Sénégal, mais aussi en Angola, au Congo et en Amérique latine. Tous ces survivants qui s'expriment en français, en portugais, en dialecte ou en espagnol ne sont pas inclus dans les statistiques... Il y a sur l'île de Gorée, à Dakar, un musée des esclaves où une pièce entière est consacrée aux attaques de requins, qui suffisaient à l'époque pour éviter les évasions.

J'ai vécu en Angola, en 1981, dans les ténèbres du marxisme-léninisme, et l'une de mes rares distractions était la planche à voile, dont j'avais pu apporter un spécimen dans mes bagages. Au bout de quelques semaines, j'avais la certitude que les requins étaient partout autour de Luanda. J'avais été plusieurs fois suivi par des ailerons que je distançais facilement, mais j'aimais d'autant moins leur présence que l'eau était trouble, et les plages désertées depuis des années. Comme j'essayais d'en savoir davantage sur le risque éventuel, il me fut absolument impossible de recueillir quelque renseignement que ce soit auprès des autorités. Pourtant, les rares pêcheurs ramenaient régulièrement des squales dangereux, et la centaine de cargos, attendant plusieurs mois en rade avant d'être déchargés, attiraient forcément les requins par les déchets qu'ils étaient obligés de balancer par-dessus bord. J'ai su, depuis, que plusieurs nageurs et véliplanchistes ont été tués par des squales autour de Luanda, mais de cela, encore une fois, aucune trace.

Madagascar est un autre pays où aucune attaque n'est officiellement répertoriée. Demandez à n'importe quel Français ayant vécu quelques mois dans cette île immense en plein centre de l'océan Indien, il vous racontera immédiatement plusieurs cas témoignant, s'il en était besoin, de l'omniprésence des squales. Depuis l'histoire tragique de la petite fille enlevée dans cinquante centimètres d'eau à Tamatave sous les yeux de ses parents, jusqu'à l'anecdote des « bœufs de Tuléar ». Les cargos mouillant dans ce port du sud-ouest de Madagascar étaient obligés de débarquer les bovins qu'ils apportaient d'Europe un par un, à la grue, à l'aide de larges sangles qui passaient sous l'abdomen des animaux. Cette courte incursion au-dessus du « plancher des vaches » n'était pas toujours au goût des malheureux bestiaux qui paniquaient et se décrochaient parfois. Ils étaient alors immanquablement dévorés par les squales qui avaient pris leurs habitudes sous le débarcadère.

L'île de la Réunion est un autre exemple de non-statistique alors que l'histoire orale et écrite rapporte de nombreux accidents. Il y a une quinzaine d'années, l'un de mes amis se baignait en compagnie d'un camarade qui effectuait comme lui son service militaire à la Réunion. Il entendit son ami crier assez loin de lui, et l'aperçut se débattre puis disparaître; lorsqu'il se rendit rapidement sur les lieux de la disparition, il ne découvrit rien d'autre que quelques traces de sang dans l'eau trouble.

Un homme politique français très connu fut happé avant la guerre par un énorme squale sur une plage de la Réunion, et ses blessures furent comparables à celles de Rodney Fox, en 1963. Il n'utilisa jamais ses impressionnantes cicatrices en guise d'argument électoral, mais son histoire montre simplement que nul n'est à l'abri de tels accidents dès lors qu'il va au contact des squales. Il est significatif à cet égard de constater combien de plongeurs, combien de scientifiques ont été attaqués par leurs sujets d'observation un peu partout dans le monde. C'est la fréquence d'exposition au risque qui crée le danger.

Sur le plan historique, les statistiques de Baldridge omettent complètement les victimes de la Seconde Guerre mondiale qu'il est pourtant tout à fait raisonnable d'estimer à plusieurs milliers, si l'on se souvient que les naufragés du *Nova Scotia* et de l'*Indianapolis* firent à eux seuls entre cinq cents et deux mille morts imputables aux seuls requins.

Sur les plans historique et géographique, on peut s'étonner du nombre très restreint d'attaques répertoriées en Méditerranée, alors que dès l'Antiquité Hérodote parlait de milliers de soldats et de marins « happés et dévorés par des monstres » au large du mont Athos, lors de la destruction de la flotte perse par une tempête. Pline l'Ancien mentionne en 77 après J.-C. des plongeurs impliqués dans des « combats frénétiques avec des chiens de mer qui s'attaquent aux reins, aux talons, et à toutes les parties blanches du corps »; ce dernier détail, qui n'a pu être inventé par un auteur imaginatif, identifie bien ces « chiens de mer » comme des squales. Et pourtant les statistiques officielles ne recensent que dix-huit attaques en Méditerranée jusqu'en 1963, aucune depuis. Tous les grands prédateurs existent en Méditerranée, à l'exception du requin tigre et du requin bouledogue : grand blanc, mako, requin marteau, peau bleue, requin cuivre. Il est très probable que c'est l'ouverture du canal de Suez qui a été à l'origine d'un accroissement quantitatif et qualitatif de la population des squales. Un chirurgien anglais rapportait, dès 1889, le cas des trois victimes de morsures de requins qu'il avait dû soigner à Port-Saïd. L'attaque la plus septentrionale se situe en Yougoslavie en 1934, et provoqua la mort de Agnès Novak. La plupart des attaques se situent officiellement en Grèce et en Italie, presque toujours en été, et on ne dénombre qu'un seul cas pour tout le Maghreb. Là encore c'est invraisemblable, mais ce manque de rigueur est sans doute imputable à l'isolement géographique des victimes et/ou au « black-out médiatique ». On imagine le peu de cas que doivent faire les autorités de Kadhafi d'une victime de ces « terroristes des mers » que sont les requins...

Je sais que, dans au moins deux pays méditerranéens, les autorités ont efficacement étouffé certaines attaques qui se sont déroulées dans des eaux réputées touristiques. Quand on se souvient de l'impact économique des « boues rouges » italiennes, on comprend que les responsables ne tiennent pas à dramatiser inutilement des événements sur lesquels ils n'ont pas vraiment prise, mais de là à admettre que les autorités scientifiques soient aussi naïves ou aussi peu curieuses...

LA PRÉVENTION CONTRE LES ATTAQUES

La situation d'un homme démuni dans l'eau face à un squale menaçant relève de la survie, et les méthodes à mettre en œuvre existent, même si elles sont celles de la dernière chance.

La position du naufragé dans son canot de survie en eaux tropicales est nettement moins inconfortable, et les moyens de ne pas provoquer la curiosité des requins relèvent du simple bon sens, sous réserve de connaître un minimum de leur physiologie.

L'attraction universellement croissante pour le ludisme aquatique expose de plus en plus de gens au risque d'attaque. Les vacanciers des zones tempérées ou froides se rendent toujours plus nombreux sous les latitudes tropicales, et l'on découvre chaque année un engin supplémentaire de déplacement sur l'eau. Toujours plus rapide ou plus original, à voile ou à moteur, avec ou sans hélice, ce véhicule s'ajoute à tous les autres pour mettre de plus en plus de gens au contact des requins, et le risque statistique d'attaque augmente parallèlement. Dans les pays riches et particulièrement exposés tels que la République sud-africaine et l'Australie, des filets ont été disposés, qui sont très efficaces pour les seules enceintes qu'ils délimitent. En dehors de ces périmètres privilégiés, la réflexion et la prudence sont les seuls moyens de limiter le risque.

J'ai déjà donné tout au long de ce livre de multiples moyens à la lumière de nombreuses histoires vécues, et nous les passerons donc partiellement en revue dans ce chapitre synthétique, en y ajoutant tous ceux qui sont le fruit de recherches scientifiques ou d'observations pragmatiques. Je distinguerai trois grandes catégories de prévention :

– la prévention par l'éducation, ou la connaissance des squales et les attitudes à adopter qui en découlent;

– la prévention par l'équipement préventif, individuel ou collectif;

– la protection rapprochée, passive ou agressive.

La prévention par l'éducation

NE PAS APPÂTER L'ATTAQUANT POTENTIEL

Connaissant l'hypersensibilité du requin pour les odeurs, et son attraction exacerbée pour certaines lui évoquant ses proies favorites, vous vous abstiendrez de nager à proximité de poissons blessés, et d'une manière générale de tout être vivant porteur d'une plaie, même superficielle.

Certains nageurs ont été sauvagement attaqués au niveau d'un membre qui avait été superficiellement égratigné sur une branche de corail. *SI VOUS VOUS BLESSEZ EN PLONGÉE DANS UNE EAU TROPICALE, REMONTEZ SANS TARDER.*

J'ai déjà signalé que *LES FEMMES EN PÉRIODE MENSTRUELLE NE DEVRAIENT PAS SE BAIGNER* dans les eaux à risque. Même si les « supertampons » sont bien aussi discrets que l'assurent les publicités, aucun ne le sera jamais suffisamment pour un squale !

SI VOUS FAITES DE LA CHASSE SOUS-MARINE, REMONTEZ CHAQUE PRISE sur une bouée en surface, ou, mieux, dans le bateau qui vous accompagne. Même dans ce dernier cas coupez la tête du poisson, faute de quoi ses mouvements d'agonie risquent d'être perçus par le squale à travers la coque du bateau.

Il y a une quinzaine d'années, étant moniteur de plongée au Mexique dans une zone à la faune très riche, je n'avais pas remarqué que l'une des jeunes filles de la « palanquée » avait fixé à son soutien-gorge un sac de plastique transparent contenant des morceaux de thon frais à l'intention d'un énorme mérou que nous avions repéré la veille. Je m'en aperçus lorsque par trente mètres de fond un autre mérou lui arracha son soutien-gorge en même temps que le sac de plastique qui l'intéressait. Comme je ne parvenais pas à éloigner l'animal qui s'en prenait avec insistance à la poitrine de sa victime qui commençait à saigner, je le transperçai d'un coup de poignard. Il disparut, laissant derrière lui un sillage de sang, immédiatement suivi d'un requin pointes noires qui était déjà arrivé près de nous, attiré lui aussi par l'odeur s'échappant du sac de plastique mais aussi par les vibrations émises par le mérou qui attaquait. Lorsque ce dernier fut blessé tout près de lui, d'autres stimuli sensoriels le firent changer de proie : vibrations de détresse du mérou, odeur du sang, vision du poisson qui fuyait.

J'ai cité dans ce livre plusieurs exemples de chasseurs sous-marins qui sont morts parce qu'ils avaient conservé sur eux les fruits de leur chasse; c'est une faute que l'on peut qualifier de suicidaire en eaux tropicales.

Outre l'odeur du sang du poisson blessé, il existe un autre stimulus très fort pour le squale, c'est l'odeur du « poisson stressé », même sans blessure. Cela a pu être démontré de façon incontestable par Albert Tester en 1960 à Hawaï. Il mettait des poissons intacts et de la même espèce dans deux récipients. Dans le second, il provoquait l'affolement par des cris et des coups de bâton sur les parois. Il siphonnait l'eau du premier récipient dans une piscine à requins, ceux-ci réagissaient très peu. En revanche, l'eau du second, qui avait contenu les poissons affolés, provoquait instantanément une activité de chasse intense, certains allant même jusqu'à mordre le tube de sortie du siphon.

Un poisson percé par une flèche ou piégé par un hameçon attire donc les squales par l'odeur du sang, « l'odeur du stress » et les vibrations émises.

Les naufragés dans un dinghy devront éviter de jeter des débris organiques par-dessus bord, ou ne le faire que périodiquement dans des sacs en plastique hermétiquement fermés et jetés le plus loin possible.

Les dépôts d'ordures en bordure de mer, les pêcheries ou les usines de traitement de baleines ont toujours été des sources d'attraction pour les squales dans un rayon de 10 kilomètres, et donc des zones dangereuses. Il y a quelques années, un hôtel de luxe fut inauguré en grande pompe dans une île des Caraïbes françaises. Quelques mois plus tard il dut fermer, faute de clients, affolés qu'ils étaient par les requins qui croisaient devant l'hôtel ou plus exactement devant la pêcherie juste à côté...

NE PAS EXCITER LES ORGANES SENSORIELS DES SQUALES

Connaissant maintenant le mode de fonctionnement extraordinairement performant des huit organes sensoriels du requin, les attitudes à adopter ou à éviter pour ne pas les stimuler découlent de la simple logique.

Pour l'homme à la mer, la situation la plus dangereuse est celle du nageur, ou du plongeur qui arrive en surface avant de se hisser à bord de son bateau. Il se trouve que c'est également la plus angoissante, alors que les yeux au-dessus de la surface ne voient pas ce qui se passe en dessous, mais là n'est pas la raison du danger. Le requin est systématiquement attiré par tout objet dont l'ombre se découpe sur la surface toujours très lumineuse, même la nuit.

Un homme en surface n'a plus du tout allure humaine, et le requin ne voit plus qu'une ombre de volume d'autant plus réduit qu'il se trouve plus près de la verticale. De cette ombre s'échappent deux appendices filiformes et mobiles (les jambes) s'agitant plus ou moins sur le fond lumineux de la surface, et le squale est légitimement attiré par ces formes qui lui rappellent certaines proies (poissons, pinnipèdes, calmars, etc.). Quand en plus les jambes s'agitent dans l'axe du soleil, on peut considérer qu'il s'agit là d'une véritable provocation involontaire, un véritable « miroir aux alouettes » pour les prédateurs sous-marins. En 1974, étant officier sur un escorteur rapide de la Marine nationale, le « pacha » m'avait nommé comme second plongeur de bord. Nous mîmes en panne un après-midi dans le golfe de Guinée, à quelque cent soixante kilomètres des côtes, afin que l'équipage se baigne dans une mer d'huile magnifique. Le « maître d'armes » surveillait depuis un zodiac, avec quelques bouées de sauvetage à bord, et surtout un pistolet-mitrailleur à la ceinture, prêt à intervenir si un squale venait à se montrer. Pour ma part je plongeais sous le navire entre quinze et vingt mètres, ne me lassant pas d'admirer le superbe fuseau noir que dessinait l'énorme coque sur la surface. Je remarquais aussi les dizaines de paires de petites jambes qui s'agitaient ridiculement à la surface, et le bruit qui provenait de tous mes camarades qui criaient, soufflaient, plongeaient. Nous étions par plusieurs milliers de mètres de fond, et j'imaginais un grand requin océanique émergeant du grand bleu vers cet attroupement aussi incongru qu'inespéré. Aucun requin ne fit son apparition, mais c'est parce que l'opération ne dura guère plus de vingt minutes. S'ajoutait aux vibrations émises par l'équipage tout un registre de vibrations mécaniques provenant des machines au ralenti, des diesels à plein régime, des compresseurs, des bouilleurs, etc., tout cela transmis très loin et à grande vitesse depuis les tôles du navire jusque dans les abysses. Il suffit d'avoir vécu cela une seule fois dans sa vie pour comprendre pourquoi les squales suivent si souvent les navires sur des centaines de milles, et comment ils arrivent si rapidement sur les lieux d'un naufrage...

Dans les eaux dangereuses, vous devez *RESTER LE MOINS LONGTEMPS POSSIBLE EN SURFACE*. Si vous désirez cependant nager quand même, portez de ces minuscules lunettes que l'on trouve facilement dans le commerce, et qui permettent de voir parfaitement dans l'eau en conservant les yeux dans un milieu aérien. Vous pouvez ainsi détecter l'approche d'un squale et suivre ses évolutions. Si vous êtes plongeur, ne restez pas inutilement en surface, *PLONGEZ TOUJOURS A DEUX OU TROIS*, jamais seul, et *METTEZ-VOUS DOS À DOS SI VOUS ÊTES MENACÉS PAR UN SQUALE*. Il est indéniable que les plongeurs autonomes sont rarement attaqués, peut-être, comme le soulignent certains, en raison des bulles s'échappant du détendeur, mais surtout, je crois, parce que la couleur sombre, le volume et la forme d'un plongeur évoquent davantage un dauphin ou un autre squale qu'une proie éventuelle. Un plongeur de 1,80 mètre est du même ordre de grandeur en taille et en volume qu'un grand requin, et celui-ci peut considérer que l'attaque d'un tel objectif n'est pas gagnée d'avance (même s'il se trompe!).

Les objets brillants sont de nature à attirer les requins, et plusieurs attaques se sont localisées sur des segments de membres portant une alliance, un bracelet, une chevillière lumineuse. En février 1953, Rex Gallagher s'apprête à harponner un gros mérou caché dans une grotte en Nouvelle-Galles du Sud. Alors qu'il sort de la grotte sans avoir blessé le mérou, un requin qu'il n'a pas le temps d'identifier se précipite droit sur son masque. Celui-ci est arraché, le tube déchiré, et, sous l'impact du choc, requin et chasseur se retrouvent au-dessus de la surface. Blessé au menton, à la joue et au nez, Gallagher s'en tire et ne plongera plus jamais avec un masque en acier inoxydable brillant comme un miroir.

Plongeurs ou nageurs, *N'EMMENEZ AVEC VOUS QUE DES OBJETS MATS ET SOMBRES, JAMAIS BRILLANTS, JAUNES OU ORANGE.*

J'ai déjà évoqué l'idiotie des fabricants de canots de sauvetage qui s'acharnent à sortir des canots à coque jaune plutôt que noire; il est vrai que quelques mètres carrés de gomme noire collés sur le fond jaune d'un canot à 26 000 francs constituent sans doute un investissement déchirant lorsque l'on passe sa vie à Issy-les-Moulineaux, à des années-lumière des réalités tropicales...

Les bruits à eux seuls constituent des sources d'attraction extrêmement efficaces, je l'ai souligné à maintes reprises, et parmi ceux-ci les vibrations transmises à la surface par le rotor d'un hélicoptère stationnaire au-dessus de l'eau. On a vu des requins accourir sur un homme à la mer qu'ils n'avaient pas repéré, au moment seulement où un hélicoptère de secours venait le treuiller. Les explosions sous-marines sont également une source d'attraction pour tous les squales qui se trouvent en dehors de l'onde de choc fatale. Une fois sur place, les poissons morts les récompensent de leur curiosité, même si le stimulus de départ était l'explosion et rien d'autre. Les vibrations électroniques de basse fréquence sont également attractives, expliquant les morsures de certains appendices des navires de guerre.

Un homme isolé est-il plus ou moins vulnérable qu'en groupe? Un groupe bruyant attire les squales beaucoup plus vite qu'un individu silencieux et n'émettant pas d'odeur. Le risque d'attaque pour un tel groupe est important, les squales ne semblant pas effrayés par les foules qui ne sont pas perçues comme telles, mais au contraire comme une entité rassemblant une foule de stimuli intéressants. Si en revanche un individu vient à être isolé de cette foule (cas des surfeurs qui partent tous sur la même vague), il va concentrer sur lui seul la mise en alerte des organes sensoriels du squale. LE NAGEUR, LE PLONGEUR, OU LE SURFEUR ISOLÉ DES AUTRES EST EN PLUS GRAND DANGER.

Tous ces conseils dictés par la logique, et surtout la connaissance élémentaire de la physiologie des squales, vous aideront à acquérir ce que Leonard Compagno appelle le « sens du requin », cette seconde nature qui vous fait pressentir instinctivement les conditions et circonstances dangereuses.

NE PAS PROVOQUER LES SQUALES

Il existe de multiples façons de provoquer la curiosité ou l'agressivité des requins. Les deux motivations se traduisent d'ailleurs le plus souvent par les mêmes résultats pour la fragile carcasse de l'« homme à la mer ». Même la plus innocente plaisanterie peut parfois mal tourner quand elle a pour objet cet animal à l'humour pour le moins incisif. Le 27 novembre 1976, Jeff Spence se baigne en compagnie d'un ami sur la plage de Clifton, non loin de la ville du Cap. Parce qu'il a bu quelques bières, qu'il a dix-neuf ans et qu'il est heureux de vivre, il se met soudain à imiter la jeune femme dont les hurlements ouvrent le célèbre film *Les dents de la mer*. Hurlant et faisant semblant de se débattre, il crie à l'intention de son camarade : « Attention, il va aussi te bouffer. » Jouant le même jeu, celui-ci fait semblant de s'éloigner précipitamment des lieux du faux drame.

Une minute après, alors qu'il nage normalement, Jeff ressent une puissante poussée qui le propulse rapidement dans une direction perpendiculaire. Ne ressentant aucune douleur ni aucune sensation de blessure quelconque, il pense immédiatement à un dauphin comme il y en a beaucoup dans la région, et dont il sait qu'ils viennent souvent chahuter avec les baigneurs.

Ce n'est qu'en se retrouvant dans une nappe de sang, alors que l'animal l'a relâché, qu'il réalise que l'heure n'est plus à la plaisanterie. Ses blessures sont comparables à celles de Rodney Fox (voir la photo), déchirant l'épaule et tout l'hémithorax gauche, perforé jusqu'aux os. Jeff nage aussi vite qu'il peut dans la direction opposée, attendant la seconde attaque. Son camarade voit maintenant l'aileron se diriger vers Jeff et puis tourner dans la nappe de sang à la recherche de la proie blessée. Les deux hommes sont récupérés par un canot alors que le requin élargit son périmètre d'investigation et se dirige vers eux. Plusieurs heures seront nécessaires pour suturer les blessures de Jeff à l'hôpital de Groote Schuur. Il est aussi miraculé que Fox d'avoir survécu à une morsure thoracique, et que son attaquant « décide » là aussi de ne pas fermer ses mâchoires... On peut parler dans les deux cas de « morsures d'investigation » sans intention d'arracher les chairs. Le requin de Jeff était pourtant suffisamment armé, mesurant environ 3 mètres d'après les témoins, et s'agissant d'un grand requin blanc à en juger par la forme des plaies. Les experts s'accordèrent pour considérer que les cris et l'agitation volontaires de Jeff n'avaient pu que provoquer la curiosité du requin qui se trouvait dans les parages, évoquant pour lui les vibrations d'un poisson blessé...

Si vous vous baignez ou plongez dans des eaux susceptibles d'être fréquentées par des requins, *SOYEZ DONC SILENCIEUX, AYEZ DES MOUVEMENTS AMPLES ET NON BRUSQUES*, en un mot soyez comme un poisson dans l'eau...

Bruce Wright qui commandait une unité de reconnaissance britannique pendant la dernière guerre fit une étude comparée sur l'incidence du sang ou des mouvements sur l'agressivité des squales. Il arriva à la conclusion que le sang isolé attirait les barracudas et les requins, mais que c'étaient les mouvements brusques, rapides et désordonnés, avec ou sans présence de sang, qui les excitaient bien plus (il ne connaissait pas à l'époque les détecteurs de mouvements dont sont équipés les squales).

En 1976, je plongeais très régulièrement avec un ami mexicain qui passait pour l'un des meilleurs spécialistes dans son pays. Un jour que nous explorions depuis près de deux heures les fonds magnifiques qui longent la côte de l'île de Cozumel, à environ 1 mille au large, nous aperçûmes à 50 mètres un énorme squale semblant dormir sur le bord du plateau qui à cet endroit s'interrompt sur une fosse de 400 mètres. Mon compagnon me fit signe d'observer ce qu'il allait faire, et je le vis s'approcher du requin par-derrière. Ce n'est que lorsqu'il fut à côté de sa queue que je réalisai les mensurations de l'animal qui en fait bougeait imperceptiblement pour se maintenir face au courant. Environ 3,50 mètres, très fuselé avec un nez pointu et une queue symétrique qui semblait aussi haute que mon ami, je me demandai de quelle espèce il pouvait bien s'agir, lorsque je vis mon Mexicain sortir son poignard. Je pensai aussitôt qu'il devenait fou, imaginant aisément le sort que pourrait nous réserver le monstre réveillé par un coup de poignard, et du coup je sortis le mien à tout hasard. A peine l'eut-il effleuré que le requin démarra comme une flèche, disparaissant dans le grand bleu. Lorsque je lui demandai plus tard à quoi il avait joué, il me répondit qu'il « avait voulu vérifier si l'animal était malade, car d'ordinaire les " makos " ne restent pas ainsi sur le fond »! La provocation était de taille, surtout avec un mako de cette dimension et par

30 mètres de fond, et je continue de penser que nous avons eu beaucoup de chance ce jour-là.

DES COMMANDEMENTS DE PRUDENCE IMPÉRATIFS

Les conseils suivants ne sont pas sujets à discussion scientifique, étant le fruit de centaines d'observations rigoureuses, en RSA tout particulièrement. Ils sont valables en toutes eaux tropicales, et leur mise en œuvre n'est pas vraiment contraignante.

- *Ne soyez pas trop loin au-delà de la barre.*
- *Ne nagez pas à proximité des canaux sous-marins* qui traversent souvent les bancs de sable entre la plage et la barre. Renseignez-vous auprès des habitués sur la situation éventuelle de ces canaux.
- *Ne nagez pas en eaux troubles*, surtout après inondations, et à proximité de l'embouchure d'un fleuve.
- *Ne nagez ni ne plongez la nuit ou au crépuscule.* Comme tous les prédateurs terrestres, les squales se nourrissent surtout la nuit. J'ai plongé plusieurs fois de nuit avec un ami, chacun balayant de sa torche un secteur des ténèbres; en dehors de myriades d'animaux luminescents, nous vîmes à chaque fois plusieurs squales dont les gueules dans ces conditions n'avaient rien de rassurant, pas plus que leurs yeux noirs qui devenaient brillants dans la nuit.
- *Ne molestez pas des requins apparemment inoffensifs, même petits.* Plusieurs imprudents ont été ainsi grièvement blessés parce qu'ils voulaient absolument marcher sur des *carpet sharks* ou autres requins de corail.
- *Si vous sentez quelque chose vous effleurer ou vous toucher, sortez de l'eau* pour vérifier si vous n'avez rien. Les requins aiment « goûter » leur proie

en la frôlant avant de la mordre (leurs papilles gustatives latérales leur donnent cette capacité remarquable).

• *En plongée, n'acculez jamais un requin entre vous et un obstacle quelconque.* Sa réaction sera celle du serpent, qui n'attaque jamais autrement que lorsqu'il est acculé ou directement agressé.

• *Ne croyez pas que vous êtes en sécurité parce que des dauphins sont à proximité.* Il est vrai que les dauphins décident parfois de tuer un squale, et qu'ils y parviennent en fonçant dessus à grande vitesse, plantant leur museau pointu dans les ouïes ou l'abdomen du poisson. Leur intelligence de mammifères leur permet de ne pas craindre les requins, mais ne croyez pas pour autant qu'ils vont venir vous protéger. On a vu des dauphins et de grands prédateurs vivre ensemble, au moins transitoirement. J'ai plongé au nord de Port Elizabeth (RSA) en février 1989, près d'une île recouverte de milliers de pingouins, et entourée bien sûr de dizaines de squales de toutes sortes dont les plus redoutables. En trente minutes, dans une eau trouble où la visibilité ne dépassait pas cinq mètres, j'ai entendu puis vu venir près de moi trois dauphins de grande taille, puis deux *ragged tooth*, qui sont les requins les plus dangereux d'Afrique du Sud. Disposant de milliers de palmipèdes à cent mètres de là, je savais qu'ils ne « goûteraient » probablement pas à ce « poisson » presque aussi gros qu'eux, et ils disparurent effectivement. En aurait-il été autrement que les dauphins ne seraient certainement pas intervenus !

• Les requins n'attaquent jamais d'emblée un plongeur qui vient de quitter la surface, *vous avez le temps de décider calmement si vous gagnez le fond ou si vous remontez quand le moment sera favorable.* Un requin qui s'intéresse à un plongeur commence par tourner autour de lui, partir, revenir, et ce, pendant parfois très longtemps.

• *Si vous avez touché du poisson, lavez-vous avant de plonger.*

• *Si vous voyez un aileron, ce n'est pas forcément un requin.* Ce peut être un poisson-épée, mais aussi un dauphin ou un marsouin (en général ils sortent de l'eau, levant le doute rapidement), une orque (l'aileron est très grand et très noir) ou encore une raie manta (il s'agira alors de deux extrémités d'« ailes » qui auront un déplacement anormalement synchrone).

La prévention par l'équipement

LA SURVEILLANCE

Très en vogue en Australie où les requins sont presque partout, et où il n'est pas possible de tendre des filets sur toutes les plages, la surveillance contre les requins est comparable à celle des maîtres nageurs. Ce sont d'ailleurs les mêmes dans les mêmes tours d'observation, avec en plus une grosse cloche à portée de la main, qui transmet l'alerte dès qu'un squale apparaît. Les Australiens se baignent sur la plupart des plages entre des drapeaux délimitant les zones surveillées et ils quittent l'eau rapidement dès que l'alerte est donnée, y retournant calmement dès qu'un bateau a chassé ou capturé l'intrus. Comme on le voit, c'est une méthode qui réclame civisme et discipline, qualités dont savent faire preuve les Anglo-Saxons. Si par malheur les côtes de France venaient à être menacées, ça ne serait sans doute pas la meilleure méthode...

Des patrouilles aériennes existent également en été,

depuis des hélicoptères, des avions ou des ULM, ces derniers s'avérant très efficaces.

Il existe des systèmes terrestres de détection de présence à distance, et le temps n'est pas loin, sans doute, où l'équivalent sous-marin de tels détecteurs pourra être utilisé pour prévenir de l'apparition de squales à proximité des plages. Il ne s'agira pas de détecteurs infrarouges pour des animaux à sang froid, mais de détecteurs de mouvement, doppler, sonar, etc.

DES BARRIÈRES RIGIDES

Historiquement, tant en Australie qu'en RSA, les premières méthodes de protection firent appel, sur des périmètres très limités, à des barrières rigides. Outre qu'elles coûtaient très cher, elles ne résistaient jamais longtemps aux tempêtes, et leur entretien était extrêmement contraignant, même pour les municipalités ou les gouvernements. Fixe ou mobile, métallique ou de nylon, aucune n'a jamais duré plus de quelques années. Je me suis baigné en 1969 à Veracruz, sur la côte caraïbe du Mexique, à l'intérieur d'une telle barrière qui était faite de rustiques traverses de chemin de fer et de barres de fer. Quand après une heure nous allâmes, avec mes amis, « défier les monstres » derrière les barreaux, nous eûmes la surprise de constater que toutes les barres avaient été arrachées par la mer, et que seules subsistaient les inutiles traverses verticales.

C'est à Durban en 1907 que fut érigée la première barrière fixe, puis à Cogee en Nouvelle-Galles du Sud en 1929, puis à Sydney et ailleurs en Australie, mais il y avait toujours des trous pouvant laisser passer de gros spécimens, ou bien ceux-ci passaient par en dessous dans des canaux creusés par les courants, ou encore par-dessus lors des grandes marées. Le glas définitif de ces barrières sonna lorsqu'un baigneur fut attaqué et tué à l'intérieur de l'une d'elles dans le Queensland.

A la lumière des nouveaux matériaux extrêmement résistants existant maintenant sur le marché, il sera peut-être possible de construire à nouveau des barrières physiquement infranchissables à base de plastiques composites, et surtout de Kevlar, qui résistent à la corrosion marine.

LES FILETS DE NYLON DU NSB : UNE EFFICACITÉ REMARQUABLE

1 200 requins adultes capturés chaque année, du redoutable *zambezi shark* au peau bleue en passant par le tigre, le mako, le marteau et la plupart des autres grands prédateurs, tel est le bilan depuis plus de vingt ans du Natal Shark Board de Durban, le « Miami d'Afrique du Sud ». A la suite de la terrible série d'attaques de 1957-1958, les municipalités de la province du Natal décidèrent de tendre des filets de protection, suivant l'exemple de Durban. Ces filets s'avéraient indispensables pour ne pas ruiner le tourisme balnéaire, mais ils risquaient de ruiner les municipalités, et l'administration provinciale prit donc la protection à sa charge. C'est une femme qui en 1966 prit la direction du NSB, en faisant progressivement un organisme d'intérêt public et scientifique unique au monde. Beulah Davis est sans doute la femme la plus célèbre de la République sud-africaine. A la tête de 250 personnes qui chaque jour protègent 45 plages grâce à 385 filets antirequins, elle doit aussi gérer une flotte de 45 bateaux spécialement dessinés pour franchir la barre par tous les temps, et alimenter

une banque de données scientifiques sur les squal... qui n'a d'équivalent nulle part ailleurs.

Ce moyen efficace de capturer les squales fut pressenti par hasard en 1937 par un pêcheur australien qui observa que les filets qu'il posait pour les thons et autres carangues ramenaient très souvent de gros requins, mais pas d'autres poissons de grande taille. Le pêcheur n'en connaissait pas la raison, qui tenait au simple fait qu'un requin immobilisé s'asphyxie très vite (voir *La respiration*). S'il ne parvient pas à se libérer très vite, à la différence des autres poissons, il suffoque et meurt rapidement. Le filet n'agit donc pas seulement comme une nasse mais aussi comme un piège fatal.

La disposition des filets est surprenante puisque ne constituant pas un barrage continu, ni en hauteur, ni en largeur. Chaque filet mesure 107 mètres de longueur sur 6 à 7 mètres de haut, et est séparé de son voisin par un espace libre de plusieurs mètres. L'espace de recouvrement dans le sens longitudinal est de 20 mètres, et le filet ne traîne pas au fond et n'atteint pas la surface. Ceci veut dire qu'un requin peut passer par en dessus, par en dessous, ou par le côté en slalomant entre les filets disposés en quinconce. C'est ce qui se passe effectivement puisqu'un grand pourcentage de requins sont retrouvés dans le sens plage-haute mer. L'inconvénient de cette pénétration à l'intérieur des zones protégées est mineur car préférentiellement nocturne. Les squales viennent en effet chasser au crépuscule à proximité des plages en pénétrant en surface; et, retournant vers le large à l'aube, en profondeur, c'est ainsi qu'ils peuvent être capturés dans les deux sens. Ces filets ne sont donc rien d'autre qu'une opération de pêche statique, réduisant simplement la quantité de squales dans la zone protégée, baissant ainsi le risque statistique de rencontre avec un homme. Je comparerai un peu la méthode à celle qui est utilisée en matière d'épidémiologie, où l'on stoppe la diffusion d'une maladie en vaccinant seulement 50 % de la population.

La disposition de ces filets en quinconce est obligatoire, pour que les courants, les objets flottant entre deux eaux, et les autres poissons puissent passer. Il n'y a qu'à l'époque du « Sardine Run » que les filets sont enlevés pendant quelques jours. A cette époque en effet, les sardines viennent en migration le long des côtes du Natal par milliards, au point que, manquant d'oxygène, leurs cadavres s'amoncellent en véritables talus ininterrompus le long des plages. Cette ruée des sardines est évidemment suivie par celle des squales de toute la région, et les filets qui ne sont pas encore remontés sont alors affalés par les tonnes de requins capturés (voir les photos).

Au départ les filets étaient en polyéthylène vert et ils ont été changés pour d'autres en nylon noir. La couleur verte était en effet mieux détectée par les squales que la noire, et le polyéthylène voyait sa résistance divisée par deux au niveau des nœuds (le noir a une résistance de 375 kilos). Ce nylon a été fabriqué spécialement, entrelacé de bleu pour une raison complètement étrangère aux requins et que m'a racontée Beulah Davis : les enfants de la région ayant sacrifié à la mode des bracelets, ils allaient en bateau relever et couper les filets pour s'en entourer les poignets ! Elle m'a également raconté comment un filet fut retrouvé il y a quelques années proprement perforé sur un diamètre de plusieurs mètres, et comment l'enquête du NSB avait secrètement conclu à une pénétration de sous-marin de poche d'une puissance bien connue pour ce genre d'infiltration...

J'ai été invité en 1989 par le NSB, et j'ai eu carte blanche pour participer et accéder à tout ce qui m'intéressait. J'ai bien sûr remonté les filets à l'aube, depuis l'un des bateaux qui chaque jour vérifient,

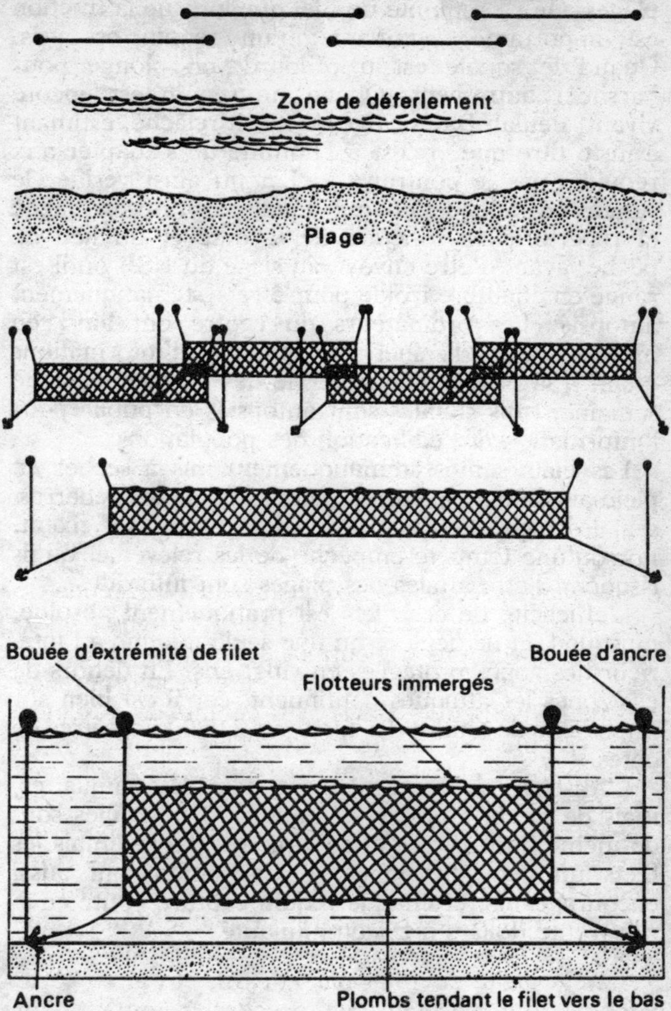

Configuration typique des filets de protection du NSB

changent, entretiennent tous les filets de toutes les plages. On ne remonte un filet que lorsque la traction est importante, signifiant qu'un requin est pris. Quand le squale est trop lourd, on plonge pour l'arrimer autrement. Quand un requin est encore vivant, Beulah Davis exige qu'il soit relâché, estimant à juste titre que « c'est à l'homme de s'adapter aux requins, pas le contraire ». J'ai pu ainsi vérifier le sérieux avec lequel chaque squale capturé est bagué et répertorié en fonction de la date et du lieu de pêche, avant d'être envoyé au siège du NSB où il est rangé en chambre froide pour être systématiquement autopsié. Les ordinateurs du centre ont ainsi en mémoire des dizaines de millions d'informations quant à la physiologie générale des requins. Chaque semaine, trois squales sont autopsiés en public pour l'information et l'édification des populations.

Les filets sont systématiquement mis à sécher en plein air toutes les trois semaines afin de les débarrasser des algues et micro-organismes qui s'y fixent. Lorsqu'une tempête empêche de les relever et qu'ils risquent d'être affalés, les plages sont interdites.

L'efficacité de ces filets est pratiquement absolue, puisque l'on ne déplore qu'une seule attaque à l'intérieur des zones protégées en vingt ans. En dehors de ces zones les attaques continuent, car il est bien sûr impossible de tendre des filets sur 2 000 kilomètres de côtes.

L'Australie utilise également des filets similaires, mais de façon moins systématique. Les mailles sont de même dimension (30 centimètres carrés) mais les filets un peu plus longs. Les résultats sont aussi encourageants, et chaque requin capturé coûte environ trente dollars à la communauté.

LES BARRIÈRES DE BULLES

Certains ayant voulu expliquer le faible taux d'attaques sur des plongeurs autonomes par l'émission des bulles qui les entourent, d'autres ont voulu vérifier si des rideaux de bulles artificielles seraient de nature à effrayer les squales. Je ne m'étendrai pas sur l'historique d'expérimentations qui ont été sérieusement menées, par le Dr Perry Gilbert notamment, tant avec des bulles d'air que de gaz carbonique ou d'autres gaz, puisque ces études ont prouvé l'inefficacité du procédé.

LES BARRIÈRES ÉLECTRIQUES

Les expérimentations dans ce domaine sont plus encourageantes. La pêche électrique en est à ses balbutiements, et peut-être un jour viendra où des filets ou des barrières électriques tueront d'emblée les bancs de poissons ou les paralyseront. On sait par ailleurs que les squales sont extrêmement sensibles aux champs électriques les plus faibles, et on peut concevoir que des champs forts les perturbent ou les effraient. A Port Maching près de Sydney, un requin de 3,5 mètres a été littéralement paralysé au passage d'une barrière électrifiée; il est resté immobile jusqu'au moment où le courant a été interrompu; il a alors repris sa nage comme si rien ne s'était passé.

Des expériences plus élaborées ont été effectuées sur les poissons osseux. Quand un courant passe entre deux électrodes et qu'un poisson se trouve entre ces électrodes, il se dirige vers le pôle positif, mais on ne peut pas dire que le courant attire les poissons se trouvant en dehors du champ. Les méthodes à usage commercial n'ont pas été mises en œuvre à ce jour en eau salée, en raison de la quantité de courant requise.

De meilleurs résultats ont été obtenus en eau douce, particulièrement dans l'ex-Union soviétique.

Des expériences pratiquées à Pretoria (Dr Lochner) ont récemment confirmé qu'un courant passant entre deux électrodes agissait comme une barrière sur les requins. Ces expériences ont également confirmé, et c'est important, que les charges nécessaires pour éloigner les requins ne gênaient pas les nageurs.

Un câble à courant alternatif a été installé devant la plage de Margate (Natal), qui forme une barrière électromagnétique. Cette expérimentation en grandeur réelle remonte à 1988, et ses résultats semblent encourageants, même si l'entretien du cable semble encore difficile. Ce pourrait être une alternative valable à la pose des filets.

Dès 1961, John Hicks avait mis au point un *scharkshocker* électronique qui semblait très bien fonctionner, et auquel s'intéressait la NASA. Il fut malheureusement renversé dans son petit dinghy par un requin un peu affolé, et cela suffit aux officiels pour lui interdire de continuer ses expérimentations dans l'aquarium où il avait l'habitude de travailler... Il reste l'initiateur d'un petit émetteur électronique individuel qui peut être fixé à une combinaison de plongée, et qui écarte les squales trop inquisiteurs. Cet instrument s'appelle le *hick's repeller*, fondé sur une fréquence acoustique spécifique de certaines espèces.

LES EXPLOSIFS

A la fin des années 50, la frégate sud-africaine *Vrystaat* reçut l'ordre de larguer des charges explosives au large de la côte de Margate-Uvongo où plusieurs attaques venaient d'avoir lieu. Vingt-quatre explosions à la verticale de treize « fosses à requins » firent huit morts seulement, et trente-neuf autres charges dans les jours suivants ne tuèrent aucun squale. En revanche, beaucoup de poissons périrent dans l'exercice, dont les cadavres attirèrent de nombreux requins. On se contenta d'autoriser la police locale, qui patrouillait à bord d'un petit hors-bord, à lancer des grenades sur tous les squales qu'ils verraient à fleur d'eau. L'exercice devait être amusant et sans doute plus efficace, mais les résultats ne me sont pas parvenus... J'ai eu en revanche le témoignage du commandant Fane à propos de l'explosion de pains de TNT d'un demi-kilo : « Un grand nombre de poissons gisaient sur le fond ou remontaient à la surface. Dans les vingt secondes, les requins arrivaient de toutes les directions, dévorant les plus gros poissons tête la première. Si un morceau de poisson dépassait des mâchoires d'un requin, il était happé par les autres requins. L'observation à travers un hublot sous-marin montra que les squales fuyaient au moment de la détonation seulement, pour revenir dans les dix à vingt secondes. Des explosions répétées ne les gardaient pas à l'écart. Les requins étaient capables de naviguer à grande vitesse dans l'épais brouillard mousseux provoqué par les explosions, même à travers le dédale irrégulier du fond corallien. » D'autres expériences tendent à prouver que les poissons résistent beaucoup mieux que les hommes à l'onde de choc d'une explosion sous-marine. Ce bilan me conforte dans la certitude que les naufrages sont des points d'attraction très importants pour les squales, et que les explosions accompagnant la plupart des grands naufrages ne sont que des stimuli supplémentaires.

En juillet 1956, quatre hommes dans un dinghy aperçoivent un requin alors qu'une équipe de la Royal Navy s'apprête à plonger en exercice. Ils décident immédiatement de l'effrayer en mouillant une ligne sur laquelle ils fixent deux charges de quatre cents grammes d'explosif. La ligne s'enroula autour du squale qui eut la mauvaise idée de passer juste au-dessous du dinghy au moment où les deux charges explosaient. Deux morts et deux blessés graves retombèrent à la surface au milieu des débris du dinghy... et du requin. Le problème des grosses charges d'explosifs sous l'eau est leur danger pour les servants et la diffusion de l'onde de choc. Les seules charges intéressantes sont celles des cartouches qui propulsent un projectile directement dans le squale.

Je me suis longtemps demandé pourquoi les squales semblaient aussi insensibles aux ondes de choc explosives alors que les autres poissons y étaient si fragiles. L'explication tient simplement au fait que les requins n'ont pas de vessie natatoire, alors que les poissons osseux ont une vessie qui se déchire sous l'impact de l'onde explosive. L'homme est également très fragile aux explosions sous-marines en raison de la variété de ses organes abdominaux (ils sont plus ou moins denses, plus ou moins gazeux). Le 25 avril 1945, le destroyer US *Frederik Davis* fut torpillé, et les survivants se retrouvèrent perdus en plein Atlantique. Plusieurs minutes après que le destroyer eut coulé, deux charges sous-marines qui étaient à son bord explosèrent dans les profondeurs. Ces explosions furent suffisamment atténuées par l'épaisseur d'eau pour ne pas provoquer de lésions mortelles chez les naufragés à la mer, mais elles provoquèrent indirectement la mort de beaucoup d'entre eux, en attirant dans les minutes suivantes une quantité impressionnante de requins de haute mer.

LA « PÊCHE À LA LIGNE »

A la suite de certaines attaques, des campagnes de chasse intensive ont été démarrées, où tous les moyens étaient utilisés : parmi ceux-ci la pêche avec des lignes impressionnantes. Les agresseurs furent souvent capturés, mais peut-on en déduire que les lignes soient un bon moyen préventif? Non, sans doute, même si certaines lignes de pêche commerciale atteignent jusqu'à 90 kilomètres et 2 000 hameçons! Le jour où l'on aura décidé que la bonne prévention passe par l'extermination de l'espèce, alors de telles lignes pourront être utilisées...

La protection rapprochée passive

LES RÉPULSIFS

Durant la Seconde Guerre mondiale, l'US Army prit conscience que trop de pilotes tombés en mer ou de naufragés périssaient victimes de requins. De nombreux poisons furent essayés, dont l'arsenic et l'acide cyanhydrique. L'ennui est que le métabolisme lent du requin lui permet de mordre bien avant d'être empoisonné et que l'homme risquait d'être la première victime d'une eau imprégnée de poisons aussi violents. La solution, si elle existait, était donc ailleurs. Des ondes supersoniques furent essayées, sans résultat, ainsi que des teintures, des encres. C'est alors qu'un biologiste s'avisa de ce que les pêcheurs de Floride avaient remarqué depuis longtemps : quand un requin se décomposait dans leurs filets, pas un de ses congénères ne se montrait dans un rayon de plusieurs kilomètres. Les expérimentations s'avérèrent fructueuses : un morceau de requin en putréfaction suffisait à écarter tous les requins des parages, alors qu'ils ont coutume de cannibaliser le premier des leurs mortellement blessé.

La substance miracle contenue dans la chair en putréfaction était de l'acétate d'ammonium, qui donne dans l'eau de l'acide acétique. Des expériences furent menées avec succès au large de la Floride avec une substance analogue, l'acétate de cuivre. Les biologistes avaient jeté à l'eau un panier de petits poissons sur lesquels les requins se jetèrent goulûment; un second panier lui succéda, contenant en plus de l'acétate de cuivre; les requins battirent en retraite dans les secondes suivantes, tournant autour de l'appât à distance respectueuse sans jamais y toucher. Ces essais furent corroborés par d'autres au large des côtes australiennes, et des « sacs répulsifs » (*shark chaser*) à base d'acétate et de nigrosine équipèrent désormais marins et aviateurs alliés. Ce matériel avait au moins l'avantage de rassurer les futurs naufragés, mais l'enthousiasme du début fut de plus en plus tempéré à mesure que le gadget fut utilisé puis expérimenté de façon sérieuse. Non seulement le grand blanc n'était en rien impressionné par le *shark chaser*, mais on vit même certaines espèces avaler des morceaux de viande remplis de répulsif qui leur sortait alors par les ouïes à la façon d'un moteur d'avion perdant de l'huile! Deux cents produits différents furent testés, aucun n'était efficace sur toutes les espèces, et jamais de façon permanente (certaines espèces sont plus agressives dans une région que dans une autre). Jusqu'en 1980, aucun répulsif ne méritait réellement son nom.

Depuis une dizaine d'années, des recherches ont été entreprises sur la curieuse immunité à l'égard des squales dont semble disposer la sole : c'est le seul poisson qui n'ait jamais été retrouvé dans l'estomac des requins, le seul que l'on n'ait jamais vu mordu. La substance donnant cette immunité à la sole a pu être extraite : il s'agit de la pardaxine, qui agit au niveau des ouïes des requins. Lorsque la sole est menacée, elle éjecte cette substance vers les narines ou la gueule du squale. De nombreuses expérimentations ont été faites tant en Israël qu'aux USA, et se sont heurtées à des problèmes de concentration, de conservation et de synthèse du produit. Le Dr Zlotleni remarqua que le produit naturel avait beaucoup des propriétés d'un surfactant, l'ingrédient qui dans les détergents brise la surface de tension superficielle, et produit la mousse. Plusieurs surfactants furent testés et comparés à la pardaxine. C'est le sodium dodecyl sulfate (SDS) qui s'avéra le plus efficace, surpassant même les qualités répulsives du produit naturel. Cette découverte est récente, datant d'août 1987, et très prometteuse. Des expériences faites sur plus d'une centaine de requins en liberté se sont toutes révélées positives. Le SDS existe depuis toujours dans beaucoup de lessives ménagères et de shampooings, et il est bien dommage que l'on n'ait pas suspecté plus tôt cette qualité pour le moins inattendue à l'égard des requins. Pour le Dr Gruber, qui obtint des crédits de recherche de l'US Navy, cette méthode des détergents est plus efficace que la méthode électrique, car elle semble éloigner définitivement les squales (avec le *hick's repeller,* ils reviennent après s'être éloignés).

Sur le plan quantitatif, 200 centimètres cubes de solution à 5 ou 10 % de SDS suffit pour éloigner les squales. Le produit n'est cependant pas assez puissant pour être utilisé comme un « nuage » dont le naufragé ou le plongeur s'entourerait. Il doit donc être dirigé directement à la face du squale. On disposera donc incessamment de cartouches de ce produit, que l'on pourra diriger vers le museau de l'attaquant à l'aide d'un système d'injection à distance. On peut aussi imaginer l'insertion de cartouches de ce produit à l'intérieur des combinaisons de plongée, ce qui éviterait une seconde morsure, et pourquoi pas dans la mousse constituant les planches de surf...

Si un jour vous naufragez en eaux tropicales, n'oubliez pas d'embarquer sur votre dinghy de sauvetage tous les shampooings et lessives du bord!

Il est évident que la solution chimique ou biochimique se trouve dans ces répulsifs naturels ou synthétiques non toxiques pour l'homme, et surtout pas dans les poisons tels que la strychnine, qui furent essayés il y a une vingtaine d'années. La diffusion dans l'eau était terriblement dangereuse pour le manipulateur, et même quand un squale avalait un appât bourré de strychnine ou de cyanure, il mourait au bout de... trente minutes.

LES VÊTEMENTS

Ron et Valerie Taylor ont expérimenté des combinaisons qui sont de véritables cottes de mailles empêchant les dents les plus acérées de pénétrer la peau, et il est évident que cela constitue une protection intéressante contre les requins de petite taille. En revanche cette protection ne peut être qu'illusoire contre un requin de 3 mètres ou plus, qui vous écrase un membre dans l'étau de ses 3 tonnes au centimètre carré!

Toujours dans la même optique, on réalise actuellement des vestes pare-balles composées de 22 couches croisées de Kevlar, parfaitement efficaces contre les balles de 357, sans perdre pour autant leur « aspect civil ».

Je pense que des combinaisons de plongée intégrant le même matériau transformeraient en simples ecchymoses des blessures parfois mortelles, sans pour autant gêner l'évolution sous-marine...

LES CAGES

Les cages métalliques constituent le moyen le plus fiable de protection, qu'elles soient posées sur le fond,

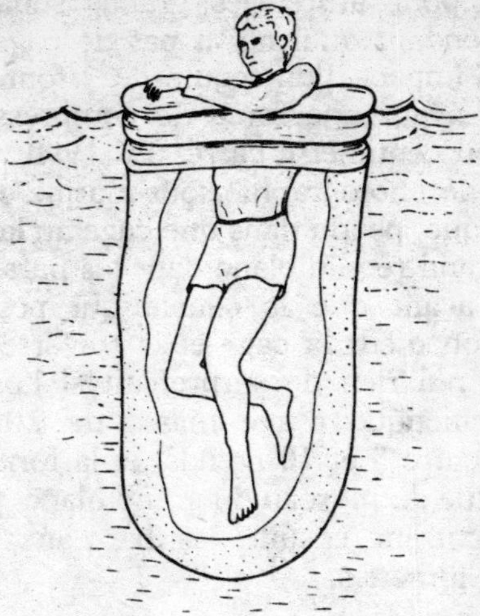

LE JOHNSON SHARK BAG.

Cet appareil est très intéressant car il allie simplicité avec protection contre les requins et contre le froid. Il s'agit d'un sac de plastique noir rempli d'eau de mer, retenu en surface par trois bouées gonflables et dans lequel se plonge le naufragé. Les odeurs restent captives du sac, ainsi que les calories perdues. La couleur noire et l'absence de mouvement apparent n'attirent pas l'attention du requin. L'avantage de ce Johnson shark bag *est sa petite taille avant usage; l'inconvénient, sa fragilité. Prenant en compte son indéniable efficacité et son faible encombrement, il devrait être systématiquement distribué aux personnes susceptibles d'être exposées au « risque requin ».*

suspendues à la grue d'un navire, voire même mobiles comme celles conçues par l'équipe de la *Calypso.* Certaines sont extrêmement fragiles, qui entourent chacun des concurrents effectuant en Australie une compétition traditionnelle de natation; remorquées en surface par un bateau qui adapte sa vitesse à celle du nageur, elles ont, paraît-il, évité plusieurs attaques.

Ces cages sont des lieux d'observation privilégiés pour des cameramans ou des photographes sous-marins, surtout quand ils dispersent des appâts sanguinolents pour attirer les grands squales. Il faut savoir cependant qu'il n'y a pas de cage qui puisse résister à l'impact d'un requin de 2 tonnes, et à des mâchoires ayant une force de compression de 5 à 6 tonnes au centimètre carré ! En 1990, un Français passionné de photographie sous-marine en fit l'expérience lorsque, pendu dans une cage au large du Cap, il vit un grand requin blanc dans les parages. Il se fit remonter avant que le squale qui pesait environ 2 tonnes fonce sur la cage et la traverse de part en part. Cela n'a rien de surprenant si l'on considère l'énergie cinétique d'une masse de 2000 kilos se déplaçant entre 5 et 10 nœuds, et la forme extrêmement pointue du museau du grand blanc, pénétrant la cage et écartant ensuite les barreaux comme de vulgaires allumettes.

La protection rapprochée agressive

LE « BANG STICK » OU « LUPARA »

Depuis une quinzaine d'années, des méthodes offensives contre les requins ont été mises au point, comme cette minilance à tête explosive qui comporte à son extrémité une chambre pour une cartouche de calibre 12. L'extrémité du cylindre étant appuyée entre les deux yeux du requin (lors du halage à bord d'un bateau par exemple), l'amorce s'écrase sur la « percussion » et le projectile arrive directement dans le cerveau du squale, le tuant instantanément. L'avantage est qu'il n'y a pas de perte de puissance dans l'eau puisque l'explosion ne peut se faire qu'au contact du poisson. Ce système est maintenant parfaitement au point avec la tête explosive à charge rapide pour usage marin (lupara) qui évite les incidents de tir par mauvaise étanchéité de la cartouche. C'est sans conteste le meilleur moyen de défense individuel jamais réalisé.

LA LANCE À CO_2 ET LA LANCE ÉLECTRIQUE

Pour les plongeurs, deux armes relevant d'une bonne connaissance de la physiologie du requin sont intéressantes par leur efficacité. La première est fondée sur le fait que la capacité du requin à nager dépend d'une étroite relation entre la force ascensionnelle de ses nageoires (proportionnelle à leur taille), son poids et la quantité d'huile contenue dans son foie. Chaque espèce a ainsi ses proportions caractéristiques entre ces trois facteurs. Que l'un vienne à être perturbé, et le requin ne pourra plus contrôler sa profondeur.

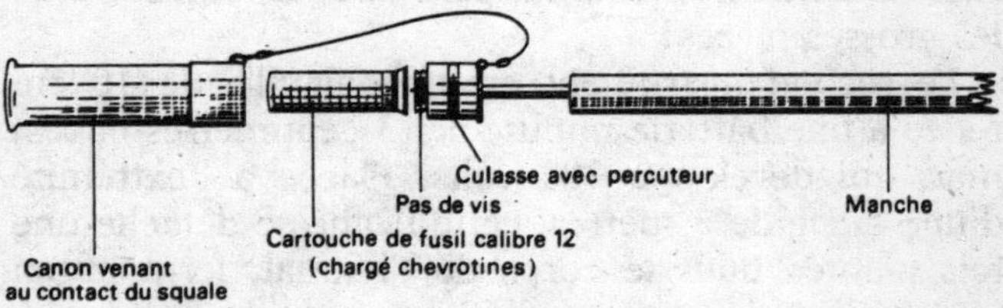

Schéma du « bang stick » ou « lupara ».

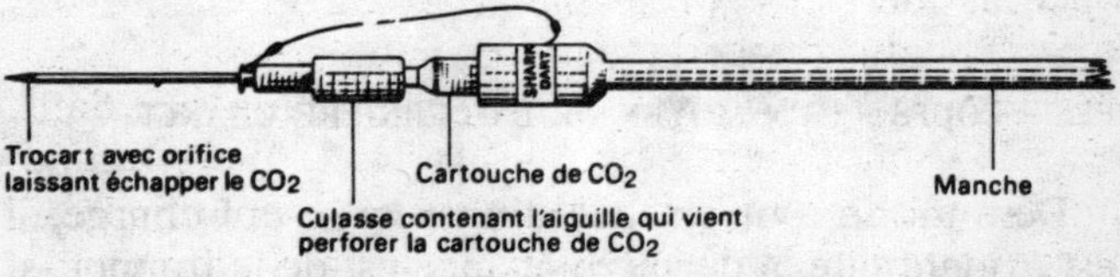

Schéma de la « lance à CO_2 »

Cette connaissance de la physiologie, couplée à l'usage technique d'un petit cylindre de gaz carbonique, est à l'origine d'une des armes les plus efficaces contre les requins. La cartouche de CO_2 est fixée à l'extrémité d'une lance et prolongée par une grosse aiguille. Lorsque le requin s'approche trop près, le plongeur enfonce l'aiguille fermement dans n'importe quelle partie molle, l'abdomen si possible. Elle va venir alors en butée, poussant une autre aiguille plus fine dans la cartouche de gaz ; celle-ci se vide brusquement et directement dans le corps de l'animal. Cette flottabilité additionnelle propulse le requin directement à la surface et le tue souvent par embolie gazeuse. L'avantage de cet instrument est sa rusticité et son absence de mécanique susceptible de se bloquer dans l'eau de mer. La méthode est séduisante, mais moins facile à mettre en œuvre qu'il n'y paraît. Des ancres flottantes ont été mises au point, que l'on plante n'importe où dans le requin afin de gêner ses mouvements. Les résultats sont mitigés, surtout avec les grosses pièces !

Le second instrument est une aiguille de 10 cm reliée à une batterie minuscule (3 centimètres cubes) mais qui développe 300 volts. Placée à l'extrémité d'une lance de 3 mètres, cette flèche se détache une fois plantée dans le corps de l'animal, fermant un circuit flèche-requin-océan. Selon la taille du requin, c'est la mort rapide, ou au moins la paralysie (10 minutes). Le temps en tout cas pour le plongeur de changer de zone.

LES « COUPS » : UN MOYEN DE LA DERNIÈRE CHANCE

Démuni de tout en face d'un requin qui charge, il est évident que la dernière chance est de le frapper, si possible dans une zone sensible, si possible avec un poignard. De nombreux récits font état de l'éloignement de requins agressifs simplement en les frappant à coups de pied ou de poing; il est évident que cela ne peut être efficace que sur des squales de taille moyenne, et pas trop déterminés à vous agresser!

Le débordoir est un instrument facile à fabriquer à partir d'un manche de 1 à 2 mètres, d'un diamètre suffisant (plutôt un manche de pelle qu'un manche à balai) et équipé à son extrémité de deux ou trois pointes permettant de ne pas glisser sur la peau du squale, sans pour autant s'y incruster. L'idéal est de le lester pour qu'il ait une flottabilité nulle et soit ainsi plus maniable. Cet instrument rustique est fonctionnel et facile à utiliser.

J'ai utilisé un tel débordoir contre des requins de récif d'environ 2 mètres, avec une efficacité qui m'a surpris. Les squales recherchent en général la nourriture facile, et quelques bons coups sur le museau peuvent les faire partir. Le danger causé par leur imprévisibilité est tempéré par leur absence d'amour-propre. Quelques coups de poignard bien placés dans les yeux ou les ouïes suffisent souvent à éloigner l'agresseur, suivi de ses congénères attirés par le sang.

LES CRIS : UN MOYEN DÉCRIÉ

Les pêcheurs de perles de Ceylan sont très rarement attaqués et croient beaucoup à leur méthode de prévention : les hurlements dans l'eau. Le Dr Haas confirme que les squales sont effrayés par les cris poussés sous l'eau et il affirme s'être ainsi sauvegardé de plusieurs attaques.

L'efficacité de ces cris pourrait venir des vibrations reçues par la ligne latérale, ou/et des bulles émises en même temps.

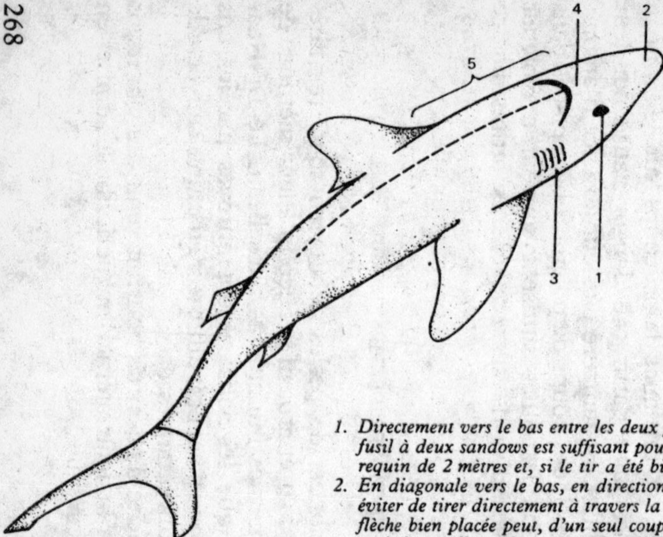

ZONES SENSIBLES D'UN REQUIN AU NIVEAU DESQUELLES ON DOIT FRAPPER POUR ÉLOIGNER LES INDIVIDUS AGRESSIFS :

A. *Quand on utilise un instrument contondant, un couteau ou la main, celle-ci en dernier ressort seulement (énumérés dans l'ordre de sensibilité) :*

1. *L'œil — en plus du fait qu'il est très sensible, on peut aveugler l'animal si on plante bien le couteau.*
2. *Le museau — sensibilité due à la concentration de divers systèmes sensoriels, tels que les canaux de la ligne latérale, les organes de Lorenzini et les cryptes sensorielles.*
3. *Les ouïes — sensibilité liée à la présence de l'appareil respiratoire, avec concentration de vaisseaux sanguins, muscles et nerfs branchiaux.*

B. *Quand on utilise un fusil sous-marin ou une arme à tête chargée (énumérés dans l'ordre des emplacements à viser) :*

1. *Directement vers le bas entre les deux yeux à travers le chondrocrâne pour atteindre le cerveau. Un fusil à deux sandows est suffisant pour que la flèche traverse la boîte crânienne cartilagineuse d'un requin de 2 mètres et, si le tir a été bien ajusté, pour immobiliser ou tuer l'animal.*
2. *En diagonale vers le bas, en direction de la moelle épinière, le meilleur endroit se situe en avant : éviter de tirer directement à travers la peau plus épaisse du milieu de la ligne médiane dorsale. Une flèche bien placée peut, d'un seul coup de fusil, immobiliser instantanément un requin de 2 mètres, mais la moelle est beaucoup plus difficile à atteindre que le cerveau.*
3. *Ouïes : atteint en cet endroit, un requin ne sera pas immobilisé instantanément, même s'il est blessé à mort ; savoir que l'introduction de la flèche par-devant est préférable à la voie latérale car elle handicape la nage.*

Tirer un requin c'est prendre un risque. Cela revient un peu à « attraper un tigre par la queue ». Si l'animal n'est pas instantanément immobilisé, il va normalement se retourner contre la flèche et, ce faisant, il y a de fortes chances pour que le plongeur en pâtisse.

Requins de Polynésie, *R.H. Johnson, éditions du Pacifique.*

Le grand chasseur sous-marin Wally Gibbins a réussi à tuer un requin tigre de 350 kilos avec une lance explosive, et il est un habitué des confrontations avec les squales. Quand on lui demande s'il est effrayé par ces grands prédateurs, il répond : « J'ai trouvé la meilleure chose à faire quand vous êtes menacé : vous attendez que le squale soit à 1,50 mètre, et alors vous hurlez aussi fort que vous pouvez en battant des bras et des jambes. Plus le requin est près, plus le cri est efficace. »

J'ai lu un bon nombre de critiques relativement à cette méthode, mais, dans le cadre des thérapeutiques de la dernière chance et des remèdes « qui ne peuvent pas faire de mal », je pense que la méthode est à retenir. Encore une fois, rien n'empêchera un monstre de plusieurs mètres de vous dévorer s'il en a décidé ainsi...

LES PROTECTIONS FANTAISISTES

De nombreux professeurs Tournesol se sont peu ou prou intéressés au problème de la protection contre les requins, particulièrement dans les pays concernés, et pas toujours à des fins philanthropiques. L'un d'eux avait installé des hydrophones dans des aquariums à requins, par l'intermédiaire desquels il distillait des musiques variées. Il en avait très sérieusement conclu que les squales aimaient beaucoup la valse, mais que la musique des Beatles les faisait fuir de manière particulièrement frénétique !

Un autre « spécialiste » ayant remarqué que les grands blancs nagent rarement à plus de 3 nœuds alors qu'un bon nageur est capable de 4 nœuds, il découvrit la géniale méthode pour éviter l'attaque d'un squale : nager plus vite que lui...

Il y a quelques années, le conseil de sécurité de

DIFFÉRENTS MODES D'INVESTIGATION ET D'ATTAQUE
D'UN SQUALE EN PRÉSENCE D'UN ÊTRE HUMAIN

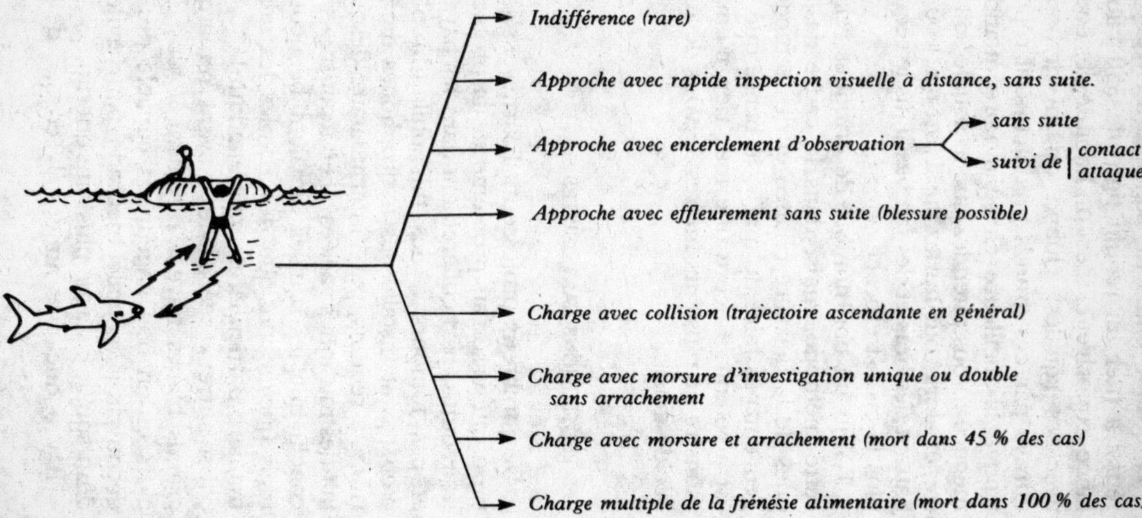

Colombie-Britannique demanda à ses quelque dix mille plongeurs libres de porter des vêtements roses, jaunes et rouges afin de ne pas être confondus avec des phoques ou des bébés baleines, sous prétexte que ces derniers étaient foncés comme les combinaisons habituelles! On sait par ailleurs que le Dr Starle avait pensé que des combinaisons striées de blanc et de noir, à la façon des serpents de mer, pourraient éviter les attaques. Des expérimentations ont été faites, avec des bandes plus ou moins larges, sans que le comportement des squales fût changé en quoi que ce soit.

EN GUISE DE CONCLUSION

Le lecteur aura sans doute constaté, au travers de tous les récits contenus dans ce livre, qu'il n'existe pas de comportement d'attaque stéréotypé de la part des requins. Il est cependant possible de dégager, dans un souci de vue systémique, plusieurs types caractéristiques d'approche, d'investigation et d'attaque. Il faut savoir que si l'indifférence du squale est rare en présence d'un homme à la mer, l'attaque avec morsure grave l'est encore davantage. Entre ces deux extrêmes, plusieurs attitudes qui regroupent la majorité des confrontations homme-requin.

Un requin alerté de la présence d'un être vivant dans son environnement proche vient inspecter visuellement dans la majorité des cas. Si l'humain qu'il aperçoit ne l'intéresse pas particulièrement et ne lui envoie pas de stimulus supplémentaire, il passe son chemin. Si le même bipède s'agite, brille dans le soleil, fait du bruit, le squale reste en observation; le meilleur moyen d'allier l'observation d'un point fixe et la nécessité d'être en translation constante pour pouvoir respirer est de tourner en cercle autour de ce point. Cette ronde peut être provisoire et le requin va s'éloigner car rien ne se passe qui l'intéresse vraiment, ou bien il est intéressé et l'objet ne lui semble pas dangereux, auquel cas il va venir au contact pour en savoir plus.

Cette information supplémentaire peut être apportée par un simple effleurement de l'objet (mise au contact des papilles gustatives et des détecteurs électriques), on a vu que, dans ce cas, des blessures graves peuvent être infligées par les bords d'attaque des nageoires, et des abrasions par la peau rugueuse du squale.

Cette phase d'observation peut en rester là et le squale disparaît. Une attaque peut aussi lui succéder, ou prendre place d'emblée. Cette attaque revêt plusieurs formes possibles. D'abord la *bumping tactic* des Anglo-Saxons, où le squale venu en général des profondeurs heurte brutalement sa proie, la faisant parfois émerger de l'eau. Une morsure peut être contemporaine de cette « collision » volontaire.

L'attaque peut se traduire par une morsure immédiate qui surprend en général la victime. Cette morsure est souvent unique, parfois double, mais pas toujours suivie d'arrachement. C'est ce que l'on peut appeler une morsure d'investigation, un peu comme si le squale « goûtait » l'objet. C'est peut-être aussi une morsure d'intimidation qui serait liée à une notion de territorialité, mais cette supposition demanderait à être confirmée. Je comparerai cette morsure sans suite fatale (le plus souvent) à ce qui se passe lors des morsures de serpents réputés mortels; dans environ 50 % des cas, ces serpents n'injectent pas leur venin, et les victimes ne succombent pas (voir mon ouvrage *Survivre,* Albin Michel, 1988).

La morsure peut s'avérer du goût du requin et il va déchirer sa proie, ou bien il a décidé, avant même d'être au contact, de mordre pour se nourrir, et l'attaque va alors se traduire par une morsure avec arrachement. Les blessures sont très graves, et la mort survient dans environ un cas sur deux.

Si la victime ne parvient pas à s'échapper à temps et que l'attaque du squale est dictée par la faim, les morsures vont être itératives, portant toujours sur la même victime qui saigne (même au milieu d'une foule) et en général sur le même membre. La mort est alors inéluctable.

Si l'attaque se produit lors d'une « frénésie alimentaire », les victimes n'ont aucune chance puisque tous les squales des environs, gros ou petits, se précipitent sur tous les objets à leur portée, inertes ou vivants, saignants ou pas, les mordant avec un acharnement effroyable. C'est la circonstance où les requins méritent le mieux leur réputation de « tueurs des mers ».

En fait, dans la majorité des cas, comme je viens de l'exposer, le requin est d'abord un « mordeur d'homme », un « goûteur d'homme », plutôt qu'un « mangeur d'homme ».

6

FAITS ET SPÉCULATIONS

CAPTIVITÉ ET ADAPTABILITÉ

La volonté d'apprendre à connaître la biologie du requin a conduit à s'intéresser à son comportement en face de situations inhabituelles, la captivité en particulier. On a découvert chez cet animal une aptitude à apprendre à la fois intéressante et surprenante pour un poisson. Les expériences psychophysiques qui sont faites pour vérifier le rôle de tel ou tel organe sensoriel font appel à des réactions conditionnées, pavloviennes, pour déterminer les seuils de sensibilité ou de discrimination pour tel ou tel stimulus. Le succès de ces études atteste de la capacité d'apprentissage rapide des élasmobranches. L'habituation, qui est une forme simple de l'apprentissage, s'est révélée rapide chez le requin dans son cadre naturel. De nombreux tests sur ses fonctions sensorielles ont ainsi pu être réalisés (Myrberg, 1978; Nelson et Johnson, 1972) et on ne peut plus considérer ces animaux comme des créatures purement primitives sans aucune capacité à apprendre à travers l'expérience. Ceci est intéressant pour expliquer certaines différences de comportement souvent observées, par exemple, entre les jeunes et les adultes. Les jeunes sont presque invariablement plus agressifs que les adultes et leur niveau d'activité à la fois plus important, plus erratique, et plus imprévisible. Les raisons de telles différences sont inconnues mais rappellent ce que l'on observe chez les jeunes d'autres espèces qui ne changent de comportement qu'avec une certaine expérience, donc une certaine maturité.

Cette capacité d'adaptation pourrait expliquer certaines séries d'attaques, imputables à un seul requin maraudeur, qui découvre par hasard la proie

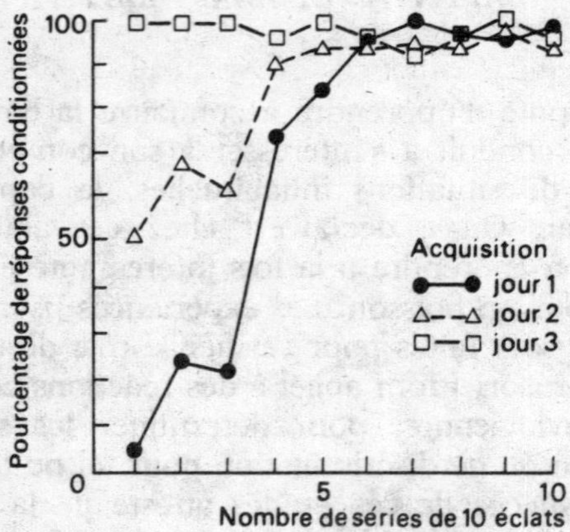

COURBE D'ACQUISITION D'UN MOUVEMENT DE FERMETURE CONDITIONNÉE DE LA PAUPIÈRE (MEMBRANE NICTITANTE) D'UN REQUIN CITRON.
L'entraînement consistait en une stimulation lumineuse intense associée à une décharge électrique de bas voltage, à raison de 10 éclats, 10 fois par jour. Les courbes correspondent aux 3 jours d'entraînement. A noter que les requins atteignent 100 % de réponses conditionnées dès la 6e série de 10 éclats du 1er jour. Cette expérience démontre la grande faculté d'adaptabilité du requin (d'après Gruber et Myrberg, 1977).

humaine et s'y adapte au point d'en faire sa proie privilégiée sinon unique. Il ne s'agit évidemment pas de détermination réfléchie mais plutôt de détournement d'instinct alimentaire.

En 1963, lorsque Clark faisait le bilan des requins qui avaient pu être maintenus en captivité, il arrivait à des résultats qui n'étaient guère encourageants : si plus de cinquante espèces avaient pu être conservées plus de sept mois en captivité, beaucoup mouraient néanmoins l'année suivante, et aucune espèce vraiment pélagique ou réputée dangereuse n'avait pu être conservée (les espèces les plus rencontrées étaient le *sand shark*, le *cat shark*, le *léopard* et le *nurse shark* de l'Atlantique Ouest). L'opinion générale était à juste titre que les requins sont non seulement difficiles à capturer et à transporter mais, une fois en captivité, qu'ils refusent souvent de s'alimenter et meurent rapidement (Gruber et Koyes, 1983). De sévères désordres hématologiques surviennent souvent pendant et après la capture, et livrent donc aux études expérimentales des sujets qui ne sont pas dans un état physiologique normal.

Depuis quinze ans, de grands progrès ont été accomplis tant dans les conditions de transport que dans le maintien d'une haute qualité de l'eau dans des bassins suffisamment vastes. Ces paramètres permettent de se rapprocher des conditions naturelles, et l'on parvient maintenant à garder en captivité certaines espèces de grands requins pélagiques (du groupe des *carcharhinus* en particulier).

LE CERVEAU DU REQUIN

Nous savons maintenant que les requins possèdent de nombreux attributs dont on pensait qu'ils étaient l'apanage exclusif des « vertébrés supérieurs », mais que faut-il penser de leur réputation de machines primitives à cervelle d'oiseau ?

Lorsque les premiers anatomistes s'intéressèrent à la question, ils travaillèrent sur les deux espèces les plus communément disponibles : le *dogfish* (*squalus acanthias*, un membre du groupe des squales le plus primitif : les squalomorphes) et le *cat shark* tacheté (*scyliorhinus canicula*, un des membres les plus primitifs des galeomorphes). Ils découvrirent en effet de petits cerveaux, ce qui, ajouté aux idées reçues, perpétua pour longtemps le mythe que tous les élasmobranches avaient des cerveaux de petite taille.

C'est Northcutt qui, en 1978, rétablit enfin la vérité, en montrant que beaucoup d'élasmobranches possèdent des cerveaux de taille comparable à celle de beaucoup d'oiseaux ou mammifères. On a pu ensuite vérifier chez les élasmobranches, comme chez les autres animaux, la relation qui existe entre la hauteur dans la hiérarchie de l'évolution et l'importance du rapport poids du cerveau / taille du corps. C'est ainsi que les plus évolués des galeomorphes ont un rapport de 2 à 6 points plus élevé que celui des plus primitifs des squalomorphes.

L'étude du cerveau des élasmobranches pourrait par ailleurs fournir une réponse à l'un des grands mystères de la biologie animale en général : celui de la signification de ce rapport cerveau / corps en dehors du degré d'évolution. Northcutt et Myrberg ont émis récemment l'hypothèse séduisante selon laquelle la relation entre la taille du cerveau et celle du corps pourrait refléter un processus en rapport avec l'activité métabolique. Cette hypothèse prend toute sa valeur dès qu'on l'applique aux élasmobranches, chez lesquels existe une disparité d'activité à première vue aussi grande que les variations de taille de leurs cerveaux. Ainsi, certaines raies (batoïdes), qui restent tapies dans le sable, ont un rapport très bas, alors que les galeomorphes montrent en général une activité intense. De nombreuses questions découlent de l'hypothèse, dont il sera intéressant de vérifier les éventuelles réponses dans les années qui viennent :

les espèces qui pondent des œufs ont-elles un niveau métabolique différent de celles qui portent des placentas, et cela se reflète-t-il dans des tailles de cerveaux différentes ? L'activité locomotrice d'une espèce n'est-elle pas en rapport avec la taille du cerveau par rapport à celle du corps ? Des réponses positives auraient des répercussions déterminantes dans tout le monde de la biologie scientifique.

Ces réponses ne pourront être apportées que par la

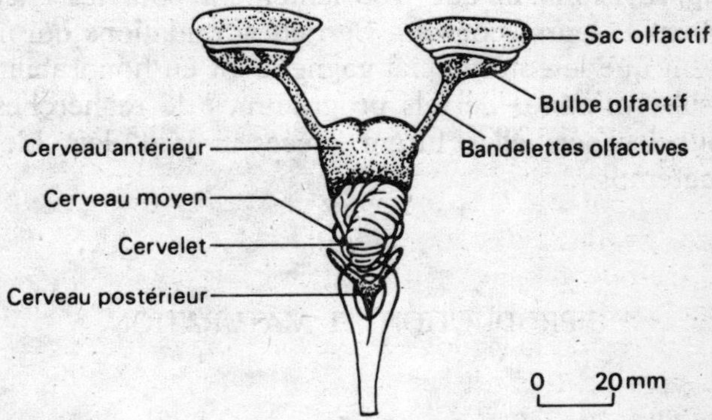

CERVEAU D'UN *LEMON SHARK.*
Les espèces au plus grand ratio cerveau/corps sont le dusky shark *et le requin marteau. D'une manière générale, les requins actifs et rapides ont des cerveaux plus grands et plus complexes que les espèces lentes benthiques.*

quinzaine de vrais scientifiques, tous anglo-saxons, s'intéressant au comportement des squales, et encore ce nombre très réduit de chercheurs s'amenuise-t-il chaque année. Le requin est un animal, en effet, particulièrement difficile à étudier dans son milieu car il se déplace beaucoup, rapidement, très souvent solitaire ou en groupe restreint; beaucoup d'espèces intéressantes ne sont abondantes que dans des zones géographiquement isolées et la plupart sont fragiles, requérant une capture et un transport très délicats. Finalement, les espèces les plus intéressantes pour l'homme sont à la fois très encombrantes et dangereuses, et quand des observateurs doivent pénétrer dans l'eau à proximité de ces monstres, de sévères mesures de sécurité doivent être prises. Tout ceci explique le très long terme des programmes de recherche, avec des banques de données qui ne s'approvisionnent que trop lentement pour les chercheurs et leurs sponsors. Certaines fondations qui ne visent que le commercial gagneraient en honorabilité à subventionner de tels programmes de recherches, pour lesquels elles furent créées il y a déjà bien longtemps...

REPRODUCTION ET MATURATION

Reproduction

Dans ce domaine, comme dans tous les autres, les squales font preuve d'une grande spécificité et d'une exceptionnelle adaptation. Le mode de reproduction des autres poissons et des téléostéens (poissons osseux) est comparativement très archaïque (des milliers d'œufs sont pondus n'importe comment et n'importe où, avec un taux de survie infinitésimal). Les requins sont économes en énergie et produisent un petit nombre de fœtus pour lesquels tout est mis en œuvre pour qu'ils arrivent à maturité dans leur grande majorité. L'insémination ne se fait pas à

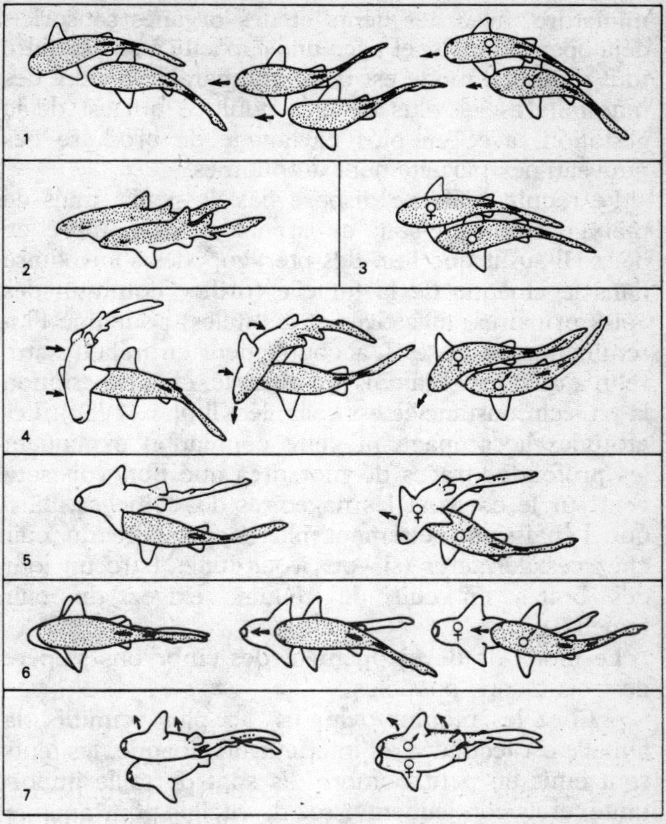

ATTITUDES ASSOCIÉES À LA COPULATION CHEZ LE *NURSE SHARK* (GINGLYMOSTOMA CIRRATUM) :

1. nage parallèle
2. morsure de la nageoire pectorale (vue latérale)
3. vue supérieure
4. pivotement et retournement
5. femelle sur le dos
6. mâle venant sur la femelle (intromission)
7. mâle et femelle restent sur le dos pendant l'insémination (Klimley, 1980).

l'extérieur de la femelle mais à l'intérieur, et les requineaux qui naissent sont de véritables adultes en miniature, avec des dents et des organes sensoriels déjà opérationnels, et avec une capacité à se défendre tout seuls. Le mode est donc comparable à celui des mammifères les plus évolués pour ce qui est de la gestation, avec en plus l'avantage de produire des nouveau-nés parfaitement autonomes.

Le requin mâle ne dispose pas de pénis, mais de ptérygopodes qui sont apparents et au nombre de deux. Il suffit que l'un des ptérygopodes s'introduise dans le cloaque de la femelle (orifice commun des voies urinaires, digestives et génitales) pour que l'insémination se fasse. L'accouplement en milieu naturel n'a quasiment jamais été observé, et la description la plus circonstanciée est celle de Klimley (1980). Les attitudes accompagnant cette copulation expliquent les profondes traces de morsures que l'on voit souvent sur le corps et les nageoires des femelles, ainsi que l'épaisseur nettement plus importante du cuir chez ces dernières (si vous vous faites faire un jour des bottes en cuir de requin, exigez du cuir femelle !).

Le mode de développement des embryons s'opère de trois façons possibles :

– Chez les requins ovipares, les plus primitifs, la femelle est fécondée à l'intérieur du cloaque, les œufs sont émis en petit nombre, ils sont de taille importante, et ils contiennent assez de vitellus pour amener à maturité un nouveau-né de taille importante. Les œufs sont enveloppés d'une coque qui a la particularité de durcir au contact de l'eau et qui a toujours une forme très particulière lui permettant de s'enfoncer dans le sable (coque en tire-bouchon du dormeur) ou de s'accrocher dans les algues à l'abri des prédateurs (les « bourses de sirènes » des roussettes que l'on trouve souvent sur les plages en France).

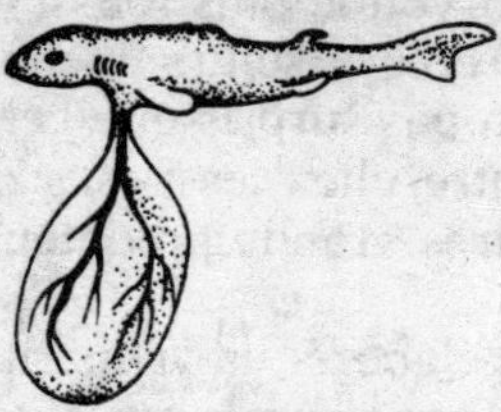

Embryon de requin taureau
(ovoviviparité)

Œuf de roussette
(oviparité)

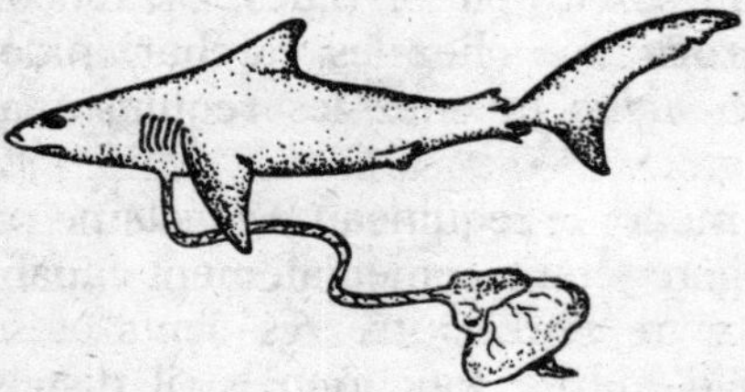

Embryon de requin carcharhinidé
(viviparité)

LES TROIS MODES DE REPRODUCTION DES REQUINS

– Les requins ovovivipares sont les plus nombreux. La différence avec le mode précédent est que les œufs sont couvés dans l'abdomen de la mère et éclosent à l'intérieur. Chaque embryon est relié à un grand sac de vitellus par un cordon, et se nourrit à l'intérieur de la mère, mais de façon autonome. Certaines espèces ovovivipares présentent une caractéristique curieuse : le « cannibalisme intra-utérin ». Le premier embryon qui devient fonctionnel commence à dévorer tous les autres dans l'utérus maternel de telle façon que l'on assiste à la naissance finale d'un seul requineau en pleine forme. Cette habitude macabre n'est finalement rien d'autre qu'un mode de sélection naturelle sophistiqué, puisque c'est l'embryon le plus réussi (le plus actif) qui dévore tous ses frères et sœurs, incapables de se défendre ! On ne sera pas surpris que cette agressivité prénatale se rencontre chez les petits du redoutable *ragged tooth* et autres grands prédateurs (voir catalogue en fin de livre).

– Le troisième mode est plus élaboré : la viviparité. Une fois que le vitellus a été consommé par l'embryon, une connexion placentaire prend le relais, reliant le fœtus à l'organisme maternel, comme cela se voit chez les animaux les plus évolués. On rencontre ce mode de croissance chez les carcharhinidés, chez l'émissole *mustelus* et chez les requins marteaux.

Quel que soit le mode, le requineau ne réclame pas l'assistance de sa mère, étant immédiatement capable de survivre et de vivre seul. Outre ses dents et ses organes sensoriels d'emblée fonctionnels, il dispose d'un foie suffisamment volumineux pour être capable de jeûner plusieurs semaines avant de trouver sa première proie.

La durée de gestation est en moyenne de douze mois mais peut atteindre vingt-deux mois pour certaines espèces. Les femelles ayant deux utérus, le nombre de nouveau-nés varie de deux à quarante (pour l'ange de mer *squatina squatina*). Le *ragged tooth* donne naissance à un requineau par utérus, puisque, nous l'avons vu, l'appétit de ses rejetons ne tolère aucune concurrence.

Certains bébés peuvent atteindre 1,50 mètre chez le pèlerin, la moyenne étant de 45 à 100 centimètres pour la plupart des espèces.

Maturation

Comme les autres poissons, et à la différence de beaucoup d'autres animaux, les requins continuent de grandir toute leur vie. Leur taille est donc, pour une même espèce, et dans des conditions d'alimentation similaires, proportionnelle à leur âge. Chez les poissons osseux (truite, maquereau, etc.), l'âge est facile à calculer, puisqu'il suffit de compter le nombre d'anneaux de croissance sur les écailles ou les os. Chez les requins, seules les vertèbres recèlent des anneaux de croissance mais il y en a plusieurs par année, et le nombre varie selon les espèces. C'est là que le baguage trouve l'une de ses nombreuses justifications, puisque, connaissant le temps écoulé entre la première et la seconde capture, il est facile de diviser le nombre d'anneaux par le nombre d'années, pour connaître le nombre de stries par année, chiffre constant pour une même espèce. Ce calcul est plus facile si le baguage s'est fait sur un jeune requin de moins d'un an, mais on est maintenant capable d'injecter des marqueurs chimiques qui laisseront une trace indélébile aisément repérable lors d'une seconde capture (ainsi la tétracycline qui se fixe sur le calcium).

On a pu constater, de la même façon, que toutes les espèces ne grandissent pas au même rythme :

– 32 centimètres par an pour les requins bleus;
– 28 centimètres pour le mako;
– 4 centimètres pour le *carcharhinus plumbeus.*

Une nouvelle méthode très récente est une technique radiométrique mesurant la différence de concentration d'un radionucléide naturel dans le noyau d'une vertèbre (époque de la naissance) et dans l'anneau de croissance extérieur (époque actuelle).

Cette méthode est appelée à supplanter les autres dans un proche avenir.

COMPORTEMENT SOCIAL ET ÉCOLOGIQUE DES SQUALES

L'idée classique du requin solitaire chassant pour lui seul dans son domaine n'est pas usurpée pour beaucoup des grandes espèces, en particulier le requin tigre, le grand blanc, le *basking shark*, etc. Beaucoup d'autres, cependant, se déplacent en groupes, et l'un des exemples les plus spectaculaires est sans doute celui du *scalloped hammer head* (*sphyrna lewini*). Des populations entières de cette espèce se réunissent dans la journée autour de plusieurs îles de la mer de Cortez. Ces grands prédateurs possèdent apparemment des mécanismes leur permettant d'atteindre des zones spécifiques à l'intérieur de leur périmètre de chasse, zones où ils restent en groupe pendant leurs périodes de non-alimentation. Je me souviens d'avoir observé dans le golfe de Nouvelle Californie, sur cinq à trente mètres de profondeur, à quelques centaines de mètres du rivage, un incroyable défilé de centaines de requins marteaux dont la taille variait de deux à quatre mètres, et qui se dirigeaient vers le nord à une vitesse de quelques nœuds. Le Mexicain qui m'accompagnait en plongée savait que tous les jours, à cette époque, se produisait le même défilé, au même endroit, sans doute en rapport avec une période de reproduction ou de ressource alimentaire particulière, le nord du golfe étant connu pour ces migrations périodiques de grandes espèces pélagiques, aussi bien baleines que raies mantas, requins, etc. Le spectacle était d'autant plus impressionnant que notre seul refuge possible était le bateau, trente mètres plus haut, puisque nous étions au-dessus d'une fosse de plusieurs centaines de mètres.

Je craignais de voir surgir du grand bleu l'un de ces monstres moins bien disposé que ses congénères, mais il n'en fut rien : tous passaient dans une indifférence apparemment totale. Certains pensent que de tels requins pourraient se retrouver dans des zones géographiques bien spécifiques à grande profondeur. Cela n'aurait rien d'invraisemblable, connaissant leurs capacités sensorielles tellement élaborées. Comme au sein de n'importe quel groupe animal, des interactions sociales s'instituent forcément chez les requins, même si leurs réunions ne sont qu'occasionnelles et transitoires. Là encore, les observations sont très ponctuelles, mais des exemples ont été rapportés d'associations intraspécifiques ou de hiérarchisation sociale avec dominants et subordonnés. Dans ce dernier cas, peut-être retrouve-t-on, comme dans certaines espèces, un exemple subtil de comportement antiprédateur de la part des subordonnés ainsi protégés par les plus gros. On a pu observer au moins un cas évident de hiérarchie sociale intraspécifique chez les requins *bonnet head* en remarquant que les femelles tendent à éviter les mâles quelle que soit leur taille. Ce comportement est dû sans doute aux blessures que les mâles infligent aux femelles lors de l'accouplement. Cet accouplement se passe préférentiellement la nuit et se déroule de la même façon dans les différentes espèces. Le mâle maintient une morsure sur l'une des nageoires pectorales de la femelle pendant toute la durée de la copulation afin de conserver la même orientation du ptérygopode dans le cloaque. Des blessures fraîches, souvent constatées sur le dos des femelles adultes, suggèrent un véritable harcèlement sexuel de la part des mâles avant la période de gestation (Clark, 1981). Peut-être est-ce pour cette raison que, chez le requin bleu, le cuir des femelles matures est deux fois plus épais que celui des mâles de la même taille.

On peut se demander pourquoi les requins s'agglomèrent ainsi parfois en groupes plus ou moins importants. On peut comprendre que de petits requins agissent de la sorte, réduisant ainsi leur risque de prédation individuelle mais, dès qu'ils atteignent une taille adulte, ce risque n'existe plus. Peut-être la réponse tient-elle dans la facilitation qu'il y a à être nombreux pour trouver de la nourriture, en mettant en commun, par exemple, les capacités de détection accrues de tout le groupe. On sait aussi que le requin en groupe calque souvent son attitude sur celle de l'un de ses congénères passant à l'action (la frénésie alimentaire étant l'exemple le plus impressionnant). C'est ce que l'on appelle la « facilitation sociale » (Johnson, 1978).

L'une des façons de comprendre les activités de n'importe quel animal est de découvrir son rôle dans l'écologie et la bioéconomie de la communauté dont il fait partie. C'est particulièrement le cas pour les prédateurs qui peuvent stabiliser ou orienter à la hausse ou à la baisse la dynamique d'un écosystème. Malheureusement, et nous en avons donné les raisons logistiques, l'observation des squales est restée très parcellaire dans plusieurs domaines, dont celui de l'éthologie. Seules quelques études ont été faites, commandées par des pêcheries dans des buts de perspectives commerciales. Beaucoup reste donc à faire avec l'emploi de techniques modernes : télémétrie sous-marine ultrasonique, petits submersibles à une ou deux places (Nelson, 1981), télévision sous-marine, spectrophotographie (Klimley, 1981), bateaux spécialement dessinés (Gruber, 1982) et même ballons captifs. L'une des voies à privilégier serait de vérifier si les requins communiquent entre eux et comment. Le contraire serait très étonnant quand on prend la mesure de toutes les capacités sensorielles exceptionnelles dont ils disposent pour détecter leurs proies, et Myrberg s'est même demandé si le requin ne communiquait pas avec ces dernières, ce qui serait d'un raffinement achevé !

L'un des moyens de prévention du « danger requin » réside sans doute dans le brouillage de ses informations, ou dans l'émission d'une sorte de « contre-information », qui pourrait être acoustique ou électromagnétique : encore faut-il que nous sachions rapidement comment le requin communique...

LES THÉORIES DE L'ÉVOLUTION ET LE REQUIN

Il y a plus de cinq cents millions d'années, alors que tous les continents ne faisaient encore qu'une seule et gigantesque masse (le Gondwana), le requin et l'homme avaient un ancêtre commun, certitude dont rendent compte les théories successives de l'évolution des espèces. Après Linné et Lamarck, Darwin et les néo-darwiniens en sont arrivés à une théorie qui recueillait l'aval de la plupart des scientifiques, celle de la mutation suivie de sélection par le milieu naturel. Sur le plan temporel et statistique, je vois mal, pour ma part, comment ce jeu des mutations et des sélections successives a pu, même sur des millions d'années, faire passer l'être vivant du monocellulaire au mammifère hypersophistiqué avec des organes très complexes et une finalité extraordinaire.

Parmi les nombreuses théories « schismatiques » énoncées, celle du Japonais Motoo Kimura, qui considère que l'évolution est le fruit de l'accumulation de micromutations au hasard plutôt que celui de la sélection des meilleures d'entre elles. Il considère que la plupart des mutations génétiques n'ont aucun effet visible sur les organismes vivants, et seul le hasard en serait responsable.

Kimura va chercher la clé de voûte de sa théorie contestataire au fond des océans, dans les gènes du requin de Port Jackson. L'anatomie de ce poisson (voir le catalogue) est restée la même depuis trois cents millions d'années, comme le prouvent de nombreux fossiles. Or, il se trouve que ce requin de fond, très sédentaire, possède une globine (protéine sanguine qui sert à fixer l'oxygène) qui a été très étudiée, et qui s'est autant transformée que celle de l'homme qui, lui, est le fruit d'une sélection naturelle ininterrompue. Kimura en déduit que la « nature » n'a pu exercer aucune sélection naturelle sur la globine, et remet donc en cause la théorie de Darwin. Il appelle sa « bombe » la théorie neutraliste.

Quel que soit l'avenir de cette théorie, les requins auront leur place dans les démonstrations, puisqu'ils sont les animaux qui ont le moins évolué depuis leur apparition, comme si le hasard les avait faits d'emblée parfaitement adaptés à leur milieu...

7

LES MILLE ET UN USAGES DU REQUIN

LE REQUIN AUXILIAIRE DE POLICE

Au moins trois fois dans l'histoire, les requins ont été des intermédiaires indispensables à la révélation de crimes plus ou moins graves. Chacune de ces histoires est très documentée, étayée par des témoignages en justice, des rapports de police, des expertises médico-légales.

Le 3 juillet 1799, le *Nancy*, un brick de cent vingt-cinq tonneaux, quitte Baltimore et vogue plein sud vers des eaux interdites. Le *Nancy*, bateau américain, était interdit aux Caraïbes anglaises, mais ses propriétaires avaient trouvé un arrangement pour déguiser leur véritable identité. Le bateau fit route jusqu'à Curaçao, une colonie hollandaise des Caraïbes, où il obtint de faux papiers indiquant qu'il appartenait à un Hollandais. Puis il repartit vers les îles anglaises, mais fut intercepté par le navire anglais *HMS Sparrow*. Le commandant du *Sparrow*, Huger Wylie, ne fut guère impressionné par les papiers hollandais, mit un équipage de prise sur le *Nancy*, et lui fit faire route vers Port Royal à la Jamaïque, où son cas serait jugé par la vice-amirauté.

Pendant ce temps, l'équipage d'un autre vaisseau anglais, le *Ferret*, attrapa un requin dans les mâchoires duquel étaient coincés des papiers. Ces papiers n'étaient autres que ceux du bateau américain

Nancy, que le capitaine avait jetés par-dessus bord, loin en mer.

Le hasard voulut que le commandant du *Ferret* invitât à son bord le commandant Wylie, peu après leur prise miraculeuse. Wylie examinant les papiers comprit tout de suite le stratagème. Les « papiers au requin », comme on les dénomma, furent produits devant la cour, et le *Nancy* et sa cargaison furent confisqués.

Les mâchoires du requin, qui mesurent 55 centimètres dans leur plus grande largeur, sont encore exposées, avec les papiers, à l'Institut de la Jamaïque à Kingston tel un avertissement aux parjures, comme quoi la vérité jaillit toujours, même du fond des mers, même des mâchoires d'un requin.

En 1914, le commandant du bateau norvégien *Gladstone* enregistre son navire au Costa Rica sous le nom de *Marina Quesada*, uniquement pour ravitailler des U-Boots allemands en pleine mer à partir de la Virginie. En janvier 1915, une fois ses missions accomplies, le nom de *Gladstone* est peint à nouveau sur le bateau, et le pavillon costaricain est remplacé par le norvégien. Il rentre ainsi à Recife au Brésil, où les autorités réclament les papiers. Le commandant range les papiers du *Marina Quesada* dans un sac de cuir, et les jette par-dessus bord.

Le lendemain, l'équipage du bateau de guerre brésilien voisin du *Gladstone* tue un requin, et découvre dans son estomac les papiers du *Marina Quesada*. Ainsi put être prouvée l'une des violations flagrantes par le gouvernement allemand de la neutralité américaine. Le commandant du *Gladstone* ne sut jamais comment les papiers avaient été retrouvés, les juges n'osant pas en faire état !

L'une des plus extraordinaires histoires de la science médico-légale depuis ses débuts est intimement liée au monde du requin, et elle est d'ailleurs connue sous le nom du « mystère de l'aquarium » ou du « meurtre au requin à bras d'homme ».

Le 17 avril 1935, Albert Hobson pose une ligne à requin à 2 kilomètres au large de Coogee Beach à côté de Sydney. Le matin suivant, alors qu'il relève sa ligne, il constate qu'il a attrapé un petit requin, mais qu'il n'en reste pas grand-chose, le reste ayant été dévoré par ce qui semble être un requin beaucoup plus gros. Par chance, celui-ci s'est attrapé à la même ligne, c'est un superbe requin tigre de 4 mètres. Hobson et son frère décident de remorquer avec précaution leur encombrant passager qui est toujours bien vivant. Leur idée est de le proposer au Cogee Aquarium qui n'a jamais connu d'aussi beau pensionnaire.

A partir du 18 avril, le monstre est offert à la curiosité du public qui vient de plus en plus nombreux. De l'eau de mer fraîche est pompée chaque jour dans l'aquarium et le prisonnier accepte les maquereaux qu'on lui offre. Pendant plusieurs jours, il avale tout ce qu'on lui présente, puis se met à jeûner complètement à partir du 24 avril, et devient irritable.

Le jour suivant interviennent d'étranges phénomènes dont est témoin une petite assemblée de quatorze personnes, dont Narcisse Young du *Sydney Morning Herald* qui déposera plus tard au tribunal : « Le requin se déplaçait lentement, puis soudain accéléra, se cognant contre les parois de l'aquarium avant de rester dans le fond où il décrivit deux ou trois cercles irréguliers, puis s'immobilisa. J'étais à trois ou quatre mètres du requin et je vis parfaitement sortir de sa gueule une mousse brune et abondante qui sentait très mauvais. Et puis je vis soudain arriver à la surface un oiseau, un rat, un tas de saletés, et puis, au milieu de tout cela, un bras humain avec un morceau de corde attaché autour. »

La police déposa le bras à la morgue de la ville, où le médecin légiste l'examina en compagnie de Coppleson, spécialiste des requins. Il s'agissait d'un bras entier, avant-bras et main, appartenant de toute évidence à un homme très musclé. Le mystère aurait pu s'annoncer lourd à percer si la face antérieure de l'avant-bras n'avait présenté un tatouage bien caractéristique : deux boxeurs en train de combattre.

Par ailleurs, un morceau de corde de 1,40 mètre était fixé au poignet par deux demi-clés, et il y avait sur la face antérieure du bras, au-dessus du coude, une large plaie rectiligne.

Coppleson estimait que le bras n'avait pas été arraché par morsure, parce qu'il avait été proprement désarticulé au niveau de l'épaule. La berge de la plaie n'était pas irrégulière, et il n'y avait pas de traces de dents de requin sur le cartilage de l'humérus qui était intact. Le bras avait été à l'évidence enlevé avec un couteau. Il n'avait pas été enlevé chirurgicalement puisqu'il n'y avait pas de traces d'écarteurs et de pinces, et il ne fallait donc pas chercher du côté des dernières amputations dans les hôpitaux de la région. Ces constatations éliminaient également la supposition comme quoi le bras aurait pu appartenir à un soldat qui s'était suicidé du haut d'une falaise et dont le corps avait disparu.

On chercha dans les laboratoires d'anatomie, en vain. Finalement, pour la première fois, on évoqua la possibilité extraordinaire du meurtre, et le journal *Truth* de Sydney publia une description et une photo du tatouage. Les résultats ne se firent pas attendre, et un homme déclara que le bras devait être celui de son frère, James Smith, âgé de quarante-cinq ans, joueur de billard et ancien amateur de boxe. Il identifia le bras quelques heures plus tard.

Pendant ce temps le requin devint malade, et le 27 avril il fut tué et autopsié. On retrouva dans son estomac un morceau d'un autre requin et quelques os de poisson, mais aucun autre reste humain.

Alors débuta une enquête mouvementée avec bien peu d'analogies dans l'histoire du crime. La justice allégua qu'un certain nombre d'hommes, dont James Smith lui-même, Patrick Brady, un constructeur de bateaux du nom de Reginald Holmes, et plusieurs autres, étaient mêlés à des manœuvres de prévarication, chantages, menaces de mort, et tentative de fraude à l'assurance pour une énorme somme venant en réparation du naufrage volontaire d'un yacht appelé *Pathfinder*. Le projet capota, et les disputes qui éclatèrent entre les conspirateurs avaient dû aboutir finalement à la mort de Smith. Telle était la thèse du ministère public.

L'histoire se déplaça vers Cronulla, une petite station balnéaire non loin de Sydney. Là, en mars 1935, Brady avait loué sous un nom d'emprunt un cottage appelé Cored Joy. Smith était vu vivant à 18 heures le 8 avril, jouant aux dominos dans un hôtel de Cronulla avec Brady et deux clients de l'hôtel. On n'entendit plus rien de lui jusqu'à la découverte de son bras dans l'aquarium de Cogee le 25 avril.

Tôt le 9 avril, Brady avait payé cash la location du cottage et pris un taxi pour Sydney où il avait vu Holmes. Le lendemain il se rendait dans deux obscures boutiques perdues dans les faubourgs. Dans l'une il achetait un matelas, dans l'autre un fût métallique de deux cents litres, et il emmenait le tout à Cored Joy.

De tout cela la police déduisit que Smith avait dû être assassiné dans la nuit du 8 au 9 avril, et que son corps avait dû être démembré sur le matelas, et les morceaux entassés dans le fût. Le fût avait été emmené dans le bateau, lesté avec un *parpaing* et autres objets de poids, et coulé en eau profonde. La police estima que tout le cadavre ne pouvait être tassé dans le fût et que le bras avait dû être jeté par-dessus bord séparément, après avoir noué autour du paquet un objet suffisamment lourd.

Selon cette théorie, le requin se serait emparé du bras entre le 8 et le 17, qui dans tous les cas est resté huit jours de plus dans l'estomac avant d'être régurgité le 25 avril.

La police organisa une recherche minutieuse dans les eaux de Port Hacking pour retrouver le fût. Ils parcoururent la région avec un avion et une vedette. Un plongeur fut envoyé au fond mais ne trouva ni fût ni partie du corps.

Le 16 mai, Patrick Brady fut arrêté et accusé du meurtre de Smith. Le lendemain, Holmes était interrogé par la police, et promit de fournir des preuves au juge d'instruction.

Trois jours plus tard, le hors-bord de Holmes était aperçu fonçant à toute allure et sans contrôle apparent devant le port de Sydney. Holmes était affalé dans le cockpit. Une vedette de la police et un autre bateau avec plusieurs hommes à bord, dont le frère de Holmes, prirent le hors-bord en chasse. Quand il fut finalement rattrapé et maîtrisé, on découvrit Holmes avec une balle dans le front. Immédiatement transporté à l'hôpital, on parvint à extraire une balle de revolver à tête molle de sa blessure et il sortit guéri quelques jours plus tard.

Sept jours après « l'incident », Holmes fit une première déposition rapide à la police, mais ne révéla pas encore de preuve. La nuit précédant sa déposition définitive, Holmes était retrouvé au volant de sa voiture près du pont de Sydney, avec une balle lui ayant traversé la tête. Cette fois la charge était la bonne et il ne déposerait jamais plus.

Deux hommes dont un très gros armateur de Sydney furent traduits en justice pour le meurtre de Holmes. Bien qu'ils fussent jugés par trois fois et à l'origine de jurisprudences spéciales, la Cour ne parvint jamais à établir la preuve de leur culpabilité. Ainsi resta impuni, sinon non résolu, l'un des cas les plus étranges de l'histoire du crime. Tels sont les inconvénients et les avantages de l'*habeas corpus*...

John Patrick Brady mourut de sa belle mort en 1965, emportant dans la tombe tous les dessous de l'affaire.

Une autre histoire extraordinaire qui n'a pas éclaté au grand jour, mais dont j'ai pu avoir en main les pièces les plus intéressantes, s'est passée il y a quelques années en Afrique du Sud.

Le 7 décembre 1983, les filets tendus par le Natal Shark Board au large de La Mercy (Zululand) ramènent un *zambezi shark* de 174 centimètres et 116 kilos. Rien d'extraordinaire dans cette capture d'un requin qui est aussi commun que dangereux sur les côtes d'Afrique du Sud. Comme tous les squales capturés par le NSB, il est rapidement autopsié, et l'on retrouve dans son estomac 2,5 kilos de restes humains. Un morceau de péroné, une rotule, de gros morceaux de chair et surtout deux pieds, intacts (voir cahier photos). Ces pieds présentent la particularité d'être parfaitement désarticulés, avec des cartilages articulaires intacts et une intégrité de toute la peau. On en déduit qu'au moment où le requin a mangé ces pieds ils appartenaient non pas à un homme vivant qui se débattait, mais à un cadavre. On estima que les pieds devaient appartenir à un jeune homme indien, et des recherches furent entreprises en même temps qu'une annonce dans la presse locale. Dès le lendemain, un homme est entendu par les policiers, qui reconnaît formellement les pieds de son fils, disparu depuis le 4 décembre. Le témoin signe ses déclarations, on conclut que le jeune homme a dû se noyer, et l'affaire est classée.

Au Natal Shark Board, cependant, par curiosité, on demande à l'homme d'apporter une paire de chaussures ayant appartenu à son fils. Plutôt que de placer les chaussures sur les pieds, on glisse les pieds dans chaque chaussure, et on découvre avec stupéfaction que celles-ci sont beaucoup trop grandes pour ces pieds. Les pieds ne sont donc pas ceux du fils de l'homme qui les a reconnus pour tels, et celui-ci s'en tiendra à ses déclarations. Le NSB ne fera pas rouvrir l'enquête, mais il est certain qu'il y a là un mystère policier non élucidé. Quelle mystérieuse motivation avait poussé l'homme à cette fausse déclaration, quel drame familial plus ou moins sordide l'avait obligé à mentir, le mystère reste entier, en dépit de pièces à conviction indiscutables apportées bien malgré lui par un requin qui aimait la chair humaine...

Il ne se passe guère d'année sans que des restes humains soient découverts sur des bateaux de pêche dans des estomacs de requins, et ils sont alors systématiquement soumis à une enquête policière dès lors qu'ils sont bien identifiés comme tels par l'équipage. Encore faut-il que celui-ci n'ait rien à se reprocher, comme par exemple d'avoir pêché dans des eaux qui lui étaient interdites, auquel cas il se débarrasse de ses macabres découvertes sans chercher à comprendre. Tel ne fut pas le cas pour l'équipage du chalutier *Ho Tai n° 12* qui pêchait pourtant sur les limites des eaux territoriales australiennes dans le détroit de Torres en mars 1988. Lorsque le filet fut remonté vers midi, un énorme poisson menaçant de tout déchirer fut immédiatement tué à coups de gaffes et de harpons. Il s'agissait d'un requin dans l'estomac duquel on découvrit les restes d'un crâne humain, une cuisse, une jambe, des os de doigt et un morceau de sous-vêtement *made in Taiwan*, mais non destiné à l'exportation. On en déduisit qu'il devait s'agir d'un habitant de Taiwan, et, un mois plus tard, de retour à Kaohsiung, les restes congelés furent confiés à la police. Les médecins légistes identifièrent les restes comme ceux de Lo Ying-Chun, vingt-sept ans, pêcheur de Taiwan sur le *Lien Cheng Feu*, basé également à Kaohsiung. Le 21 janvier, alors que son chalutier opérait au nord de l'Australie, il glissa sur le franc-bord et tomba à l'eau. Le bateau patrouilla sur la zone plusieurs heures, mais comme très souvent dans ces cas où l'homme à la mer ne dispose ni de sifflet, ni de miroir, ni de fusée pour se signaler, il ne fut pas repéré et on le porta disparu.

LE REQUIN ALIBI

Septembre 1985 – nord de Miami. Deux jeunes garçons partent pêcher en Atlantique à bord de l'un de ces gros *inboard* spécialement étudiés pour la pêche au gros, bardés de lignes qui dépassent des deux bords comme autant d'antennes.

Quelques heures plus tard, un seul revient, effondré : « Mon ami nageait autour du bateau, soudain un aileron est apparu. L'eau était rouge de sang pendant cinq à dix minutes après que le requin eut englouti mon ami. »

Les policiers enregistrent la déposition sans rien dire, puis l'un d'eux qui connaît un peu la question s'étonne : « C'est bizarre, les requins attaquent en général par en dessous, il est rare de voir un aileron avant; surtout, ce qui est très étonnant, c'est le sang pendant cinq à dix minutes. Le sang se dissipe très vite dans l'eau, surtout en pleine mer où l'eau n'est jamais calme. »

La « victime » était retrouvée deux semaines plus tard, à Los Angeles où elle s'était rendue après avoir volé la voiture de son ex-petite amie, ses bijoux, ses cartes de crédit, et avoir touché une assurance vie de deux cent mille dollars sur elle-même...

2 février 1989 – Piombino. Luciano Costanzo, quarante-sept ans, plonge au large de la Toscane en compagnie de son fils. Ils sont à deux kilomètres de la côte, lorsque Gian Luca, horrifié, voit son père disparaître dans la gueule d'un « énorme requin blanc d'au moins 6 mètres de long ». Les journaux s'emparent de l'affaire, titrent sur le « squale assassin », interviewent des experts qui assurent que le très dangereux requin blanc fréquente bien la Méditerranée. La grande traque commence, suivie par la télévision et les autorités locales qui s'inquiètent pour la prochaine saison touristique. Les recherches restent vaines.

Le parquet de Livourne demande une nouvelle expertise des bonbonnes d'air et de la ceinture de plomb du malheureux plongeur « afin de déterminer l'éventualité d'un décès causé par une explosion ». On pense en effet qu'il pourrait s'agir d'un accident au cours d'une pêche à la dynamite, maquillé ensuite pour toucher l'assurance vie.

Pas plus de marques d'explosion que de traces caractéristiques de dents de requin. Le plus surprenant est d'avoir retrouvé, bien rangées par vingt-sept mètres de fond, la ceinture de plomb, les bouteilles, et la paire de palmes, intactes. Comme si le requin avait déshabillé sa victime avant de l'avaler! Aucune trace du corps, en revanche, même pas un morceau. Si l'on ajoute que les attaques de squales en Adriatique se comptent sur les doigts de la main, ce grand blanc de 6 mètres, qui ne laisse aucune trace et ne fait plus entendre parler de lui, est décidément bien étrange.

Rien d'étonnant à ce que les rumeurs aillent bon train dans les bistrots de Piombino : Luciano Costanzo serait en pleine forme à l'étranger – on parle de la France –, laissant à son fils le soin de récupérer le pactole de la prime d'assurance. Le squale doit donc être absous au bénéfice du doute...

Les contes et superstitions à propos des requins arrivèrent à la connaissance de l'Ancien Monde en même temps que les grands voiliers découvraient des îles exotiques et d'étranges terres où le requin était à la fois dieu et instrument divin. L'homme civilisé ne tarda pas pour sa part à lui découvrir certaines utilisations supplémentaires, beaucoup moins mystiques mais très fonctionnelles. Lorsque les Britanniques installèrent des bagnes en Tasmanie au début du XIXe siècle, ils assurèrent la garde par de grands chiens et des hommes en armes qui patrouillaient régulièrement autour des camps. Plusieurs prisonniers parvinrent cependant à s'échapper de l'un des camps situé à l'extrémité d'une presqu'île. Ils se glissaient dans l'eau la nuit, nageaient une fois la patrouille passée, et regagnaient la terre ferme plus loin à l'abri des palétuviers. Le gouverneur de la colonie ordonna que toutes les ordures soient désormais jetées à l'eau tout autour du camp. Attirés par la promesse quotidienne de repas gratuits, les requins se concentrèrent rapidement sur la route d'évasion. Après quelques séries de hurlements dans la nuit, et après que les prisonniers eurent constaté l'appétit de leurs nouveaux gardiens, les tentatives d'évasion cessèrent. La méthode était exactement la même jusque dans les années quarante pour empêcher les bagnards de s'échapper de l'île du Diable au large de la Guyane française. Encore de nos jours sur l'île Royale, non loin de l'île du Diable, on peut voir le cercueil dans lequel étaient placés les corps guillotinés des bagnards qui avaient assassiné un prisonnier ou un gardien. Le cercueil était en effet unique puisque les hommes n'étaient pas enterrés dans la terre. Il était chargé à bord d'une embarcation qui s'éloignait du bord d'une centaine de mètres à peine. Les rameurs retournaient alors le cercueil par-dessus bord, et le corps lesté était confié non pas à la mer, mais aux requins. L'embarcation était à peine repartie qu'en général les eaux se teintaient déjà du sang du supplicié.

Pas seulement « chien de garde aquatique » ou fossoyeur, le requin peut aussi être bourreau lorsque ses mâchoires se substituent à la main de l'homme pour accomplir la sentence capitale. Nul ne saura jamais combien d'esclaves morts, mourants ou vivants ont été ainsi livrés aux requins, mais les témoignages oraux de l'époque furent aussi nombreux que discrets...

ÉCOLOGIE ET PÊCHE INDUSTRIELLE DU REQUIN

Les statistiques récentes compilées par l'Organisation pour l'alimentation et l'agriculture (FAO) des Nations unies révèlent que le requin représente à peu près 1 % du marché actuel du poisson, quantité énorme en valeur absolue. Rentré de façon régulière dans l'alimentation de pays comme les USA depuis seulement dix ans, l'évolution des techniques de congélation et de conservation, ainsi que les modes de préparation culinaire, laisse prévoir un accroissement important de sa consommation dans l'avenir.

Sur un plan plus général, et indépendamment du goût éventuel de certaines nations pour la chair du requin, on voit mal comment celui-ci pourrait échapper à la pression croissante, et souvent dramatique pour certaines espèces, d'une pêche surintensive rendue incontournable par une demande de protéines proportionnelle à une population humaine qui s'est accrue de 500 % en 90 ans. C'est là en effet que se tient le véritable problème écologique mondial, dans cette surpopulation humaine incontrôlée ; et si l'on devait trouver un seul point commun entre les requins et les hommes, ce pourrait être qu'ils n'ont d'autres prédateurs naturels véritables qu'eux-mêmes...

Les temps sont révolus où l'homme pouvait croire que les ressources de la planète étaient sans limites. A peine découvre-t-il que tous les squalidés constituent des sources de protéines intéressantes que dix ans plus tard certaines espèces de requins sont déjà en voie de disparition dans certaines régions du globe. L'homme continental est passé de l'âge du bronze à celui de la culture et de l'élevage il y a déjà plusieurs milliers d'années. Dramatiquement, alors qu'il passe déjà à l'âge post-industriel, il en est toujours à l'âge de bronze par rapport aux océans, continuant d'y puiser sans limites, sans législation internationale vraie, et surtout sans souci de culture ou d'élevage.

Sous prétexte sans doute que l'élément marin n'est pas le sien, il ne s'est pas encore sérieusement penché par-dessus bord pour réaliser la gigantesque capacité de culture et d'élevage qui se cache sous la surface du biotope marin.

Dans les années 1900, la raie commune (squalidé) était très abondante partout en mer d'Irlande. Parmi d'autres espèces de poissons, cette raie a commencé à y être pêchée par diverses méthodes, le chalutage en particulier. Cette méthode peu sélective s'est perpétuée jusqu'à nos jours, mais plus aucune raie n'est maintenant remontée dans les filets. Aucune n'a été prise en mer d'Irlande depuis dix ans ! La disparition de la raie batis est passée quasiment inaperçue et sans commentaire dans la littérature spécialisée. D'après Brander, par des calculs basés sur des paramètres de reproduction et d'habitudes alimentaires, on est capable depuis plusieurs années de déterminer le seuil en dessous duquel le réservoir d'une espèce donnée va disparaître. Ce seuil a été franchi pour la raie batis il y a quelques années seulement, toujours d'après Brander. Cette raie est encore présente, en petite quantité, dans les eaux bordant la mer d'Irlande au nord et au sud. Il est cependant trop tard pour qu'elle revienne dans cette mer, à moins d'y interrompre toutes les formes de pêche de toutes les espèces de poissons pendant une durée indéterminée. Cette solution étant irréalisable actuellement, la raie batis représente pour Brander le premier exemple indéniable de l'extinction d'une espèce par une pêche industrielle incontrôlée. Si des mesures minimales non contraignantes avaient été prises il y a une dizaine d'années en fonction de nos connaissances accrues en matière de gestion des populations de poissons, nul doute que le pronostic eût été bien meilleur.

Compagno pour sa part cite le cas du *school shark* (*galeorhinus galeus*) du sud de l'Australie, dont la pêche débuta en 1927 mais sous surveillance permanente. A chaque fois qu'une réduction alarmante était constatée dans la pêche de ce requin, une étude était mise en place, et des mesures appropriées imposées. Après soixante ans d'exploitation intelligente, la population du *school shark* ne montre aucun signe d'extinction.

Qu'en est-il dans ces conditions des espèces réputées dangereuses, et la pêche industrielle ne serait-elle pas le moyen préventif définitif idéal à leur encontre ? Outre que ce style de pêche ne saurait être sélectif entre les espèces dangereuses et les autres, on peut se demander si l'éradication définitive d'espèces, comme le requin blanc par exemple, n'induirait pas de déséquilibre grave dans la faune. Des études ont été faites sur l'île Año Nuevo à 225 km à l'ouest de la Basse-Californie par Le Bœuf et Ainley entre 1980 et 1985, sur les rapports écologiques entre d'une part les pinnipèdes, les phoques et les éléphants de mer très abondants sur l'île, et d'autre part les grands requins blancs, très nombreux dans les eaux environnantes. Déjà, en 1885, Townsend avait remarqué que 25 % des éléphants de mer femelles portaient de profondes cicatrices de dents de requin. Peu de jeunes en revanche sont porteurs de telles séquelles, donnant à penser qu'ils ne survivent pas aux morsures en raison de leur petite taille. Toujours sur la même île, Le Bœuf a constaté que, sur neuf femelles blessées, une seule put mener à bien l'élevage de ses petits. Il est concevable que, dès lors que la population de phoques ou de pinnipèdes ou de marsouins devient très abondante, les grands requins blancs passent en quelques années d'une alimentation préférentiellement piscivore à une alimentation axée sur ces mammifères. Ils deviennent alors géographiquement attachés à cette zone, et leurs prélèvements alimentaires permettent à la fois une sélection des éléments les plus fragiles parmi leurs nouvelles proies, et une limitation à la surpopulation. Si les grands blancs dans cette région n'existaient pas, ou ne changeaient pas opportunément leurs habitudes alimentaires, il y aurait surpopulation parmi les phoques, et une diminution considérable du nombre de poissons. Il y a donc là un équilibre écologique classique et neutre par rapport à l'homme puisque les îles Año Nuevo ne sont pas habitées. Là où cet équilibre peut être discuté, c'est lorsque les colonies de phoques, se rapprochant des sites urbains, on peut leur imputer une présence croissante des requins blancs, et l'éventuelle responsabilité d'un plus grand nombre d'attaques. Ce problème est d'actualité en 1990 dans certaines régions du globe, en Californie en particulier.

Cette corrélation « requin dangereux – poids de la pêche commerciale – écologie » peut être encore illustrée de façon intéressante par la situation actuelle de deux squalidés bien connus dans le lac Nicaragua. Il s'agit du *bull shark* ou requin taureau ou *zambezi shark* ou *nicaragua shark* ou encore *carcharhinus leucas,* et du poisson-scie (autre élasmobranche). Seul le premier est très dangereux pour l'homme, le second n'attaquant jamais. Ces deux poissons ont coutume de remonter les eaux douces peu profondes, et se sont en particulier installés dans le grand lac Nicaragua en Amérique centrale. Ce lac se déverse dans la mer Caraïbe par la rivière San Juan, régulièrement empruntée dans les deux sens par les deux poissons en fonction de leurs cycles reproductifs. Nous avons eu l'occasion de traiter de l'impact que le *bull shark* a toujours eu sur les populations d'Indiens autour du lac (voir *Requins diables et requins dieux*) en raison de son habitude très ancienne d'attaquer l'homme.

Thomas B. Thorson (université de Nebraska) a très longuement étudié ces deux poissons de 1960 à 1982, dans le cadre d'un programme officiel qui prévoyait notamment de baguer un maximum de poissons afin de voir quels étaient leurs cycles migratoires, leurs vitesses de croissance, etc. 3 500 requins taureaux furent ainsi bagués, et 377 poissons-scies. C'est grâce à cette opération que l'on put vérifier les migrations régulières et rapides entre le lac et la mer Caraïbe. Le requin a sa plus grosse densité de population dans la partie inférieure du fleuve et à son embouchure, et se reproduit dans les eaux saumâtres voisines mais pas dans le lac. Plus on remonte le fleuve, plus la densité de requins diminue. A l'inverse, le poisson-scie est très abondant dans le lac, où il se reproduit, et sa concentration diminue de plus en plus à mesure que l'on descend le fleuve. Dans le cas du requin, la population dans le lac est maintenant constante par recrutement depuis la population côtière, alors que pour le poisson-scie le recrutement se fait presque entièrement par les nouveaux sujets nés dans le lac.

Concernant le requin, en 1960 la population était apparemment en léger déclin depuis quelques dizaines d'années, mais de manière non significative, et Thorson n'avait aucune difficulté à trouver des requins à baguer, aussi bien à San Carlos au Nicaragua qu'au point où le lac se déverse dans le San

Carte du lac de Nicaragua, royaume du bull shark.

Juan, qu'à Rio Colorado au Costa Rica, où la principale branche du Rio se déverse dans la mer Caraïbe. Le déclin devint plus net dans les années 1970 lorsque trois ou quatre entrepreneurs de Rio Colorado commencèrent à acheter des requins tout au long de l'année pour la chair et les ailerons, et parfois les peaux.

Plusieurs milliers de requins furent ainsi capturés chaque année, ce qui ne pouvait manquer d'avoir une répercussion sur la population de l'embouchure. Thorson a calculé en 1982 que seulement 10 à 20 % des requins entrant dans l'embouchure parviennent jusqu'au lac. La population dans le lac ne pouvait donc que diminuer parallèlement à celle de l'embouchure. Ses statistiques de baguage à San Carlos lui confirmèrent ses craintes : en 1965, quelques heures de pêche dans le lac permettaient de remonter plusieurs requins; en 1975, le nouveau gouvernement décidait de faire quelque chose en interdisant pour deux ans la pêche à des fins lucratives; les intentions ne furent pas suivies d'actes, et l'évolution politique du pays n'a pas permis de faire un bilan de la situation actuelle. Pour ma part, m'étant rendu à Barra del Colorado pour pêcher le tarpon en 1984, je demandai à un Costaricain un endroit pour appâter au requin; il me dit qu'il y avait beaucoup plus de tarpons, et je n'insistai donc pas.

Quant à la concentration des extraordinaires poissons-scies, le lac Nicaragua était sans conteste le lieu privilégié dans le monde entier jusqu'en 1970, et aucune pêche commerciale n'y avait jamais été organisée. A cette époque, en 43 jours, Thorson prit 252 poissons-scies devant San Carlos, toujours dans le but de les baguer. Le record fut de 23 en une seule journée. C'est alors que commença la pêche commerciale, d'abord une petite entreprise au nord-ouest du lac, à Granada, pour pêcher et congeler le poisson.

En quelques années la pêche s'organisa sur tout le lac avec des filets. En 1974, Thorson n'attrapa en 5 jours qu'un seul poisson, 30 fois moins que quatre ans auparavant. En 1976-1977, il avait un équipage de trois hommes à Barra del Colorado, et trois à San Carlos. Durant toute cette année, ces hommes pêchèrent... 11 poissons-scies, soit 1 par mois ! Thorson alerta Managua, mais rien ne fut tenté car le propriétaire de la plus grosse compagnie de pêche au poisson-scie n'était autre qu'un ministre qui se fichait éperdument de l'extinction de l'espèce. Cas, unique sans doute, d'un seul homme capable d'exterminer en quelques années une telle espèce de poisson. En 1980, le nouveau gouvernement décida que le tonnage serait limité à 113 tonnes par an, et la pêche interdite pendant les quatre mois nécessaires à la reproduction; il institua ensuite un moratoire sur deux ans interdisant toute prise de poisson-scie et de requin. Selon Thorson, il faudrait dix à vingt ans à un tel rythme pour retrouver un niveau de population correct.

Ces quelques exemples montrent comment la race des seigneurs de la mer non seulement n'échappe pas au risque de disparition, mais aussi avec quelle rapidité une pression de pêche excessive peut entraîner cette disparition. Cela est dû à plusieurs facteurs :

– croissance relativement lente, et longue période nécessaire pour atteindre l'âge de reproduction;

– peu de nouveau-nés;

– longue période de gestation (l'une des plus longues du règne animal).

Les connaissances scientifiques sont désormais suffisantes pour conseiller efficacement les administrateurs des pêcheries afin de trouver l'équilibre qui respectera les besoins réels, les marges bénéficiaires, l'écologie, et aussi, pour les zones concernées, le « danger requin ».

On ne devrait plus voir ce qui s'est passé en novembre 1986 sur les côtes californiennes. Le renard des mers (*alopias vulpiniis*) était très répandu jusqu'à cette époque au large de Los Angeles, et a toujours été régulièrement pêché comme dans d'autres parties du globe, l'Europe notamment (voir carte en fin de livre). Cette espèce se déplace vers le nord en été, et redescend vers le sud de la côte ouest des Etats-Unis en automne. Ce mois de novembre, des pêcheurs utilisant un filet maillant, relayés par un avion d'observation, aperçurent un énorme banc de renards des mers se dirigeant vers le sud en longeant le littoral. Une dizaine de bateaux de pêche convergea aussitôt sur la zone, et passa deux semaines entières à pêcher des centaines de tonnes du pauvre squale, exterminant tout le banc. A la suite de ce véritable « génocide », les autorités se demandèrent bien tard si l'espèce pourrait jamais se reconstituer dans cette région du globe...

Beulah Davis m'a raconté comment un sénateur américain, ayant entendu dire que certains requins mâles vivaient dans le nord du Pacifique tandis que les femelles vivaient loin dans le sud, avait décidé de les mettre tous ensemble afin de créer une fructueuse « Shark Fishing Industry ». Comme quoi un Américain peut être à la fois sénateur et ridicule d'ignorance des plus élémentaires lois de la nature!

LE REQUIN POISSON SPORTIF

(Les conseils techniques de ce chapitre sont largement empruntés à Rob Hughes, grand pêcheur de Floride qui a à son actif plus de 8 000 requins dont 2 000 capturés à la ligne et au moulinet...)

J'ai évoqué ailleurs l'importance de la pêche industrielle (300 000 tonnes en 1984), et son danger à moyen terme pour une espèce qui se reproduit très lentement. J'ai également détaillé les différentes techniques de pêche au filet à proximité des côtes dans un but de protection contre les attaques, et souligné la remarquable efficacité de la méthode tant en Australie qu'en République sud-africaine. La pêche sportive du requin est relativement récente pour ce qui est de son agrément par la très sérieuse International Game Fish Association (Association internationale pour le poisson sportif) qui reconnaît seulement six requins dont la pêche soit réellement sportive : le grand blanc, le tigre, le mako, le requin taupe commun, le peau bleue, le renard. Ces poissons peuvent être capturés de nuit comme de jour, depuis un pont, une jetée ou un bateau, près du bord, au large ou en pleine mer.

Pour le bateau, vous devez vous assurer qu'il est suffisamment grand pour être stable en haute mer, ce qui implique une longueur minimale de 5 mètres, que ses francs-bords sont assez hauts pour éviter qu'il ne soit submergé à la moindre gîte, et qu'il dispose de baux suffisamment larges pour ne pas chavirer à la première grosse prise. La coque devra être suffisamment solide pour ne pas crever au moindre coup de boutoir d'un requin mécontent (voir *Attaques de bateaux*).

La ligne est le premier matériel à prendre en considération. Sa longueur dépend du mode de pêche que vous aurez choisi; depuis une jetée, la canne doit être plus courte (2,70 mètres environ) et plus forte afin d'avoir un meilleur contrôle. Depuis un bateau, la ligne peut être plus longue et plus flexible, ce qui permet d'amortir les tractions brusques du squale; n'étant plus limité par la place, on peut suivre le requin qui file, en démarrant le moteur. La meilleure canne est en fibre de verre pleine (les creuses peuvent casser) et mesure de 2,70 mètres à 3,30 mètres. Les guides doivent être à roulette, seul moyen de ne pas les rayer et de risquer de casser le fil.

Le choix du moulinet dépend de votre mode de

BAS DE LIGNE COMPLET POUR LA PÊCHE AU REQUIN.
On peut y accrocher des morceaux de poisson ou de mammifère, ou encore un poisson vivant.

pêche. Depuis la terre il faut une plus grande longueur de fil, et vous opterez pour un moulinet 124/0 à 16/0 avec 800 à 1 000 mètres de fil testé à 130 livres (mesures anglo-saxonnes, utilisées partout dans le monde). Depuis un bateau il faut un moulinet 10/0 avec 600 mètres de fil testé à 80 livres. Ne pas oublier de relier l'oreille du moulinet au bateau, ce qui évitera le risque de voir la ligne passer par-dessus bord. Le moulinet peut être relié à votre harnais pour rendre plus facile la négociation des fuites et des brusques virages du requin. Ne lésinez pas sur le « rembourrage » entre le harnais et le talon de la ligne : vous comprendrez pourquoi le jour où vous aurez subi la pression de ce talon au creux du ventre pendant trois heures.

Le manche de la canne doit être recouvert d'un matériau ne glissant pas, même quand il est plein d'eau ou enduit de mucus de poisson. Le liège ou le caoutchouc suffisent en général, surtout si le diamètre a été adapté à la taille de votre main. Certains pêcheurs se font un manche à base de résine moulée sur la main, ce qui est très bien tant que la canne ne tourne pas...

Le fil est le troisième matériel déterminant dans la réussite d'une pêche au requin. Vous ne descendrez jamais au-dessous de 80 livres, et, si vous partez vraiment au très gros, il faudra opter pour du 130 livres; vous ferez peut-être sourire vos voisins par votre optimisme, mais les sourires disparaîtront si vous crochez un tigre de 1 000 livres.

Pour le bas de ligne vous avez le choix entre du monobrin d'acier ou du fil métallique tressé. L'un et l'autre ont leurs avantages. Le monobrin va passer entre les dents du requin et ne pourra pas être coupé en deux, mais il peut se tortiller ou se rompre à la traction. Le fil tressé est trop gros pour passer entre les dents et court le risque d'être coupé par ces mêmes dents, en revanche il ne se tortillera pas et ne cassera pas.

Le choix du bas de ligne concerne aussi sa longueur. On sait que la peau du requin est extrêmement râpeuse, et aucun fil non métallique ne lui résiste longtemps quand le squale l'entoure autour de lui en se débattant; les bords saillants des nageoires parviennent très vite au même résultat. Il est donc indispensable de choisir un fil métallique suffisamment long : 3 mètres (pêche en bateau) à 7 mètres (pêche depuis la côte, avec risque de rochers...). Une bonne dimension est le 1/16 en acier inoxydable (il est en fait torsadé et non tressé).

L'hameçon doit être forgé dans un seul morceau d'acier, et non retourné sur lui-même et soudé, afin d'éviter qu'il ne s'ouvre à la traction. Sa taille est variable mais le 120 est une bonne taille intermédiaire. Ces hameçons à œil rouilleront au niveau de l'œil si on ne les nettoie pas, mais ils résisteront beaucoup mieux que les hameçons ordinaires même soudés.

Le bas de ligne sera monté selon le dessin précédent avec des manchons sertis à la presse.

Avant de lancer la ligne, il faut encore choisir l'appât. Il n'existe pas de bon appât pour squale qui ne soit :

– huileux,
– sanglant.

Ces deux qualités cardinales conditionnent la bonne diffusion dans l'eau et une détection à grande distance. En Floride par exemple, on considère comme bons appâts le mulet, la bonite, la raie pastenague, la sériole et la tête de veau, avec le mulet et la bonite en tête de liste. Vous devez couper l'appât en morceaux de 1/2 à 1 kilo. Certains pêcheurs pensent que « plus l'appât est gros, plus grosse sera la prise », mais un petit appât peut être avalé rapidement. Un gros appât peut être simplement tenu dans la bouche pendant que le squale fait demi-tour, et être ainsi arraché quand le fil se tend, avant même que l'hameçon ait pu se planter.

Beaucoup de pêcheurs utilisent le montage ci-contre sur un poisson vivant, ce qui présente l'avantage d'être un leurre correspondant aux proies habituelles du requin, et surtout d'émettre des vibrations dont nous savons que le requin y est très sensibilisé.

Parfois l'hameçon monté ne suffit pas, et appâter est le seul moyen d'attirer des requins vers le bateau. Il faut alors mettre des poissons entiers dans un hachoir à viande et jeter à la volée derrière le bateau des poignées du mélange ainsi obtenu. Cette méthode n'est pas toujours considérée comme sportive dans certaines régions du globe où il y a beaucoup de squales, quelques pêcheurs comparant la méthode à celle qui consisterait à tirer un cerf qui viendrait manger le blé que le chasseur aurait préalablement étalé au sol... Ce que vous devez à coup sûr vous interdire est d'appâter depuis le rivage, ce qui ne

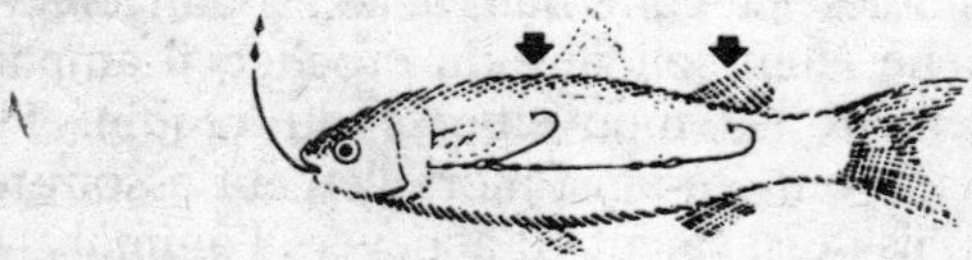

manquerait pas d'attirer les squales naïfs que vous recherchez, mais aussi les grands prédateurs qui ne dédaignent pas les pêcheurs (plusieurs ont été happés de cette façon dans moins d'un mètre d'eau).

Bob Hughes recommande l'usage d'une « corde à clip » afin de ne pas perdre bêtement le squale que l'on sera parvenu à amener jusqu'à la coque du bateau. Ce dernier ennui étant fréquent, je ne saurais que souscrire à la méthode qui est d'ailleurs applicable à n'importe quel gros poisson. Cette corde de nylon de 3/8 à 1/2 fait quelques mètres de long (selon la disposition du bateau) et comporte deux boucles à chaque extrémité. L'une des boucles est reliée au bas de ligne en acier grâce au clip à prise rapide, et l'autre à n'importe quel taquet ou autre point solide du bateau. Il est alors possible de se débarrasser de la canne, voire de couper la ligne, pour ne plus s'occuper que du halage de l'animal à bord. Il faut savoir en effet qu'un poisson, aussi fatigué et amorphe qu'il puisse paraître, conserve toujours une réserve d'énergie impressionnante pour se débattre dès qu'on le sort de son élément. Tous ceux qui ont perdu un ou plusieurs doigts, sciés par une ligne de 130 livres alors qu'un requin repartait vers les profondeurs, connaissent bien le problème.

Cette corde de nylon peut elle-même être reliée à une « corde de choc » qui est composée en fait de grosse gomme élastique, et permet d'amortir les chocs.

Une fois le requin hors de l'eau, il faut encore le gaffer si l'on a décidé de le haler à bord. On peut le gaffer n'importe où, mais le mieux est le plus près possible des ouïes. La gaffe habituelle est dangereuse, car, le manche étant solidaire du crochet, il amplifie considérablement les mouvements du requin. Plusieurs pêcheurs ont été ainsi mortellement assommés pendant qu'ils essayaient d'achever l'animal. La « gaffe volante » est à ce titre beaucoup plus sûre, surtout avec quatre crochets.

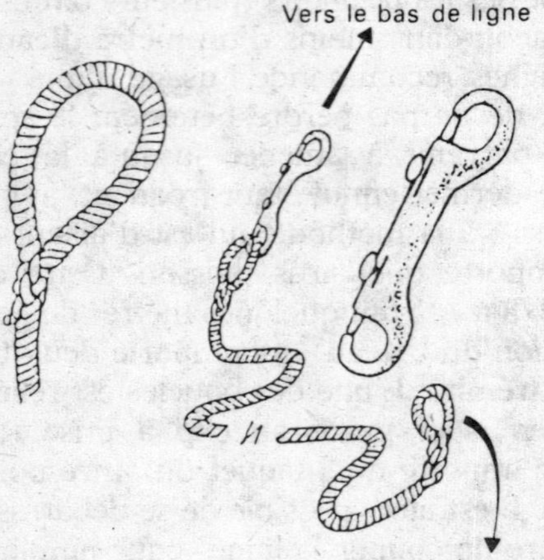

LA « CORDE À CLIP », UNE SÉCURITÉ.

Si vous pêchez depuis le rivage, le grappin idéal est celui que l'on utilise pour escalader les murs, à 3 ou 4 crochets.

Pour achever l'animal, le *bangstick,* dont nous parlons au chapitre des moyens préventifs, est idéal puisqu'il tire à bout portant une cartouche de 12 dans la tête du squale. La batte de base-ball est plus sportive et très efficace si vous savez vous en servir, ou encore la masse, à condition de ne pas défoncer la coque...

Une fois tout ce matériel préparé, il ne vous reste plus qu'à attraper le requin de vos rêves, et à tenter de deviner de quelle espèce il s'agit tandis qu'il est encore hors de portée. Selon la région du globe où vous vous trouvez, vous savez déjà quel type de requin vous pouvez ou ne pouvez pas capturer (voir en fin de livre les cartes correspondant à chaque espèce).

Les citrons et les taureaux sont souvent pêchés près des plages, les requins nourrices près des coraux et des récifs, tandis que les tigres se rencontrent en eaux plus profondes et les requins marteaux en pleine mer. Si c'est l'époque du tarpon, les requins marteaux se rapprochent des côtes pour cette proie de choix. J'ai eu l'occasion de vérifier cette dernière règle il y a quelques années au Costa Rica alors que je pêchais le tarpon depuis des embarcations à fond plat à 200 mètres d'un village du nom de Tortuguero sur la côte Caraïbe. Un ami avait attrapé un de ces magnifiques tarpons tandis que je commençais à m'ennuyer ferme dans cette pêche statique et vaine. J'aperçus soudain un sillage impressionnant se dirigeant vers ma coque de noix dont le plat-bord faisait 20 centimètres au-dessus de l'eau, et j'eus le loisir de voir passer juste au-dessous un magnifique requin marteau qui ne s'intéressa plus à notre présence. Le pêcheur local qui était avec moi me dit que ce n'était plus la peine d'insister pour les tarpons avec un tel monstre dans les parages, et je ne discutai pas...

Le comportement du requin pris à l'hameçon doit

aussi renseigner sur ce qu'il peut être ou ne pas être. Le requin nourrice combat fermement et s'entortille lorsqu'il est près du bateau ; le requin citron se bat sur 150 mètres seulement ; le marteau tire fort et ne se rend pas facilement ; le mako fait des bonds hors de l'eau et se bat longtemps...

La saison est également un élément d'orientation en fonction de la zone de pêche. Ainsi en Floride, l'hiver, d'octobre à avril, va de pair avec la présence de requins bruns, sombres, bouledogues et tigres, tandis que l'été, de mai à septembre, apporte des requins citrons, nourrices, marteaux, et toujours des bouledogues et des tigres.

N'oubliez pas enfin que la seule façon de retirer un hameçon sans danger de la gueule d'un requin est d'attendre le lendemain.

L'amour de la pêche sportive, allié à une fascination forcenée pour les squales, peut conduire à des excès quelque peu folkloriques.

Il y a quelques années, un tout jeune retraité du pays de Caux entreprend de mettre en œuvre son rêve de toujours : pêcher des requins dans la Manche.

Dès sa première sortie depuis le petit port de Saint-Valery-en-Caux, notre homme capture un requin taupe de 50 kilos. Il n'en faut pas plus pour que l'euphorie l'envahisse, et il fonde dans la foulée une association unique en France : le « Squale club Valeriquais »...

Le club s'installe dans l'ancien bureau des Douanes qui dispose fort à propos d'une balance de 500 kilos, juste sur les quais, là où seront débarquées les futures prises. Un superbe blason couronne rapidement l'entrée de l'édifice, et il ne reste plus qu'à organiser une compétition pour donner ses lettres de noblesse au nouveau club.

La première compétition draine des pêcheurs de

toute l'Europe, et un beau matin de septembre, toutes les équipes prennent la mer pour 6 heures d'aventure. Plusieurs sponsors ont offert cinq ou six coupes à la hauteur de la manifestation, l'hôtel Altea loge les plus grands champions, le régional *Paris-Normandie* a titré à la une : « *Les dents de la mer* à Saint-Valery-en-Caux », la balance des Douanes a été vérifiée, bref tout est fin prêt pour une compétition internationale digne de celles qui prennent place régulièrement sous les tropiques. Seule restriction décidée par le président de la manifestation afin d'éviter les prises excessives : interdiction absolue d'appâter au sang coagulé.

Lorsque l'heure du palmarès arrive, à l'issue d'une journée bien remplie, une certaine perplexité se lit sur les visages. Le premier prix récompense en effet l'unique prise de la compétition : un « chien de mer » de 2,5 kilos, même pas homologable par les instances internationales, puisque son poids est inférieur à 5 kilos.

Les autres coupes seront donc tirées au sort entre les sympathiques participants, et l'on se quittera bredouilles mais contents quand même.

Au pays de Maupassant, le cidre et le calvados viennent toujours à bout des plus grandes déceptions...

LA CUISINE DU REQUIN

Je n'ai pas osé parler de gastronomie à propos du requin car nous sommes français et toujours pointilleux sur le sujet, mais il faut savoir que le requin est un mets très recherché en Asie, où il existe au moins vingt-cinq façons classiques de le préparer rien qu'au

Japon. Dans le Yucatán, les filets de jeunes requins constituent l'un des plats les plus recherchés par les descendants des Aztèques, et le requin séché et salé est vendu partout au Mexique. Aux USA, les filets de poisson blanc congelés que l'on trouve dans les supermarchés sous le nom de *cod* ou de *swordfish* (poisson-épée) ne sont bien souvent rien d'autre que du requin. Plus près de nous, le célèbre *fish and chips* des Anglo-Saxons est très souvent à base de requin plutôt que de vrai poisson osseux, et en particulier à base de requin taupe très abondant en mer d'Irlande notamment.

Il n'est donc pas nécessaire d'être en survie pour se nourrir de requin, et peut-être serez-vous bien content d'avoir quelques principes de préparation le jour où vous voudrez légitimer auprès de vos admirateurs écologistes la prise d'un beau squale.

Il faut savoir d'abord que tous les requins n'ont pas le même goût, et qu'il y a six espèces considérées comme les plus comestibles : le grand requin blanc, le mako, le *porbeagle*, les deux sortes de *thresher* et le *doggish*; viennent ensuite le *small dusky* et les requins marteaux. La chair de l'énorme *basking shark* par exemple est trop flasque pour être utilisée dans l'alimentation. Cela posé, et dans le cadre d'une survie éventuelle, aucun requin n'est toxique; en revanche les foies sont à éviter, car souvent beaucoup trop riches en vitamine A. Ils ne contiennent pas en revanche de hautes concentrations en mercure comme le *swordfish*.

Un autre principe élémentaire est de savoir que la chair du requin prend très rapidement un goût d'ammoniaque, et qu'il faut donc préparer et refroidir sa chair dès que possible après sa capture. Il doit être nettoyé et vidé comme n'importe quel poisson, la peau enlevée ainsi que la chair sombre que l'on peut trouver juste au-dessous, et les filets découpés pas trop épais. Ceux-ci doivent être enduits de farine et mis au réfrigérateur au moins une nuit, toujours pour éviter le goût d'ammoniaque.

Si vous êtes sur une île ou une côte sauvage, ou isolé sur un bateau, la viande de requin est idéale pour être fumée, mais il vous faudra de la patience : 6 à 8 heures dans un four spécial à 115 °C, 25 à 30 heures à froid pour des filets de 3 centimètres d'épaisseur, que vous aurez préalablement salés et entourés de margarine.

Pour ce qui est de la préparation culinaire elle-même, je préfère vous renvoyer à des ouvrages spécialisés, en retenant que ce style de viande ne peut être préparé à la vapeur ou à l'étouffée comme beaucoup de poissons osseux au goût très fin. Vous devez être généreux sur le citron vert, l'oignon, l'ail, le sel, le piment de Cayenne ou la poudre de chili, le paprika, l'huile d'olive, etc.

Les ailerons trempés dans la saumure pendant deux jours puis séchés sont très appréciés comme matière première sur les marchés orientaux. Bouilli, leur cartilage dégage une gélatine onctueuse qui donne du corps et du goût aux soupes. A savoir que l'on utilise pour cette préparation uniquement l'aileron dorsal et les nageoires pectorales.

Et puis, si vous n'avez pas le courage de préparer vous-même la viande de requin, vous pouvez toujours la couper en gros morceaux avec la peau, et vous constituer ainsi une réserve du meilleur appât possible pour les crabes. Vous pouvez aussi la servir à votre chat ou à votre chien : c'est une des sources principales d'aliments pour animaux domestiques ou pour bestiaux dans beaucoup de pays.

Si la diététique pouvait être l'argument susceptible de vous convaincre, vous le serez en sachant que la viande de requin contient 7 % de protéines, très peu de cholestérol, et qu'elle est très nutritive.

LE REQUIN SOUVENIR

L'industrie du tourisme a considérablement augmenté la demande pour tous ces petits objets et autres colifichets de plus ou moins mauvais goût, dont aiment à s'affubler certains « voyageurs organisés ». Le requin est une cible de choix pour ces Tartarins modernes qui raffolent de dents de tigre montées en pendentif, de mâchoires ouvertes le plus grand possible, de cannes ou de bracelets de vertèbres, en un mot de tous ces trophées capturés par d'autres, mais qui font de vous un autre homme une fois revenu à la maison. Même les yeux de requin ont trouvé leur place sur le marché. Après les avoir fait bouillir une heure environ (plutôt dehors qu'à l'intérieur) il suffit de les couper et de récupérer cette petite lentille devenue dure, aux formes harmonieuses, et qu'on appelle le cristallin. Cette lentille peut être séchée, perforée, montée, et même débaptisée par un bijoutier qui vous vendra une « perle de requin ». Ces « perles » font un véritable malheur chez les touristes yankees... Une autre trouvaille du même style consiste à enfiler sur une tige métallique quelques dizaines de vertèbres cartilagineuses préalablement blanchies à l'eau chlorée, à solidariser le tout, à fixer un pommeau et à vendre l'objet comme... canne ! Je ne vous conseille pas de vous appuyer sur une telle merveille le jour où vous vous serez cassé une jambe, mais, si vous manquez de conversation en public, voilà un magnifique objet ! Je dois à l'objectivité de dire qu'à côté de ces colifichets bâclés pour « gogos » j'ai récemment découvert une canne du XIXe siècle, d'une finition, d'une solidité et d'une patine magnifiques. L'ami qui arbore cet objet s'en sert pour soulager une douloureuse affection du dos, et l'amiral qui lui en a fait cadeau au nom de la « Royale » a choisi là, à n'en pas douter, un objet digne de son rang...

LE CUIR DU REQUIN

La dépouille du requin est l'une des raisons de sa pêche sportive car elle dure extrêmement longtemps si elle est correctement préparée, c'est-à-dire d'abord bien écorchée, puis lavée, salée, séchée, etc. La peau séchée est appelée « chagrin » par analogie avec le cuir granuleux et non tanné du dos et de la croupe du cheval.

La peau la plus recherchée (et la mieux payée) par l'industrie du cuir est celle du requin tigre, celle du requin marteau étant parmi les moins chères. Les denticules sont d'abord enlevés, puis la peau est tannée pour faire un cuir à la fois beau et durable que l'on utilise pour les chaussures de qualité et les pantalons des cow-boys. C'est un cuir encore plus élastique que celui de la vache ou du porc et beaucoup plus solide (150 fois plus résistant que celui des bovidés).

La Ocean Hide and Leather Company dans le New Jersey fut la première et la plus importante dans la production de cuir de requin, mais elle connaît maintenant des difficultés d'approvisionnement pour satisfaire la demande car les pêcheries commerciales de requins ont du mal à vivre. Il semble que la solution serait dans la pêche au long cours en pleine mer, comme le font déjà les Japonais.

Le taux de reproduction des squales est mal connu, mais l'on constate un taux de renouvellement autour des pêcheries insuffisant, tant aux Etats-Unis, au

Mexique ou à Cuba qu'en Australie ou en Angleterre. Les Japonais, qui sont par ailleurs les premiers pêcheurs mondiaux de requins, ont une longue tradition par rapport aux squales. C'est ainsi que les sabres des samouraïs ont toujours eu des poignées recouvertes de cuir d'ange de mer, dont la rugosité empêche le sabre de tourner dans la main.

Cette peau fut aussi très longtemps utilisée comme « papier de verre » avant que celui-ci ne soit fabriqué par des moyens industriels. Il suffit pour s'en convaincre de passer la main sur une peau de requin dans le sens queue-tête, extrêmement abrasif, alors que le sens tête-queue est étonnamment doux.

A Sumatra, la peau de l'ange de mer est utilisée pour faire des membranes de tambours.

Jusqu'au début du siècle, il était élégant de recouvrir divers objets personnels de chagrin poli, encore appelé « galuchat » : étuis à lunettes, coffrets à bijoux, reliures de livres, etc.

Dernier type de cuir très apprécié : le « cuir de Boroso », qui vient du traitement de requins marocains. Les denticules dermiques ne sont pas enlevés, mais polis de façon à donner au cuir une texture à la fois esthétique et très résistante.

LE REQUIN EN PHARMACIE ET EN CHIRURGIE

On découvrit dans les années 1930 que le foie des requins contenait des huiles et des vitamines en grande quantité. Il s'ensuivit une véritable éclosion de pêcheries, en Californie notamment, où l'on put constater après quelques années un véritable déclin dans la population du *soup fin shark* (littéralement « requin à nageoires pour la soupe »).

Lorsque l'on découvrit les bienfaits de la vitamine A pour la vision nocturne des pilotes de chasse pendant la guerre, les prélèvements devinrent incontrôlés et ce fut ce que l'on appela la vitamine A *gray gold rush.* Cette ruée cessa brusquement lorsque l'on découvrit le moyen plus économique de synthétiser certaines vitamines. Les pêcheries durent fermer, mais la population de *soup fin shark* (*galeorhinus zyopterus*) redevint normale en seulement deux ans.

Le squalène contenu dans le foie de nombreux requins est une huile très recherchée en cosmétologie, et à l'origine de l'intérêt de certains pêcheurs pour l'énorme requin pèlerin dont le foie est en proportion.

Le foie des squales fournit également des bases pour la fabrication de lubrifiants et de bases de peintures.

Aux Etats-Unis, on a utilisé avec succès des cornées d'élasmobranches (poissons à tissus cartilagineux), et plus particulièrement de requins, pour les greffer sur l'œil humain. Leur avantage est de ne pas se dilater quand la teneur en sel du milieu varie, contrairement à ce qui se passe avec les poissons osseux (téléostéens).

Le cartilage des squales est utilisé dans le traitement des brûlures profondes, et certaines huiles hépatiques seraient anticoagulantes et diminueraient les taux de cholestérol.

LE REQUIN ET LE SEPTIÈME ART

J'ai tenté d'expliquer dans un autre chapitre les raisons de la fascination de l'homme pour le requin, et il est significatif que le plus grand succès de l'histoire du cinéma jusque dans les années 80 soit imputable à cette terreur des mers. Il faut dire que Steven Spielberg n'avait reculé devant aucun obstacle technique pour que son grand requin blanc soit aussi vrai que nature. Trois maquettes-robots furent mises au point par Robert Mattey, ancien responsable des effets spéciaux des studios Walt Disney. Faites de plastique, elles pesaient 1 500 kilos, mesuraient 8 mètres, coûtaient 150 000 dollars chacune, et s'appelaient Bruce. Il faut dire que les patrons d'Universal à Los Angeles s'imaginaient naïvement pouvoir filmer de vrais requins blancs en situation dans leur élément ! Il fallut toute la force de conviction d'un couple d'Australiens spécialistes de la prise de vues sous-marine (Ron et Valerie Taylor) pour que les maquettes voient le jour.

La seule question qu'un spectateur objectif était en droit de soulever était celle de la vraisemblance du spectacle. J'en ai discuté avec le professeur Compagno en 1989, alors qu'il était directeur de l'Institut d'ichtyologie de Grahamstown en République sud-africaine. Il avait été le conseiller technique du film pour les séquences les plus spectaculaires, et il me confirma que, prises individuellement, toutes les situations sont vraisemblables. De la taille du requin à ses objectifs d'attaque, de la taille ou de la puissance de ses mâchoires à sa résistance au harponnage, de sa façon d'attaquer par en dessous en eau profonde à l'attaque en surface sur les plages, tous les événements décrits sont possibles et se sont déjà produits en de maintes occasions en divers endroits du globe. Il n'y a guère que l'accumulation un peu excessive des attaques qui puisse être critiquée, et surtout la détermination anthropomorphique de l'animal à avoir la peau de ses trois poursuivants par n'importe quel moyen. Ce film fut suivi de plusieurs autres qui se voulaient de la même veine, mais dont l'invraisemblance des situations le disputait au ridicule des scénarios. Le professeur Compagno ne fut pas consulté bien sûr pour ces réalisations purement commerciales.

Un autre long métrage doit être cité au même titre que *Les dents de la mer* à propos des requins et plus particulièrement des grands blancs : *Blue Water, White Death* (littéralement : *Eau bleue, mort blanche*). Antérieur au film de Spielberg, il n'eut pas le même retentissement international car il était beaucoup moins commercial, mais les héros étaient de vrais requins, pas des maquettes.

LE REQUIN TEST DE VIRILITÉ

Le peau bleue est un requin cosmopolite et dangereux, pouvant atteindre 3,80 mètres et ayant à son actif nombre d'attaques de personnes et de bateaux.

Un « sport » particulier s'est développé en Californie du Sud, au sein de certains clubs de plongée, qui consiste à nager au milieu de peaux bleues. Pour être sûr de leur présence, ils sont préalablement appâtés par du sang et des morceaux de poissons jetés autour du bateau. Pour le moment, ce « test de virilité » réservé aux plongeurs mâles n'a pas encore fait de mort déclarée, jusqu'au jour où un grand bleu ou un tigre viendra corser l'initiation...

Le peau bleue n'est pas très agressif en effet au contact des plongeurs sous l'eau, mais il n'est pas très timide non plus et vient voir ce qui se passe. En général, avant d'attaquer, il tourne autour de sa proie un certain temps, ce qui n'est pas toujours le cas des grands prédateurs comme le tigre ou le grand blanc, qui surgissent brusquement de n'importe quelle direction, et directement sur leur victime.

Comme on le voit, le requin fait bien plus partie de notre vie quotidienne que nous pourrions le penser *a priori*. Même si les manchettes des journaux et les films à sensation ne sont qu'un épiphénomène par rapport à un prédateur qui ne hante pas les côtes françaises, il reste un animal unique, à prendre en compte dans des domaines de recherche aussi variés que l'écologie, l'adaptation, l'évolution, l'éthologie, l'hydrodynamisme, la physiologie en général, la sécurité en mer, etc.

8

LES AUTRES DENTS DE LA MORT

LES PIRANHAS : MYTHE OU RÉALITÉ ?

Les piranhas ont une réputation de mangeurs d'homme, mais, s'il est vrai que leurs mâchoires sont équipées de dents tranchantes comme des rasoirs, nous manquons de témoignages absolument fiables prouvant sans discussion possible que des hommes aient pu être tués puis dévorés par des piranhas.

Une première évidence s'impose, c'est que, à la différence des squales ou des crocodiles, un piranha isolé ne peut tuer un homme conscient. Le diamètre des mâchoires est trop réduit pour infliger des blessures immédiatement mortelles, et l'on imagine mal un homme se laisser grignoter à petit feu jusqu'à ce que mort s'ensuive. J'exclus, bien sûr, la blessure malheureuse qui porterait sur les carotides car, même en France, chaque année une ou deux morts sont imputables à de tels accidents par de petits animaux domestiques. La taille maximale des piranhas ne dépasse pas 60 centimètres, leur mâchoire est beaucoup moins élaborée que celle des squales, et il n'existe pas un seul récit d'un homme tué par un requin de moins de 1,20 mètre. Je vois là une preuve supplémentaire de l'impossibilité d'une attaque mortelle par un piranha solitaire. Une attaque fatale devrait donc être perpétrée par un grand nombre de ces poissons, et dans des circonstances que l'on pourrait comparer à la frénésie alimentaire des squales.

On est sûr que les piranhas en groupe sont capables de s'acharner sur un cadavre au point de n'en laisser que le squelette, mais cela ne prouve pas qu'ils soient capables de tuer. Il n'est pas sûr, par ailleurs, que leur acharnement soit le même sur une proie qui se débat et que leur mise en appétit soit frénétique au point que plus rien ne puisse les faire fuir.

En 1985 et 1986, Sazima et Guimaràes, deux scientifiques brésiliens, ont étudié trois cas de nécrophagie qui pourraient expliquer une réputation peut-être usurpée des « piranhas mangeurs d'homme ». Ces trois cas ont été observés dans le Mato Grosso sur trois fleuves différents.

Dans le premier cas, une jeune femme de vingt-cinq ans se noya en tombant d'un bateau en plein fleuve. Son corps fut retrouvé quatre jours plus tard, les policiers ayant repéré un bouillonnement dans l'eau, causé par l'agrégation des piranhas. Le cadavre était réduit à l'état d'un squelette parfaitement nettoyé, à l'exception d'un peu de chair qui restait sur la cuisse gauche.

Dans le second cas, un homme de cinquante ans se noya en traversant le fleuve à dos de cheval. Son cadavre fut retrouvé quelques heures plus tard avec en moins l'oreille et la joue droites, une partie de la langue et toute la partie droite du cou. Cette latéralité des plaies s'expliquait par l'allongement du cadavre sur le côté gauche. Le reste du corps était protégé par d'épais vêtements de cuir comme en portent les *vaqueros* de la région.

Dans le troisième cas, un homme de soixante-dix ans tomba à l'eau après avoir succombé à un infarctus du myocarde. Son corps fut retrouvé vingt heures après sa mort avec de la chair restant seulement sur le tronc. Les vêtements avaient été arrachés, sauf sur une partie du tronc. La tête, le cou et les quatre membres ne laissaient plus apparaître que les os, et les phalanges avaient été arrachées.

Les trois corps révélaient des traces de morsures caractéristiques d'au moins deux sortes de piranhas.

Ces poissons appartiennent à l'ordre des characiformes et sont répandus uniquement dans tous les grands fleuves d'Amérique du Sud. Ils se nourrissent de fruits, de feuilles et de chair de poisson. Beaucoup sont donc omnivores, et ceux qui sont plutôt carnivores se contentent de chair de poisson, excluant les mammifères. Comme le prouvent les exemples précédents, ils mangent occasionnellement de la chair de mammifère et d'oiseau, à l'état de cadavre. C'est le cas, en particulier, du *pygocentrus nattereri*, qui peut entamer la peau relativement épaisse des mammifères. Pour les deux scientifiques brésiliens, c'est de cette nécrophagie que viendrait la réputation des *p. nattereri*. Si les trois cadavres avaient été retrouvés sans que les raisons de leur mort soient parfaitement connues, il est certain qu'ils auraient alimenté les récits effrayants relatifs aux piranhas mangeurs d'homme. Il est significatif que ces deux Brésiliens ne disposent d'aucun témoignage relatif à des personnes ayant pu être blessées, tuées ou dévorées par des piranhas. Ils n'excluent pas cependant la possibilité, en certaines circonstances, qu'un groupe de *p. nattereri* puisse tuer et dévorer un être humain.

De telles éventualités ont été évoquées par des autorités telles que Schultz en 1964, Markl en 1972 et Goulding en 1980. Les deux histoires relatées ci-dessous sont admises dans l'histoire brésilienne contemporaine, mais je les livre au lecteur sous toute réserve.

D'abord, l'histoire d'un escadron de gendarmes à cheval qui passait un gué dans les années 30. Les piranhas ayant attaqué les jambes des chevaux, tout le détachement fut rapidement anéanti... Cette histoire mythique mériterait, bien sûr, d'être circonstanciée pour être crédible, et je ne la cite que pour information. La seconde semble plus vraisemblable.

Le 5 avril 1961, une vedette embarque une quinzaine de passagers sur le Rio Purus, un affluent de l'Amazone. Le *Macucim* (c'est le nom de la vedette) ravitaille, depuis des années, les planteurs d'hévéas perdus dans cette zone à demi vierge, au sud-ouest de Manaus. A bord se trouvent des collégiennes rejoignant leur pension, des commerçants allant fixer le prix du caoutchouc et un jeune couple en voyage de noces, José et Isaura Santiago.

Tout va bien sur la confortable vedette, lorsqu'elle heurte une bille de bois, provoquant une voie d'eau. L'avarie est sérieuse et s'avère rapidement irréversible. Aucune panique, chacun se disant qu'il suffira de nager un peu dans ce fleuve tiède que l'on connaît bien. La vedette coule. Les quinze passagers se retrouvent dans l'eau et commencent à nager. L'un d'eux est-il blessé et perd-il un peu de sang ? L'eau se met soudain à bouillonner, et l'on devine des milliers de poissons frétillant près de la surface. Ce sont malheureusement des piranhas. En quelques instants, le flot se teinte de rouge tandis que les naufragés hurlent de douleur. Tous, sauf un matelot qui s'est juché sur une grosse planche et assiste à un spectacle cauchemardesque.

En état de choc, il atteint un village d'où il lance un appel télégraphique aux autorités. Un hydravion arrive le lendemain, qui retrouve en aval de l'épave des squelettes aux os blanchis, nettoyés de toute chair, et ne tenant plus que par quelques ligaments...

La chute de l'histoire concernant les squelettes retrouvés est très vraisemblable, et si j'ai eu entre les mains des photos de tels squelettes, je n'ai pas voulu les inclure dans le cahier fermé de ce livre, leur portée démonstrative étant limitée.

Que tous les passagers, en revanche, aient pu mourir de cette fin atroce, sans qu'aucun ne se noie ou ne parvienne à regagner la rive, me semble invraisemblable.

L'ORQUE

L'orque, ou épaulard, est le seul mammifère marin qui serait parfaitement capable d'être un redoutable ennemi de l'homme. Sa taille (jusqu'à 9 mètres pour le mâle), son aptitude à sauter (plus de 5 mètres), sa rapidité, sa mâchoire très puissante, ses dents massives et pointues, tous ces paramètres physiologiques au service d'une des premières intelligences animales pourraient en faire l'égal des requins les plus dangereux que l'on ait jamais connus. Même si l'invraisemblable film *Orca* va dans ce sens au-delà de toute mesure, on ne dispose pas de preuve qu'un épaulard ait jamait tué et dévoré un être humain. Si cela devait se produire, ce serait probablement dans les océans polaires, très fréquentés par ces animaux qui se déplacent souvent en groupes, et quelques histoires circulent à ce sujet d'Esquimaux qui se seraient ainsi fait tuer. Des restes humains ont été retrouvés dans l'estomac d'au moins un spécimen, mais rien ne prouve que l'homme ait été tué par l'orque. Cet animal se nourrit de proies variées : autres mammifères marins, baleines isolées, poissons, oiseaux, rien ne permet d'y ajouter l'être humain, d'autant moins que l'orque est un animal « intelligent » dont le pouvoir de discrimination est bien supérieur à celui du requin.

LES CROCODILES

DES PRÉDATEURS REDOUTABLES

Tous les crocodiles ont été considérés depuis les temps les plus anciens comme des prédateurs potentiels de l'homme. Les Chinois évoquaient cet animal effrayant, tandis que Marco Polo parlait le premier en Europe de ces « grands serpents à pattes capables d'avaler un homme tout entier ».

Pourtant, si tous les crocodiles sont capables de se défendre agressivement, comme tout animal se sentant menacé, il n'existe que deux espèces pouvant être considérées à juste titre comme mangeuses d'homme : le crocodile du Nil (*crocodylus niloticus*) et le crocodile indo-pacifique (*crocodylus porosus*). Pouvant atteindre 7 mètres et 1 000 kilos, ces crocodiles sont responsables de nombreux drames qui restent méconnus des médias, se déroulant dans les vastes marais africains, sur les lagunes isolées des lointaines îles du Pacifique, ou dans l'immense *bush* australien. Ces victimes anonymes ne sont jamais recensées, mais je crois que l'on peut estimer leur nombre à plusieurs centaines par an, si j'extrapole à partir des chiffres et témoignages qui m'ont été donnés en Afrique du Sud par certains gardes dignes de foi. Tous les Australiens savent, pour leur part, que de nombreux aborigènes sont dévorés chaque année par le redoutable *porosus* dans tout le nord du pays.

A la différence de ce qui se passe, en général, avec les requins, les attaques de crocodiles sont le plus souvent isolées, et ce qui s'est passé en 1945, en Asie du Sud-Est, reste exceptionnel. Le 19 février 1945, un millier de soldats japonais cherchent à s'enfuir de l'île de Ramree où ils ont été encerclés par les forces britanniques. Trente kilomètres de mangroves marécageuses les séparent de la côte de Birmanie. Un témoin anglais était assis dans une barge échouée sur la berge d'un canal traversant le labyrinthe, et il assista à un spectacle terrible : « Cette nuit fut la plus atroce que vécurent jamais les hommes d'équipage des barges de débarquement. Les tirs, dans ce marais noir comme la poix, que ponctuaient les hurlements des blessés broyés par les mâchoires de ces énormes bêtes et les bruits sourds des crocodiles qui les harcelaient, tout cela faisait une cacophonie d'enfer, comme il y en eut rarement sur terre. Du millier de Japonais entrés dans ces marais, on ne retrouva qu'une vingtaine de survivants. » Un tel carnage est comparable à ceux dont sont capables les squales sur les lieux des naufrages en mer tropicale, mais il est unique dans l'histoire moderne.

Il n'en reste pas moins que des communautés entières vivent dans la terreur du *porosus* en Indonésie, en Malaisie, en Nouvelle-Guinée, en Australie du Nord. Des millions de villageois sont obligés de partager le territoire du crocodile indo-pacifique et paient un très lourd tribut à cette cohabitation forcée. Dans les années soixante, un missionnaire de Nouvelle-Guinée a rapporté soixante-deux villageois tués ou blessés par un seul crocodile. Dans une petite île au large de Mindanao (Philippines), neuf pêcheurs ont été tués ces dernières années par un seul et même *porosus*.

Ce monstre atteint couramment 7,5 mètres et plus de 1 000 kilos, ce qui ne l'empêche pas d'être très agile et rapide. Son habitat est très cosmopolite, allant de la pleine mer aux lacs intérieurs, en passant par les estuaires et les grands fleuves. Il est capable de migrer sur des milliers de kilomètres, allant coloniser les îles Cocos, les îles Fidji et les Nouvelles-Hébrides.

On retrouve souvent de ces reptiles marins recouverts de bernacles comme de vieilles coques de bateaux. Pondant chaque année de 60 à 80 œufs sur des monticules, ils sont particulièrement féroces à cette époque de saison des pluies. Si le jeune se nourrit de crustacés, insectes et serpents, l'adulte mange tout animal vivant à sa portée, poissons, oiseaux ou mammifères. L'homme n'est strictement rien d'autre qu'une proie au même titre qu'un cochon, et il sera saisi par n'importe quelle partie du corps pour être attiré dans l'eau. L'eau reste le territoire de prédilection du crocodile, particulièrement quand il s'apprête à attaquer. Il est alors capable de veiller immobile comme un tronc d'arbre pendant des heures, puis de charger avec une vélocité incroyable, sortant de l'eau comme un missile. De très nombreux pêcheurs sont ainsi happés alors qu'ils se trouvent à deux ou trois mètres de la berge, n'ayant pas vu approcher le tueur entre deux eaux. Quand celui-ci se détend, il est trop tard. J'ai vu de tels monstres, immobiles depuis des heures, se détendre latéralement à une vitesse incroyable, pour happer un morceau de viande que je leur jetai assez loin d'eux. Aucun chien n'est capable d'une telle vitesse et d'une telle précision.

Un crocodile tue sa proie en l'écrasant de ses mâchoires, qui sont très puissantes dans le sens de la fermeture, ou en la noyant. Une fois sa victime tuée, il se met en demeure de l'avaler. Si le cadavre est trop grand pour que l'opération se fasse en une seule fois, le *porosus* le démembre grâce à de violents mouvements de la tête. Le corps est maintenu au-dessus de l'eau, et littéralement mis en pièces de cette façon (voir photos).

S'il est vrai que ces animaux peuvent se nourrir de charogne, ils préfèrent toujours la chair fraîche dont ils se gavent sans limites, et, si un *porosus* peut rester jusqu'à deux ans sans s'alimenter, il vaut donc mieux soigneusement éviter de passer à sa portée. Toujours parce qu'ils préfèrent la chair fraîche aux cadavres, il n'est pas certain, comme on a pu le croire longtemps, qu'ils stockent leurs prises sous une souche en attendant qu'elles soient ramollies par la putréfaction. Ils sont assez puissants pour démembrer et décapiter un gros mammifère aussitôt après l'avoir tué.

Une statistique australienne montre que les attaques ont lieu pendant les mois les plus chauds, correspondant à une activité accrue. C'est en effet à cette époque que les *porosus* s'alimentent et s'accouplent. Sur vingt-sept attaques mortelles qui ont pu être étudiées, seize victimes ont été intégralement avalées, tandis que huit ont disparu et trois autres ont été retrouvées intactes. Dans 50 % des cas, il s'agissait d'animaux supérieurs à 4 mètres (donc des mâles).

Un crocodile qui a capturé et dévoré un humain aura très souvent tendance à revenir au même endroit pour recommencer. Cette observation explique certaines séries et justifie la chasse aux agresseurs avérés. En Inde, où les *porosus*, et même les gavials, étaient habitués à manger des restes humains, en raison des coutumes religieuses, les attaques sur les vivants étaient très fréquentes. Elles le sont moins maintenant en raison d'une diminution importante de la population des crocodiles dans cette région.

Le métabolisme du crocodile est d'un excellent rendement, l'autorisant à jeûner très longuement. Son estomac, particulièrement acide, lui permet de digérer l'intégralité de ses proies, y compris les os, et l'énergie des métabolites est stockée sous forme de graisse dans la queue et le long du dos. Grâce à ces réserves, un adulte d'une tonne peut jeûner pendant deux ans.

Au Zaïre, le 12 juillet 1987, le ferry *Maria* descend le fleuve Luapula, avec cinq cents passagers à bord, lorsque le pilote s'endort et jette son vieux bateau sur un banc de sable. Le *Maria* s'incline sous la pression du courant, culbutant les hommes endormis les uns sur les autres au milieu des caisses de bière, des sacs de farine et du bétail. Il finit par chavirer et coule en quelques minutes. Il est 3 heures du matin. Parmi les passagers, dont beaucoup sont ivres, 400 vont officiellement disparaître. Une mort terrible attend un grand nombre d'entre eux : les crocodiles. Cette zone abrite en effet des crocodiles du Nil atteignant couramment 6,5 mètres et 1 000 kilos. Moins impressionnants que leurs cousins des bords de mer, ils n'en sont pas moins redoutables, se déplaçant très rapidement sous l'eau, en bandes de plusieurs dizaines. De nombreux passagers vont connaître cette fin tragique qui consiste à être happé en pleine nuit par un monstre que l'on ne voit pas, et qui vous noie avant de vous dévorer. On retrouvera d'innombrables corps à demi dépecés, au cours des semaines suivantes.

Le crocodile du Nil se trouve dans toute l'Afrique, au sud et à l'est du Sahara. Il est sans conteste le prédateur le plus répandu sur tout le continent, aussi abondant à lui seul que tous les autres réunis (lion, panthère, hippopotame, rhinocéros, éléphant, buffle). Le nombre d'attaques et de victimes humaines dont il est responsable est parallèlement considérable. Son mode d'attaque est particulièrement difficile à détecter grâce à un mimétisme parfait, une position d'affût unique, et une approche aussi discrète qu'efficace. Ne laissant émerger que ses narines et ses yeux, il observe pendant des heures jusqu'à repérer sa proie. Il plonge alors discrètement et nage rapidement vers son objectif sans perdre le cap. Ce n'est qu'à quelques mètres de sa victime insouciante qu'il émerge de la surface dans un bond qui peut le propulser à plusieurs fois sa longueur, grâce à la puissance de sa queue et à la poussée de ses pattes postérieures sur le fond ou la berge. C'est ainsi que fut surpris le malheureux pêcheur dont les photos du corps figurent dans ce livre. Assis à plus de 1,50 mètre au-dessus de la surface, il n'imaginait pas qu'un crocodile puisse venir le surprendre aussi haut.

Silence, vitesse et surprise sont les constantes de toutes les attaques. Sur un échantillon de quarante-trois attaques, au Zululand et au Mozambique, trente ont eu lieu entre novembre et avril, période estivale de nidification et de plus grande activité des animaux à sang froid comme les crocodiles. Plusieurs attaques ont porté sur des individus choisis au milieu de groupes nombreux et bruyants, confirmant que le bruit et la foule ne sont que des protections illusoires. Comme les squales, le crocodile est attiré de très loin par le bruit d'un banc de poissons qui sautent ou d'un animal qui se débat dans l'eau.

En 1987, Gustav Giltzman fait de la chasse sous-marine dans le lac Kariba. Il remonte avec des poissons accrochés à la ceinture et fait surface parmi des troncs d'arbres à demi submergés. « Comme je faisais surface, j'ai senti un grand crocodile se frotter contre mon flanc. J'ai alors piqué l'animal de toutes mes forces avec la pointe de mon fusil et me retournai pour grimper sur un arbre mort juste à côté de moi. Comme j'agrippai l'arbre, le crocodile de 4 mètres attaqua, mordant ma jambe et me secouant comme une feuille. Je m'accrochai à l'arbre avec l'énergie du désespoir et sentis l'animal arracher une bouchée de ma cuisse. Je pense que ma combinaison m'a sauvé d'une morsure encore plus grave. Avant qu'il puisse m'attraper une seconde fois, je grimpai sur l'arbre, le croco me manquant tout juste alors qu'il sautait hors de l'eau de plus d'un mètre. Mon neveu m'a sauvé en me criant de ne pas grimper plus haut, que les branches étaient pourries. » Gustav fut tiré de sa fâcheuse posture par l'équipage d'un hors-bord qui l'emmena à Kariba où il fut opéré. Cette même année, plus de cinq cents attaques de crocodiles furent signalées rien qu'au Zimbabwe, et le fleuve Zambèze est sans doute le plus dangereux de la planète depuis cette époque, entre les requins qui le remontent et les crocodiles du Nil qui l'envahissent de plus en plus.

L'alligator de Floride attaque une quinzaine de fois chaque année, et les plaintes déposées auprès de la commission de pêche sportive sont de plus en plus nombreuses (plusieurs milliers chaque année). Une jeune fille de seize ans fut tuée en août 1973 alors qu'elle nageait avec son père dans le district de Sarasota; un plongeur sous-marin fut tué en 1987 dans une station balnéaire du Nord, et un jeune enfant fut tué en 1988 à deux pas d'une zone résidentielle. Même s'il se nourrit préférentiellement de poissons, d'amphibiens, d'oiseaux et de petits mammifères, il reste opportuniste et s'attaque occasionnellement aux chiens, veaux, porcs, chèvres, enfants et adultes de petite taille. A la différence des autres espèces, la femelle alligator défend son nid en émettant des avertissements nombreux et variés : sifflements, ouverture de la gueule, érection de la queue hors de l'eau, gonflement du corps... Tous ces comportements permettent de se mettre à l'abri avant l'attaque.

Avant 1969, l'alligator était abondamment chassé et fuyait l'homme. Depuis qu'il est protégé et que les enfants le nourrissent près des villages, il n'est plus timide et les autorités se demandent si ce facteur ne serait pas favorable aux attaques.

Il est remarquable que les crocodiles réputés mangeurs d'homme et les requins dangereux fréquentent souvent les mêmes aires géographiques (Afrique du Sud, Floride, Australie...). Il arrive donc légitimement que certaines disparitions soient imputables aux uns comme aux autres, sans que l'on soit capable de se prononcer. Le 21 octobre 1978, M. Kuppasamy part à la pêche à 245 kilomètres au nord de Durban, sur une rivière qui s'appelle la Sainte Lucie, tout près de l'estuaire. On retrouve son outillage de pêche sur une berge, avec des traces de pas disparaissant dans l'eau, mais aucun signe de vie du pêcheur. Cinq jours plus tard, on retrouve son corps en amont, en grande partie dévoré. S'il est probable que plusieurs prédateurs ont harcelé le cadavre, les enquêteurs ne sauront pas se prononcer sur l'identité du tueur, requin tigre ou crocodile du Nil.

DES PRÉCAUTIONS ÉLÉMENTAIRES

Le risque de rencontrer un crocodile est plus important que le risque d'un tête-à-tête avec un squale, car nous partageons souvent les mêmes biotopes terrestres.

• *Renseignez-vous auprès des habitants* sur les gîtes et les habitudes des crocodiles. Que vous alliez à la pêche ou à la chasse, vous avez toutes les chances de violer leur territoire. La défense du territoire est l'apanage du mâle contre n'importe quel intrus, même un homme, même un bateau. La femelle ne défend que son nid, et elle peut mordre à l'occasion, même si aucune attaque mortelle connue ne lui est imputable. Un canoë ressemble à un concurrent sur son territoire, et le mâle attaque souvent ce type d'embarcation.

• *Ne laissez pas traîner un bras ou une jambe dans ou même au-dessus de l'eau.* A bord d'une barque, ne vous asseyez pas sur le plat-bord.

• Si vous pêchez, *ne jetez pas à l'eau les entrailles de vos captures et installez-vous à 3 mètres du bord au minimum.*

• *Un nouveau-né n'est jamais éloigné de ses parents, ne vous en approchez pas.*

• *Près de l'eau, la nuit, ayez toujours avec vous une torche ou une lampe frontale.* Cette dernière est indispensable pour chasser le crocodile dont les yeux brillent d'un éclat orange très caractéristique.

• *Ne pas voir les yeux orange des crocodiles ne veut pas dire qu'ils ne sont pas là,* mais simplement qu'ils se cachent.

• *Les crocodiles sont attirés par le bruit.* C'est donc une mauvaise dissuasion. Quant aux coups de fusil dans l'eau pour passer un gué, le résultat n'est pas garanti, mais vous pouvez toujours loger une décharge dans l'œil de votre assaillant.

• *Méfiez-vous des petites mares anodines,* elles peuvent dissimuler de grands prédateurs, même par 30 centimètres d'eau. Ayant eu l'occasion de chasser à cheval le crocodile, en Colombie, dans les années 70, j'ai été surpris de la taille de certains animaux par rapport à celle de la mare où je les tirais. Je ne m'en apercevais que lorsque, touchés à la tête, ils sautaient en général une dernière fois avant de rester émergés sur le dos. La nuit, c'était le cheval qui me prévenait de la proximité d'un crocodile à terre.

Ayant également chassé de petits crocodiles (le caïman de Cuvier) à l'intérieur de la Guyane, en amont de Maripasoula, uniquement pour manger, j'ai pu vérifier certaines règles simples. Ces crocodiles ne dépassaient pas 1,50 mètre et n'étaient donc pas vraiment dangereux, sous réserve de les tuer avant de les ranger dans le fond de la pirogue. Les tuer, cela veut dire les achever à la machette, non seulement au niveau de la nuque, en leur coupant le cou à moitié, mais aussi au niveau de la queue à hauteur des pattes arrière. Même ainsi tailladés, j'ai vu des crocos donner de violents coups de queue une heure après leur capture, et mordre violemment tout ce qui leur tombait sous la dent. Un spécimen de 1 mètre rayait de ses dents une machette que je lui introduisais dans la gueule, la même machette qui l'avait à moitié décapité et lui avait cisaillé la queue. Si j'ajoute que je l'avais tiré d'une flèche d'arc en pleine tête avant de le hisser à bord, on a une idée de l'incroyable vitalité de ces animaux primitifs qui continuent d'avoir des réflexes de morsure, même avec la moelle épinière coupée au niveau de la nuque !

• *Un crocodile mort est un crocodile coupé en morceaux.* Si, par malheur, vous êtes un jour happé par un crocodile et que vous avez le temps de réfléchir, sachez que votre seule chance (si vous êtes désarmé) est de ne pas vous laisser traîner dans l'eau. Un adulte peut peser quinze fois le poids d'un homme, et celui-ci n'a aucune chance dans un élément qui n'est pas le sien. Jusqu'à 2,50 mètres, un homme a une chance d'échapper à son agresseur ou de survivre à ses blessures (2,50 mètres correspond à environ 100 kilos). Il faut se souvenir que, à la différence des requins, le crocodile ne tue pas par blessure-hémorragie, mais le plus souvent par noyade, et beaucoup plus rarement par écrasement d'une zone vitale. Un militaire français eut un jour beaucoup de chance et de réflexe à la fois, lorsqu'il fut tiré dans l'eau par un bras. Ce bras était entièrement pris dans la gueule d'un crocodile du Nil qui commençait à se laisser couler. L'homme imagina alors d'attraper l'énorme glotte qui ferme la bouche postérieure de l'animal et lui évite de se noyer en empêchant l'eau de rentrer. Dès qu'il parvint à attraper et à tirer l'organe de sa main valide, le monstre le relâcha immédiatement. Cette anecdote ne saurait être une règle, comme on peut l'imaginer, mais seulement le rappel qu'aucune situation n'est jamais complètement perdue, aussi désespérée qu'elle puisse paraître...

LES BARRACUDAS : DES INNOCENTS INJUSTEMENT ACCUSÉS

S'il est un animal injustement accusé des pires sévices à l'égard de l'homme, c'est bien le barracuda. Hans Haas n'hésitait pas à affirmer dogmatiquement qu'il n'y avait aucun doute que le barracuda attaquait, et tuait à l'occasion des êtres humains. Au Brésil, le barracuda est encore plus redouté que le requin, et dans les Caraïbes il est considéré comme dangereux et particulièrement sauvage quand il est pris dans un filet. Il est souvent appelé le « poisson tigre » ou le « pic de mer au long nez » par référence à son long museau prolongeant un corps longiligne. En juin 1922, Dorothie MacLathie était mordue à mort alors qu'elle se baignait devant Saint Petersburg sur la côte ouest de Floride. On accusa formellement les barracudas. Le 4 août 1947, un étudiant est tué par un poisson devant Saint Augustine, toujours en Floride : on accuse encore un barracuda. Dans les deux cas, la morphologie des blessures indiquait à l'évidence une attaque par requin, et en aucun cas par barracuda. La blessure du premier est circulaire et très caractéristique, alors que celle du second est rectiligne et ponctuée. N'importe quel expert un peu averti aurait fait le diagnostic, mais cette « erreur judiciaire » devait arranger les autorités locales pour des raisons touristiques évidentes. Le mot requin avait déjà, à cette époque, une résonance autrement impressionnante que le mot barracuda... Il est significatif, d'ailleurs, que l'on ne songe jamais à accuser cet animal en Australie, bien qu'il y soit aussi abondant.

En Floride, toujours, on allait jusqu'à affirmer, il n'y a pas si longtemps, que, s'il n'y avait pas de barracudas dans les parages, il n'y avait pas d'attaques de requin! Tout simplement parce que les squales n'attaquaient que les êtres humains déjà blessés par les barracudas! On croit rêver.

Soyons sérieux : même si le barracuda n'a pas une gueule très sympathique, avec deux rangées de dents pointues sur la mâchoire supérieure et une autre sur la mâchoire inférieure, il n'attaque jamais si on ne l'ennuie pas. J'en ai vu des centaines aux Caraïbes et dans le Pacifique, ils m'ignoraient de la même façon que je les ignorais. Tout au plus venaient-ils me voir à quelques mètres, lentement, de face, sans aucune manœuvre menaçante, par simple curiosité, que je serais tenté de qualifier de « bienveillante » si elle n'était pas anthropomorphique. Ces poissons majestueux se tiennent souvent par bandes de quatre ou cinq (j'en ai compté jusqu'à neuf), en « échelon refusé » dans le plan vertical, à quelques mètres sous la surface, souvent stationnaires, ne s'intéressant qu'aux poissons qu'ils sont capables d'avaler. Même pour les plus gros d'entre eux (environ 1,80 mètre), ni le diamètre et la forme de leur mâchoire ni la forme de leurs dents ne leur permettraient d'arracher des segments de membres et de couper des os comme le font les requins. Ses délateurs oublient sans doute que le plus gros barracuda capturé le fut en 1932 aux Bahamas : il pesait 50 kilos et mesurait à peine 1,80 mètre!

Les barracudas ne sont pas plus agressifs que les murènes, qui n'attaquent jamais les premières si on ne les dérange pas à l'intérieur de leur tanière. L'homme a trop tendance à oublier que s'il est un seul point commun entre le monde animal et lui-même, c'est l'instinct de conservation. Cet instinct génétiquement inscrit fera qu'un barracuda transpercé d'une flèche essaiera de mordre la main qui s'approche de lui, qu'une murène acculée happera le bras qui la menace, qu'un requin paisible démembrera l'inconscient qui tente de le chevaucher...

9

CATALOGUE DE TOUTES LES ESPÈCES DANGEREUSES ET DE QUELQUES AUTRES REQUINS

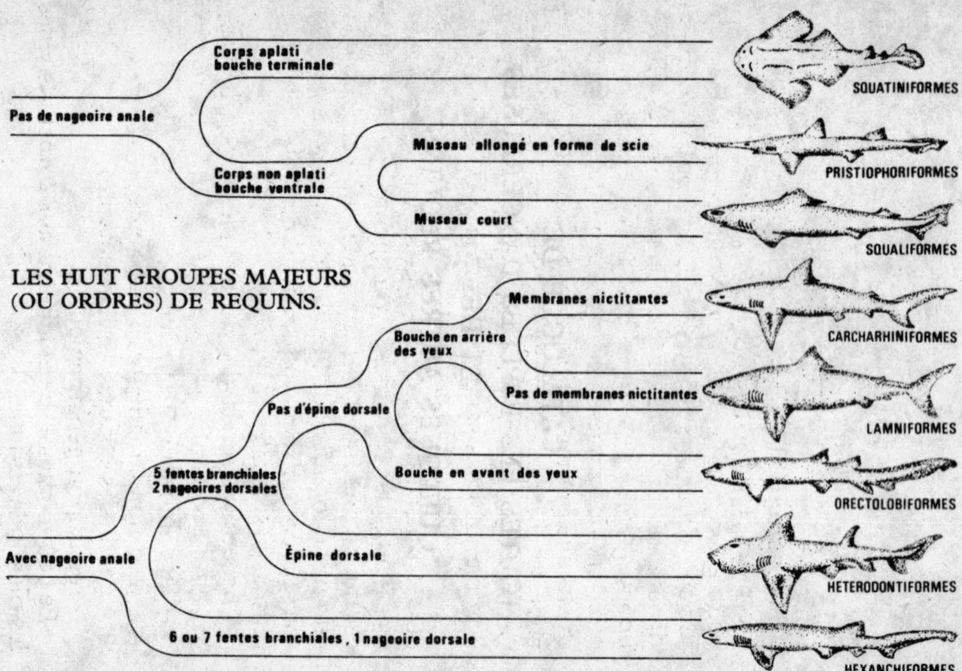

LES HUIT GROUPES MAJEURS
(OU ORDRES) DE REQUINS.

Les quelque 343 espèces de squales actuellement recensées se répartissent en 8 ordres et 31 familles. Il ne m'a pas semblé utile, dans le cadre de ce livre qui se veut avant tout pratique, de faire une description rigoureuse du mode de classification, ou de dresser un inventaire exhaustif du monde des squalidés. Pour ceux qui désireraient se procurer un tel catalogue, il existe une véritable bible dans le domaine, élaborée pour le compte de la FAO (Food and Agricultural Organisation) par le Pr Compagno, meilleur spécialiste mondial des squalidés (voir la *Bibliographie*).

Le catalogue qui suit est, en revanche, exhaustif des 31 espèces attaquant, ayant attaqué ou susceptibles d'attaquer l'homme. J'y ai ajouté quelques espèces qui ne présentent pas de risque, soit parce qu'elles offrent un intérêt pour l'étude des requins en général, soit parce qu'elles montrent l'immense polymorphisme des squales.

Chaque espèce est décrite par plusieurs schémas :
- profil général;
- face inférieure de la tête;
- dentition supérieure et inférieure;
- denticules cutanés (si particularité);
- répartition géographique.

Le commentaire se cantonnera aux caractéristiques les plus intéressantes.

Le nom en capitales est l'appellation française, suivi du nom scientifique en italique, lui-même suivi de la traduction anglo-saxonne, qui est souvent utilisée dans le texte de ce livre.

Il existe 8 grands groupes ou ordres, identifiables par des caractéristiques morphologiques simples, accessibles à n'importe quel observateur, comme en témoigne le tableau précédent. Si, un jour, vous êtes en présence d'un grand squale qui ne présente pas de nageoire anale, mais dont le corps n'est pas aplati et dont le museau est court, vous en déduirez sans erreur possible qu'il s'agit d'un requin de l'ordre des squaliformes. Cet ordre comprend trois familles et 71 espèces qu'il est sans intérêt de connaître pour un non-spécialiste, mais si vous vous trouvez au nord du 45ᵉ parallèle, vous pourrez évoquer le requin du Groenland, le seul des trois familles qui soit potentiellement dangereux !

La totalité des requins vraiment dangereux se recrute au sein de deux ordres seulement : les carcharhiniformes et les lamniformes.

Les autres ordres incluent des espèces potentiellement dangereuses en moins grand nombre :

– une espèce pour l'ordre des squaliformes (le requin du Groenland);

– deux espèces pour l'ordre des orectolobiformes (requin tacheté et requin nourrice);

– une espèce pour l'ordre des hexanchiformes (requin plat nez).

Les trois ordres restants ne comportent aucune espèce dangereuse (squatiniformes, pristiophoriformes, hétérodontiformes). Les requins très dangereux sont au nombre de quatre :

– le grand requin blanc;

– le requin tigre;

– le requin bouledogue (*bull shark*);

– le requin océanique (*oceanic white tip*).

Le premier est un lamniforme et les trois autres des carcharhiniformes.

Tous les requins ayant attaqué, blessé ou tué l'homme sont signalés par une, deux ou trois têtes de mort en fonction du danger qu'ils représentent. Je n'ai pas considéré comme dangereux des squales qui ont pu tuer accidentellement parce qu'ils étaient maladroitement ou imprudemment manipulés en dehors de leur milieu naturel. Ainsi, le requin renard n'est pas dangereux, même s'il a pu décapiter un jour un malheureux marin sur le pont d'un navire. Pas plus que le requin baleine qui a pu écraser un autre marin alors que son cadavre roulait sur le pont d'un baleinier. Je n'évoquerai que pour mémoire, et parce qu'il figure dans tous les livres sur les requins, le cas du pêcheur écossais qui, en 1960, s'est fait mordre au bras par un innocent requin qu'il venait de ramener brutalement sur le pont de son bateau. Cet incident, comme il s'en passe des dizaines chaque jour avec des dizaines de poissons différents, figure pourtant dans les annales comme l'attaque de requin la plus septentrionale jamais recensée ! Même si l'on parle d'attaque provoquée (doux euphémisme !), il ne s'agit pas d'agressivité mais du plus élémentaire instinct de conservation...

Sur le plan taxinomique, un même requin peut être appelé de façons différentes, voire contradictoires, selon les régions du globe, et le nom officiel scientifique international est celui qui figure en italique dans ce catalogue derrière la terminologie française.

Plusieurs requins peuvent être désignés, dans le langage populaire et dans certains pays, par un nom identique : ainsi en Australie, on désigne souvent par *whaler shark* ou requin baleinier tous les carcharhiniformes, c'est-à-dire la plupart des squales susceptibles d'attaquer l'homme au même titre que les baleines.

Tous les [illegible] attaque [illegible] sont signalés par une, deux ou trois lettres [illegible] en fonction du danger et [illegible]. Je [illegible] considère comme dangereux [illegible] qui ont pu [illegible] accidentellement parce qu'il [illegible] imprudemment [illegible] leur milieu naturel. Ainsi, le requin [illegible] pas dangereux, même s'il a [illegible] sur le bord d'un [illegible]. [illegible] requin [illegible] dangereux [illegible] général que [illegible] et parce qu'il [illegible] dans toutes les [illegible] le requin [illegible] du [illegible] que [illegible] qu'il [illegible] le point de [illegible] bureau. On [illegible] chaque jour [illegible] différents, [illegible] la [illegible] [illegible] de [illegible]

[illegible] de [illegible] dans [illegible] de [illegible]

CATALOGUE

ANGE DE MER COMMUN

SQUATINA SQUATINA — ANGEL SHARK

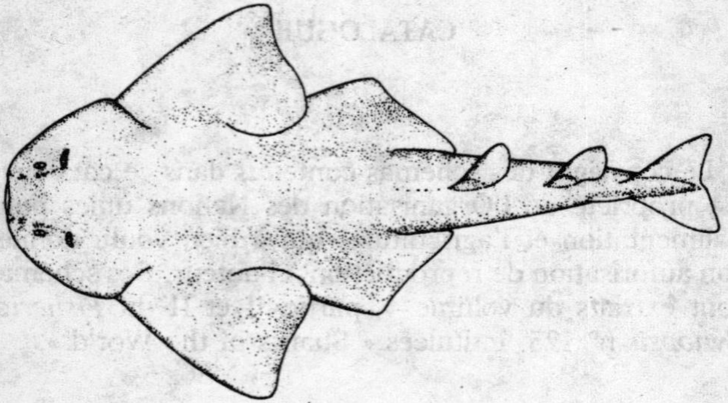

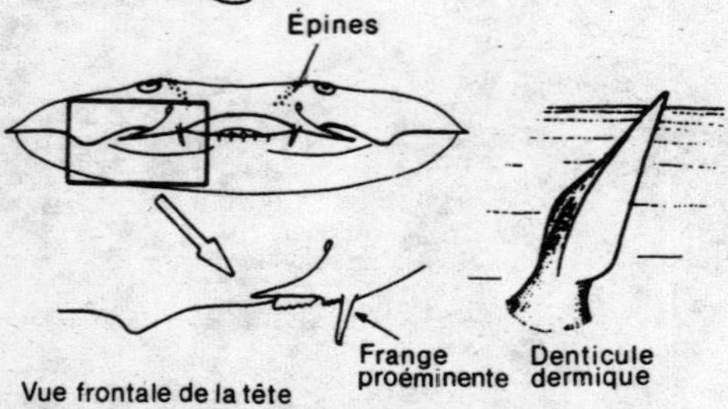

Vue frontale de la tête
montrant les volets nasaux antérieurs

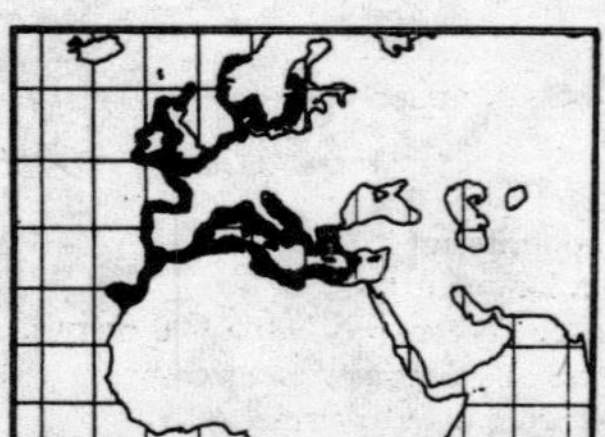

Ordre : squatiniformes.

Petites épines de la tête à la queue.

Habitat : squale du fond des mers tempérées d'Europe, de la côte jusqu'à 150 mètres de fond. Préfère les fonds boueux ou sableux dont il ne laisse dépasser que les yeux. Activité nocturne. Dort sur le fond dans la journée. Pousse vers le nord en été.

Ovovivipare.

Alimentation : poissons osseux, raies et autres poissons plats, crustacés et mollusques.

Taille maximum : 1,83 mètre à 2,44 mètres.

REQUIN SCIE D'AMÉRIQUE

PRISTIOPHORUS SCHROEDERI — BAHAMAS SAWSHARK

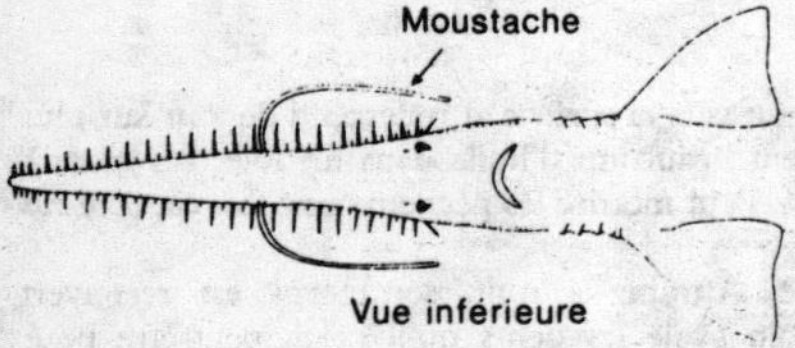

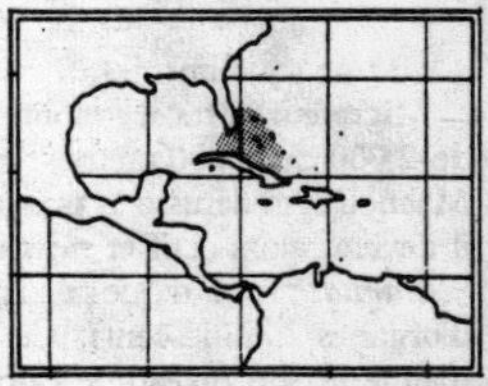

Ordre : pristiophoriformes.
Scie : 1/3 de la longueur totale.
Habitat : fond de l'océan vers 600 à 900 mètres.
Taille maximum : 80 centimètres au moins.
Autre exemple de polymorphisme.
Le requin scie du lac Nicaragua est un cousin proche de celui-ci.

SQUALELET FÉROCE

ISISTIUS BRASILIENSIS — COOKIECUTTER SHARK

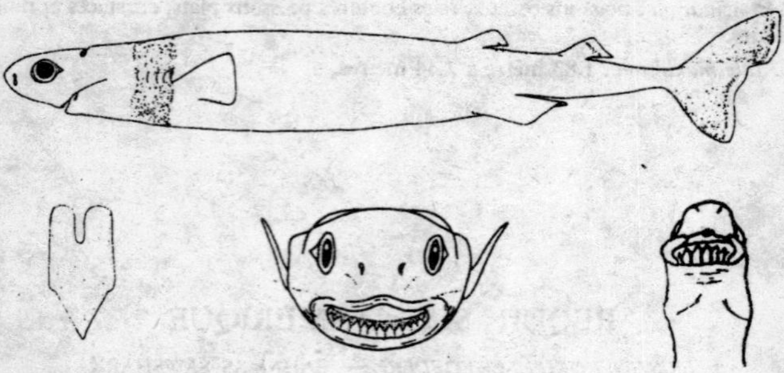

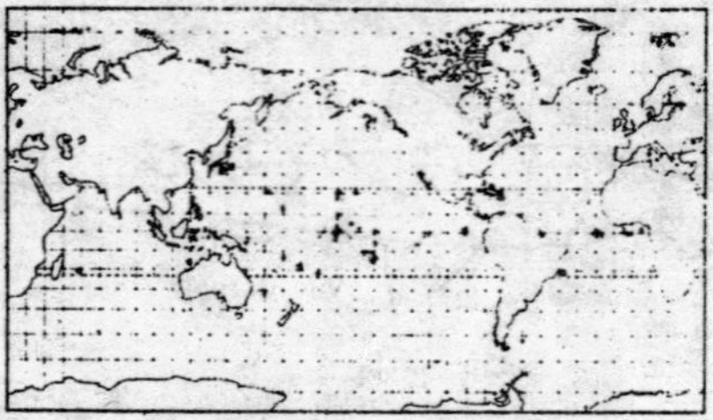

Ordre : squaliformes.

Migrateur vertical : monte la nuit vers la surface et redescend de jour sur plus de 2 000 ou 3 000 mètres (contient beaucoup d'huile dans un foie très grand). Mâchoires et dents très puissantes. Peut mordre les pêcheurs une fois capturé car il devient alors actif et rapide.

Habitat : océanique pélagique. Attrapé la nuit, son corps est recouvert d'organes luminescents. Ce requin avale les dents qu'il perd, peut-être pour maintenir son niveau de calcium.

Taille maximum : 50 centimètres.

C'est ce petit requin qui laisse l'empreinte de ses dents à l'emporte-pièce dans la peau des gros mammifères marins, et aussi les revêtements plastifiés ou caoutchoutés des sous-marins...

LAIMARGUE DU GROENLAND

SOMNIOSUS MICROCEPHALUS — GREENLAND SHARK

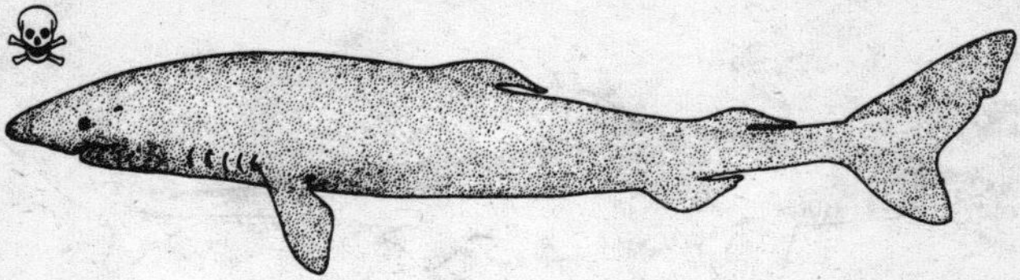

Dents

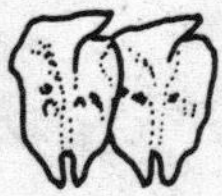

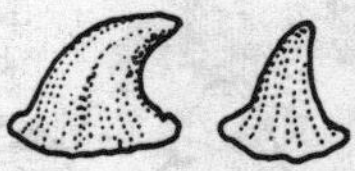

Denticules

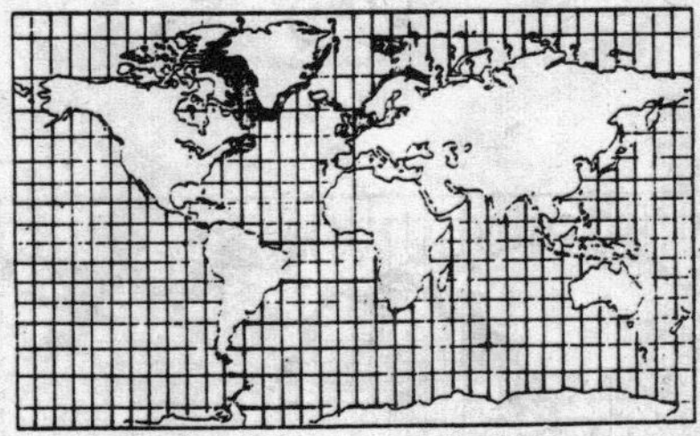

Ordre : squaliformes.

Lourd corps cylindrique. Dents 52/48.

Habitat : plus gros poisson de l'Atlantique arctique et de l'Antarctique, vit de plus en plus en profondeur à mesure que la température monte. Sa température idéale pour vivre est de 6 °C à 12 °C.

Paresse proverbiale ; n'oppose pratiquement pas de résistance à la capture. Facilement pêché dans l'Arctique, à travers des trous dans la glace.

Alimentation : poissons mais aussi des mammifères marins (phoques en particulier) et toutes sortes de charognes. Semble insensible aux coups de feu et aux instruments coupants quand il se gorge de nourriture. Des morceaux de chevaux et un renne tout entier ont été retrouvés dans de grands requins du Groenland.

Des copépodes luminescents parasitent chaque œil du requin et serviraient de leurres pour des proies potentielles.

Ce requin aurait renversé et mangé des Esquimaux dans leurs kayaks, mais aucun témoignage sérieux ne l'a jamais confirmé.

Taille maximum : 7,30 mètres.

Les esquimaux utilisent sa peau pour faire des bottes et ses dents pour faire des couteaux pour couper les cheveux. La chair fraîche est toxique sauf si elle est lavée soigneusement, et consommable séchée ou semi-putréfiée.

AIGUILLAT COMMUN

SQUALUS ACANTHIAS — PIKED DOGFISH

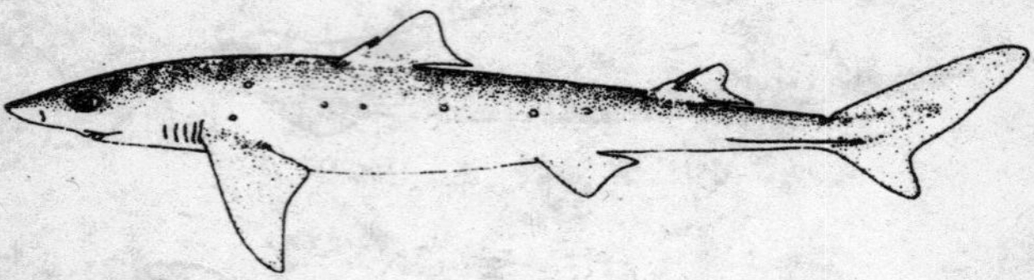

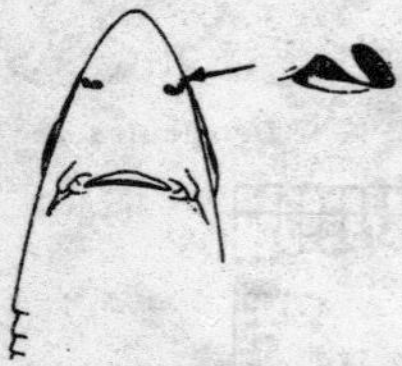

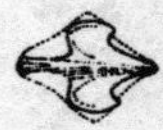

Denticule

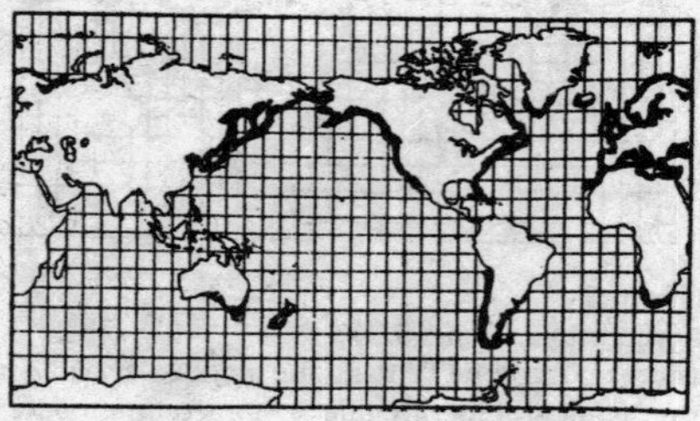

Ordre : squaliformes (*dogfish* : poisson chien).

Gris au-dessus avec points blancs, et blanc au-dessous. Très répandu.

Habitat : Températures boréales à chaudes. De la surface à plus de 900 mètres. Vit le plus souvent près du fond.

Sans doute le requin vivant le plus répandu dans le monde, et supportant des pêches industrielles. Lent et inactif, il peut se réunir en énormes groupes. Des lignes de 700 à 1 500 hameçons ont été remontées en Atlantique du Nord-Ouest avec un *dogfish* à chaque hameçon ou presque. Il ne supporte pas l'eau non salée et s'éloigne des côtes quand il pleut trop. Sa température idéale est de 7 °C à 15 °C, expliquant des migrations en profondeur ou vers le nord selon les saisons (on a repris un tel requin bagué sept ans plus tôt à 6 500 kilomètres de là).

Ovovivipare. Gestation de 18 à 24 mois. 1 à 20 petits selon la taille de la mère. Maturation : 14 ans pour le mâle, 23 pour la femelle avec un âge maximum moyen de 30 ans et quelques estimations à 100 ans !

Alimentation : prédateur vorace, il mange toutes sortes de poissons et invertébrés. Pas dangereux mais, pour les pêcheurs, ses dents pointues et ses dards peuvent provoquer de sérieuses blessures et allergies. Il est la proie de nombreux grands requins, phoques et poissons osseux.

Taille maximum : pas plus de 1,60 mètre.

35 000 tonnes furent capturées en 1978 en Europe.

HUMANTIN

OXYNOTUS PARADOXUS — SAILFIN ROUGHSHARK

Ordre : squaliformes.

Gris foncé ou marron foncé uniforme. Nageoires dorsales en forme de voiles avec dards.

Se trouve sur les côtes atlantiques d'Europe (France notamment), ovovivipare.

Taille maximum : 1,18 mètre.

Bon exemple du polymorphisme des requins.

REQUIN POINTES BLANCHES

CARCHARHINUS ALBIMARGINATUS — SILVER TIP SHARK

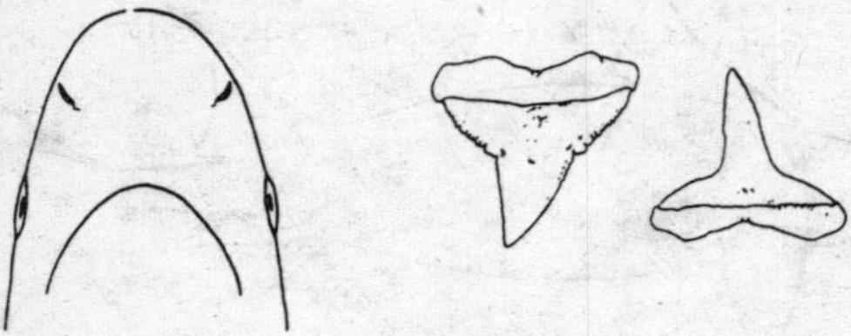

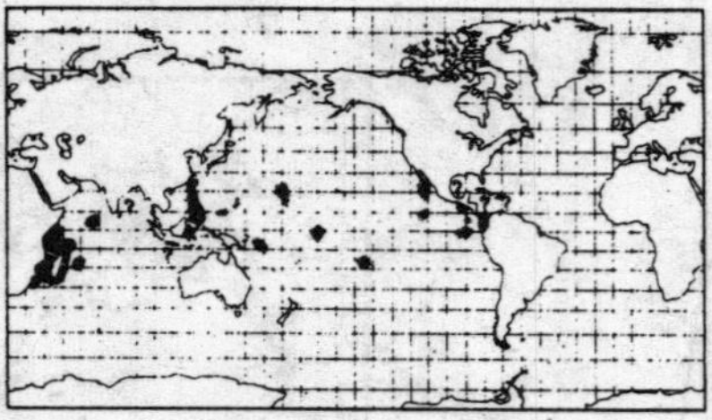

Ordre : carcharhiniformes.

Gris foncé au-dessus, blanc bronzé au-dessous. Toutes les extrémités des nageoires sont blanches ainsi que les marges postérieures. Légère bande blanche sur le côté.

Habitat : pélagique, avec attirance pour les bancs, les récifs ou les îles de plein océan. Vit surtout entre la surface et 600 à 800 mètres de profondeur. Suit souvent les bateaux en haute mer. Les jeunes se développent dans des eaux peu profondes près des côtes.

Vivipare. Les petits (1 à 11 par portée) naissent en été après 1 an de gestation.

Alimentation : poissons de pleine eau et de fond (poisson volant, thon, bonite, sole, poulpe, raie). A taille égale, plus agressif que *c. galapagensis* et *c. limbatus* pour s'emparer d'un appât. Se battent entre adultes et portent souvent des cicatrices de combat. Peu d'attaques vérifiées, mais peut blesser mortellement un plongeur, surtout en présence d'un stimulus alimentaire. En 1970, un tel requin a arraché la jambe d'un mannequin déguisé en plongeur. On doit s'en méfier autour des îles océaniques.

Taille maximum : 3 mètres. Mâles adultes vers 1,60 mètre, femelles vers 1,70 mètre, nouveau-nés : 65 centimètres.

ÉMISSOLE TACHETÉE

MUSTELUS ASTERIAS — STARRY SMOOTH HOUND

Vue inférieure de la tête

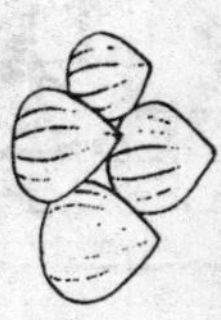

Denticules

Ordre : carcharhiniformes.

Tacheté de blanc.

Ovovivipare. 12 mois de gestation. 7 à 15 jeunes par portée.

Maturation rapide en 2 à 3 ans.

Alimentation : crustacés et bernard-l'hermite (avec les coquilles).

Taille maximum : 1,40 mètre.

Chair consommée fraîche et salée justifiant sa vente. Requin ne présentant aucun danger.

REQUIN GRACILE

CARCHARHINUS AMBLYRHYNCHOIDES — GRACEFUL SHARK

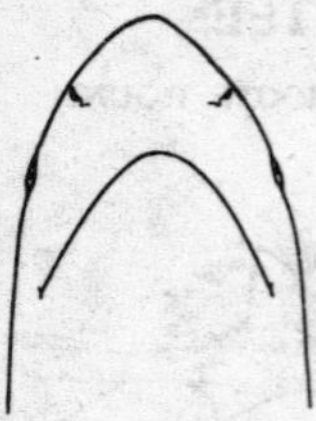

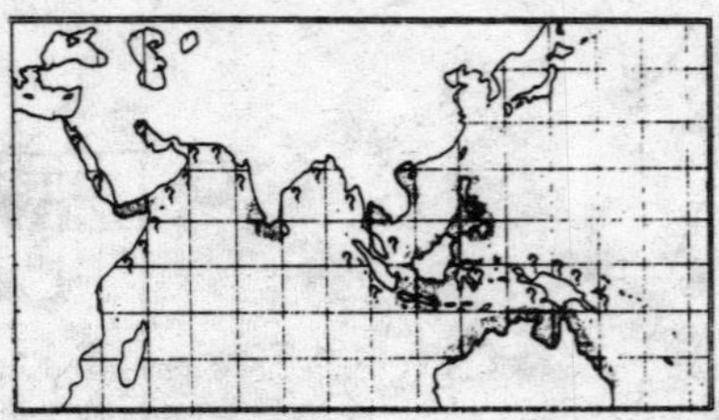

Ordre : carcharhiniformes.

Requin gris et pansu. Extrémités des nageoires généralement noires. Bande légèrement blanche sur les flancs. 15 rangs de dents.

Habitat : pélagique et côtier.

Vivipare.

Alimentation : surtout des poissons comme ses conspécifiques.

Taille maximum : 1,67 mètre (adulte femelle), taille du nouveau-né : 52 à 55 centimètres.

Pas d'attaque répertoriée à ce jour, mais potentiellement dangereux en raison de sa taille, ses dents, son habitat et ses habitudes alimentaires.

Requin encore mal connu.

REQUIN DAGSIT

CARCHARHINUS AMBLYRHYNCHOS — GREY/GRAY REEF SHARK

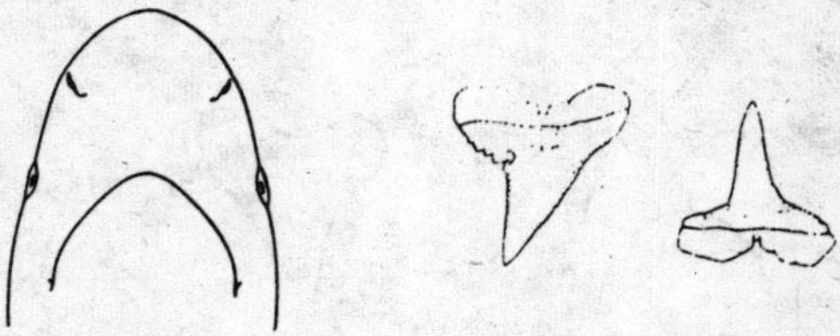

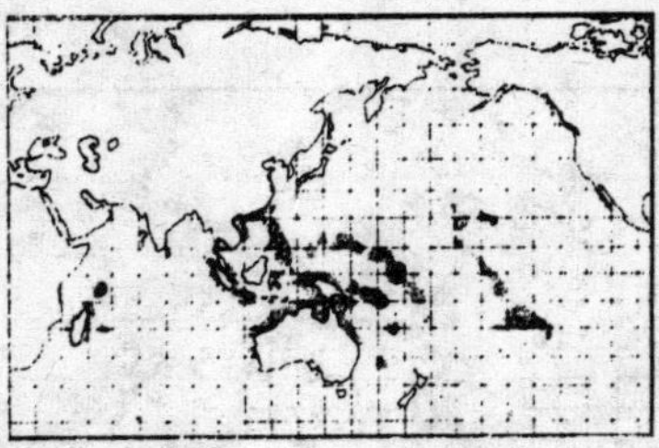

Ordre : carcharhiniformes.

Requin gris avec gros œil circulaire et bande noire à l'extrémité de la nageoire caudale. Blanc au-dessous. Dents 14/13 sur chaque demi-mâchoire.

Habitat : pélagique et côtier. Fréquent dans les atolls et sur les récifs de corail (*tiburon de arrecifes* en espagnol), dans les lagons surtout à proximité de forts courants. Vit entre la surface et 100 mètres de profondeur.

Le plus commun des requins de récifs avec le *black tip* et le *white tip reef shark* dans le Pacifique. Requin actif, nageur puissant, encore plus actif la nuit.

Vivipare. Age adulte à 7 ans. Age maximum au moins 25 ans.

Alimentation : poissons de récifs ne dépassant pas 30 centimètres mais aussi crabes, langoustes, poulpes, crevettes lorsqu'ils quittent le fond. Curieux, il vient examiner les plongeurs, et il est le seul à pratiquer la « nage d'intimidation ». Il attaque les plongeurs en présence de poisson blessé, ne faisant pas toujours la différence entre les deux. Au moins un cas mortel rapporté.

Taille maximum : 2,55 mètres, adulte à 1,35 mètre, nouveau-né : 45 à 60 centimètres.

(Voir dans le texte les expériences en sous-marin mono ou biplace.)

REQUIN BALESTRINE

CARCHARHINUS AMBOINENSIS — PIGEYE SHARK

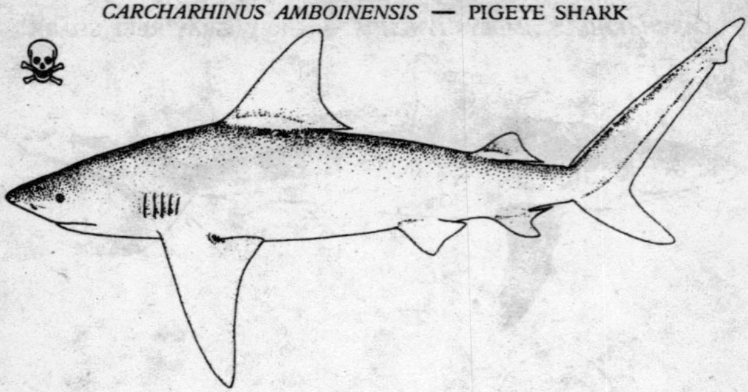

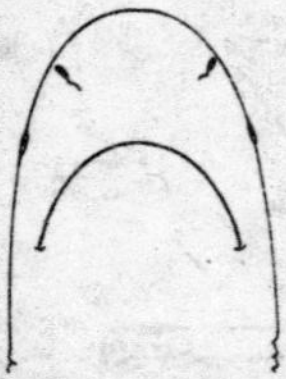

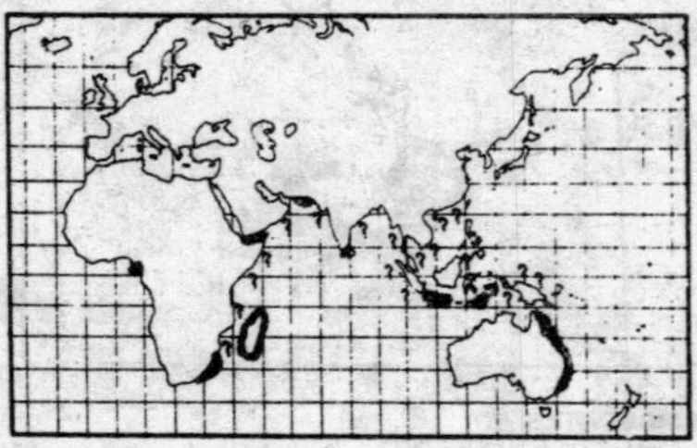

Ordre : carcharhiniformes.

Gris, petits yeux, clair en dessous. Dents 12/11.

Habitat : espèce côtière de 0 à 60 mètres de profondeur vivant le long des plages et dans la barre. Autour de Madagascar, il est plus abondant que *c. leucas* et, inversement, *c. leucas* est beaucoup plus abondant près des côtes du Mozambique : on pense qu'il pourrait y avoir une exclusion compétitive entre les deux espèces.

Vivipare.

Alimentation : surtout poissons de fond, crustacés et mollusques.

Taille maximum : 2,80 mètres, adulte vers 1,95 mètre pour les mâles, 2,10 mètres pour les femelles, nouveau-nés : 71/72 centimètres. Pêché par des lignes longues dans l'ouest de l'océan Indien pour la consommation humaine de la chair fraîche. Pas d'attaque répertoriée, mais doit être considéré, d'après le Pr Compagno, comme potentiellement dangereux (taille, larges mâchoires, dents).

REQUIN CUIVRÉ

CARCHARHINUS BRACHYURUS — COPPER SHARK

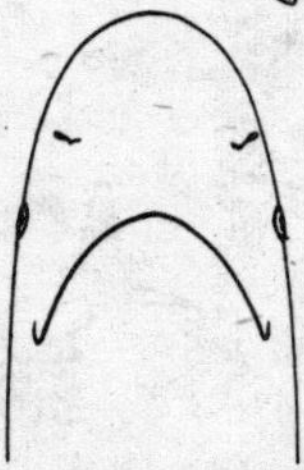

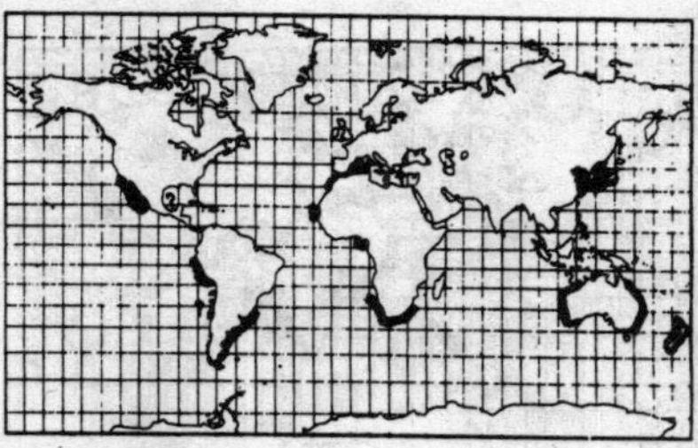

Ordre : carcharhiniformes.

Couleur bronze à gris olive au-dessus, blanc au-dessous. Dents 15 à 16/15.

Habitat : de la ligne de surf à 100 mètres de fond. Côtier. Espèce active migrant vers le nord en été et vers le sud en hiver.

Vivipare. 13 à 20 par portée. Maturité sexuelle à 5 ans. Age maximum : au moins 12 ans.

Alimentation : poissons osseux dont sardine, mulet, grondin, merluche, sole, raie torpille, poisson-scie, calmar, poisson couteau. Au large de l'Afrique du Sud, un grand nombre de ces requins suivent les bancs de sardines le long de la côte du Natal (voir photos).

Dangereux, avec plusieurs attaques provoquées et non provoquées sur des nageurs et des plongeurs. Moins sans doute que le tigre ou le *bull shark*, en raison de ses habitudes alimentaires.

Taille maximum : 2,92 mètres. Maturité : 2 à 2,29 mètres pour les mâles, jusqu'à 2,40 mètres pour les femelles, 59 à 67 centimètres pour les nouveau-nés.

REQUIN TISSERAND

CARCHARHINUS BREVIPINNA — SPINNER SHARK

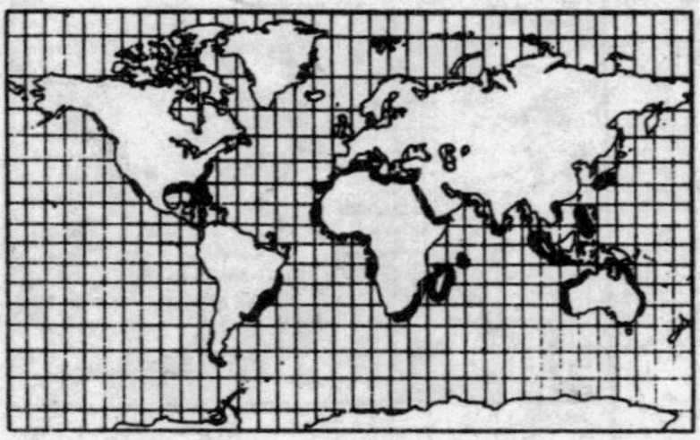

Ordre : carcharhiniformes.

Gris clair avec une fine ligne blanche latérale, discrète. Pointe des nageoires noires surtout chez les jeunes. Petits yeux. Dents 16/15.

Habitat : côtier et pélagique.

Vivipare. 3 à 15 par portée. Plus les femelles sont grandes, plus elles portent d'embryons. Gestation de 12 à 15 mois. La côte du Natal sert de lieu de reproduction : les femelles y vivent toute l'année tandis que les mâles ne viennent qu'en été, les jeunes préférant des températures plus basses, migrent vers le sud, vers le Cap.

Alimentation : mangeant comme ses conspécifiques, il a un mode de chasse particulier : rentrant dans les bancs de petits poissons osseux, il nage très vite au milieu d'eux, bouche grande ouverte, ondulant autour de son grand axe et happant dans toutes les directions ; il termine son raid alimentaire en sautant hors de l'eau sur son élan.

A attaqué au moins une fois un nageur, mais n'est pas très dangereux. Ses dents petites et étroites ne sont pas adaptées pour de grosses proies.

Taille maximum : 2,78 mètres. Maturité : 1,59 à 2,03 mètres pour le mâle, 1,70 à 2 mètres pour la femelle, de 60 à 75 centimètres pour les nouveau-nés.

Utilisé pour sa chair fraîche et salée, pour sa peau et ses nageoires, pour l'huile de son foie (vitamines).

REQUIN SOYEUX

CARCHARHINUS FALCIFORMIS — SILKY SHARK

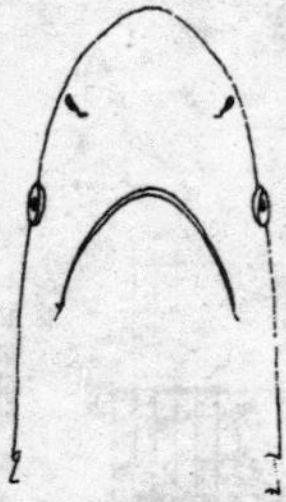

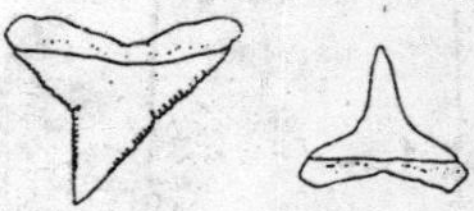

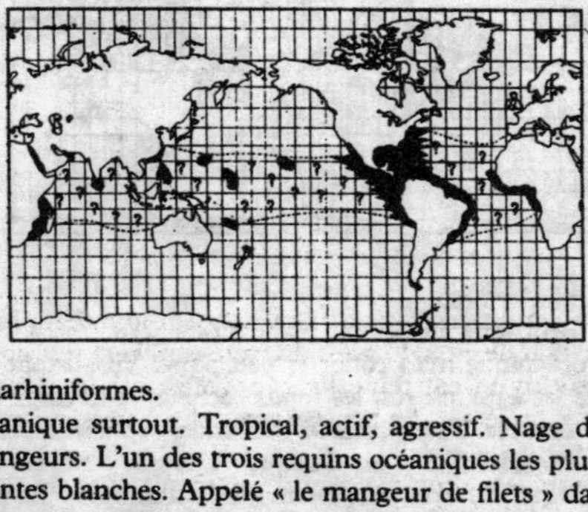

Ordre : carcharhiniformes.

Habitat : océanique surtout. Tropical, actif, agressif. Nage d'intimidation en présence de plongeurs. L'un des trois requins océaniques les plus communs avec le bleu et le pointes blanches. Appelé « le mangeur de filets » dans l'est du Pacifique car il accompagne souvent les bancs de thons. Potentiellement dangereux.

Taille maximum : 3,30 mètres.

A attaqué des survivants de catastrophes aériennes (comme le requin océanique).

REQUIN DES GALAPAGOS

CARCHARHINUS GALAPAGENSIS — GALAPAGOS SHARK

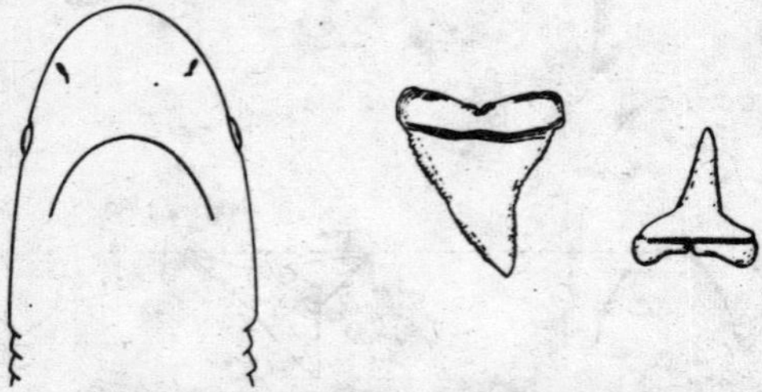

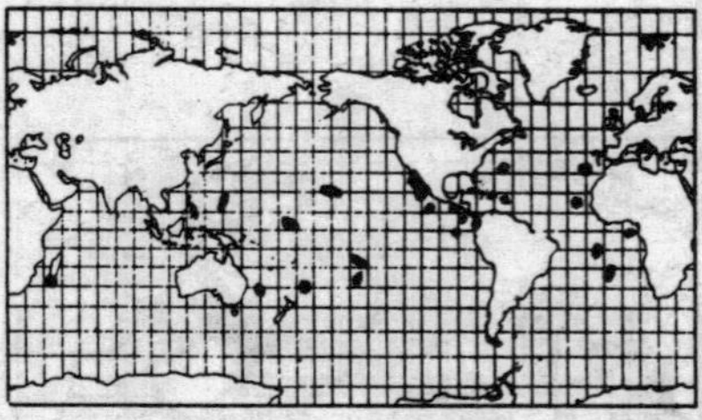

Ordre : carcharhiniformes.

Dents : 14/14. Brun-gris au-dessus, blanc au-dessous.

Habitat : non océanique mais côtier et pélagique. Vit surtout autour des îles tropicales. Préfère les eaux claires, les fonds rocheux et le corail accidenté.

Ce requin est capable d'une nage d'exhibition rappelant celle du *grey reef shark*, annonçant la possibilité d'une attaque. Agressif, a tué un nageur aux îles Vierges et en a attaqué d'autres, aux Bermudes notamment. La plongée en présence de plusieurs de ces requins en même temps qu'un stimulus alimentaire rend l'attaque très probable ainsi qu'une frénésie alimentaire.

Taille maximum : 3,70 mètres.

Maturité : 1,70 à 2,35 mètres pour les mâles, 2,35 mètres pour les femelles.

REQUIN BORDÉ

CARCHARHINUS LIMBATUS — BLACK TIP SHARK

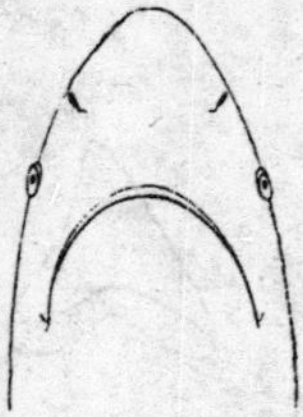

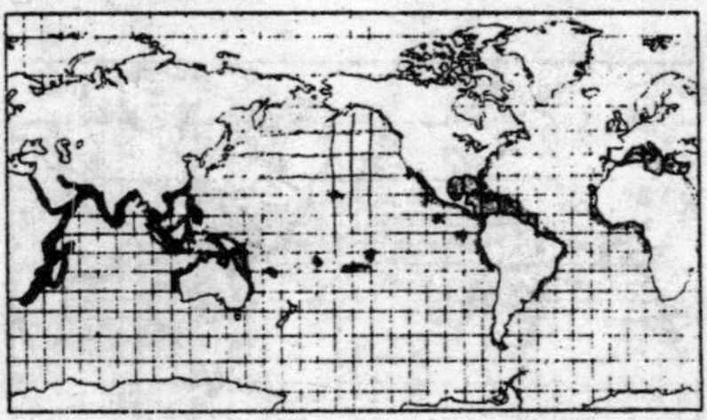

Ordre : carcharhiniformes.

Requin gris avec extrémités noires des nageoires chez l'adulte comme chez le jeune. Légère bande blanche latérale.

Habitat : pas vraiment océanique, souvent près des côtes, des estuaires, dans les mangroves hypersalées, les lagons. Ne remonte pas les fleuves.

Requin très rapide, actif, se réunissant souvent en groupe en surface. Saute hors de l'eau et peut tourner sur lui-même jusqu'à trois fois avant de replonger (de la même façon que *c. brevipinna* lorsqu'il se nourrit sur les bancs de petits poissons).

Alimentation : poissons, crustacés, céphalopodes, petits requins. Sujet à des frénésies alimentaires lorsqu'il est en groupe autour d'une proie précise. Attaque les chasseurs sous-marins portant leurs prises. Moins agressif cependant que le galapagos ou le *silver tips*. Sa rapidité en fait un agresseur difficile.

Taille maximum : 2,55 mètres. Maturité : 1,35 à 1,80 mètre pour les mâles, 1,20 à 1,90 mètre pour les femelles.

REQUIN BOULEDOGUE

CARCHARHINUS LEUCAS — BULL SHARK / ZAMBESI SHARK

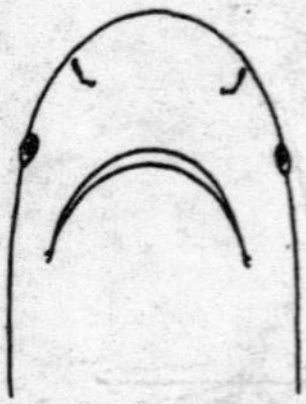

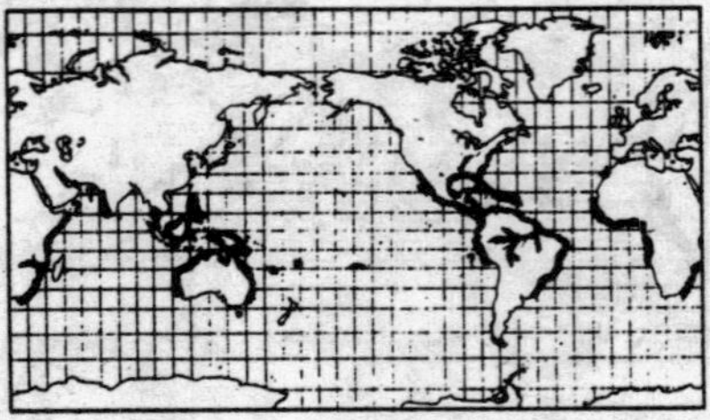

Ordre : carcharhiniformes.

Dents : 13/12. Gris avec l'extrémité des nageoires un peu plus foncée.

Habitat : côtes continentales de toutes les mers tropicales et subtropicales ; le seul requin à remonter très loin dans les fleuves et les lacs : Amazone, Mississippi, rivière de Gambie, Zambèze, Limpopo, Tigre, Chatt-al-Arab, Gange, lac Nicaragua, lac Yzabel (Guatemala), canal de Panama, lac Jamoer (Nouvelle-Guinée), lac Macquarie (Australie)... Se trouve souvent dans les zones boueuses mais aussi dans les eaux hyposalines ou hypersalines. Ne se trouve dans aucun lac sans communication avec lá mer (pour des raisons de reproduction). Remonte l'Amazone jusqu'au Pérou (3 700 km !). Tolère l'hypersalinité du lac Ste-Lucie (53 ‰ au lieu de 35 ‰) en Afrique du Sud.

A pu être conservé en captivité 15 ans.

Alimentation : très variée comme celle du *tiger shark*, de la tortue aux autres squales en passant par tous les poissons de mer et d'eau douce. Mange même les jeunes *bull sharks*, des oiseaux, dauphins, antilopes, rats, chiens, paresseux. Seule différence alimentaire avec le tigre : il est moins friand d'ordures. C'est peut-être le plus dangereux des requins avant même le grand blanc et le tigre.

Taille maximum : 3,40 mètres. Femelles plus grandes que les mâles. Nouveau-nés : de 56 à 81 centimètres.

Pêché pour sa chair, son cuir, son foie. Ce requin a souvent été confondu avec le *java shark* et surtout le requin du Gange. Les nombreuses victimes prêtées à ce dernier pourraient être imputables en partie au redoutable *bull shark*.

REQUIN DE RÉCIF

CARCHARHINUS PEREZI — CARIBBEAN REEF SHARK

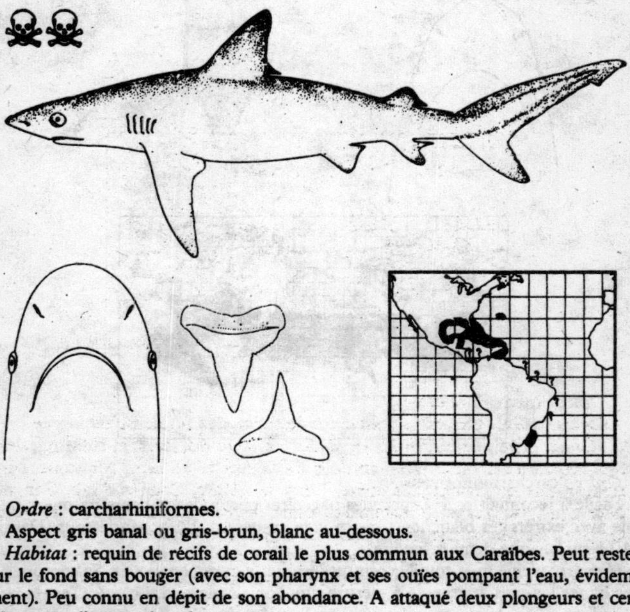

Ordre : carcharhiniformes.

Aspect gris banal ou gris-brun, blanc au-dessous.

Habitat : requin de récifs de corail le plus commun aux Caraïbes. Peut rester sur le fond sans bouger (avec son pharynx et ses ouïes pompant l'eau, évidemment). Peu connu en dépit de son abondance. A attaqué deux plongeurs et certainement d'autres dans le passé.

Taille maximum : 2,95 mètres.

REQUIN OCÉANIQUE

CARCHARHINUS LONGIMANUS — OCEANIC WHITE TIP SHARK

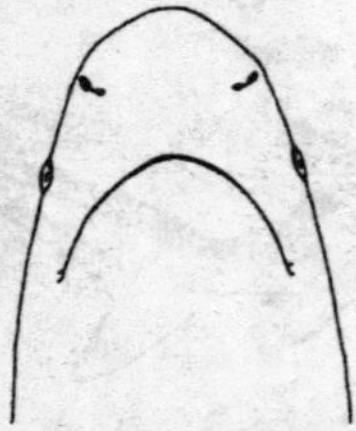

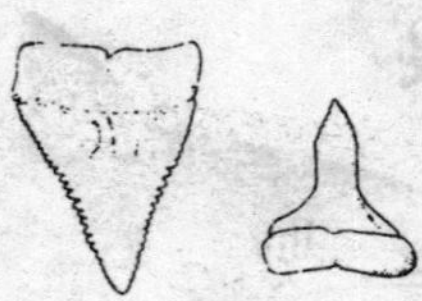

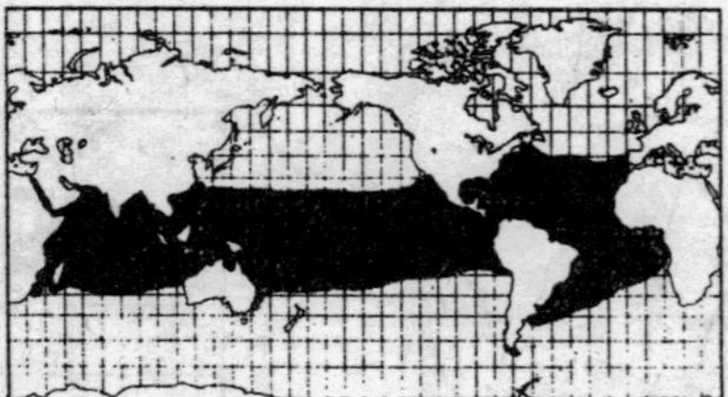

Ordre : carcharhiniformes.

Facile à reconnaître. Très grandes nageoires pectorales et haute première dorsale avec extrémités blanches. Gris bronze au-dessus. Blanc au-dessous. Dents : 14/14 sur chaque demi-mâchoire.

Habitat : pleine mer, toute la ceinture tropicale, rarement côtier. Sa capture sur des lignes longues augmente à mesure que l'on s'éloigne des côtes. C'est le plus abondant des requins océaniques avec le *silky shark* (*c. falciformis*) et le *blue shark*. Il ne vit pas en groupe mais en solitaire.

Alimentation : poissons océaniques classiques, barracuda, marlin, tortue, cadavres de baleines. A été vu nageant gueule grande ouverte en surface au milieu d'un banc de sardines chassées par des thons et ne refermant sa gueule que lorsqu'un thon s'y précipitait.

Véritable peste pour les bateaux de pêche qu'il suit avec persistance, arrachant les filets et dévorant les prises (notamment les baleines accrochées aux flancs des navires). Attaque nageurs et bateaux. Tourne toujours autour des plongeurs. Fut responsable de l'hécatombe parmi les survivants du *Nova Scotia* coulé au large du Natal. Très agressif. Seule chance pour les victimes : sa lenteur d'approche.

Taille maximum : 3,95 mètres.

REQUIN A QUEUE NOIRE

CARCHARHINUS WHEELERI — BLACKTAIL REEF SHARK

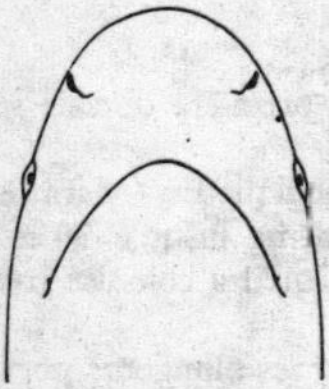

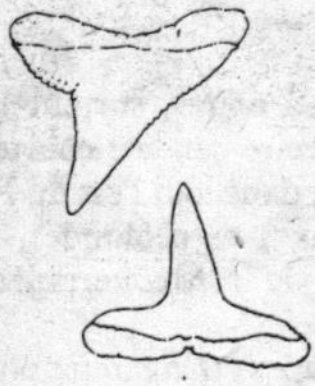

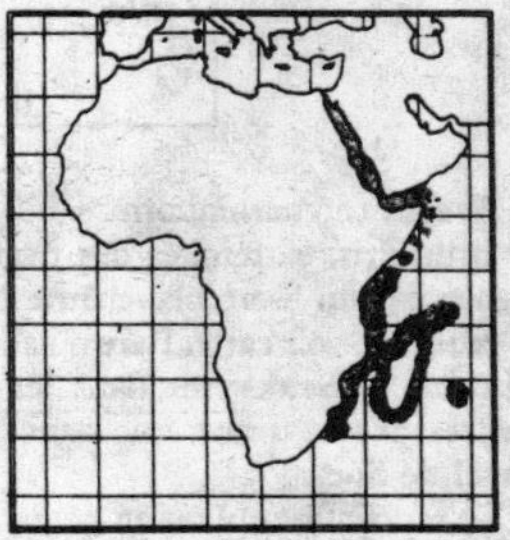

Ordre : carcharhiniformes.

Gris et blanc, bord de fuite de la nageoire caudale noir.

Habitat : commun sur les côtes est de l'Afrique.

Pas d'attaque connue, mais agressif pendant les pêches sous-marines au harpon ou au fusil. Potentiellement dangereux.

Taille maximum : 1,93 mètre.

REQUIN POINTES NOIRES

CARCHARHINUS MELANOPTERUS — BLACK TIP REEF SHARK

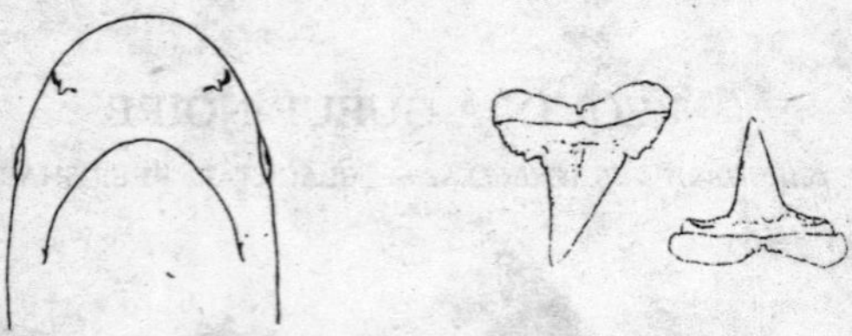

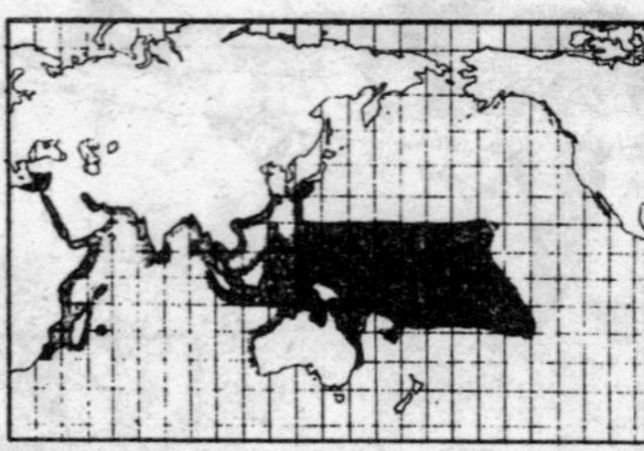

Ordre : carcharhiniformes.

Brun-gris, extrémités des nageoires noires, surtout la première dorsale soulignée par un liseré blanchâtre. Nageoire caudale courte.

Habitat : voir carte. Rare ou absent dans tout l'est du Pacifique Est (Marquises, Pitcairn...). Seulement dans les eaux peu profondes, même jusqu'à 30 centimètres. Ne se trouve que dans l'est de la Méditerranée, qu'il a colonisé par le canal de Suez.

Se rencontre seul ou en petits groupes ; dangereux pour les plongeurs portant des poissons, mais peut être repoussé assez facilement (moins dangereux que le *grey reef shark*). C'est le requin le plus rencontré par les nageurs dans l'Indo-Pacifique tropical. Nombreuses attaques non fatales, sur des jambes apparemment confondues avec des proies habituelles. C'est pour cette raison que les insulaires des îles Marshall nagent entre les îles plutôt que de marcher. Plonger dans l'eau peut suffire à effrayer ce requin.

Taille maximum : pas plus de 2 mètres (les gros mérous mangent du *black tip*).

REQUIN SOMBRE

CARCHARHINUS OBSCURUS — DUSKY SHARK/WHALER SHARK

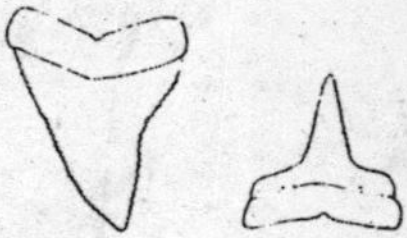

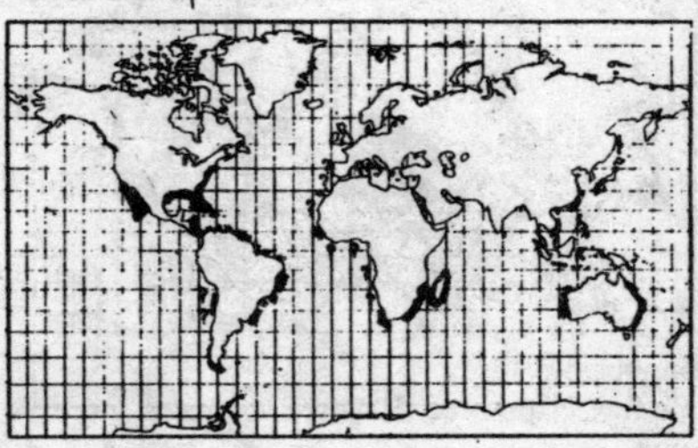

Ordre : carcharhiniformes.

Requin tout gris avec nageoires plus foncées mais pas de blanc ni de noir.

Habitat : côtier et pélagique. Depuis la barre jusqu'à des fonds de 400 mètres. Suit souvent les bateaux. Migrateur vers le nord en été et le sud en hiver.

Alimentation : animaux de récifs, de fond et de pleine mer, mais exceptionnellement des détritus ou des cadavres (à la différence du tigre et du *bull shark*).

Parfois confondu avec le *galapagos shark*, peu d'attaques à lui imputer, mais grande taille. Son comportement à l'égard des nageurs, surfeurs et plongeurs est dangereux. Cette espèce a diminué le long des côtes du Natal en raison des filets de protection, et les adultes sont remplacés par des jeunes qui sont des proies appréciées des autres grands prédateurs (grand blanc, taureau, tigre).

Taille maximum : supérieure à 4 mètres. Maturité : 2,80 mètres pour les mâles, 2,55 à 3 mètres pour les femelles. Nouveau-nés : 69 à 100 centimètres.

REQUIN TIGRE COMMUN

GALEOCERDO CUVIERI — TIGER SHARK

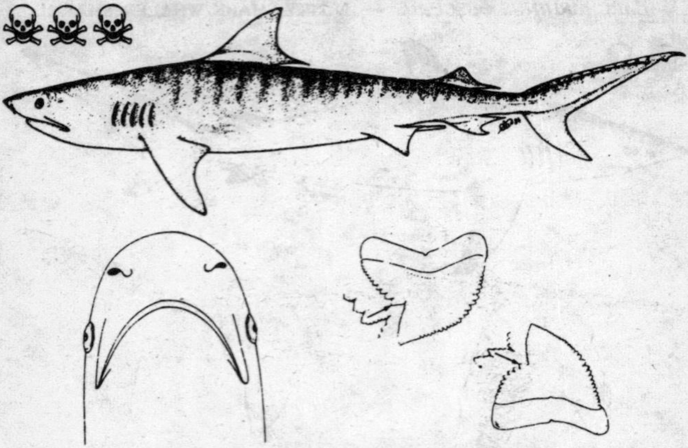

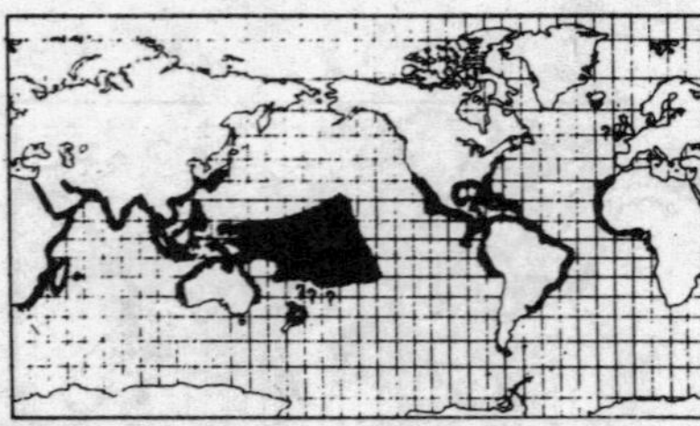

Ordre : carcharhiniformes.

Nageoire caudale fine et pointue. Rayures verticales sombres caractéristiques surtout chez le jeune.

Habitat : côtier et pélagique avec un grand rayon d'action. Toutes les mers tempérées et tropicales. Grande tolérance pour des habitats différents. Semble préférer les eaux troubles, les îles volcaniques où les lourdes précipitations apportent une haute densité de proies. Souvent dans les estuaires, les ports, près des jetées ou des digues, dans les atolls et les lagons. Pas vraiment océanique, il est cependant capable de grandes traversées entre îles. Apparemment nocturne. Dans la journée, il se retire dans des eaux plus profondes ou dans des creux où il attend la tombée de la nuit. L'adulte est le plus souvent solitaire et résident ou semi-résident autour de certaines îles océaniques.

Actif, fort nageur, il croise lentement, paresseusement, jusqu'à rencontrer une proie, il est alors très actif et capable d'accélérations très fortes. C'est le seul ovovivipare de la famille des carcharhinidés (ou *requiem sharks*). Maturité à 4 ou 6 ans et longévité de 12 ans minimum.

Alimentation : sans doute le moins spécialisé des requins : mange tout ! C'est la « hyène des mers » (voir le chapitre *Particularités et curiosités édifiantes*).

Le plus dangereux avec le grand blanc. Attaque et dévore l'homme très régulièrement. Attaque également les bateaux. Dans les Caraïbes et en Polynésie française, il est considéré comme le plus dangereux de tous les requins.

Taille maximum : 9,10 mètres. La majorité inférieure à 5 mètres avec quelques femelles de plus de 5,50 mètres. Maturité : 2,26 à 2,90 mètres pour les mâles, 2,50 à 3,50 mètres pour les femelles. Une femelle capturée en 1957 au large de l'Indochine mesurait 7,40 mètres et pesait 3 110 kilos.

Agréé par la IGFA.

REQUIN DU GANGE

GLYPHIS GANGETICUS — GANGES SHARK

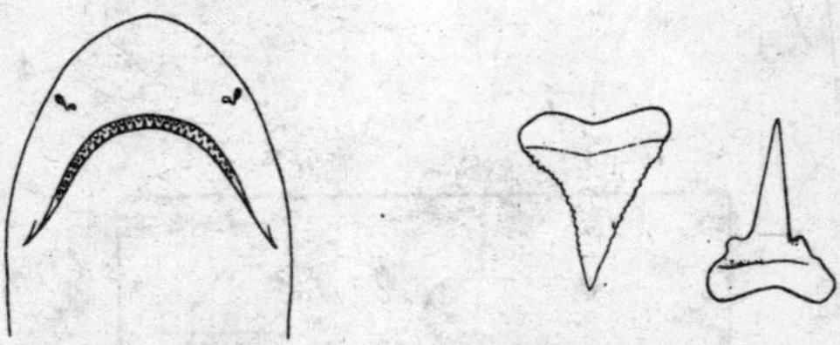

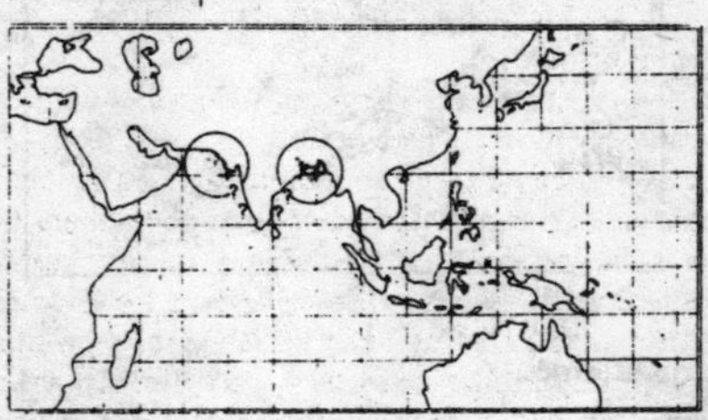

Ordre : carcharhiniformes.

Riverain des eaux douces. Mal connu. Remonte le Gange où il a une terrible réputation de mangeur d'homme certainement exagérée. Souvent confondu avec le *bull shark* qui remonte aussi le Gange et qui est, lui, un mangeur d'homme avéré. Les dents de ce requin sont plus faites pour empaler des poissons que pour démembrer des mammifères. Les nombreuses victimes de requin dans le Gange sont certainement à attribuer davantage au *bull shark* (les témoins ne savent pas faire la différence entre les deux espèces).

Taille maximum : 2,04 mètres.

REQUIN LIMON FAUCILLE

NEGAPRION ACUTIDENS — SICKLEFIN LEMON SHARK

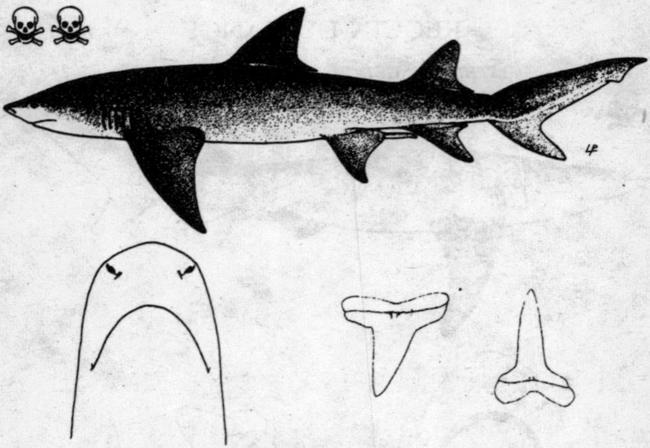

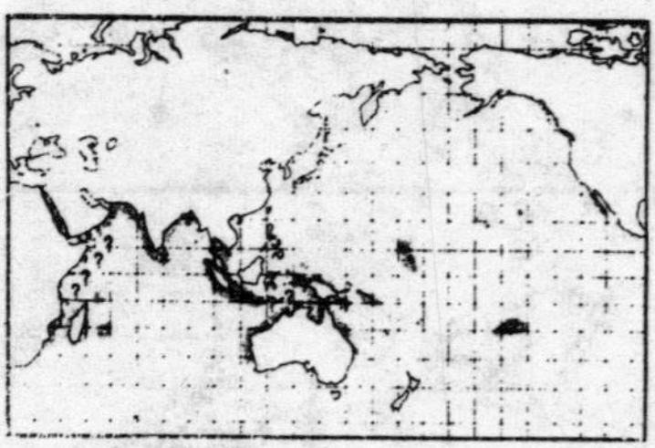

Ordre : carcharhiniformes.

Jaune-brun clair.

Habitat : côtier. Sur ou proche du fond. Rarement en surface sauf s'il est stimulé par une proie. Préfère baies, estuaires, fonds sableux, eaux peu profondes au point que son aileron émerge.

Espèce réputée paresseuse.

Alimentation : poissons de fond et poisson-lune. Timide mais attaque quand il est touché ou accosté par un bateau. Un plongeur a dû passer plusieurs heures sur un rocher, assiégé par un tel requin tournant autour de lui sans relâche.

Taille maximum : 3,10 mètres.

REQUIN CITRON

NEGAPRION BREVIROSTRIS — LEMON SHARK

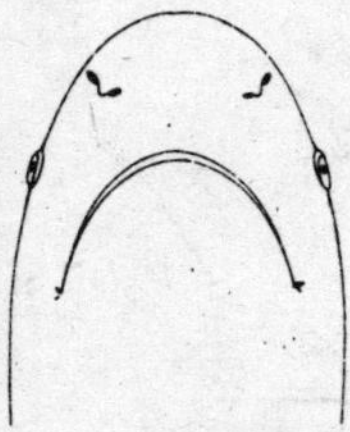

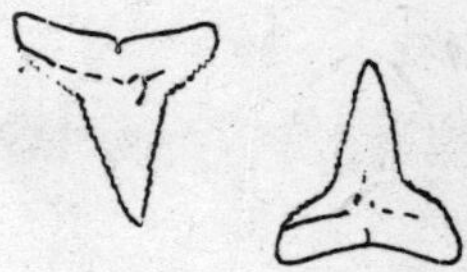

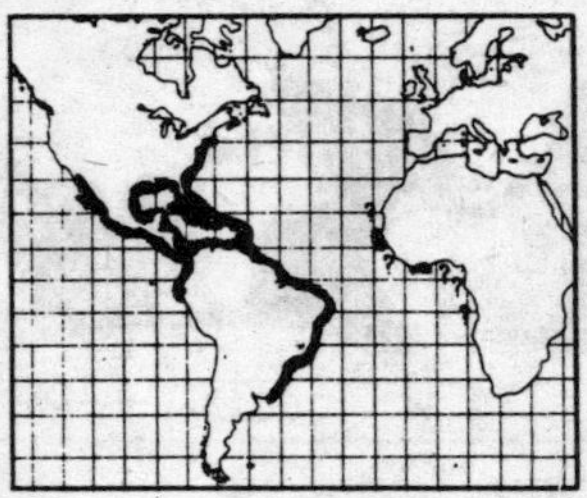

Ordre : carcharhiniformes.

Brun-jaune pâle.

Habitat : abondant sur les côtes d'Amérique latine et dans les Caraïbes. S'aventure occasionnellement en haute mer, en surface ou près de la surface et dans des buts migratoires. La Floride semble être un lieu privilégié de reproduction. Actif nuit et jour mais plus à l'aube et au crépuscule, comme les prédateurs terrestres. Cette espèce semble territoriale, mais l'adulte a un espace de déplacement d'environ 300 kilomètres carrés. Ce requin est adapté aux milieux avec un taux d'oxygène bas, comme celui des mangroves où la température est haute et les micro-organismes nombreux. S'adapte bien en captivité.

A attaqué plusieurs fois hommes et bateaux souvent après harponnage ou prise à la ligne, mais pas toujours. Leur diète n'inclut pas de mammifères et ils n'attaquent pas les plongeurs qui ne les agressent pas, mais la taille, les dents et la puissance de leur mâchoire doivent les faire respecter comme dangereux. La chasse sous-marine les attire.

Taille maximum : 3,40 mètres.

LE PEAU BLEUE

PRIONACE GLAUCA — BLUE SHARK

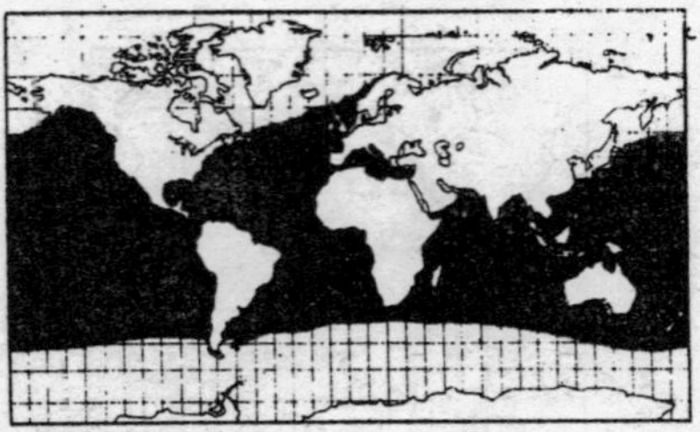

Ordre : carcharhiniformes.

Bleu au-dessus, bleu brillant sur les côtés et brusquement blanc sur les flancs. Nageoires pectorales longues et fines.

Habitat : monde entier. Sans doute le plus cosmopolite des requins. Océanique épipélagique avec un grand rayon d'action. S'aventure près des côtes surtout la nuit. Souvent en groupes nombreux, près de la surface, et en eaux tempérées. Préfère les eaux froides de 7 à 16 °C jusqu'à 21 °C. Sous les tropiques, pour conserver cette température, il vit en profondeur de 80 à 220 mètres, avec des températures de 12 à 25 °C. Peut sauter hors de l'eau quand il est pris à la ligne. Fait souvent le tour d'une proie avant de la dévorer. Est capable d'accélérations très rapides. Dans le Pacifique, très abondant entre 20 °N et 50 °N avec fluctuations vers le nord en été. Le baguage a prouvé des migrations transatlantiques suivant les courants (Gulf Stream vers l'Europe et courant nord équatorial vers les Caraïbes).

Vivipare. 4 à 135 embryons par portée (selon la taille de la femelle). Age maximum : environ 20 ans. Maturité vers 5 ans. La copulation va de pair avec des morsures de la part des mâles, au point que les femelles ont une peau 3 fois plus épaisse que les mâles !

Alimentation : animaux pélagiques de petite taille mais aussi cadavres de baleines et calmars dont ils se gavent comme des ruminants avec de l'herbe. Avalent aussi boîtes de conserve en surface.

Attaque l'homme et les bateaux. Peut tourner autour d'un plongeur pendant vingt minutes.

Taille maximum : 3,83 mètres. La littérature parle de spécimens de 4,80 mètres et 6,50 mètres.

Considéré comme un poisson de sport par les instances de pêche sportive.

REQUIN MARTEAU COMMUN

SPHYRNA ZYGAENA — SMOOTH HAMMERHEAD

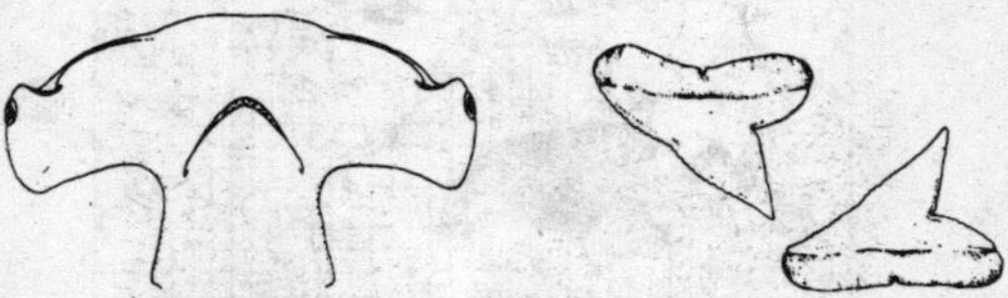

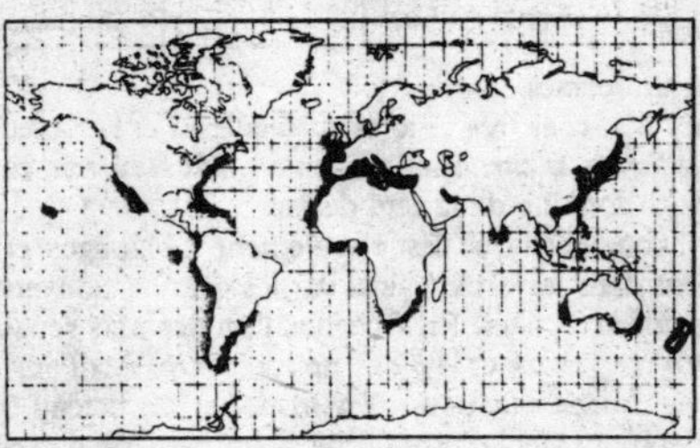

Ordre : carcharhiniformes.

Olive foncé, blanc au-dessous.

Habitat : voir carte. Noter qu'il se rencontre en Europe. Côtier, pélagique et semi-océanique. De la surface à 20 mètres. Peut se regrouper en énormes bancs. Se contente d'eaux tempérées.

Alimentation : poissons osseux, céphalopode, raie...

Considéré comme dangereux mais peut-être est-il confondu avec le grand marteau.

Taille maximum : 3,70 à 4 mètres.

REQUIN CORAIL

TRIAENODON OBESUS — WHITE TIP REEF SHARK

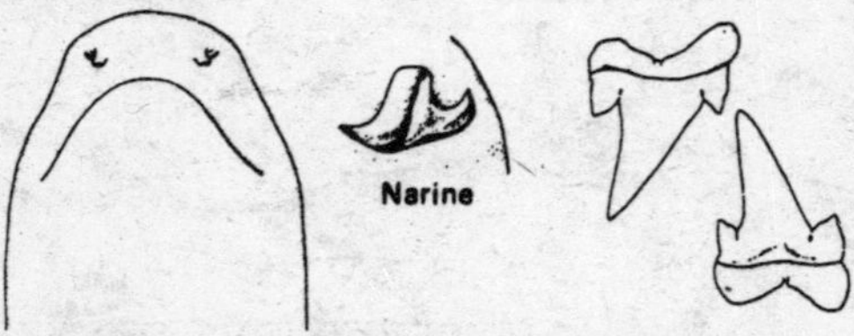

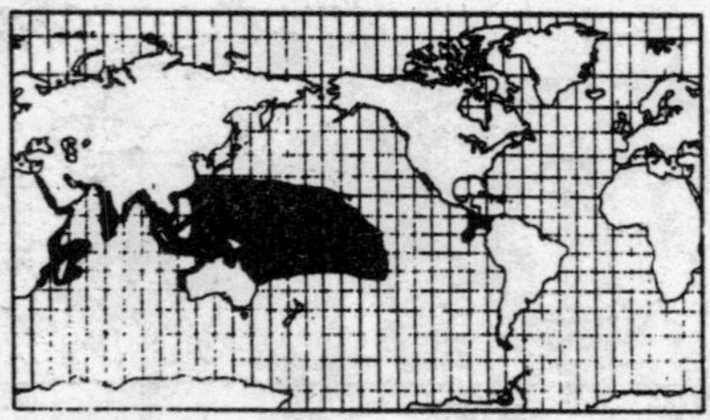

Ordre : carcharhiniformes.

Gris avec taches blanches très visibles sur l'aileron et la nageoire caudale (voir le chapitre *Particularités et curiosités édifiantes*). Museau très court avec narines saillantes. Aspect sardonique de la tête de face.

Habitat : voir carte. Pacifique Est : seulement Galapagos et Panama-Costa-Rica. Très fréquent dans les eaux claires sur les coraux. Souvent au repos sur le fond ou dans des anfractuosités. En Océanie, l'un des plus répandus des requins de récif avec le *grey reef shark* et le *black tip reef shark*. Actif surtout la nuit, il ne sort de sa léthargie diurne que pour aller inspecter un bateau qui vient de jeter l'ancre ou un poisson qui vient d'être fléché. Sur un an, on a mesuré des déplacements allant de 0,3 à 3 kilomètres.

Maturité à 5 ans, âge maximum supérieur à 25 ans. A la différence de ses conspécifiques, il est inapte à la prédation pélagique et spécialisé dans les proies benthiques. Il peut être la proie de gros mérous et de plus grands requins. Plutôt timide : des plongeurs ont pu le nourrir à la main et n'ont été attaqués que lorsqu'ils l'avaient blessé ou lui disputaient un poisson. Il semble plus dangereux par le risque de ciguatera (maladie tropicale) que la consommation de sa viande pourrait transmettre.

Taille maximum : 2,13 mètres.

GRAND REQUIN MARTEAU

SPHYRNA MOKARRAN — GREAT HAMMERHEAD

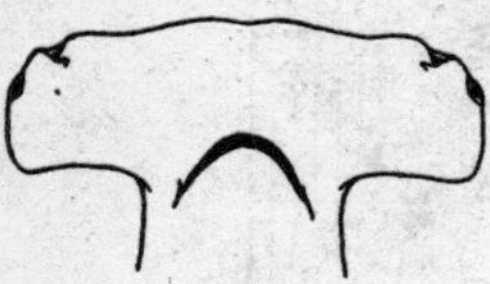

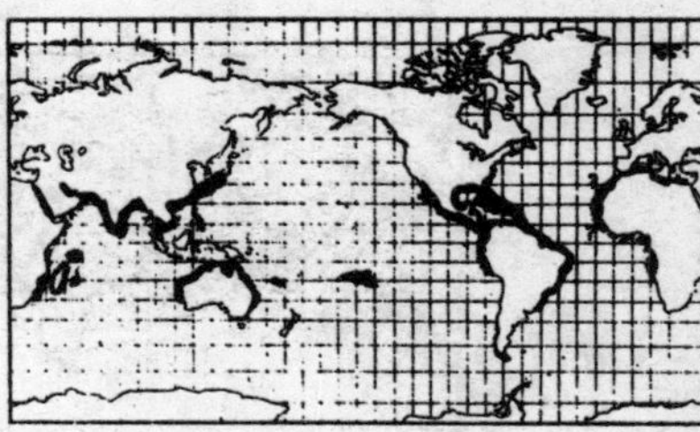

Ordre : carcharhiniformes (famille des sphyrnidés).

Facile à reconnaître. Gris-brun au-dessus, clair au-dessous. Pas de marques particulières. 197 à 212 vertèbres.

Habitat : Côtier et pélagique. Semi-océanique. Peut venir sur des fonds d'un mètre. Aime les récifs de corail. Nomade et migrateur.

Vivipare. 13 à 42 embryons. Gestation d'au moins 7 mois.

Alimentation : variée mais surtout les raies dont les dards restent souvent fichés dans sa gueule sans que cela le gêne (l'un avait ainsi 50 dards dans la bouche, la gorge et la langue !).

Souvent confondu avec l'un de ses congénères, il doit de toute façon être abordé avec respect et précaution.

Taille maximum : 5,50 à 6,10 mètres. Maturité vers 2,50 mètres.

REQUIN TAUREAU

EUGOMPHODUS TAURUS — SAND TIGER SHARK (USA)

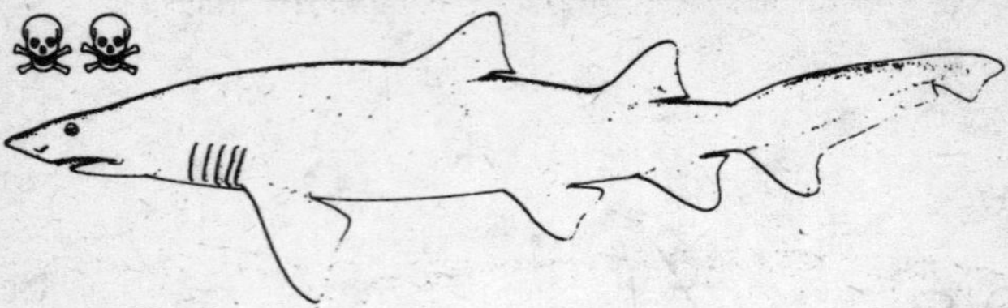

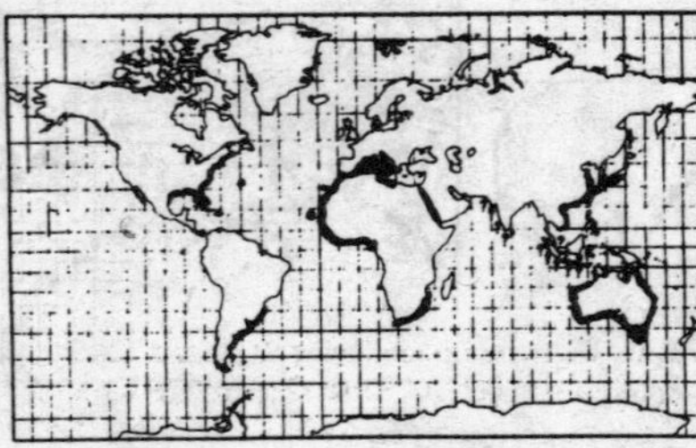

GREY NURSE SHARK (Australie), SPOTTED RAGGED TOOTH SHARK (Afrique du Sud).

Ordre : lamniformes (requins maquereaux).

Pas de membrane nictitante, longue bouche, grandes dents avec pointes latérales, brun clair avec points plus foncés. Œil jaune.

Habitat : requin littoral. Fort nageur, surtout nocturne. Plus dense que l'eau, il avale de l'air en surface, qu'il conserve dans son estomac pour avoir une flottabilité neutre. Vit seul ou en groupe. Migratoire saisonnier avec la température. Ovovivipare avec cannibalisme *in utero* : 16 à 23 œufs mais un seul nouveau-né sort après avoir mangé tous les autres dans l'utérus. Sa taille est alors d'un mètre.

Alimentation : très vorace. Tous poissons osseux et petit requin, raie, crabe, langouste. Réputation de mangeur d'homme en Australie mais il est sans doute confondu avec d'autres espèces. Non agressif quand il n'est pas provoqué mais il peut attaquer les chasseurs sous-marins. Trop de plongeurs armés de *powerheads* s'amusent à tuer cette proie facile comme un chasseur tuerait une vache, provoquant un déclin localisé de l'espèce. De nombreuses attaques lui sont imputables en Afrique du Sud.

Taille maximum : 3,18 mètres.

REQUIN GRANDE GUEULE

MEGACHASMA PELAGIOS — MEGAMOUTH SHARK

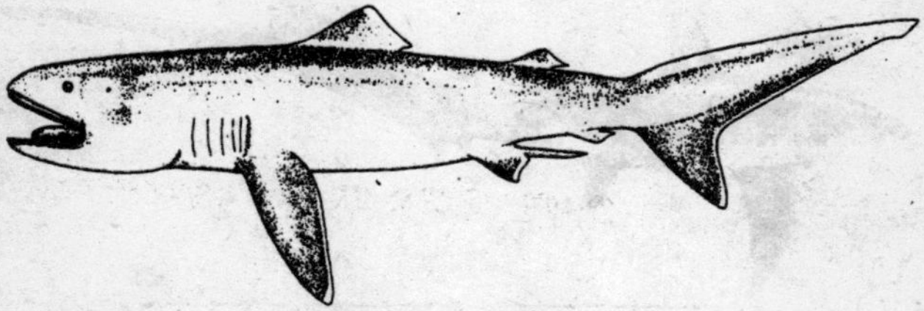

Ordre : lamniformes.

Très caractéristique. Énorme bouche avec de nombreuses petites dents. L'une des trois espèces de requins avec un filtre alimentaire (comme *whale* et *basking shark*). Premier spécimen découvert en 1976 de Hawaï à 1,63 mètre de profondeur. Son estomac était plein de crevettes de 3 centimètres de long lorsqu'il se prit dans une paire de parachutes utilisés comme ancres flottantes par un navire de recherche de l'US Navy. Peau molle et nombreuses empreintes de blessures par le *cookiecutter shark*.

Taille du specimen : 4,46 mètres. Un autre pêché en 1990 (Californie) : 4,5 mètres et 900 kilos. A ce jour 5 spécimens ont été capturés (Australie-Japon), tous des mâles d'environ 1 tonne, sans que l'on sache où sont les femelles. C'est le seul requin dont les allers-retours entre la surface et les profondeurs soient parfaitement programmés : montée en surface au coucher du soleil (18 h) pour suivre les micro-organismes ; dérive en surface toute la nuit gueule ouverte pour avaler crevettes et méduses ; à l'aube (6 h) le squale redescend vers 150 m de profondeur en même temps que ses proies.

RENARD

ALOPIAS VULPINUS — TRESHER SHARK

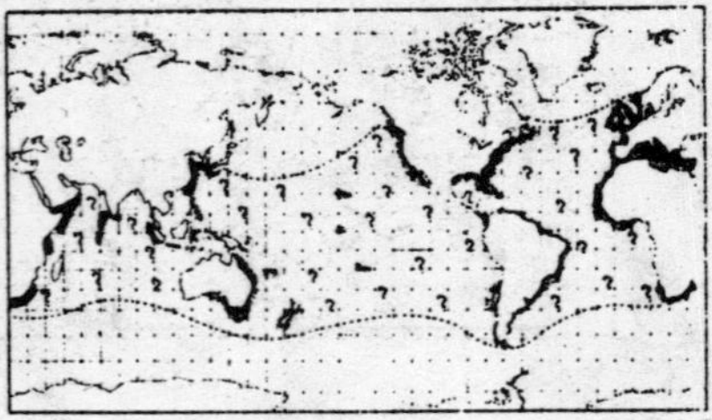

Ordre : lamniformes.

Lobe caudal aussi long que le corps, abdomen blanc. 29 rangs de petites dents.

Habitat : côtier épipélagique.

Actif, fort nageur.

Ovovivipare, cannibalisme utérin.

Alimentation : petits poissons en bancs : maquereau, poisson aiguille, etc. Se sert de sa queue pour rassembler et assommer ses proies.

Souvent attrapé sur de longues lignes par sa queue. Sans danger pour les nageurs, il aurait attaqué des bateaux. Il a décapité d'un coup de queue un pêcheur sur le pont d'un chalutier américain en Atlantique Nord. N'a jamais attaqué de plongeurs même s'il tourne autour d'eux à la limite de visibilité.

Taille maximum : 5,49 mètres. Nouveau-nés : de 1,14 à 1,50 mètre. A noter le développement très marqué des apophyses des vertèbres de l'extrémité de la queue, qui en font une véritable massue pour assommer ses proies. Agréé par la IGFA.

REQUIN PÈLERIN

CETORHINUS MAXIMUS — BASKING SHARK

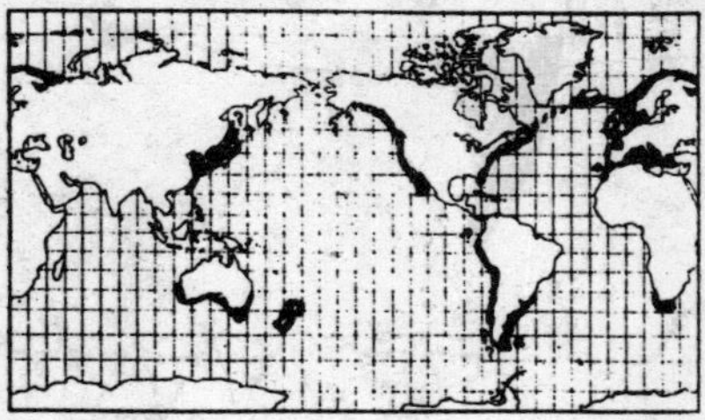

Ordre : lamniformes.

Énormes ouïes qui font presque tout le tour de la tête.

Habitat : côtier pélagique, dans des températures aussi bien boréales que chaudes.

Souvent en surface seul ou en groupe d'une centaine. Deux ou trois peuvent se suivre et avoir été pris dans le passé pour un seul et gigantesque serpent de mer. Saute parfois hors de l'eau, peut-être pour se débarrasser de ses nombreux parasites dont les lamproies. Ces parasites ne peuvent cependant pas entamer la formidable armure de denticules recouvrant ce requin. Migrations saisonnières importantes.

Ovovivipare avec cannibalisme utérin. Gestation : 3 ans et demi.

Maturité vers 6 ou 7 ans.

Alimentation : exclusivement du plancton dont son estomac peut contenir 500 kilos. Un adulte moyen peut filtrer 2 000 tonnes d'eau par heure à une vitesse de 2 nœuds grâce à une bouche et des ouïes béantes. Son foie lui permet peut-être d'hiberner pendant la période où ses filtres sont disparus et où le plancton est rare.

Très patient avec les bateaux qui l'approchent, et les plongeurs qui le chevauchent. Ses denticules cutanés sont très saillants et peuvent lacérer la peau.

Taille maximum : 12,2 à 15,2 mètres. Maturation à 8,50 mètres pour les femelles.

L'huile de son foie peut être utilisée pour tanner le cuir, ou comme combustible de lampe à huile (en dehors du squalène). (Voir le chapitre *Particularités et curiosités édifiantes.*)

GRAND REQUIN BLANC

CARCHARODON CARCHARIAS — GREAT WHITE SHARK-WHITE POINTER

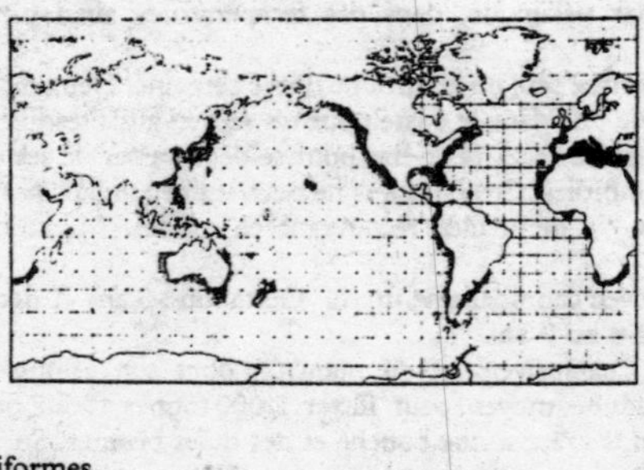

Ordre : lamniformes.

Nez conique assez long, grandes dents plates triangulaires, dentelées et coupantes comme un rasoir. Longues ouïes, grand aileron, surface ventrale blanche.

Habitat : côtier et tempéré mais fait parfois des incursions épipélagiques dans l'océan. Souvent dans la barre et même les eaux très peu profondes, mais préfère les îles, en particulier celles qui sont peuplées de colonies de pinnipèdes. A été pêché sur une longue ligne jusqu'à 1 280 mètres de profondeur, mais souvent aussi en surface. Requin très actif, puissant, nageant comme les thons, ce qui lui permet de croiser très longtemps à vitesse relativement lente. A été enregistré par télémétrie à une moyenne de 3,2 nœuds sur 190 kilomètres en 2 jours et demi.

Capable d'accélérations brusques et parfois de bonds hors de l'eau.

Il semble que seuls les plus gros aient une fourchette de températures d'activité très large. Les moyens (2,80 mètres) se déplacent vers le nord en Amérique du Nord, en été, et vers la province du Cap en Afrique du Sud, quand l'eau dépasse 22 °C. En Californie, les requins blancs sont présents toute l'année (de plus en plus nombreux selon certaines études), un peu plus quand l'eau passe de 11 °C à 14 ou 15 °C.

Ce requin est souvent seul ou en paire, parfois une douzaine près d'une source importante de nourriture (île avec oiseaux, pingouins, phoques...) mais jamais en colonie. La territorialité n'a pas pu être démontrée, mais certains événements ont prouvé que le même sujet revenait parfois plusieurs années de suite dans les mêmes endroits.

Ovovivipare avec cannibalisme utérin (comme les autres lamnoïdes). On ne capture jamais de femelle pleine car il y a sans doute ségrégation des femelles, et, quand elles atteignent la taille suffisante, elles sont trop énormes pour être capturées.

Alimentation : véritable « superprédateur » grâce à sa taille, ses dents, son métabolisme, sa nage efficace. Il mange de tout y compris les autres squales, les dauphins, les tortues (moins que le requin tigre), tous les mammifères, morts ou vivants, mais il avale moins d'objets bizarres que le tigre. Au-dessus de 3 mètres, il se nourrit surtout de mammifères et de poissons au-dessous de 2 mètres.

Considéré comme le plus dangereux dans les eaux tempérées où il n'a pas beaucoup de concurrents. Dans les eaux tropicales, il est également considéré comme le plus dangereux, mais le requin tigre et le *bull shark* le suivent de près, voire le dépassent dans certaines zones (*bull shark* au Natal, par exemple). La plupart des attaques sont intervenues sur les côtes de Californie, d'Australie-Méridionale, de Nouvelle-Zélande et d'Afrique du Sud. La majorité de ces attaques consiste heureusement en une seule morsure, expliquant un taux de survie non négligeable. Ce type d'attaque avortée a été attribué à une agression non alimentaire, ou à une erreur d'identification, ou bien à un test gustatif d'une proie potentielle. Une sorte de « jeu » a même été évoqué.

Taille maximum : de 6,40 à 8 mètres.

Agréé par la IGFA.

TAUPE BLEU

ISURUS OXYRINCHUS — SHORTFIN MAKO — BLUE POINTER

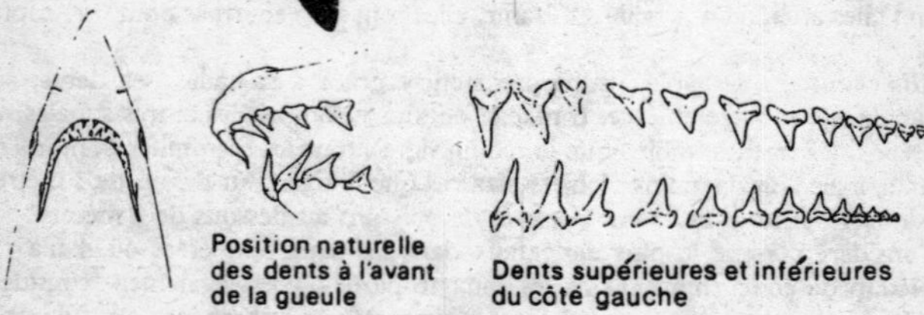

Position naturelle des dents à l'avant de la gueule

Dents supérieures et inférieures du côté gauche

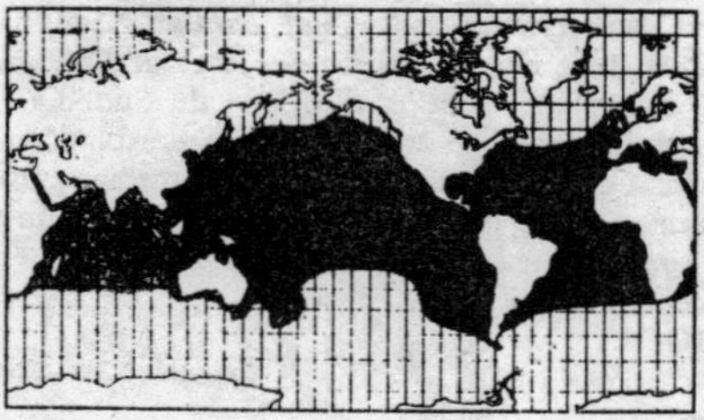

Ordre : lamniformes.

Pectorales longues et fines, deuxième dorsale minuscule, nez conique pointu. Blanc au-dessous.

Habitat : côtier et océanique, tempéré et tropical. Commun et très actif. Rarement dans des eaux en dessous de 16 °C.

Peut-être le plus rapide des requins et l'un des plus actifs. Fameux pour ses sauts, faisant des bonds de plusieurs fois sa longueur hors de l'eau. Capable de pointes de vitesse exceptionnelles s'il est pris à l'hameçon ou en phase de chasse.

Mange tous les autres poissons et d'autres requins mais rarement des mammifères (marsouins).

Dangereux, mais son habitat loin de la grève évite les contacts trop fréquents avec des nageurs. Ne devrait *jamais* être harponné ou provoqué sous l'eau car il se transforme alors en véritable torpille. Beaucoup trop rapide pour qu'on utilise une arme anti-requin. Second après le grand blanc à attaquer les bateaux, surtout ceux des pêcheurs sportifs.

Taille maximum : 3,94 à 4 mètres.

Recherché des pêcheurs commerciaux pour sa viande qui est bonne (beaucoup de pêcheries en Italie, en Afrique, à Cuba, dans l'ouest du Pacifique). Très apprécié pour la pêche sportive.

Agréé par la IGFA.

REQUIN LUTIN

MITSUKURINA OWSTONI — GOBLIN SHARK

Dents supérieures et inférieures du côté gauche

Ordre : lamniformes.

Très caractéristique. Rare (golfe de Gascogne, Portugal), Afrique du Sud, Australie-Méridionale, Japon et Guyanes.

Habitat : requin de fond (au moins 5,50 mètres), éperon sans doute pour projeter ses proies, dents spécialisées pour rapide projection de la tête et perforation de la proie. Très mal connu.

Taille maximum : 3,35 mètres.

REQUIN TAUPE COMMUN

LAMNA NASUS — PORBEAGLE

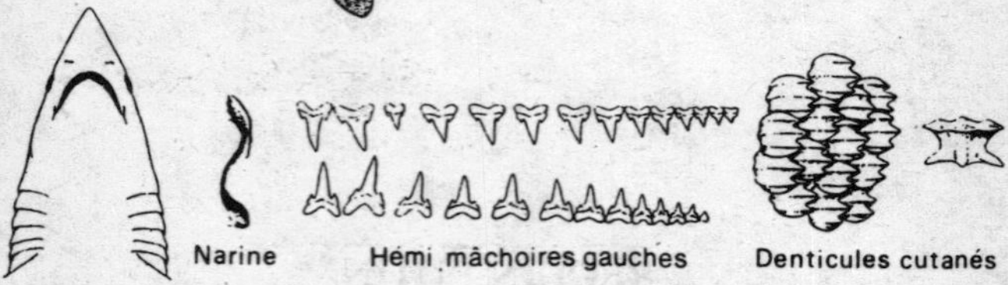

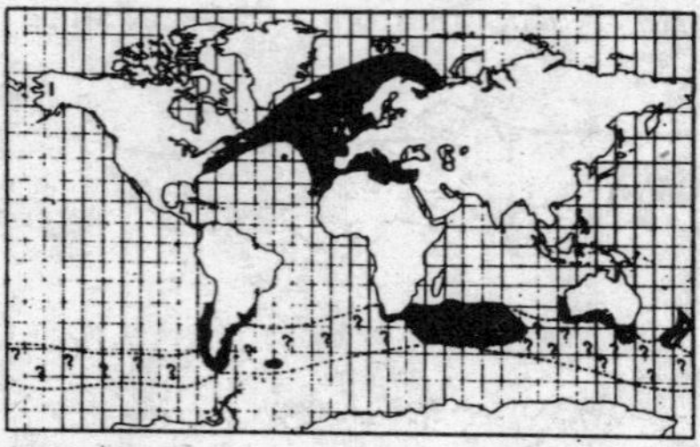

Ordre : lamniformes.

Habitat : littoral et épipélagique. Préfère les eaux froides inférieures à 18 °C. Absent dans les eaux équatoriales. Actif pour suivre une proie mais se défend mal quand il est pris à l'hameçon (à l'inverse du mako). Près des côtes et en surface seulement en été.

Ovovivipare et cannibalisme utérin comme tous les lamnidés. Maturité à 5 ans. Durée de vie : de 20 à 30 ans.

Alimentation : petits poissons.

Quelques attaques sur hommes et bateaux.

Taille maximum : de 3 à 3,70 mètres. Agréé par la IGFA.

Très pêché, notamment en France pour sa chair, ses ailerons et son huile. Très utilisé en Angleterre pour le traditionnel « Fish and Chips ». Vendu en France dans les supermarchés sous le nom de « Veau de mer ».

REQUIN ZÈBRE

STEGOSTAMA FASCIATUM — ZEBRA SHARK

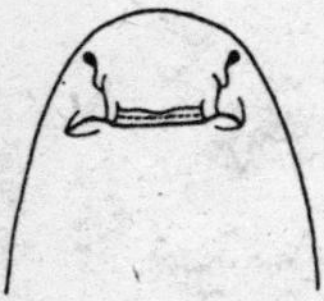

Requineau

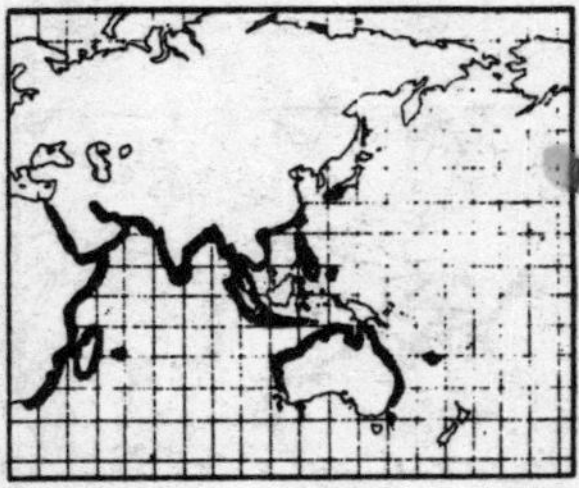

Ordre : orectolobiformes (requins tapis).

Queue aussi longue que le corps. Couleur très variable avec l'âge.

Habitat : très courant sur les récifs coralliens. Paresseux. Plus actif la nuit. Repose sur le fond sableux près du corail.

Ovipare.

Alimentation : mollusques, crustacés et petits poissons osseux.

Taille maximum : 3,54 mètres.

Pas dangereux.

REQUIN NOURRICE

GINGLYMOSTOMA CIRRATUM — NURSE SHARK

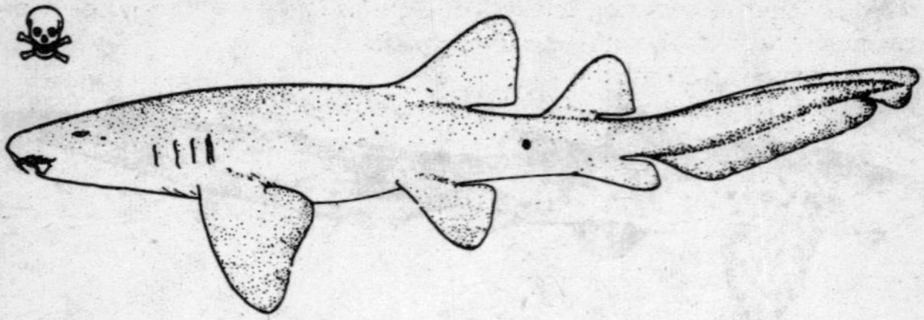

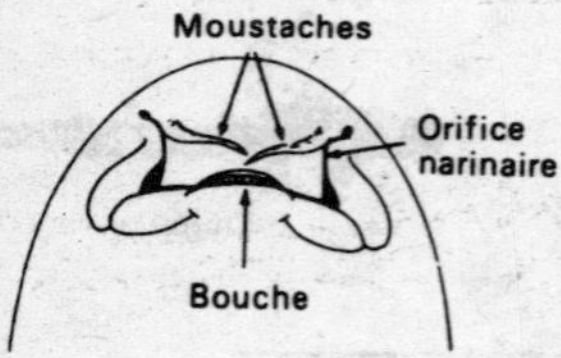

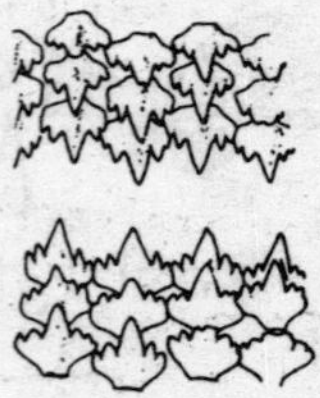

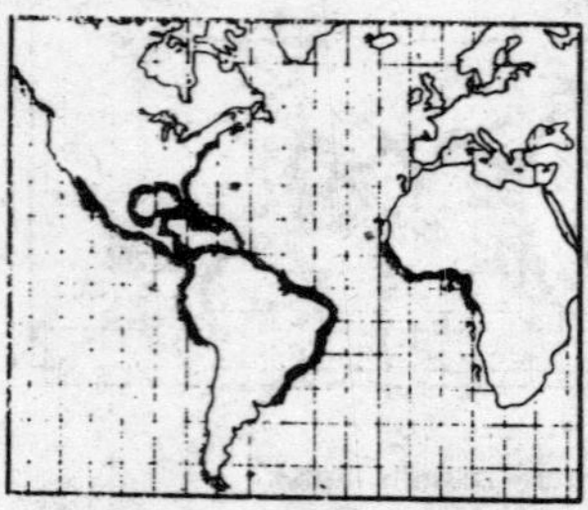

Ordre : orectolobiformes (requins tapis).

Assez longues moustaches. Jaune-brun ou gris-brun.

Habitat : fonds côtiers. Paresseux. Restant sur le fond toute la journée, en eau peu profonde. Parfois empilés les uns sur les autres en groupe de 3 à 30 individus.

Actif la nuit. Peut ramper sur le fond en utilisant ses pectorales musclées comme des « pattes ».

Ovovivipare : 21 à 28 œufs.

Alimentation : mange des invertébrés du fond et parfois des algues. Sa bouche lui permet d'aspirer les coquillages par succion.

Pas agressif mais plusieurs attaques non provoquées sur des plongeurs et des nageurs. Certains ont maintenu leur morsure au point que des outils furent nécessaires pour libérer la victime. Lors d'une attaque sur un plongeur, le requin le mordit à la poitrine, puis l'enroula de ses deux nageoires pectorales ! (Le sexe ne fut pas identifié.) Beaucoup de gens essaient de le chevaucher, de le flécher ou marchent dessus ; quelques-uns sont victimes de leurs imprudences... Les dents de ce requin sont petites mais les muscles des mâchoires en font de véritables étaux.

Record de captivité : 25 ans ; cela a permis de les étudier et de faire de nombreuses expériences car ils sont aptes à apprendre.

Taille maximum : 4,30 mètres.

Son cuir est très recherché, solide comme une armure.

REQUIN TAPIS TACHETÉ

ORECTOLOBUS MACULATUS — SPOTTED WOBBEGONG

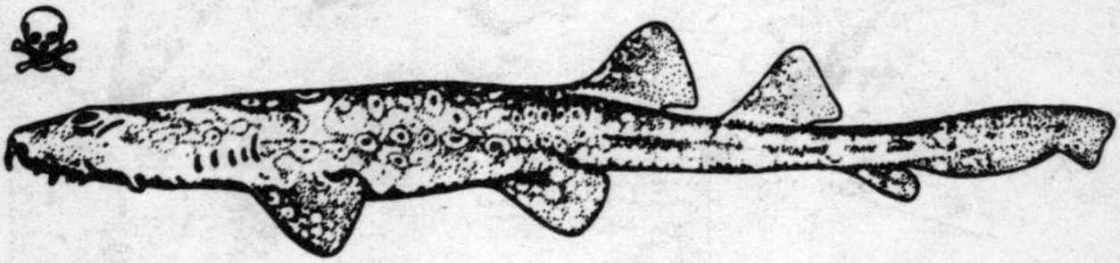

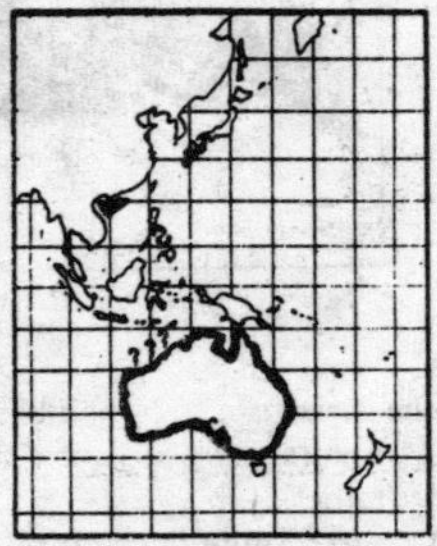

Ordre : orectolobiformes (requins tapis).

8 à 10 lobes dermiques de chaque côté de la tête.

Habitat : abondant requin de fond dans les mers tempérées à tropicales. Paresseux, camouflé sur le fond. Nocturne apparemment. Retourne souvent sur le même site.

Ovovivipare. Jusqu'à 37 embryons.

Il mord si l'on pose le pied sur son dos ou près de sa bouche, et un pêcheur a ainsi perdu un pied. Des attaques non provoquées ont été rapportées, sur des hommes et aussi des bateaux autour de l'Australie. Doit être considéré avec respect.

Taille maximum : 3,20 mètres.

Son cousin, le requin tapis moustachu (même taille), attaquerait à mort les Papous de Nouvelle-Guinée.

REQUIN BALEINE

RHINIODON TYPUS — WHALE SHARK

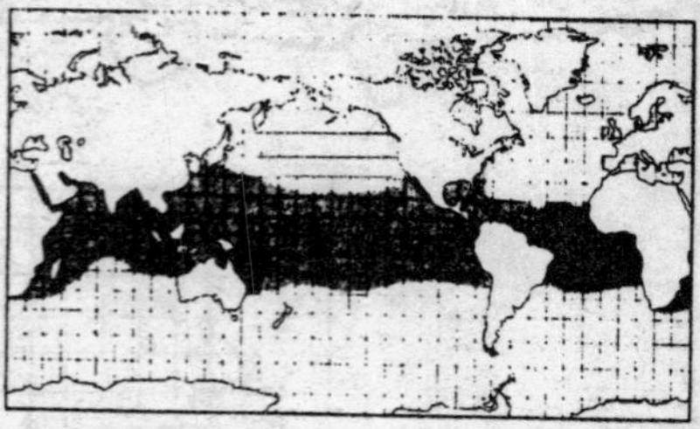

Ordre : orectolobiformes.

Énorme tête plate, bouche terminale, très nombreuses dents et filtre unique sur l'intérieur de ses ouïes. Plusieurs arêtes saillantes sur les côtés (voir le chapitre *Particularités et curiosités édifiantes*).

Habitat : épipélagique et côtier. Toute la ceinture tropicale et tempérée. Peut entrer dans les lagons. Souvent en surface seul ou en groupe de plusieurs centaines. Préfère les surfaces de 21 à 25 °C et salinités de 34 à 34,5 ‰ (optimum pour formation planctonique et nectonique).

Ovipare ou ovovivipare, on ne sait pas (un œuf trouvé en 1953 de 30 centimètres de long et, par ailleurs, le plus petit requin baleine retrouvé avait une cicatrice ombilicale).

Alimentation : planctonique et nectonique, plus quelques petits poissons (thon, sardine, anchois, maquereau...). Se nourrit en surface, souvent verticalement, la bouche hors de l'eau. Ce requin ne dépend pas d'un mouvement vers l'avant pour se nourrir (pas comme le *basking shark*).

Pas agressif mais peut réagir contre l'abordage par un bateau.

Taille maximum : 18 mètres.

REQUIN DORMEUR TAUREAU

HETERODONDUS PORTUS JACKSONI — PORT JACKSON SHARK

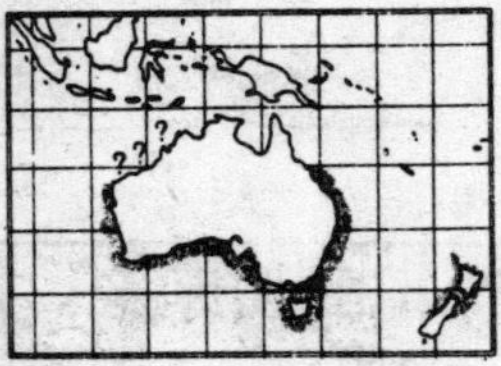

Ordre : hétérodontiformes.

Requin de fond du littoral, nocturne.

Ovipare. Œufs de 13 à 17 centimètres de long et 5 à 7 centimètres de large, avec filaments pour s'accrocher. Éclosion après 9 à 12 mois.

Alimentation : saisonnière. Mange surtout des invertébrés benthiques.

Sans danger mais, s'il est agressé, il peut suivre un plongeur et le mordre.

Taille maximum : 1,65 mètre.

L'anatomie de ce requin n'a pas varié depuis 300 millions d'années alors que la globine de son sang a suivi les mêmes variations que celle de l'homme soumis aux variations naturelles du milieu. Kimura en déduit que la « nature » n'a pu exercer aucune sélection naturelle sur la globine et remet donc en cause la théorie de l'évolution selon Darwin, basée sur les mutations-sélections naturelles.

PLAT NEZ

NOTORYNCHUS CEPEDANIUS — BROADNOSE SEVENGILL SHARK

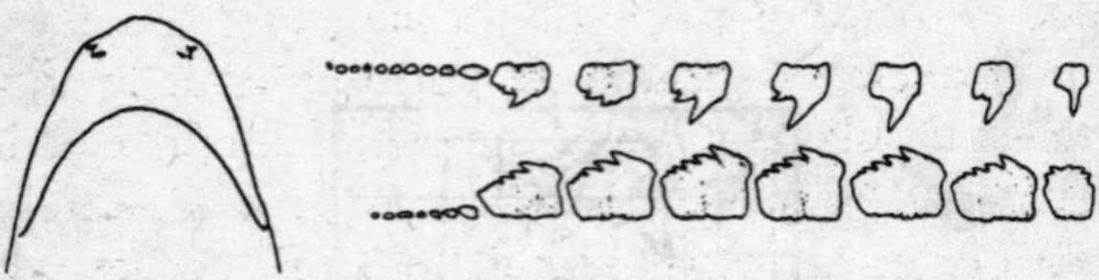

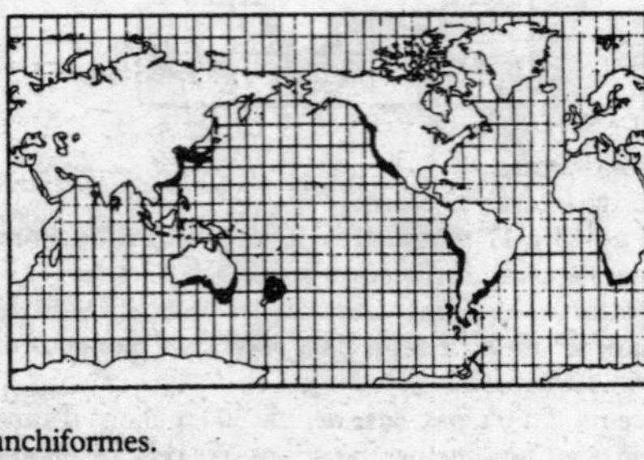

Ordre : hexanchiformes.

Habitat : benthique, parfois 1 mètre de fond. Seulement côtier.

Alimentation : mange de tout, poissons, requins, cadavres. Agressif s'il est provoqué, considéré comme potentiellement dangereux en eaux libres. A attaqué des plongeurs en captivité. Se débat dangereusement et doit être souvent achevé à l'arme à feu avant d'être hissé à bord.

Taille maximum : 2,90 mètres.

Recherché pour sa chair. Pêché depuis la côte en Afrique du Sud.

Glossaire

Benthique : relatif au benthos. Le benthos est l'ensemble des organismes aquatiques qui vivent dans les fonds marins et en dépendent pour leur subsistance (le benthos s'oppose au plancton).

Elasmobranches : groupe de poissons dont le squelette est cartilagineux, par opposition au groupe des téléostéens ou poissons osseux. Le groupe des élasmobranches inclut les requins, les raies et les poissons-scies.

Endorphines : substances hormonales sécrétées *in situ* dans certaines zones du cerveau, en particulier dans le centre de la douleur. Une substance ayant les qualités de la morphine est ainsi sécrétée lors de stress aigus.

Endurance : un effort en endurance est un effort de moyenne intensité, mais prolongé. Il nécessite de l'oxygène et met en branle les fibres musculaires rouges. Le requin est handicapé sur le plan de l'endurance par un petit cœur, des muscles rouges plus ou moins développés, un hématocrite variable.

Homéotherme : se dit des animaux à température constante, non influencée par le milieu (grâce à la thermorégulation).

Maître couple : plus large section transversale d'une carène de navire ou d'un fuselage d'avion; par extension, dans ce livre : plus large section du corps d'un squale.

Nycthémère : espace de temps couvrant un jour et une nuit et correspondant à un cycle biologique.

Pélagique : relatif à la haute mer. Animal qui vit dans les parties de la mer les plus profondes.

Pinnipèdes : ordre de mammifères adaptés à la vie aquatique et couverts de fourrure : morse, otarie, phoque... Des proies privilégiées des requins (grand blanc).

Plancton : ensemble des organismes (de très petite taille) qui vivent en suspension dans l'eau de mer.

Poïkilothermes : animaux à sang froid dont la température est variable : reptiles, poissons (requins), etc.

Prédateur : animal qui se nourrit d'autres animaux qu'il tue pour survivre.

Résistance : un effort en résistance est un effort intense mais bref, pouvant se faire sans oxygène pendant quelques dizaines de secondes, et mettant en branle les fibres musculaires blanches. Le requin est capable de très gros efforts en résistance lors d'accélérations ou de charges d'attaque (s'oppose à l'effort en « endurance »).

Bibliographie

Richard BACKUS ET LINEAWEAVER, *The Natural History of Sharks*, André Deutsch.

CASEY ET PRATT, *Biology of the White Shark*, Southern California Academy of Sciences, 1985.

Leonard COMPAGNO, *Sharks of the World*, vol. 4, 655 p., F.A.O. Species Catalogue, Rome, 1984.

PR COMPAGNO, *Shark Attack*, 1989 (étude non publiée).

Victor COPPLESON ET Peter GOADBY, *Shark Attack*, Angus Robertson Publishers, Australie, 1988.

Gulf of Mexico Fishery Management Council, *Fishery Management Plan for Sharks and Other Elasmobranches in the Gulf of Mexico*, 1979.

David H. DAVIES ET Pieter MARITZBURG, *About Sharks and Shark Attack*, Shuter and Shooter.

Perry W. GILBERT, *La vie du requin*, 1947.

GRUBER, SLOTKIN, NELSON, *Shark Repellents : Behavioral Bioassays in Laboratory and Field*, Springer Verlag, Berlin, 1984.

Oceanographic Research Institute, *Reactions of the Sharks to Gill Net barriers under experimental Conditions*, Durban, 1972.

MAC CORMICK, ALLEN, CAPTAIN YOUNG, *Shadows in the Sea*, Sidgwick and Jackson, Londres.

MYRBERG, *Understanding Shark Behavior*, Miami.

NELSON, JOHNSON, PITTENGER, *Agonistic Attacks on Divers and Submersibles by Sharks : Antipredatory or Competitive?* Bulletin of Marine Science, 1986.

R. PATERSON, *Shark Prevention Measures Working Well*, Australian Fisheries, Australie, 1986.

Patricia POPE, *A Dictionary of Sharks*, Great Outdoors Publishing Co, Floride, 1977.
Portland, *Sharks*, Oregon State University, 1985.
John RANDALL, *Sharks of Arabia*, Immel Publishing, Londres, 1986.
New York University, *The Ichthyotoxic Mechanism of Pardaxin*, 1983.
Norman WYNNE, *Facts on Sharks*, Natal Sharks Board, 1988.
Crocodiles, Bordas, Paris, 1990.

TABLE

Préface de Beulah Davis 5
Introduction 9

1. DES CHIFFRES ET DES IDÉES REÇUES 13
Des chiffres 15
Des idées reçues 17

2. L'HISTORIQUE D'UNE FASCINATION 23
Requins diables et requins dieux 28
Du mythe au symbole 36
Les raisons d'une fascination 39
Requins et médias 42
Une série historique 48

3. UNE « MÉCANIQUE » À LA PHYSIOLOGIE EXTRAORDINAIRE 59
Des mâchoires diaboliques 61
• *Une denture sans faille* 61
• *Séquences d'une morsure* 65
Alimentation, appétit et digestion du requin 68
Des organes sensoriels exceptionnels 76
• *L'audition* 77
• *L'olfaction* 80
• *La ligne latérale* 84
• *Les cryptes sensorielles : des « papilles gustatives » sur le dos* . . 87
• *Une vision hors du commun* 89
Le système visuel du requin blanc . . 96
• *Les flasques de Lorenzini : un organe unique* 99

• *Hydrodynamique et performances* . 103
Un organisme pour l'hydrodynamisme 104
Un prédateur à deux vitesses 112
Des variations adaptées aux besoins . 113
• *La respiration du requin* 116

4. PARTICULARITÉS ET CURIOSITÉS ÉDIFIANTES . . . 119
La « grande mort blanche » 121
Des géants innocents 124
Le requin tigre : la « hyène des mers » . . 128
La nage d'exhibition du *gray reef shark* . . 129
Motivations pour une attaque 138
Les marques du *white tip* :
leurre ou cocarde? 142
Le plus petit des requins à l'attaque
des sous-marins nucléaires 144
Les compagnons du requin 146

5. LES ATTAQUES : DES DRAMES INSTRUCTIFS 149
Des lieux maudits 153
Les naufrages : des lieux de carnage
souvent insoupçonnés 161
Les bateaux : pas toujours à l'abri 185
Des attaques déterminées 195
Des attaques remarquables 199
Victimes courageuses 210
Sauveteurs héroïques 213
Une torture indolore 220
Autopsie d'une attaque 223
Des statistiques impossibles 229
La prévention contre les attaques 235
• *La prévention par l'éducation* . . . 237
• *La prévention par l'équipement* . . 248
• *La protection rapprochée passive* . 259
• *La protection rapprochée agressive* 264
En guise de conclusion 271

6. FAITS ET SPÉCULATIONS 275
Captivité et adaptabilité 277
Le cerveau du requin 279
Reproduction et maturation 282
• *Reproduction* 282
• *Maturation* 287
Comportement social et écologique des squales 288
Les théories de l'évolution et le requin . . 291

7. LES MILLE ET UN USAGES DU REQUIN 293
Le requin auxiliaire de police 295
Le requin alibi 303
Écologie et pêche industrielle du requin . . 306
Le requin poisson sportif 314
La cuisine du requin 323
Le requin souvenir 326
Le cuir du requin 327
Le requin en pharmacie et en chirurgie . . 328
Le requin et le septième art 329
Le requin test de virilité 331

8. LES AUTRES DENTS DE LA MORT 333
Les piranhas : mythe ou réalité? 335
L'orque 339
Les crocodiles 340
• *Des prédateurs redoutables* 340
• *Des précautions élémentaires* 347
Les barracudas : des innocents injustement accusés 350

9. CATALOGUE DE TOUTES LES ESPÈCES DANGEREUSES ET DE QUELQUES AUTRES REQUINS 353

Glossaire 405
Bibliographie 407

MANIFESTE POUR LA SAUVEGARDE DES DERNIERS GRANDS SQUALES

A la différence des mammifères marins qui recueillent désormais une sympathie universelle et font l'objet d'une protection aussi efficace que justifiée, les grands squales restent les mal-aimés de la mer.

Ils sont déjà, aujourd'hui, en voie d'extinction.

Savez-vous que :

- Une femelle de requin blanc ne peut se reproduire avant l'âge de 15 ans
- sa durée de gestation est une des plus longues du règne animal (22 mois)
- au terme de cette gestation naissent seulement un à deux requineaux
- les grands squales n'échappent pas aux véritables "murs de la mort" que sont les filets maillants de la pêche industrielle moderne, alors que leur faible taux de reproduction les empêchera toujours d'être une ressource commerciale rentable
- les grands squales sont indispensables à l'équilibre du biotope sous-marin
- unique dans l'évolution animale, le requin est resté inchangé depuis son apparition il y a plus de 300 millions d'années

Leur seul prédateur n'a toujours été que l'homme, qui l'aura fait disparaître pour l'an 2000.

La sauvegarde des grands squales est donc une priorité absolue.

Rejoignez tous ceux qui, avec Xavier MANIGUET, se mobilisent pour cette grande cause.

Courrier à adresser à :

Xavier MANIGUET
Editions Robert LAFFONT
6 Place Saint Sulpice
75006 PARIS

en indiquant vos nom, prénom, adresse et raisons d'adhésion.

Littérature

extrait du catalogue

Cette collection est d'abord marquée par sa diversité : classiques, grands romans contemporains ou même des livres d'auteurs réputés plus difficiles, comme Borges, Soupault. En fait, c'est tout le roman qui est proposé ici, Henri Troyat, Bernard Clavel, Guy des Cars, Frison-Roche, Djian mais aussi des écrivains étrangers tels que Colleen McCullough ou Konsalik.

Les classiques tels que Stendhal, Maupassant, Flaubert, Zola, Balzac, etc. sont publiés en texte intégral au prix le plus bas de toute l'édition. Chaque volume est complété par un cahier illustré sur la vie et l'œuvre de l'auteur.

ADLER Philippe — **Bonjour la galère** 1868/**2**
Graine de tendresse 2911/**3**
Qu'est-ce qu'elles me trouvent ? 3117/**3**

AGACINSKI Sophie — **La tête en l'air** 3046/**5**

AMADOU Jean — **La belle anglaise** 2684/**4**

AMADOU - COLLARO - ROUCAS — **Le Bêbête show** 2824/**5** & 2825/**5** Illustrés

AMIEL Joseph — **Le promoteur** 3215/**9**

ANDERSEN Christopher — **Citizen Jane** 3338/**7** (Décembre 92)

ANDERSON Peggy — **Hôpital des enfants** 3081/**7**

ANDREWS Virginia C. — *Fleurs captives :*
- Fleurs captives 1165/**4**
- Pétales au vent 1237/**4**
- Bouquet d'épines 1350/**4**
- Les racines du passé 1818/**4**
- Le jardin des ombres 2526/**4**
La saga de Heaven :
- Les enfants des collines 2727/**5**
- L'ange de la nuit 2870/**5**
- Cœurs maudits 2971/**5**
- Un visage du paradis 3119/**5**
- Le labyrinthe des songes 3234/**6**

APOLLINAIRE Guillaume — **Les onze mille verges** 704/**1**
Les exploits d'un jeune don Juan 875/**1**

ARCHER Jeffrey — **Le pouvoir et la gloire (Kane et Abel)** 2109/**7**
Faut-il le dire à la Présidente ? 2376/**4**

ARSAN Emmanuelle — **Les débuts dans la vie** 2867/**3**

ATTANÉ Chantal — **Le propre du bouc** 3337/**2** (Décembre 92)

ATWOOD Margaret — **La servante écarlate** 2781/**4**
Œil-de-chat 3063/**8**

AVRIL Nicole — **Monsieur de Lyon** 1049/**3**
La disgrâce 1344/**3**
Jeanne 1879/**3**
L'été de la Saint-Valentin 2038/**2**
La première alliance 2168/**3**
Sur la peau du Diable 2707/**4**
Dans les jardins de mon père 3000/**3**

BACH Richard — **Jonathan Livingston le goéland** 1562/**1** Illustré
Illusions/Le Messie récalcitrant 2111/**2**
Un pont sur l'infini 2270/**4**
Un cadeau du ciel 3079/**3**

BAILLY Othilie	L'enfant dans le placard 3029/2
BALZAC Honoré de	Le père Goriot 1988/2
BARBELIVIEN Didier	Rouge cabriolet 3299/2
BARRIE James M.	Peter Pan 3174/2
BATS Joël	Gardien de ma vie 2238/3 Illustré
BAUDELAIRE Charles	Les Fleurs du mal 1939/2
BÉARN Myriam et Gaston de	Gaston Phébus :
	1 - Le lion des Pyrénées 2772/6
	2 - Les créneaux de feu 2773/6
	3 - Landry des Bandouliers 2774/5
BEART Guy	L'espérance folle 2695/5
BELLEMARE Pierre	Les dossiers d'Interpol 2844/4 & 2845/4
BELLEMARE P. et ANTOINE J.	Les dossiers extraordinaires 2820/4 & 2821/4
BELLETTO René	Le revenant 2841/5
	Sur la terre comme au ciel 2943/5
	La machine 3080/6
	L'enfer 3150/5
BELLONCI Maria	Renaissance privée 2637/6 Inédit
BENZONI Juliette	Un aussi long chemin 1872/4
	Le Gerfaut des Brumes :
	- Le Gerfaut 2206/6
BERBEROVA Nina	Le laquais et la putain 2850/2
	Astachev à Paris 2941/2
	La résurrection de Mozart 3064/1
	C'est moi qui souligne 3190/8
BERG Jean de	L'image 1686/1
BERGER Thomas	Little Big Man 3281/8
BERTRAND Jacques A.	Tristesse de la Balance... 2711/1
BEYALA Calixthe	C'est le soleil qui m'a brûlée 2512/2
BISIAUX M. et JAJOLET C.	Chat plume (60 écrivains...) 2545/5
	Chat huppé (60 personnalités...) 2646/6
BLAKE Michael	Danse avec les loups 2958/4
BLIER Bertrand	Les valseuses 543/5
BOGGIO Philippe	Coluche 3268/7
BORGEN Johan	Lillelord 3082/7
BORY Jean-Louis	Mon village à l'heure allemande 81/4
BOULET Marc	Dans la peau d'un Chinois 2789/7 Illustré
BRAVO Christine	Avenida B. 3044/3
	Les petites bêtes 3104/2
BROOKS Terry	Hook 3298/4
BRUNELIN André	Gabin 2680/5 & 2681/5 Illustré
BURON Nicole de	Les saintes chéries 248/3
	Vas-y maman 1031/2
	Dix-jours-de-rêve 1481/3
	Qui c'est, ce garçon ? 2043/3
	C'est quoi, ce petit boulot ? 3297/4
	Où sont mes lunettes ? 3297/4
CARDELLA Lara	Je voulais des pantalons 2968/2

3302

Achevé d'imprimer en Europe (France)
par Brodard et Taupin à la Flèche (Sarthe)
le 21 septembre 1992. 6860F-5
Dépôt légal sept. 1992. ISBN 2-277-23302-1

Éditions J'ai lu
27, rue Cassette, 75006 Paris
Diffusion France et étranger : Flammarion